Salzkammergut BergeSeen Trail

Wolfgang Heitzmann

GPX-Daten zum Download

www.kompass.de/gpx

Kostenloser Download der GPX-Daten der im Wanderführer enthaltenen Wandertouren.

DER AUTOR

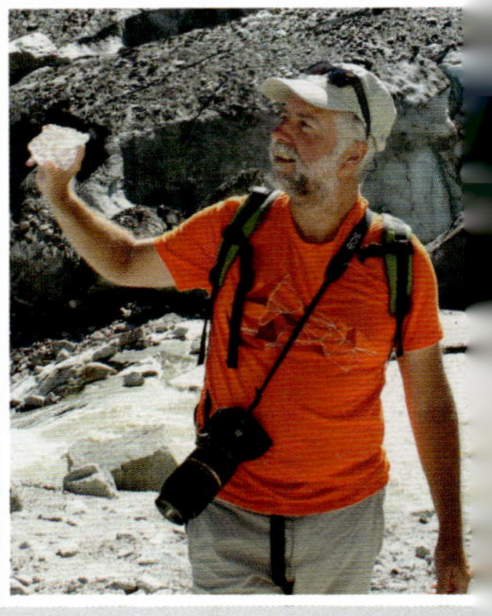

Wolfgang Heitzmann • lernte als Tourismusberater viele Urlaubsregionen in Mittel- und Südeuropa intensiv kennen. Heute ist der gebürtige Oberösterreicher in der Verlagsbranche tätig.

Neben zahlreichen Beiträgen für die Oberösterreichischen Nachrichten, Alpinmagazine und Kulturmedien publizierte er mehr als 90 Bücher. Bei KOMPASS erschienen u. a. Wander- und Radführer über die Schweiz, Ober- und Niederösterreich, Kärnten und das Salzkammergut, Südtirol, Oberbayern, das Stubai- und das Zillertal, die österreichischen Nationalparks und die Insel Mallorca.

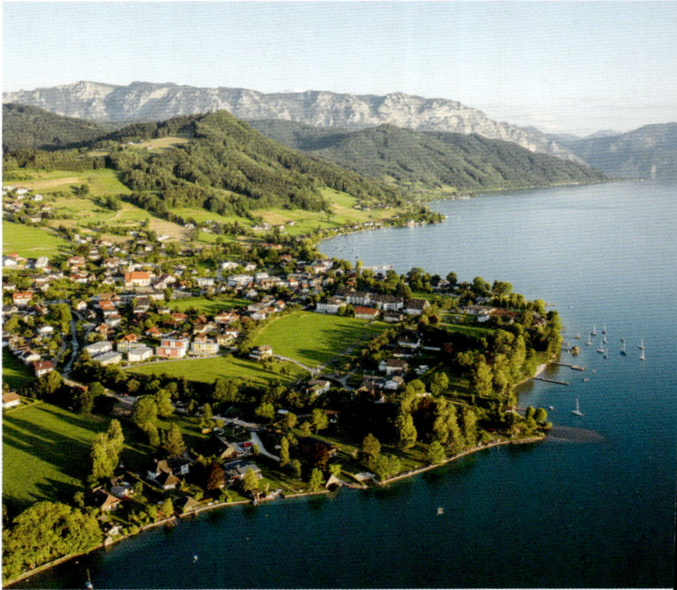

Weyregg am Attersee vor dem Höllengebirge; rechts: Abend am Attersee.

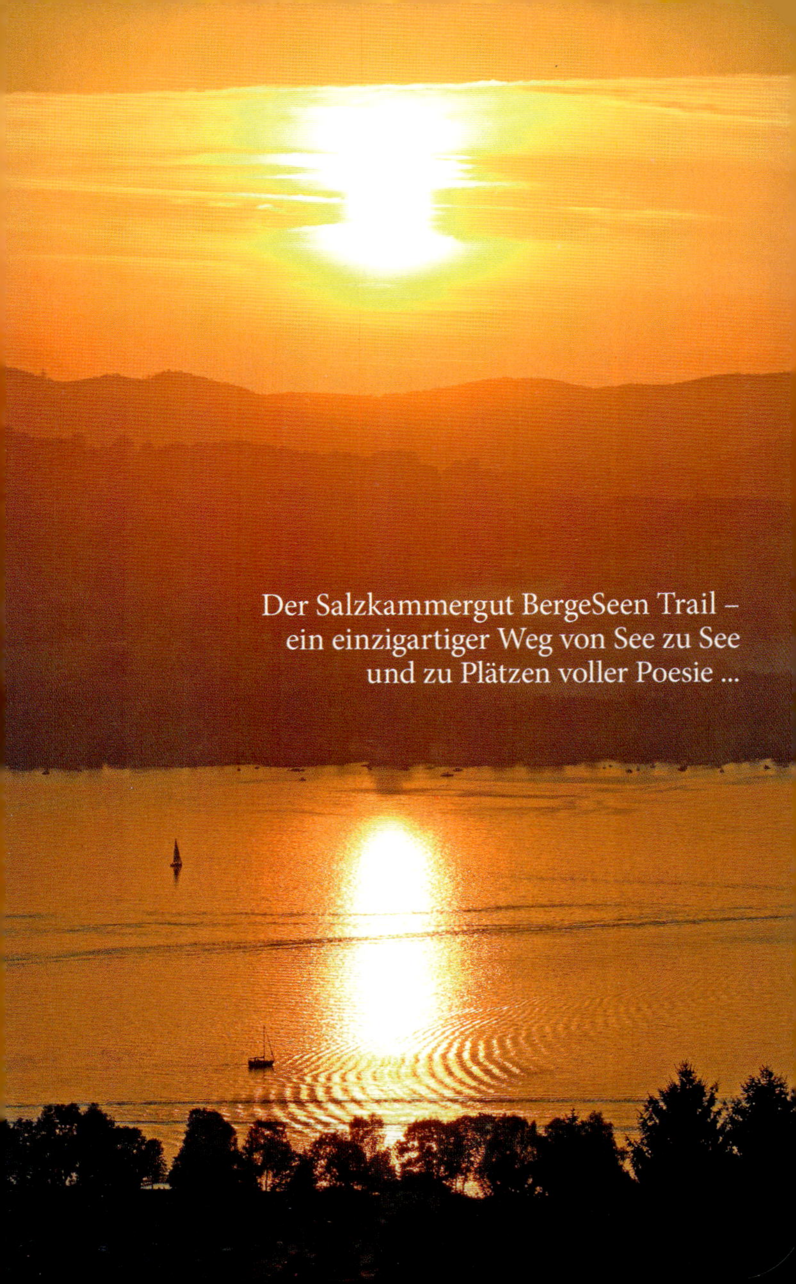

Der Salzkammergut BergeSeen Trail –
ein einzigartiger Weg von See zu See
und zu Plätzen voller Poesie ...

INHALT UND TOURENÜBERSICHT

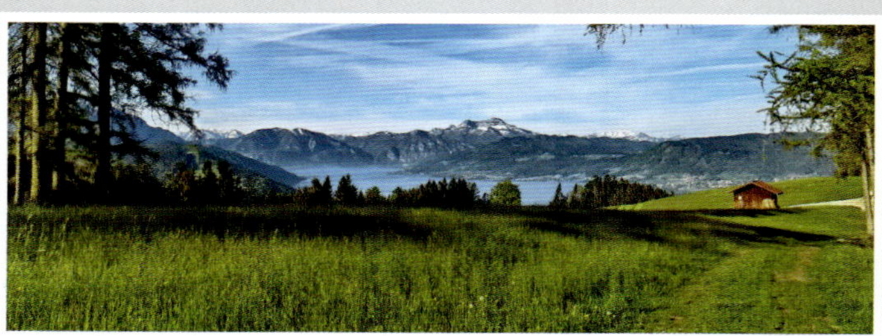

ANHANG

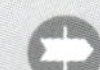 km	 h	 hm	 hm		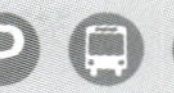							 Karte
15,3	5:05	716	331	✓	✓		✓				✓	18
21,2	7:00	682	1002	✓	✓		✓				✓	18
20,4	6:00	534	462	✓	✓		✓				✓	18
13,6	5:00	854	854	✓	✓	✓	✓	✓			✓	18
14	4:35	491	593	✓	✓		✓	✓			✓	18
9,7	4:00	550	360	✓	✓		✓				✓	17
15,9	5:25	665	560	✓	✓		✓	✓			✓	17
12	3:10	74	107	✓	✓		✓				✓	17
18,9	6:45	1314	728	✓	✓		✓	✓			✓	17
12	3:35	164	954	✓	✓		✓				✓	17
15,5	4:30	200	294	✓	✓		✓		✓		✓	20
15	5:45	943	914	✓	✓	✓	✓				✓	20

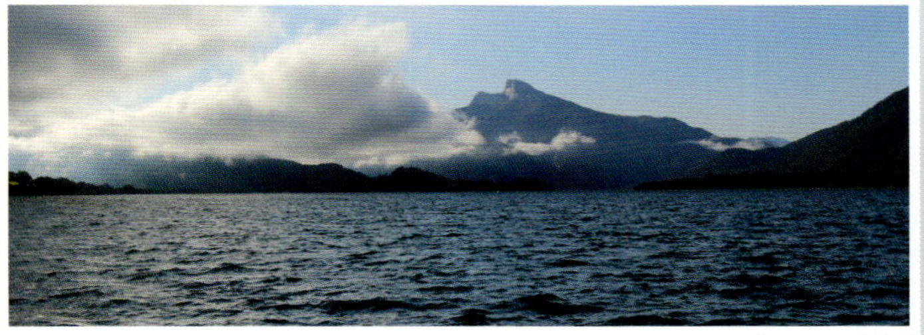

INHALT UND TOURENÜBERSICHT

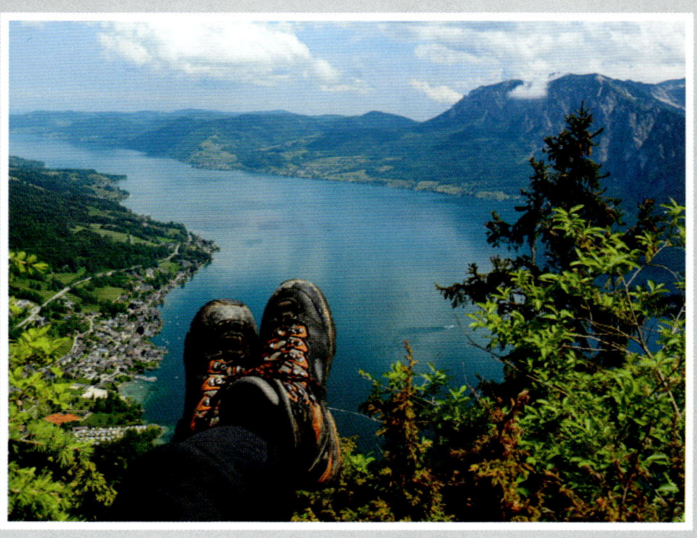

km (signpost)	h (clock)	hm (ascent)	hm (descent)	P	Bus	Gondola	Food	Summit	Snowflake	Bike	Bed	Karte
13,8	5:05	1087	852	✓	✓		✓				✓	20
14,7	5:15	971	758	✓	✓	✓	✓				✓	20
15,3	6:15	927	1185	✓	✓		✓				✓	20
18,4	5:00	283	138	✓	✓		✓				✓	20
21	6:00	483	338	✓	✓		✓				✓	20
15,1	5:10	898	47	✓	✓	✓	✓				✓	20
12,9	4:30	167	1098	✓	✓		✓				✓	20
15,2	6:00	1283	389				✓				✓	20
24,6	8:00	568	1625				✓				✓	19
9,7	2:30	10	61	✓	✓		✓		✓		✓	19
23	7:00	621	708	✓	✓	✓	✓	✓			✓	19

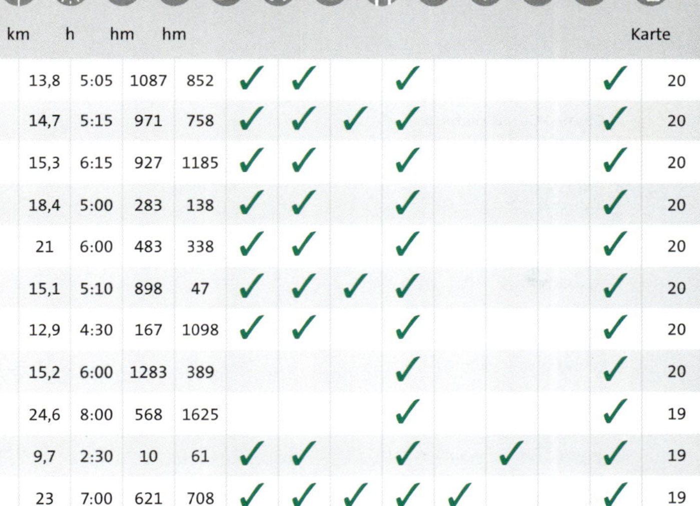

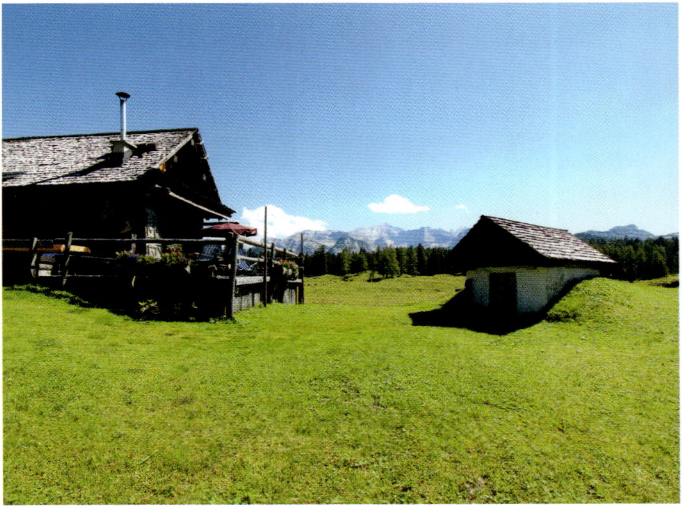

INHALT UND TOURENÜBERSICHT

km	h	hm	hm									Karte
10	5:00	1170	50	✓			✓				✓	18
15,7	7:00	650	1950	✓	✓		✓	✓			✓	18
13,3	6:00	1550	-	✓	✓		✓				✓	20
9,7	4:30	750	570			✓	✓				✓	20
7,8	5:30	1000	520								✓	20
6,8	5:00	510	500								✓	20
12,6	4:00	50	1750	✓	✓		✓				✓	20
13,6	5:00	950	50	✓	✓		✓				✓	20
5,8	4:00	750	550					✓			✓	20
8,1	5:30	650	730				✓				✓	18
9,1	4:00	900	50	✓	✓		✓				✓	20
9,1	4:00	650	730	✓	✓						✓	18
9,2	3:30	900	50	✓	✓						✓	20
8,8	4:30	550	450								✓	19
12	4:00	10	1200	✓	✓		✓				✓	19
14,7	5:30	1050	350	✓			✓				✓	19
12,1	5:30	350	1250	✓	✓		✓	✓			✓	19
23,8	7:30	500	500	✓	✓		✓		✓		✓	18
13,1	5:00	320	350	✓	✓		✓				✓	18

INHALT UND TOURENÜBERSICHT

km	h	hm	hm									Karte
20,6	7:30	650	650	✓	✓		✓				✓	18
12,2	4:30	500	500	✓	✓		✓				✓	18
23,6	7:30	650	650	✓	✓		✓	✓			✓	18
8,7	2:30	140	50	✓	✓		✓				✓	17
17,3	4:30	150	240	✓	✓		✓			✓	✓	17
11,6	4:00	350	540	✓	✓						✓	17
8,8	3:00	200	250	✓	✓						✓	17
5,6	2:15	260	470	✓			✓	✓			✓	18
4,6	2:30	570	570	✓	✓			✓				18
1,4	1:00	20	500	✓	✓	✓	✓	✓			✓	18
2,9	2:00	410	410	✓				✓				18
4,4	2:00	320	320	✓			✓	✓			✓	18
3,7	2:00	260	260	✓	✓	✓	✓	✓				20
2,6	1:45	250	250			✓		✓				20
2,8	2:00	400	400	✓	✓			✓				19
9,7	6:00	700	520					✓			✓	19
5,3	2:20	150	150					✓			✓	18
9,5	5:00	400	750	✓	✓	✓	✓	✓			✓	20
4,1	3:00	350	350	✓			✓	✓				20
6,2	3:30	650	650					✓			✓	20
9,7	6:00	800	660					✓			✓	19
12	7:00	900	780					✓			✓	19

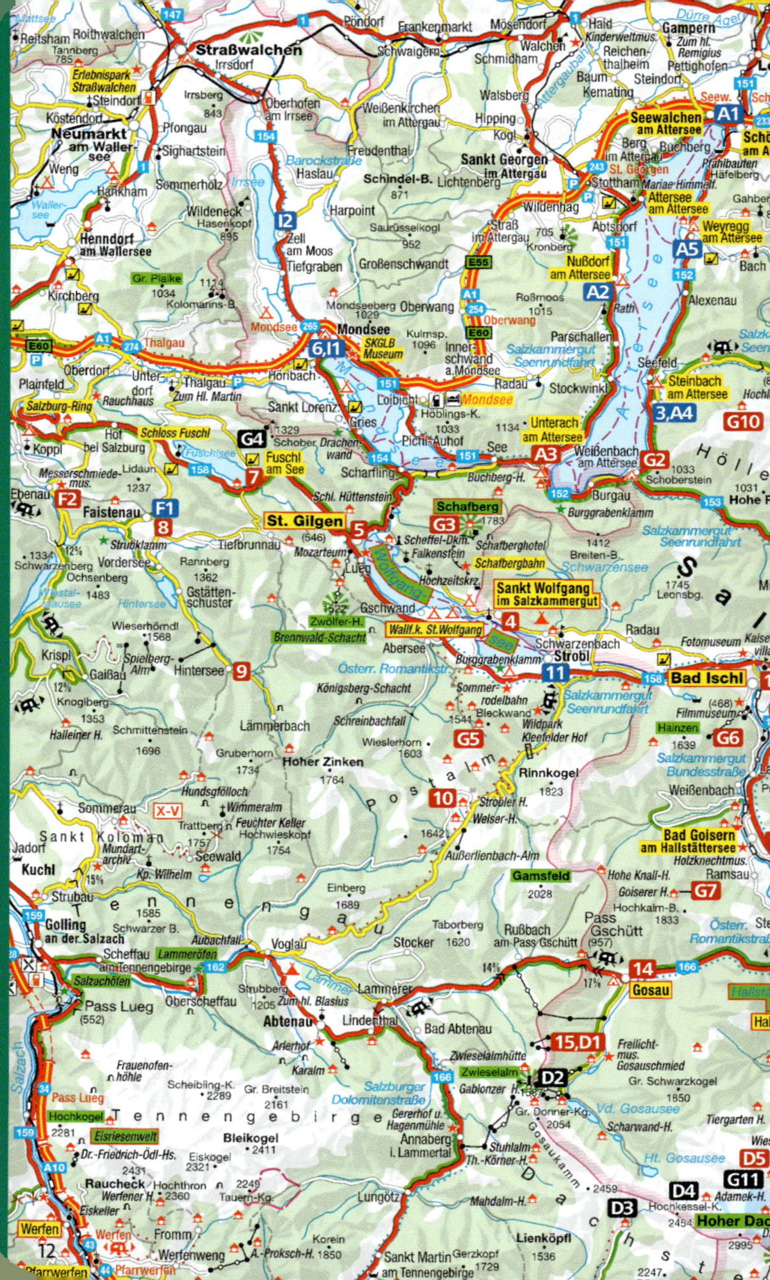

Reitsham
Roithwalchen
Tannberg
785
Straßwalchen
Irrsdorf
Pöndorf
Frankenmarkt
Mösendorf
Haid
Kinderweltmus.
Gampern
Zum hl. Remigius
Schwaigern
Schmidham
Walchen
Reichenthalheim
Pettighofen
Erlebnispark Straßwalchen
Steindorf
Irrsberg
843
Oberhofen am Irrsee
Weißenkirchen im Attergau
Walsberg
Baum
Kemating
Steindorf
Attergaubahn
Köstendorf
Neumarkt am Wallersee
Pfongau
Sighartstein
Freudenthal
Barockstraße
Haslau
Hipping
Kogl
Sankt Georgen im Attergau
Seewalchen am Attersee
Berg im Attergau
Buchberg
Pfahlbauten
Häfelberg
Weng
Sommerholz
Irrsee
Schindel-B.
871
Lichtenberg
St. Georgen
Stöttham
Mariae Himmelf.
Wallersee
Hankham
Wildeneck
Hasenkopf
895
Zell am Moos
Tiefgraben
Harpoint
Saurüsselkogel
952
Wildenhag
Straß im Attergau
705
Kronberg
Abtsdorf
Attersee am Attersee
Weyregg am Attersee
Gahberg
Henndorf am Wallersee
Großenschwandt
Nußdorf am Attersee
Bach
Gr. Plaike
1034
1114
Kolomanns-B.
Kirchberg
Mondseeberg
1029
Oberwang
Roßmoos
1015
Rath
Alexenau
Mondsee
Thalgau
SKGLB Museum
Kulmsp.
1096
Innerschwand a.Mondsee
Parschallen
Salzkammergut Seenrundfahrt
Seefeld
Steinbach am Attersee
Oberdorf
Unterdorf
Thalgau
Zum Hl. Martin
Hörlbach
Plainfeld
Rauchhaus
Sankt Lorenz
Loibichl
Mondsee
Höblings-K.
1033
Radau
Stockwinkl
Salzburg-Ring
Gries
Schloss Fuschl
1329
Schober
Drachenwand
Pichl-Auhof
1134
Unterach am Attersee
Weißenbach am Attersee
Hof bei Salzburg
Koppl
Fuschlsee
Fuschl am See
Lidaun
1237
Scharfling
See
Buchberg-H.
1033
Schoberstein
1031
Hohe Re
Höllengebirge
Messerschmiedemus.
Ebenau
Faistenau
Schl. Hüttenstein
Schafberg
1783
Burgau
Burggrabenklamm
St. Gilgen
(546)
Strubklamm
Tiefbrunnau
Scheffel-Dkm.
Falkenstein
Schafberghotel
1412
Breiten-B.
Salzkammergut Seenrundfahrt
Mozarteum
Schafbergbahn
Schwarzensee
1334
Schwarzenberg
12%
Vordersee
Rannberg
1362
Lueg
Wolfgangsee
Hochzeitskrz.
Sankt Wolfgang im Salzkammergut
1745
Leonsbg.
Ochsenberg
1483
Gstättenschuster
Wiestalstausee
Hintersee
1522
Gschwand
Zwölfer-H.
Brennwald-Schacht
Wallf.k. St.Wolfgang
Schwarzenbach
Radau
Fotomuseum
Kaiservilla
Wieserhörndl
1568
Krispl
Spielberg-Alm
Hintersee
Abersee
Burggrabenklamm
Strobl
Bad Ischl
Gaißau
12%
Österr. Romantikstr.
Königsberg-Schacht
Sommerrodelbahn
Bleckwand
Salzkammergut Seenrundfahrt
Filmmuseum
(468)
Knoglberg
1353
Halleiner H.
Schmittenstein
1696
Lämmerbach
Schreinbachfall
Wieslerhorn
1603
1541
Wildpark Kleefelder Hof
Hainzen
1639
Gruberhorn
1734
Hoher Zinken
1764
Postalm
Rinnkogel
1823
Salzkammergut Bundesstraße
Weißenbach
Hundsgfölloch
Wimmeralm
Strobler H.
Welser-H.
Sommerau
Trattberg
1757
Feuchter Keller
Hochwieskopf
1754
1642
Bad Goisern am Hallstättersee
Holzknechtmus.
Sankt Koloman
Mundartarchiv
Seewald
Außerlienbach-Alm
Jadorf
Kuchl
Kp. Wilhelm
15%
Gamsfeld
2028
Hohe Knall-H.
Goiserer H.
Ramsau
Strubau
Tennengau
Einberg
1689
Hochkalm-B.
1833
Golling an der Salzach
1585
Schwarzer B.
Aubachfall
Taborberg
1620
Rußbach am Pass Gschütt
Pass Gschütt
(957)
Österr. Romantikstraße
Scheffau am Tennengebirge
Lammeröfen
Voglau
Stocker
14%
17%
Gosau
Salzachöfen
Lammer
Strubberg
1205
Zum hl. Blasius
Lammerer
Pass Lueg
(552)
Oberscheffau
Abtenau
Lindenthal
Bad Abtenau
Freilichtmus. Gosauschmied
Arlerhof
Karalm
Zwieselalmhütte
Zwieselalm
Gablonzer H.
Gr. Schwarzkogel
1850
Frauenofenhöhle
Scheibling-K.
2289
Gr. Breitstein
2161
Salzburger Dolomitenstraße
Gr. Donner-Kg.
2054
Vd. Gosausee
Scharwand-H.
Tiergarten H.
Salzach
Pass Lueg
Tennengebirge
Gererhof u. Hagenmühle
Hochkogel
2281
Eisriesenwelt
Bleikogel
2411
Annaberg i. Lammertal
Stuhlalm
Th.-Körner-H.
Gosaukamm
Ht. Gosausee
Dr.-Friedrich-Ödl-Hs.
Eiskogel
2321
2431
Raucheck
Werfener H.
Hochthron
2360
2249
Tauern-Kg.
2459
Adamek-H.
Eiskeller
Lungötz
Mahdalm-H.
Hochkessel-K.
2454
Hoher Dachstein
Werfen
Werfen
Fromm
Lienköpfl
1536
2995
Korein
1850
A.-Proksch-H.
Werfenweng
Sankt Martin am Tennengebirge
Gerzkopf
1729
Pfarrwerfen
Pfarrwerfen
2247

GEBIETSÜBERSICHTSKARTE

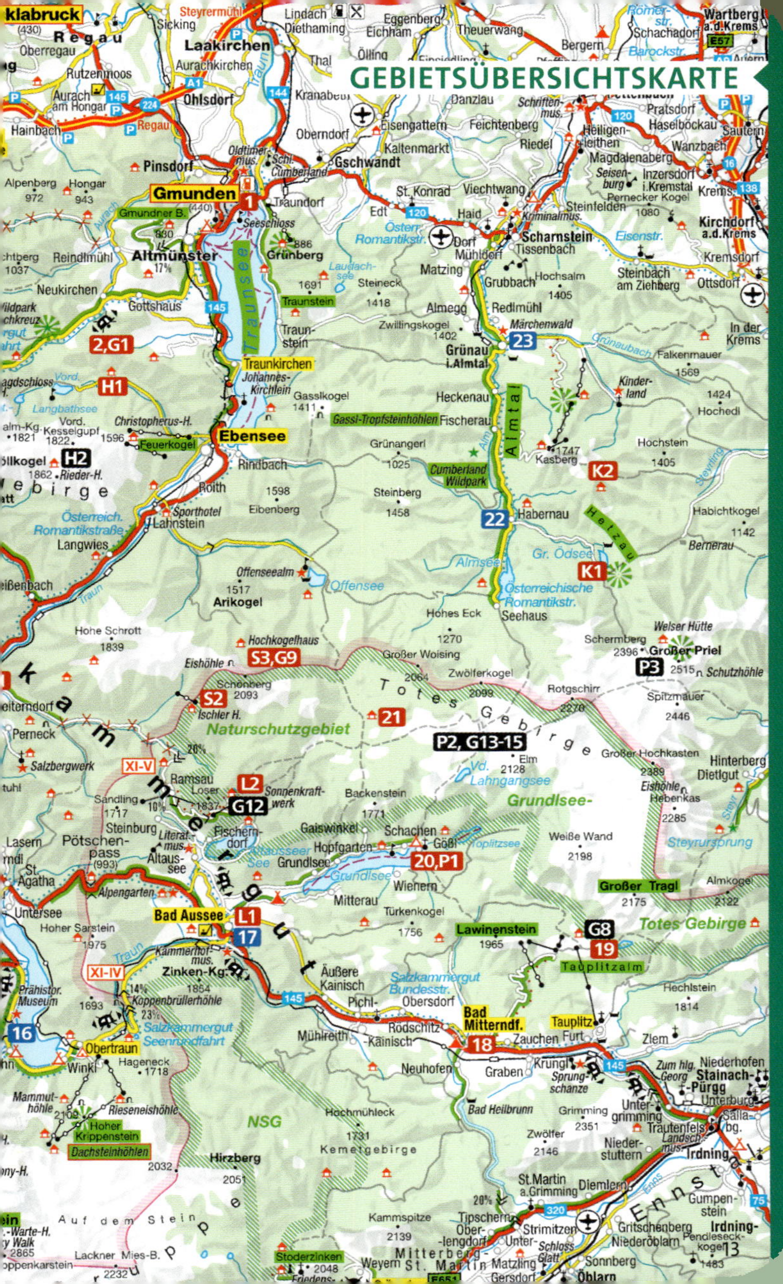

DAS GEBIET

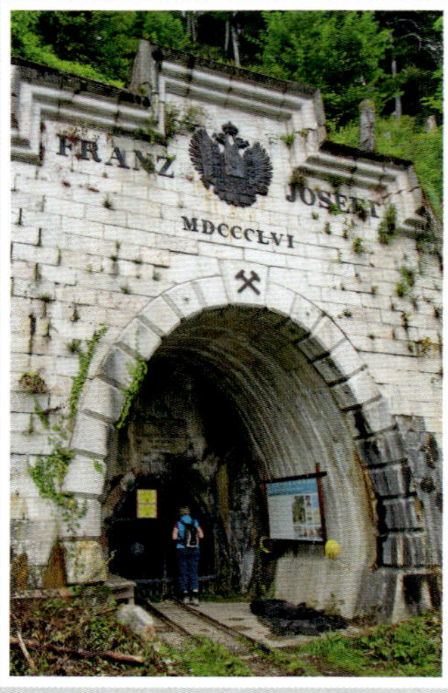

Ein Bergwerksstollen bei Hallstatt.

Salzkammergut – ein starker Name, der weit in die Geschichte zurückweist. Genauer gesagt über etwa 7.000 Jahre bis in die Jungsteinzeit, aus der die ältesten Spuren der Salznutzung im Bereich von Hallstatt und von Pfahlbausiedlungen am Mondsee stammen. Aufgrund der bedeutenden Funde haben Historiker sogar die Begriffe „Hallstattzeit" (800 bis 450 v. Chr.) und „Mondseekultur" (2800 bis 1800 v. Chr.) geprägt. Kein Wunder also, dass die UNESCO die Region Hallstatt – Dachstein Salzkammergut und den Raum Mondsee in die Liste des Weltkulturerbes aufnahm.

In geologischer Hinsicht ist das Gebiet zwischen dem fast 3.000 m hohen Dachstein und dem Traunsee, dem Fuschlsee und dem Almtal natürlich noch viel älter. Seine Entstehungsgeschichte begann vor mehr als 200 Millionen Jahren mit der Ablagerung tierischer Überreste im tropischen Tethys-Meer. Das dabei entstandene Kalkgestein, das bis heute eine auf wechselnde Umweltbedingungen zurückgehende Schicht zeigt, wurde vor etwa 60 Millionen Jahren durch die Urgewalten der Kontinentaldrift nach Norden verschoben und zu Gebirgszügen aufgefaltet. Die erhielten ihren „letzten Schliff" während der Eiszeiten. Gletscherströme frästen Täler aus und hinterließen nach ihrem letzten Abschmelzen vor etwa 15.000 bis 10.000 Jahren zahlreiche Becken, die sich mit Wasser füllten. Etwa 76 Seen findet man heute im Salzkammergut, und es kommen sogar noch neue dazu. Im Dachsteingebirge bestehen noch einige Gletscher, die jedoch seit 150 Jahren abschmelzen und dabei kleine Eisseen hinterlassen.

Salz, das „weiße Gold", wurde aber nicht nur in Hallstatt abgebaut, sondern auch bei Bad Ischl und im Ausseerland. Da wie dort lenkte die kaiserliche Hofkammer zu Wien seit dem Mittelalter das gesamte Wirtschaftsleben – daher der Name „Kammergut". Das Tagwerk der Bergknappen, der Arbeiter an den Sudpfannen und der Holzknechte, die für das dringend benötigte Brennmaterial zum Salzversieden sorgten, war hart.

Erst im 19. Jahrhundert brachte der aufkommende Tourismus ein wenig zusätzliches Einkommen. So ließen sich z. B. solvente Herrschaften damals von „Sesselträgern" auf die Berge schleppen – ebenfalls eine Schinderei, doch brachte schon ein Tragsessel-Ausflug von Altaussee zur nahen Ruine Pflindsberg den durchschnittlichen

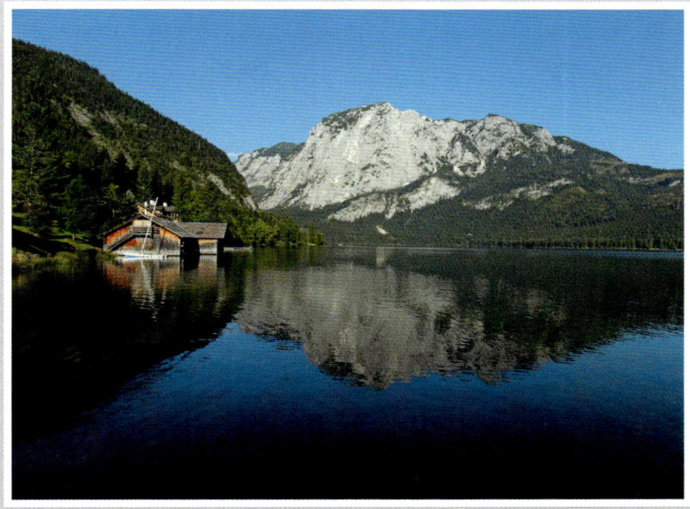

Der Altausseer See, „spiegelschwarz und wunderbar“ (Friedrich Torberg).

Wochenlohn eines Salinenarbeiters ein. Junge Bauernburschen oder Jäger (oder Wilderer) verdingten sich als Bergführer; am Dachstein und im Toten Gebirge entstanden die ersten Schutzhütten und Verbindungswege.

Zwischen 1830 und 1916 verbrachte Kaiser Franz Joseph beinahe jeden Sommer in Bad Ischl. In seinem Gefolge kamen Adelige und Reiche, aber auch viele Künstler und Intellektuelle, die sich hier nicht nur inspirieren, sondern auch so manche schmucke Villa bauen ließen. Bezeichnend für diese Blütezeit, in der die Sommerfrische zum Sommersalon wurde, ist etwa das vom Wiener Feuilletonisten Raoul Auernheimer stammende Bild des dunklen Altausseer Sees als riesiges Tintenfass, in das die Dichter ihre Federkiele eintauchen.

Die neue Zeit brachte auch neue Verkehrsmittel: 1834 erreichte die Pferdeeisenbahn Gmunden am Traunsee, 1839 lief dort der erste Raddampfer vom Stapel. Ab 1877 zogen Dampflokomotiven Salz und Sommerfrischler durchs Trauntal und – auf schmalspuriger Trasse – nach Salzburg hinüber. Seit 1893 rumpelt eine Zahnradbahn vom uralten Wallfahrtsort St. Wolfgang am Wolfgangsee auf den Schafberg, der rasch zur „Österreichischen Rigi“ avancierte. Die erste Seilbahngondel schwebte 1927 Richtung Feuerkogel und im Jahr darauf erstrahlte die Dachstein-Eishöhle zum ersten Mal im Glanz elektrischer Glühbirnen. Dieser nostalgische Charme prägt das Salzkammergut, das inzwischen zu einer der beliebtesten Tourismusregionen Österreichs aufgestiegen ist, bis heute.

SALZKAMMERGUT BERGESEEN TRAIL

Hohe Herrschaften wie Erzherzog Johann oder Kaiserin Elisabeth haben es durchwandert, Forscher wie Friedrich Simony, Dichter und Schriftsteller wie Nikolaus Lenau, Maler wie Ferdinand Georg Waldmüller, Musiker und Komponisten wie Johannes Brahms. Ob sie jemals daran gedacht haben, mit dem Wandern im Salzkammergut einfach nicht mehr aufzuhören? Von einem See zum nächsten zu gehen und gleich weiter zum übernächsten? Tag für Tag dem Ufer entlang, immer am glasklaren Wasser? Wochenlang durch stille Waldtäler, über sonnige Almwiesen und auf imposanten Bergen, die schon die Vorfreude auf das nächste Ziel anfachen?

Im Frühjahr 2017 wurde mit dem rund 370 Kilometer langen Salzkammergut BergeSeen Trail der erste Weitwanderweg im Salzkammergut aus der Taufe gehoben. Realisiert wurde er als Gemeinschaftsprojekt der Tourismusverbände der Region und der Salzkammergut Tourismus-Marketing GmbH mit dem Österreichischen Alpenverein und den Naturfreunden Salzkammergut.

Auf durchgehend mit dem Logo des Salzkammergut BergeSeen Trails gekennzeichneten Wegen verbindet er nicht weniger als 35 Seen – das ist wohl einzigartig in der Welt der Fernwanderrouten. Klettersteige sind dabei nicht zu überwinden, aber doch einige kurze, ausgesetzte Felspassagen, die Trittsicherheit, Schwindelfreiheit und entsprechend robustes Schuhwerk erfordern. Die meisten Etappen enden in Orten mit bester touristischer Infrastruktur und guten Nächtigungsmöglichkeiten, einzelne Strecken führen aber auch zu einsam gelegenen Gasthöfen oder alpinen Schutzhütten, die Bergromantik garantieren. Ein Unterkunftsverzeichnis im Anhang erleichtert Ihre Tourenplanung.

Dank seiner durchdachten Routenführung lässt der Salzkammergut BergeSeen Trail den Traum vieler Menschen, die das Salzkammergut lieben, wahr werden: 23 (oder mehr) Tage lang unterwegs zu sein, auf einer Rundtour von Gmunden am Traunsee über den Attersee nach St. Wolfgang, hinüber ins Mondseeland und ins Salzburger Land zum Fuschlsee, vorbei am Hintersee und quer durch die Osterhorngruppe, über die Postalm zurück zum Wolfgangsee und weiter nach Bad Ischl, auf die Katrin und zur Goiserer Hütte, hoch über Gosau dem Dachstein entgegen, vom Salzberg nach Hallstatt hinunter und vom Hallstätter See durchs Koppental ins steirische Ausseerland, vorbei am Ödensee und via Hinterbergtal auf die Tauplitzalm, im weiten Bogen zum Grundlsee, hinauf ins Tote Gebirge und durch seine Nordabstürze zum Offensee, weiter zum Almsee, durchs Almtal hinaus zuletzt über den Laudachsee wieder zum Ausgangspunkt zurück ...

Wer bei dieser Aufzählung nun schon ein wenig nach Luft schnappt, bedenke, dass sich durch die Benützung von Bus und Bahn, Schiff oder Seilbahn mancher Schweißtropfen einsparen lässt. So verliert dann auch der zu überwindende Gesamthöhenunterschied von über 14.000 Metern ein wenig von seiner Himalaya-Anmutung.

Dank der guten öffentlichen Verkehrsanbindung ist es auch kein Problem, den Salzkammergut BergeSeen Trail im Zuge einzelner Wochenend-Touren zu erwandern. Und wer dazu den einen oder anderen Rasttag einplant, macht aus dem Weitwanderweg den reinsten Genuss-Weitwanderweg!

Umgekehrt gibt es ja auch Menschen, die immer ein bisschen mehr wollen – und die werden ganz bestimmt die alpinen Varianten des Salzkammergut BergeSeen Trails ausprobieren. Allerdings: Droben im zerklüfteten Höllengebirge, im arktisch anmutenden Fels- und Gletscherreich des Dachsteins und in der unwegsamen Karstöde des Toten Gebirges ist dann nicht nur gute Kondition, sondern auch solide alpine Erfahrung gefragt. Einige dieser Etappen sind „schwarze“, also anspruchsvolle Routen für Bergsteiger, die gern einmal Hand an den Fels legen – und bei Gefahr durch aufziehende Unwetter, im Nebel oder bei Schneelage rechtzeitig umdrehen.

Viel einfacher sind die regionalen Wege des Salzkammergut BergeSeen Trails, die als Weitwander-Draufgabe den Attersee, den Irrsee und die Strubklamm bei Faistenau umrunden. Wer sie begeht, kann das Wandererlebnis rund um die Seen weiter vertiefen. Zu guter Letzt finden Sie in diesem Wanderführer auch einige Kurzbeschreibungen von Bergen und Gipfeln, die in der unmittelbaren Nähe des Weitwanderweges aufragen und eine großartige Aussicht versprechen.

Zuletzt sei noch darauf hingewiesen, dass der Salzkammergut BergeSeen Trail in Bad Mitterndorf und auf der Tauplitzalm den Steirischen Weitwanderweg „Vom Gletscher zum Wein“ kreuzt und damit eine Kombination dieser beiden Routen ermöglicht.
Nähere Infos: www.steiermark.com/de/urlaub/bewegen-und-natur/wandern/gletscher-wein-route

salzkammergut

BERGE SEEN TRAIL

Der Salzkammergut BergeSeen Trail im Internet

Unter trail.salzkammergut.at finden Sie alle News und aktuelle Informationen rund um den Weitwanderweg durch das Salzkammergut, seine alpine Varianten und seine regionalen Wege.

ALLGEMEINE TOURENHINWEISE

SCHWIERIGKEITSBEWERTUNG
Die Farben, mit denen die einzelnen Wegetappen gekennzeichnet sind, erleichtern die Einschätzung der zu erwartenden Anforderungen.

■ LEICHTE WANDERUNGEN
verlaufen meist auf gut angelegten, markierten Wegen ohne besondere Gefahrenstellen. Das schließt allerdings kurze, kräftige Steigungen nicht aus.

■ MITTELSCHWERE WEGE/PFADE
führen mitunter in (hoch-)alpines, steiles und felsiges Gelände. Abschüssige bzw. mit Stahlseilen gesicherte Stellen erfordern Trittsicherheit und Schwindelfreiheit.

■ SCHWERE TOUREN
sind anspruchsvoll und oft auch sehr lang. Sie bringen Sie in unwegsames und steilfelsiges Gelände, das bei Nebel, Schnee oder Vereisung gefährlich ist. Vorausgesetzt werden gute körperliche Kondition und Bergerfahrung.

DIE ANGEGEBENEN GEHZEITEN
sind nur unverbindliche Richtwerte. Planen Sie stets Zeitreserven ein!

AUSRÜSTUNG
Für alle Etappen benötigen Sie Wander- bzw. Bergschuhe mit Profilgummisohle sowie wind- und regendichte Kleidung. Reservewäsche zum Wechseln und eine kleine Notfallapotheke sollten ebenfalls im Rucksack sein. Wieviel Proviant Sie einpacken – das richtet sich nach der Anzahl an Einkehrmöglichkeiten. Auf jeden Fall sollten Sie genug zu Trinken mitnehmen. Teleskopstöcke sind vor allem beim Bergabgehen hilfreich, Grödel bei Vereisung im Herbst und Winter.

WETTER
www.alpenverein.at/portal/wetter; persönliche Beratung Tel. +43/512/291600 (Mo.–Fr., 13–18 Uhr).
Beobachten Sie unterwegs stets die Wetterentwicklung und kehren Sie bei Unwettergefahr rechtzeitig um.

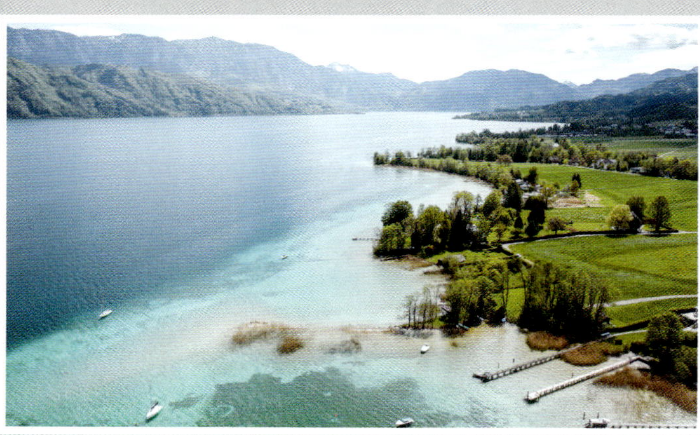

Die wunderbare Wasserwelt des Salzkammerguts – hier der Attersee.

GEFAHREN/BEEINTRÄCHTIGUNGEN

► Im alpinen Gelände ist auf die Gefahr durch Steinschlag zu achten.

► Bis in den Frühsommer hinein können Sie dort auf steile Schneefelder oder Firnrinnen stoßen – speziell bei Vereisung besteht dann akute Absturz- und damit Lebensgefahr!

► Durch Unwetterschäden, Forstarbeit oder Baumaßnahmen können einzelne Wegabschnitte zeitweise nur erschwert oder gar nicht passierbar sein.

► Kühe auf der Alm sind oft neugierig. Durch die Mutterkuhhaltung entwickeln sie einen ausgeprägten Trieb, ihre Kälber zu schützen. Bewegen Sie sich auf Kuhweiden also ruhig, halten Sie mindestens 20 m Distanz zu den Tieren und streicheln Sie keinesfalls Kälber! Bei Drohgebärden (Scharren, Stampfen) langsam rückwärts weggehen (nicht den Rücken zuwenden). Hunde an die Leine, sie dürfen Kühe nicht verbellen oder gar jagen. Bei einem Angriff muss man sie unbedingt von der Leine lassen.

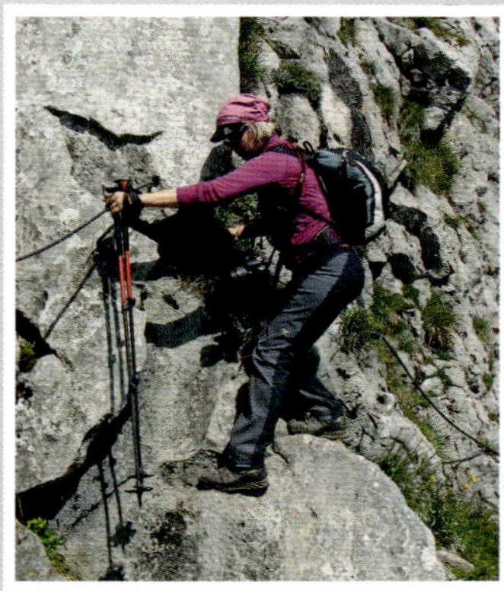

Vorsicht im Felsgelände!

ALPINES NOTSIGNAL

Innerhalb einer Minute 6 x rufen, pfeifen, blinken oder winken; dazwischen eine Minute Pause. Antwort: 3 Zeichen pro Minute.

NOTRUF: Tel. 140 oder 112.

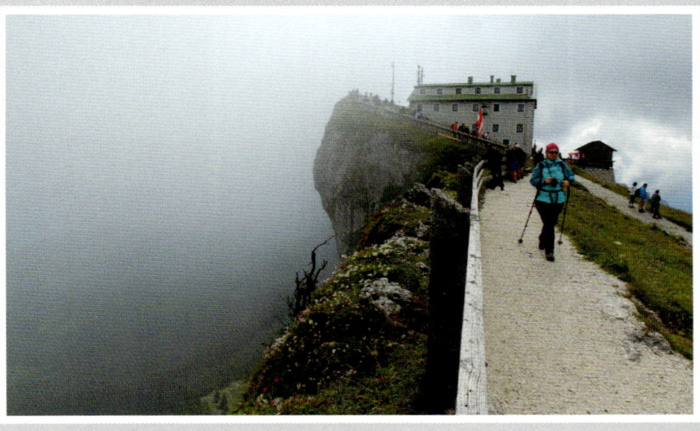

Auf dem Schafberg.

MEINE HIGHLIGHTS

1

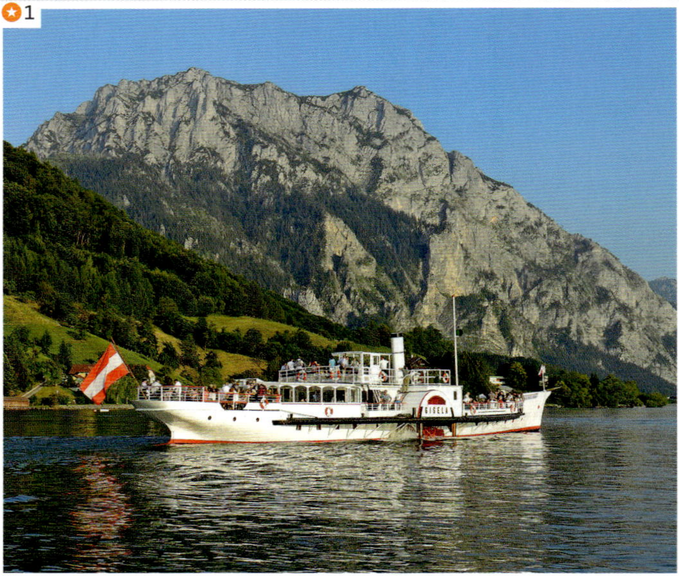

2

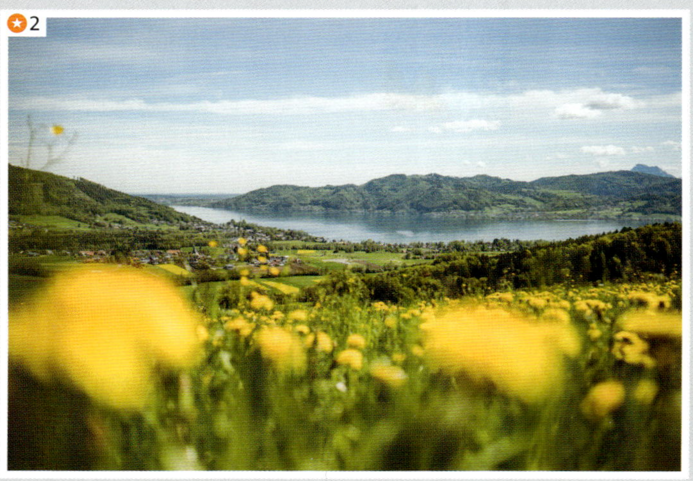

3

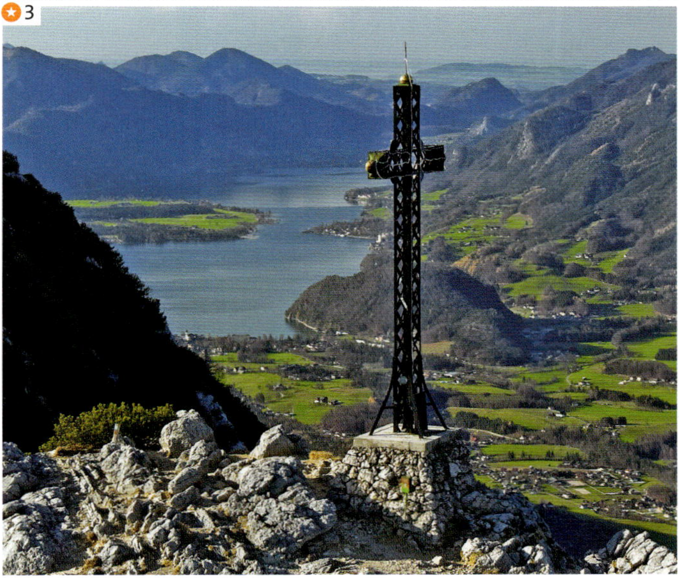

4

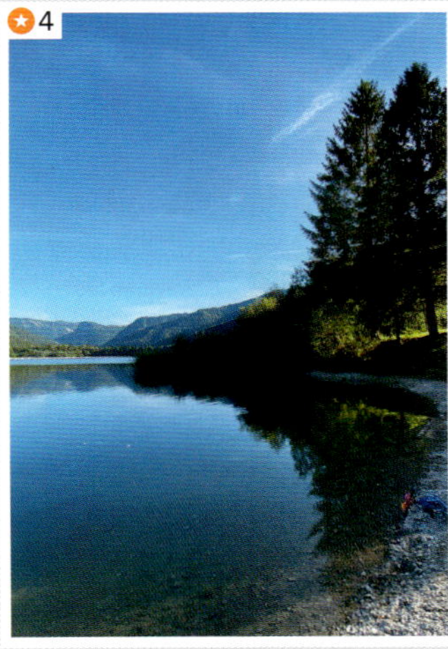

1: Mit dem Raddampfer „Gisela“ über den Traunsee
→ Tour 1, Seite 24

2: Der Kronbergplatz im Attergau – mit Blick zum Attersee
→ Tour A1, Seite 202

3: Die 7-Seenblick-Wanderung auf der Katrin bei Bad Ischl
→ Tour G6, Seite 250

4: Eine Rast am Hintersee in der Fuschlseeregion
→ Tour 8, Seite 58

MEINE HIGHLIGHTS

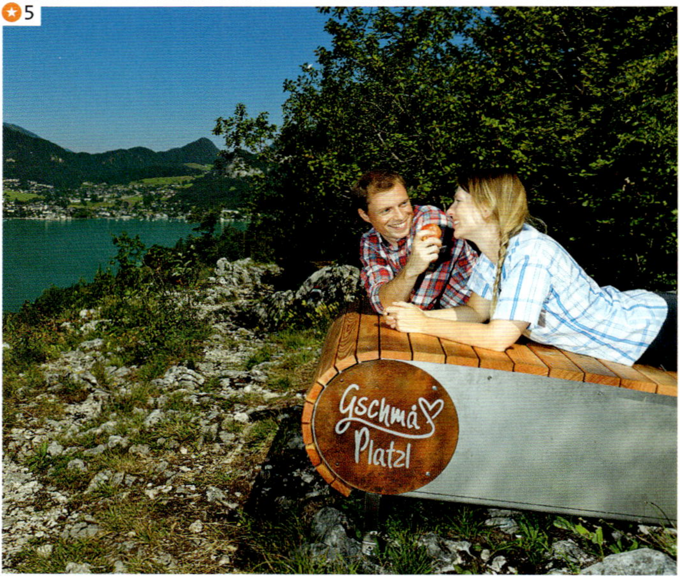

5: Ein Plätzchen zum Träumen am Wolfgangsee
→ Tour 4, Seite 42

6: Genussregion Ausseerland – am Ödensee
→ Tour 17, Seite 100

7: Der See im Löckernmoos oberhalb von Gosau
→ Tour 15, Seite 88

8: Der Irrsee – ein Schmuckstück des MondSeeLandes
→ Tour 12, Seite 227

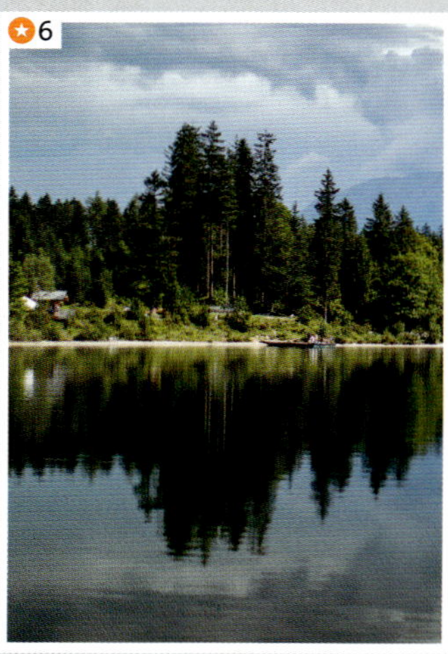

7

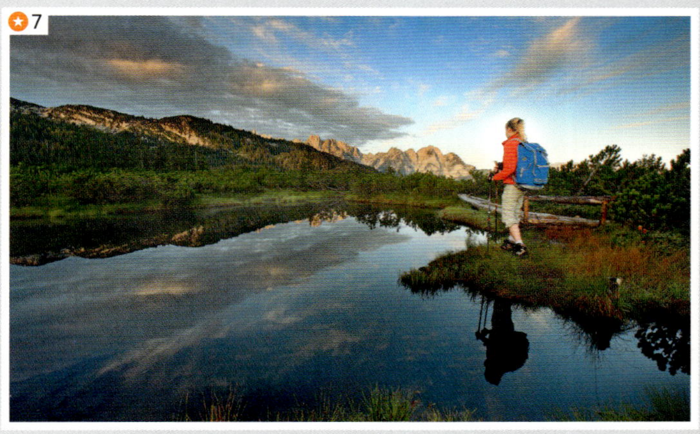

8

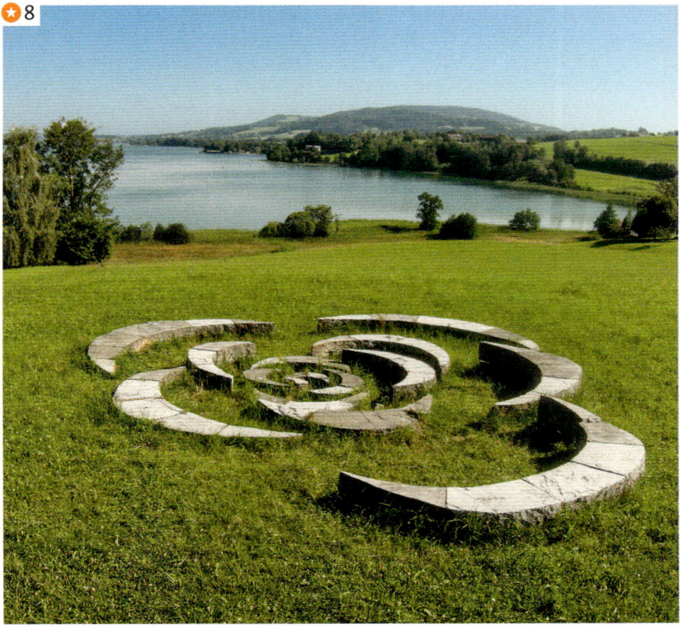

1

GMUNDEN – WINDLEGERN

1. Etappe: Auftakt über dem Traunsee

  15,1 km  5:05 h  716 hm  331 hm  18

 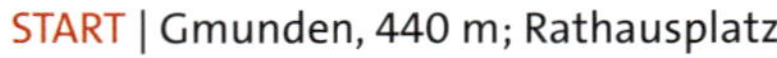

START | Gmunden, 440 m; Rathausplatz.
[GPS: UTM Zone 33 x: 410.239 m y: 5.307.817 m]
CHARAKTER | Lange, aber einfache Wanderung auf wenig befahrenen Nebenstraßen im Stadtbereich, Forststraßen, Waldwegen und Wiesenpfaden. Vor Neukirchen und dem Etappenziel erwarten Sie zwei steilere, nach Regen rutschige Abstiegspassagen, die Trittsicherheit erfordern.

Eigentlich ist der Auftakt des Salzkammergut BergeSeen Trails ja eine „blaue" Tour. Auf flachen oder sanft ansteigenden Straßen und Wegen geht's aus der Stadt Gmunden hinaus, und auch im Umfeld der freundlichen Marktgemeinde Altmünster bleiben die Steigungen im stets moderaten Bereich. Die Einschätzung „mittelschwer" bezieht sich lediglich auf eine kurze Abstiegsstelle vor dem Dorf Neukirchen und vor allem auf den letzten Abstieg, der einen Vorgeschmack auf die alpineren Abschnitte des Weitwanderweges gibt. Einen Vorgeschmack dürfen Sie aber auch auf die landschaftliche Schönheit des Salzkammerguts erwarten – etwa beim Blick über den Traunsee (mit dem berühmten Seeschloss Ort) zum mächtigen Traunstein, bei der Durchquerung einer Minischlucht inmitten gepflegten Bauernlandes und bei der Sicht zu den Felsabbrüchen des Höllengebirges und zum Traunstein.

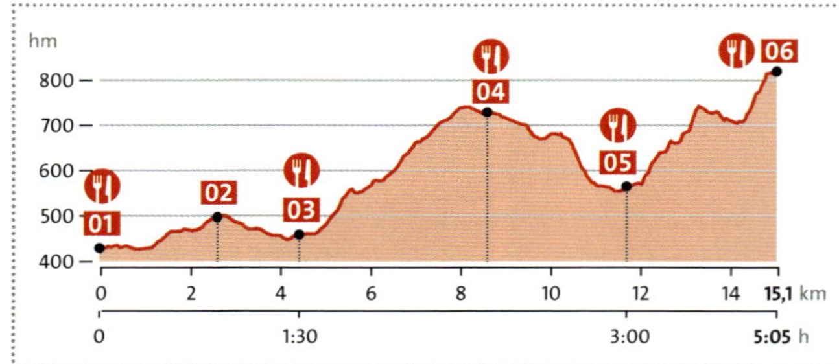

01 Gmunden, Rathausplatz, 440 m; 02 SOS Kinderdorf, 500 m; 03 Altmünster, 442 m; 04 Gasthof Reschenwirt, 733 m; 05 Neukirchen, 566 m; 06 Gasthof Windlegern, 816 m

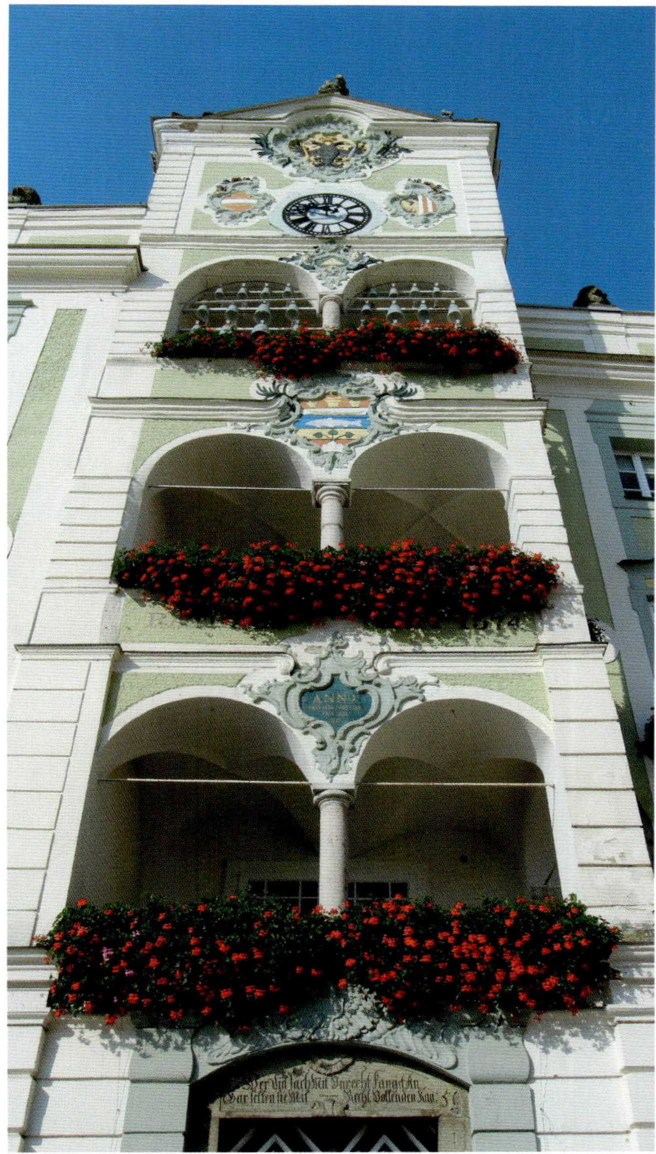

Das Gmundner Rathaus mit seinem berühmten Keramik-Glockenspiel.

Sie starten am **Rathausplatz** 01 im Stadtzentrum von **Gmunden**, direkt vor dem wunderschönen Rathaus. Über den Franz-Schubert-Platz gelangen Sie rechts zur Esplanade, auf der Sie – mit herrlichem Blick zum Schloss Ort und zum Traunstein – neben dem Traunseeufer dahinwandern. Dabei passieren Sie den Kurpark, die Konditorei Baumgartner, den Yachtclub und die Freizeitanlage Lehenaufsatz. Danach folgen Sie der Dr.-Franz-Thomas-Straße noch gut 150 m, bis Sie die Fahrbahn bei der Beschilderung des Salzkammergut-Radweges nach rechts – Richtung „Seewalchen/Pinsdorf" – auf dem Zebrastreifen queren. Drüben erreichen Sie die Franz-Reisenbichler-Straße, von der Sie gleich links wieder auf die Pensionatstraße einschwenken. Bei der folgenden Gabelung links auf dem schmalen Mitterweg weiter und nach ca. 300 m rechts den Johann-Nepomuk-David-Weg hinauf. Oben erreichen Sie wieder die Pensionatstraße, auf der Sie links die Gmundner Umfahrungsstraße überbrücken. Danach rechts auf der Württembergstraße an der Volksbank-Arena vorbei zum Hotel Wildschütz. Kurz danach rechts nach dem Schild „SOS-Kinderdorf" durch Wald zu einer Kreuzung hinauf und links ins **SOS-Kinderdorf** 02 (500 m).

Auf der Kinderdorfstraße gehen Sie erst links, dann rechts zum Verwaltungsgebäude, das Sie rechts umrunden. Davor beginnt ein schmaler Kiesweg, der gerade in den Wald führt. Dort links Richtung „Altmünster" hinab und vor der Sunday Ranch rechts auf einen aussichtsreichen Wiesenrücken. Einige Laubbäume zeigen an, wo Sie links abzweigen, um dem „Themenweg Altmünster" (Infotafeln) hinab zum Harstubenweg zu folgen. Auf diesem nach rechts. Auf der anschließenden Lindenstraße kommen Sie zur Münsterstraße, die links zur Pfarrkirche von **Altmünster** 03 (442 m) führt. 1:30 h

Hinweis: Von Gmunden (Rathausplatz) kann man auch mit dem Schiff nach Altmünster fahren.

Nun führt der Salzkammergut Trail rechts über die Marktstraße hinauf. Nach 450 m zweigen Sie links auf die Bahnhofstraße ab – ab nun leiten Sie die Wegweiser Richtung „Grasberg". Nach 100 m rechts auf die Stücklbachstraße einschwenken. Bald geht's auf einem Fußweg zwischen Wald und Siedlungsgebiet bergauf und unter der Eisenbahnbrücke durch. Dahinter beginnt links die zauberhafte Waldschlucht des Stücklbachgrabens. Dort steigt der Weg neben kleinen Wasserfällen zu einer Abzweigung an. Links im waldschattigen Canyon bleibend zur nächsten Gabelung und von dort links über den Holzsteg auf die andere Talseite. Dort erreichen Sie eine Asphaltstraße, auf der Sie rechts nach der Beschilderung „Grasberg" hinaufwandern.

Bei der nächsten Abzweigung rechts bleiben. Vorbei an einem Bauernhof kommen Sie ins Gebiet um den Miedlhof. Dort links Richtung „Grasberg" zu einem Haus und davor rechts nach dem Wegweiser „Reschenwirt" auf einem Wiesenpfad zu einem Bauernhof hinauf. Dahinter nach rechts und vor den Garagen links über die Wiese zum nahen Güterweg, auf dem Sie links auf die aussichtsreiche Wiesenkuppe des Grasbergs ansteigen. Dort oben zweigen Sie

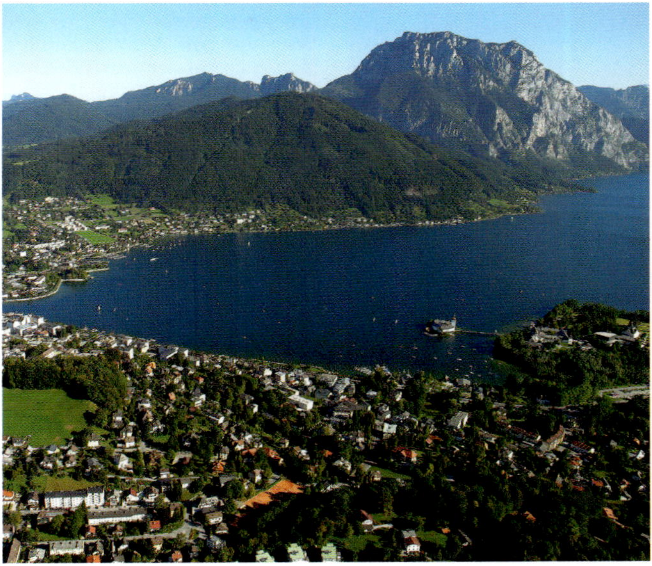

Mit Blick zum berühmten Schloss Ort geht's nach Altmünster hinüber.

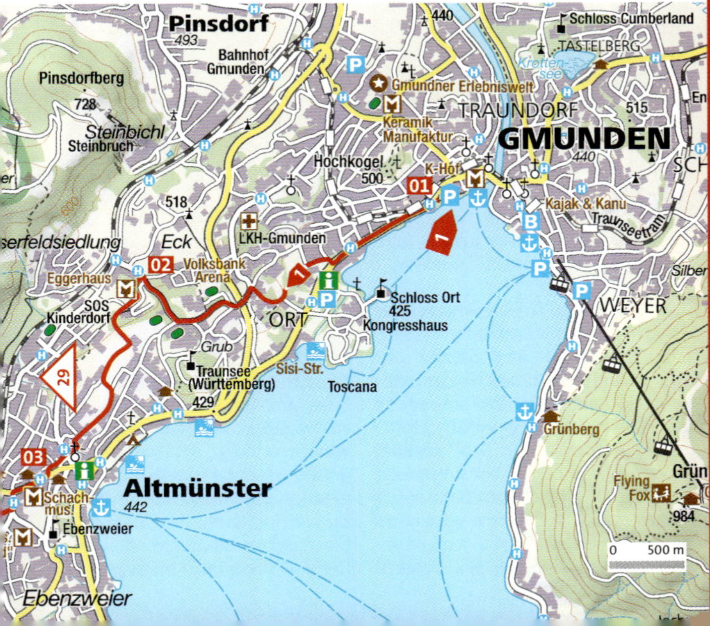

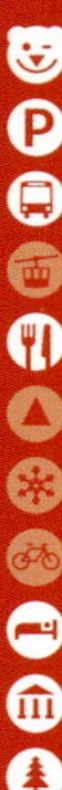

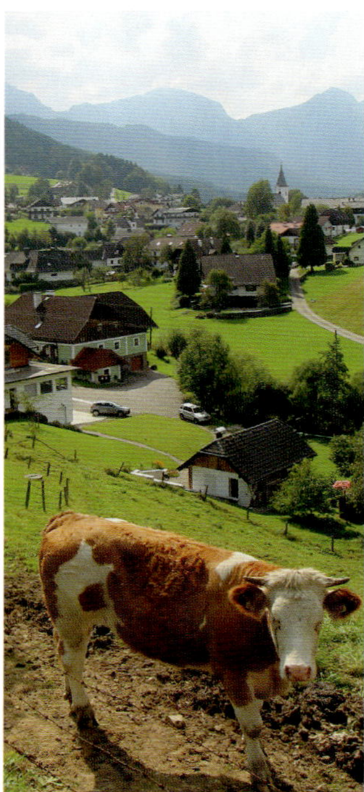

Neukirchen vor dem Höllengebirge.

vor einem Bauernhof rechts auf den beschilderten „Rundweg Reschenwirt“ ab. Dieser führt über den flachen Wiesenrücken zum **Gasthof Reschenwirt** 04 (743 m).

Von dort leiten Sie die Schilder des Wanderweges 1 Richtung Neukirchen. Kurz auf der Straße abwärts und neben der Hecke eines Hauses nach links über die Wiese zu einem Fahrweg hinab (Hochspannungsleitung). Auf diesem nach rechts und bei der folgenden Abzweigung links zum Bauernhof Graminger. Auf Feldwegen und Hauszufahrten geht's nun quer durch die Südhänge, bis schließlich ein schmaler Pfad über eine Wiese in den Wald hinabführt. Dort nach links und steil abwärts, bis ein Schild am Waldrand scharf nach rechts weist. Über einen kleinen Graben erreichen Sie einen weiteren Bauernhof. Auf seiner Zufahrtsstraße hinab ins Tal und auf der Hauptstraße rechts nach **Neukirchen** 05 (743 m). 1:45 h

Hinweis: Busverbindung (Linie 522) von Gmunden (Busbahnhof in der Habertstraße hinter der Stadtpfarrkirche) nach Neukirchen.

Vom Platz vor der Kirche folgen Sie der Beschilderung „Viechtauer Heimathaus, Windlegernweg“ und gehen zur nächsten Gabelung hinauf. Von dort rechts auf den Kalvarienberg (Wegweiser „Windlegern“). Im steilen Bereich oberhalb der Kalvarienbergkirche zweigen Sie links ab, nach einem hohen Mammutbaum bleiben Sie zweimal rechts. Dann geht's auf der Schotterstraße an einem „Wunschbaum“ vorbei und durch die Waldhänge des Kollmannsbergs bergauf. Weiter oben zweigen Sie rechts ab und wandern wieder abwärts. Zuletzt folgt der Salzkammergut Trail dem links abzweigenden und bald stärker ansteigenden Wanderweg durch lichten Wald zum weitum bekannten **Almgasthof Windlegern** 06 (816 m). 1:15 h

Variante zur Hochsteinalm: Auf einer Straße gegen Süden zu einer Kapelle und zum Waldrand, dann links ansteigend hinauf zu einer Forststraße, die man nach links weiter verfolgt und so nach ungefähr 1 km zu einem Wegweiser gelangt. Geradeaus führt die Straße zur Hochsteinalm (25 Minuten, Übernachtungsmöglichkeit, Montag und Dienstag Ruhetag).

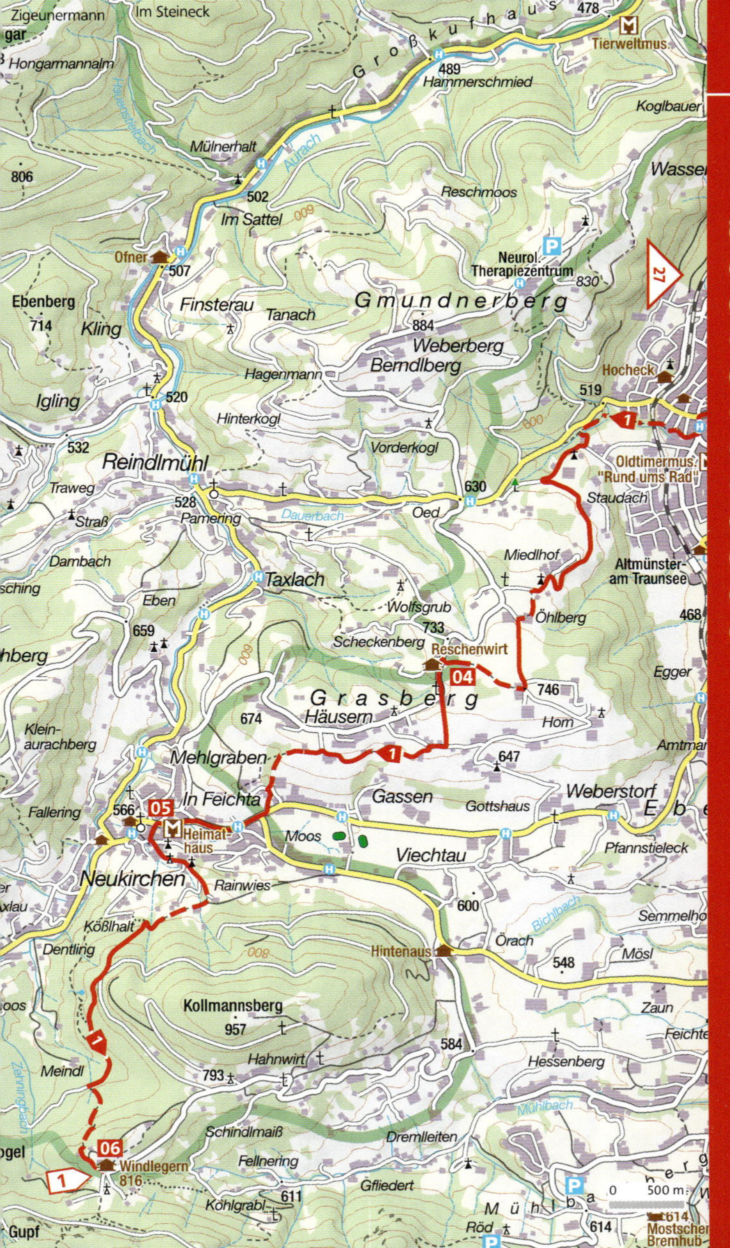

Zigeunermann
Im Steineck
Hongarmannalm
Großkufhaus
478
Tierweltmus.
489
Hammerschmied
Koglbauer
Mülnerhalt
Aurach
806
502
Im Sattel
Reschmoos
Ofner
507
Neurol. Therapiezentrum
830
27
Ebenberg
714
Kling
Finsterau
Tanach
Gmundnerberg
884
Weberberg
Berndlberg
Hagenmann
Hocheck
Igling
520
519
Hinterkogl
532
Vorderkogl
Reindlmühl
Oldtimermus. "Rund ums Rad"
Traweg
528
630
Straß
Pamering
Dauerbach
Oed
Staudach
Dambach
Miedlhof
Taxlach
Altmünster am Traunsee
Eben
Wolfsgrub
Öhlberg
659
733
468
Scheckenberg
Reschenwirt
04
Grasberg
746
Egger
674
Häusern
Horn
Klein-aurachberg
647
Mehlgraben
1
In Feichta
Gassen
Gottshaus
Weberstorf
Fallering
566
05
Heimathaus
Moos
Viechtau
Pfannstieleck
Neukirchen
Rainwies
600
Semmelho
Kößlhalt
Dentling
Örach
Bichlbach
Hintenaus
548
Mösl
Kollmannsberg
Zaun
957
584
Hahnwirt
Hessenberg
Meindl
793
Schindlmaiß
Mühlbach
Dremlleiten
06
Windlegern
816
Fellnering
Gfliedert
Köhlgrabl
611
0
500 m
614
Mostschenke Bremhub
Mühlbach
Röd
614
Gupf

WINDLEGERN – LANGBATHSEE – STEINBACH AM ATTERSEE

2. Etappe: Seenromantik unter dem Höllengebirge

 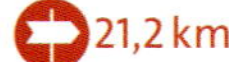 21,2 km  7:00 h  682 hm  1002 hm 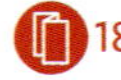 18

START | Gasthof Windlegern, 816m.
[GPS: UTM Zone 33 x: 403.248 m y: 5.300.845 m]
CHARAKTER | Abwechslungsreiche Wanderung auf Forststraßen und Waldwegen.

Die zweite Etappe des Salzkammergut BergeSeen Trails steht ganz im Banne des Höllengebirges. Die Route führt direkt unter den felsigen Nordabstürzen dieses mächtigen, etwa 17 km langen und bis zu 1.862 m hoch aufragenden Gebirgszuges dahin. Dabei kommen Sie an drei zauberhaften, aber landschaftlich recht unterschiedlichen Bergseen vorbei und landen zuletzt am Ostufer des größten aller Salzkammergut-Gewässer: am 19,7 km langen Attersee.

Vom **Almgasthof Windlegern** 01 (816 m) wandert man auf einer Straße gegen Süden zu einer Kapelle und zum Waldrand, dann links ansteigend hinauf zu einer Forststraße, die man nach links weiter verfolgt und so nach ungefähr 1 km zu einem Wegweiser gelangt. Rechts Richtung „Kreh, Langbathsee“ auf den Wanderweg Nr. 839 abzweigen. Dieser führt über einen Waldsattel und schlängelt sich dann durch steile Waldhänge ins Langbathtal hinunter. Durch einen Seitengraben errei-

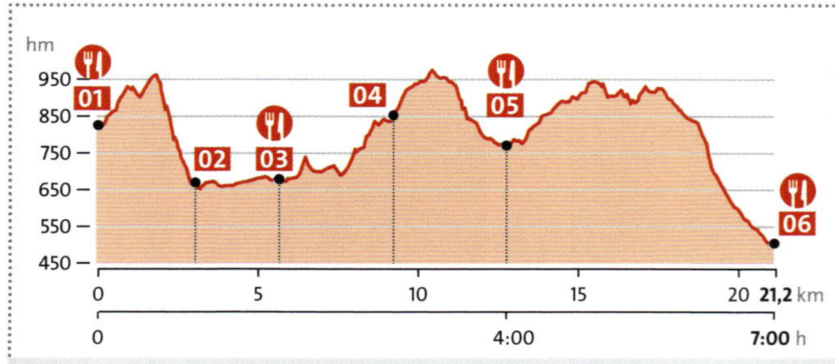

01 Windlegern, 816 m; 02 Parkplatz Kreh, 647 m;
03 Vorderer Langbathsee, 664 m; 04 Lueg- Sattel, 830 m;
05 Taferlklause, 780 m; 06 Steinbach am Attersee, 509 m

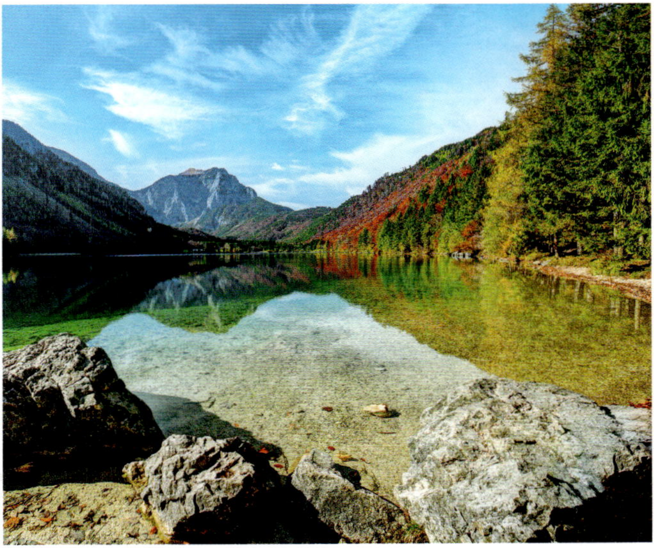

Vorderer Langbathsee mit Spielberg und Brunnkogel (oben) sowie mit dem Alberfeldkogel (unten).

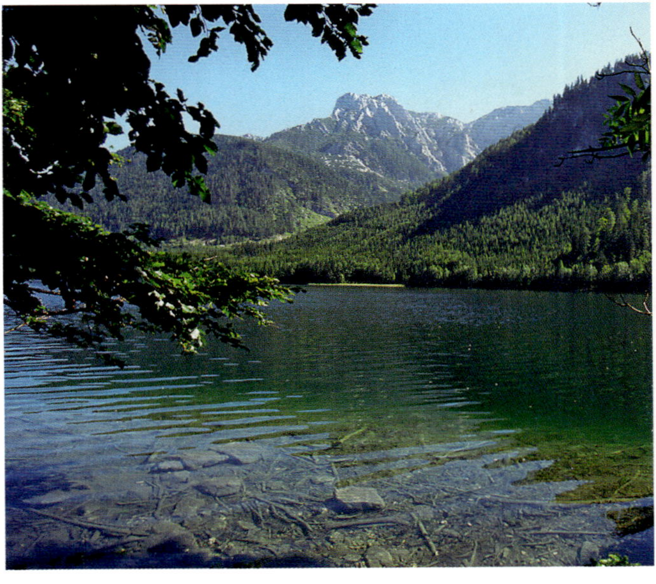

chen Sie das einstige Gasthaus In der Kreh (647 m). 1:00 h

Beim **Parkplatz Kreh** 02 überqueren Sie die Straße. Der dort abzweigende Weg führt auf einer Brücke über den Langbathbach und an einem kleinen Haus vorbei zu einer nahen Forststraße. Dieser folgen Sie etwa 2 km nach rechts ins bewaldete Langbathtal hinein, bis Sie beim Kaltenbach rechts wieder zur Straße gelangen. Links zum nahen Parkplatz am **Vorderen Langbathsee** 03 (664 m), in dem sich der Brunnkogel und die Felswände des Spielbergs spiegeln.

Rechts geht's nun zum Langbathsee-Stüberl, auf der Seestraße dem Nordufer entlang und dann durch das flache Waldtal weiter zum Hinteren Langbathsee. Vom See geht man ein kurzes Stück zurück, dann zweigt man links auf einen Steig ab und kommt zu einer Forststraße. Nun entweder auf der Straße oder auf dem Steig (Weg Nr. 13) weiter hinauf zum **Lueg-Sattel** 04 (830 m).

Dort bleiben Sie links auf der weiterhin ansteigenden Forststraße. Bei der folgenden Abzweigung rechts auf der Haupttrasse aufwärts. Bei der nächsten Gabelung zweigen Sie links ab, um bald darauf den Sattel (875 m) zwischen dem Waldhügel der Hohen Lueg und dem 1.538 m hohen, felsigen Hinteren Spielberg zu überqueren. Dahinter endet die Straße und es

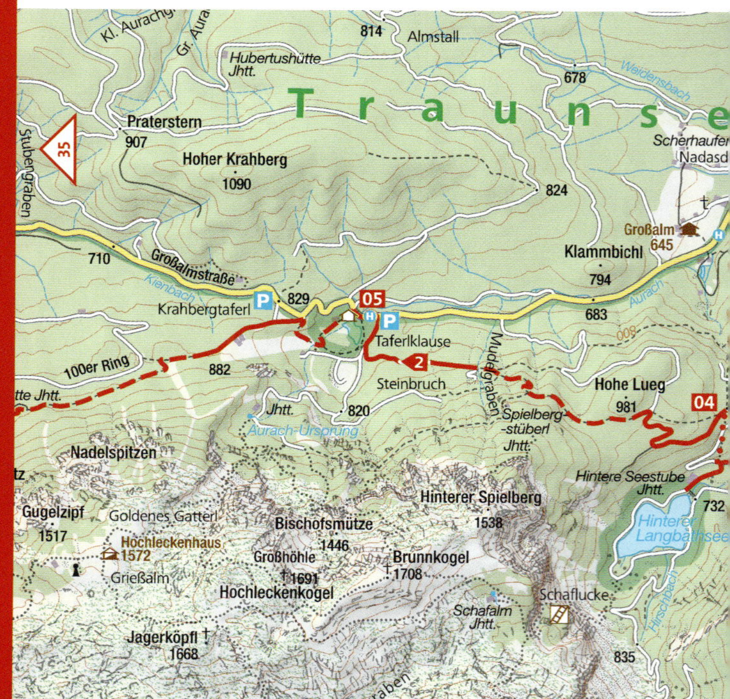

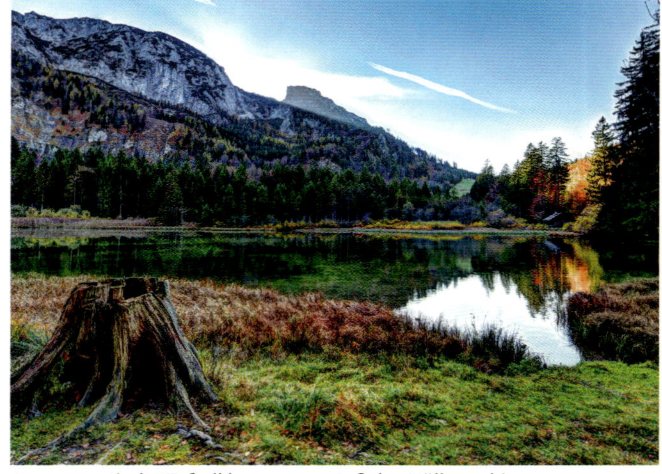

Der romantische Taferlklaussee am Fuß des Höllengebirges.

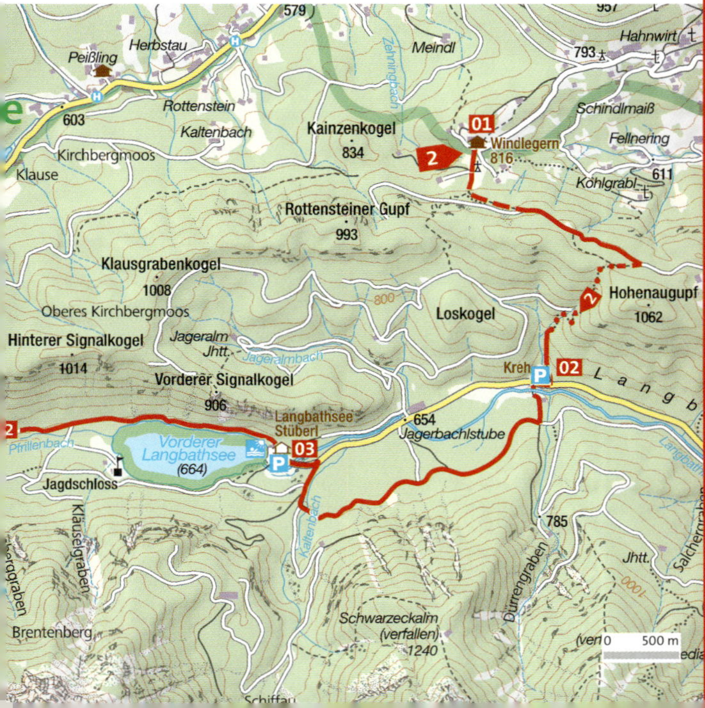

579
957
Herbstau
Peißling
Meindl
Zehningbach
Hahnwirt
793
Rottenstein
603
Kaltenbach
Kainzenkogel
834
01
Windlegern
816
Schindlmaiß
Fellnering
Kirchbergmoos
Klause
Kohlgrabl
611
Rottensteiner Gupf
993
Klausgrabenkogel
1008
Oberes Kirchbergmoos
800
Loskogel
Hohenaugupf
1062
Hinterer Signalkogel
1014
Jageralm
Jhtt.
Jageralmbach
Kreh
02
Langb
Vorderer Signalkogel
906
Langbathsee
Stüberl
654
Jagerbachlstube
Pfrillenbach
Vorderer
Langbathsee
(664)
03
Jagdschloss
Kaltenbach
Langbath
Klauselgraben
785
Dürrengraben
Jhtt.
Salchergraben
1000
Schwarzeckalm
(verfallen)
1240
Brentenberg
0 500 m
Schiffau

geht auf dem Jägersteig weiter. Dieser markierte Waldpfad führt stellenweise steil bergab, bis Sie im Mudelgraben eine weitere Forststraße erreichen. Diese führt hinab zur Großalmstraße, auf der Sie nur wenige Schritte links zur **Taferlklause** 05 (780 m) gehen. Hinter der Brücke liegt der kleine, romantische Taferlklaussee, der einst für die Holztrift am Fuße des Höllengebirges angelegt wurde. 3:00 h

Vom Parkplatz gleich neben der Brücke wandern Sie links zu einem Rastplatz am See (Holzhütte), zu einer nahen Skipiste und rechts daneben zum Parkplatz der Hochlecken-Skilifte hinauf. Links über die Fläche zum (sommerlich geschlossenen) Liftstüberl und kurz weiter zum oberen Skilift, hinter dem der beschilderte Valerieweg links abzweigt. Dieser historische Pfad, der zu Ehren der Tochter von Kaiserin Elisabeth benannt wurde, führt ohne größere Höhenunterschiede unter dem Höllengebirge Richtung Weißenbach am Attersee. Gestattet war seine Begehung einst nur den Förstern zur Überwachung ihrer Holzknechte.

Sie folgen dieser Route nun gut 2 km durch Waldhänge und über einige Schuttmuren, bis Sie unterhalb der Adlerspitzen den Hüttenweg des Hochleckenhauses erreichen. Geradeaus auf dem Valerieweg Richtung „Forstamt, Weißenbach“ weiter. Nun folgt der schönste Abschnitt dieses Pfades,

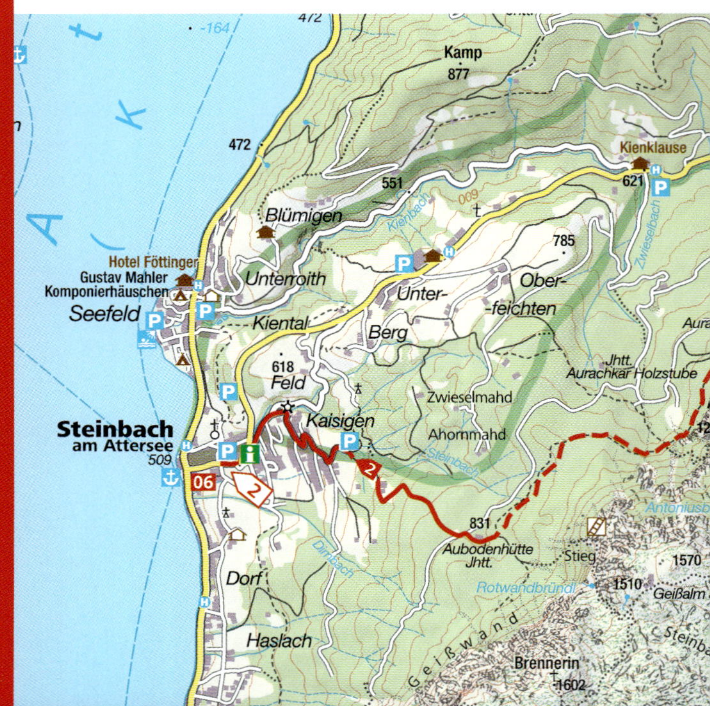

der schließlich oberhalb der Auboden-Jagdhütte (831 m) in den Weg Nr. 822 („Stieg“) einmündet. Rechts hinab zu einer quer verlaufenden Forststraße, der Sie einige Meter nach links folgen. Dann zweigen Sie rechts nach der Beschilderung „Steinbach“ ab und wandern durch Wald zu den obersten Häusern hinunter. Dort erreichen Sie eine Straße, die durch den Weiler Kaisigen nach **Steinbach am Attersee** 06 (509 m), dem ÖAV-Bergsteigerdorf im Naturpark Attersee-Traunsee, führt.

Tourismusbüro im Gemeindehaus (Steinbach Nr. 5) rechts der Großalmstraße, gegenüber der Pfarrkirche, Bushaltestelle und Schiffsanlegestelle unten am See. 3:00 h

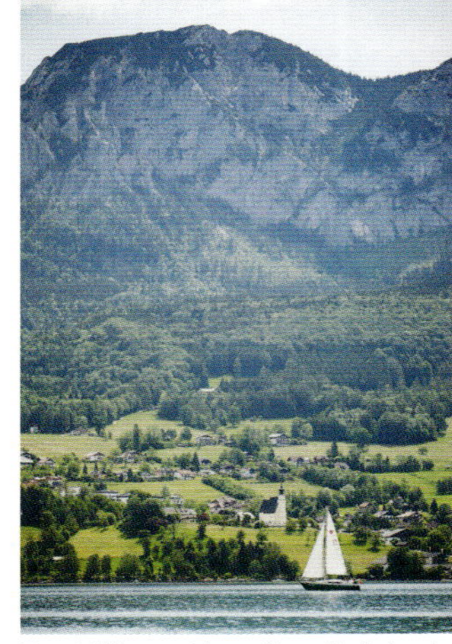

Das Höllengebirge über Steinbach.

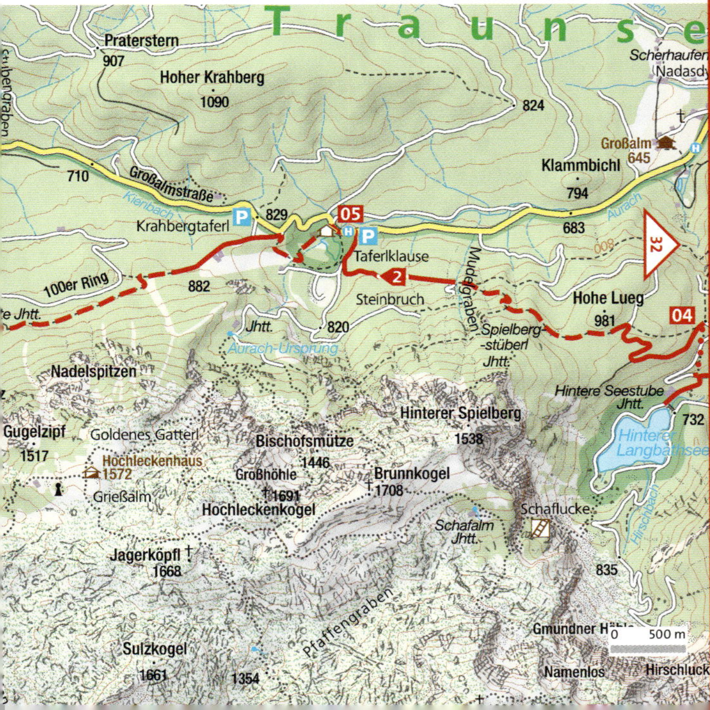

STEINBACH AM ATTERSEE – ST. WOLFGANG

3. Etappe: Auf zum Wolfgangsee!

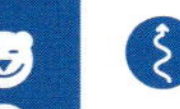  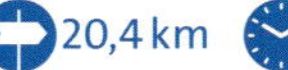  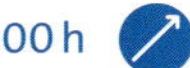 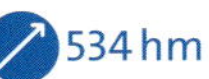  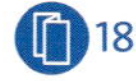

20,4 km | 6:00 h | 534 hm | 462 hm | 18

START | Steinbach am Attersee, 509 m.
[GPS: UTM Zone 33 x: 391.425 m y: 5.298.430 m]
CHARAKTER | Lange, aber landschaftlich sehr vielfältige Wanderung auf Forststraßen und Waldwegen.

Die 3. Etappe des Salzkammergut BergeSeen Trails führt ins Herz der Region hinein – vom Attersee über die stillen Höhen um den Schwarzensee zum Wolfgangsee.

▶ Vom Tourismusbüro in **Steinbach am Attersee** 01 gehen Sie neben der Volksschule zur nahen Großalmstraße, die Sie überqueren. Geradeaus nach dem Wegweiser „Nikoloweg“ und von der folgenden Gabelung links auf dem Ernst-Bitterlich-Weg weiter. Sich rechts haltend gelangen Sie durch den Dürrenbachgraben zu einer Wiese, wo der schmale Nikoloweg rechts abzweigt. Er führt im sanften Auf und Ab durch Waldhänge, weist an einer Stelle Stufen auf und quert einige Forststraßen, bei denen Sie stets der Beschilderung Richtung Weißenbach folgen. Nach 45 Minuten gehen Sie oberhalb des Forstamts geradeaus über den Brennerriesensteig und steigen danach etwas an. Nach einer weiteren Abzweigung geht's ins steile Schutzwaldgelände unter dem Höllengebirge, vorbei an einem Rastplatz und an der Abzweigung des Attersee-Klettersteiges. Der mit

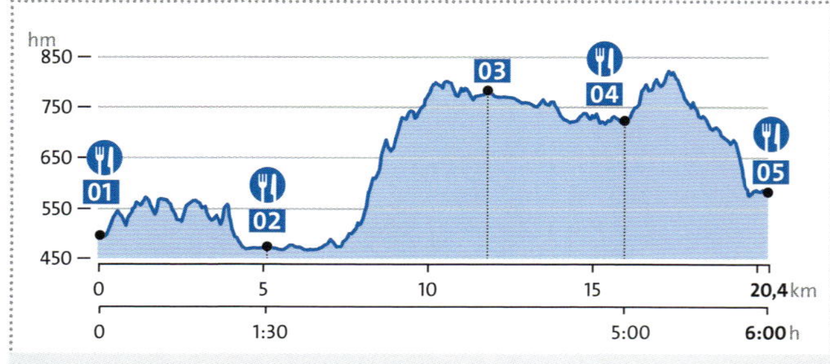

01 Steinbach am Attersee, 509 m; 02 Weißenbach am Attersee, 470 m; 03 Moosalm, 772 m; 04 Schwarzensee, 716 m; 05 St. Wolfgang, 548 m

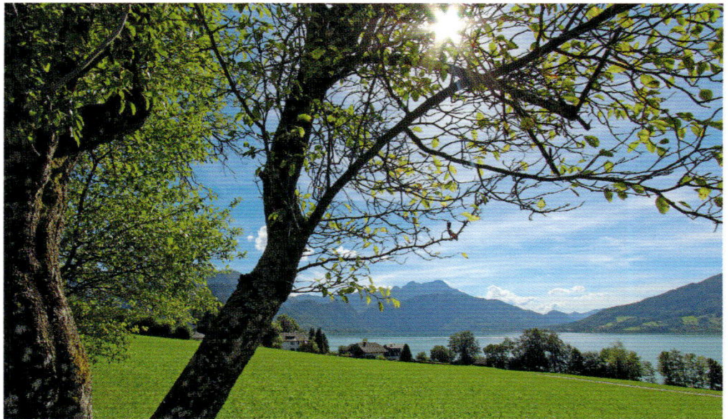

Gleich nach dem Start zeigt sich die Atterseelandschaft in voller Pracht.

Geländern abgesicherte Weg führt durch eine Felsflanke. Sie steigen über eine Metalltreppe ab und passieren eine kurze mit einem Stahlseil gesicherte Passage. Nach den Schutzmauern gegen Steinschlag führt rechts ein Weg zur Bundesstraße hinunter. Geradeaus kommen Sie dagegen zur nahen St.-Nikolaus-Kapelle. Von dort gehen Sie scharf nach rechts einige Schritte zu einer Villa und rechts – vorbei an einer riesigen Rotbuche – zurück zum Hotel Post in **Weißenbach am Attersee** 02 (470 m). Bushaltestelle und Schiffsanlegestelle an der Bundesstraße. 1:30 h

Gipfelabstecher auf den **Großen Schoberstein** (1.037 m) – siehe Tour G2, Seite 240.

Von der nahen Straßenabzweigung gehen Sie Richtung Unterach, schwenken kurz darauf rechts auf den Friedrich-Gulda-Weg ein

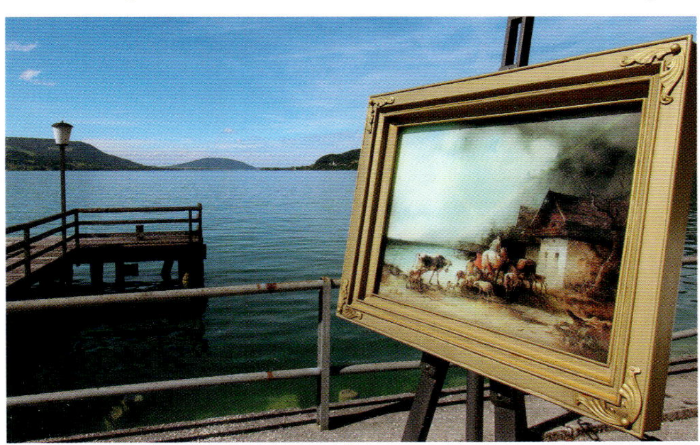

Künstlerspuren in Weißenbach am Attersee.

und folgen schließlich wieder der Bundesstraße (Gehsteig) über die Weißenbachbrücke und zum Atterseeufer (das nun die Grenze zum Bundesland Salzburg bildet). Folgen Sie dem Rad- und Gehweg neben der Fahrbahn bis zu einem Parkplatz. Gleich danach zeigt das Schild „Eisenau, Schwarzensee, St. Wolfgang" nach links – dort überqueren Sie die Fahrbahn zur Abzweigung einer Forststraße.

Hinweis: Busverbindung (Linie 562) von Steinbach nach Unterburgau.

Auf der Schotterstraße geht's nun – nach den Markierungen der Weitwanderwege 04 und 06 – Richtung „Eisenau, Schwarzensee" empor. In Kehren wandern Sie durch Waldhänge hinauf, bleiben bei einer Abzweigung rechts und erreichen das Gebiet der alten Lasseralm. Neben dem gleichnamigen Bach steigen Sie weiter an, bis Sie über einen 800 m hoch gelegenen Sattel in einen Graben und zur – wieder im Land Oberösterreich gelegenen – **Moosalm** 03 (772 m) kommen.

Die links abzweigende Forststraße führt neben dem Moosbach und einer Stromleitung vorbei an den Feuchtwiesen in der Nähe der Gschwandtner Hütte zum **Schwarzensee** 04 (716 m). Vom Nordende des Sees wandern Sie rechts entlang des Ufers zu den Gaststätteen „Zur Lore" und „Almstadl", die zur Einkehr einladen. 5:00 h

Beim Almstadl zweigen Sie auf den Sattelweg (Nr. 28) Richtung St. Wolfgang ab. Neben dem Schwarzenbach und durch Wald anstei-

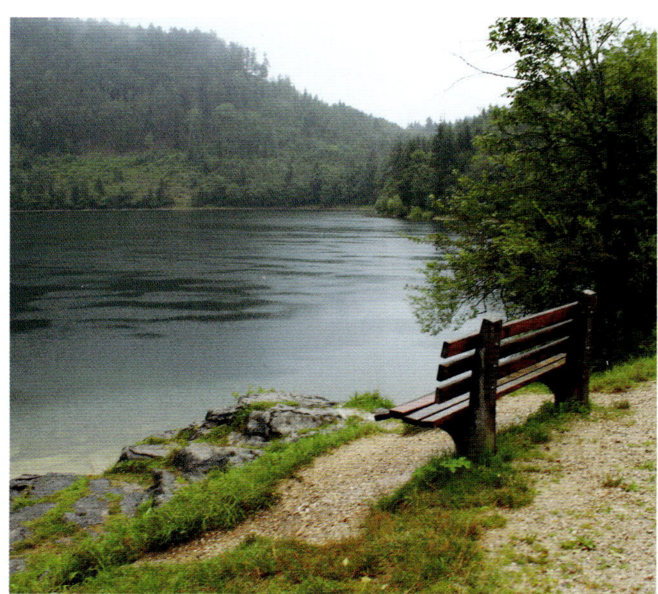

Selbst an regnerischen Tagen ist es am Schwarzensee wunderschön.

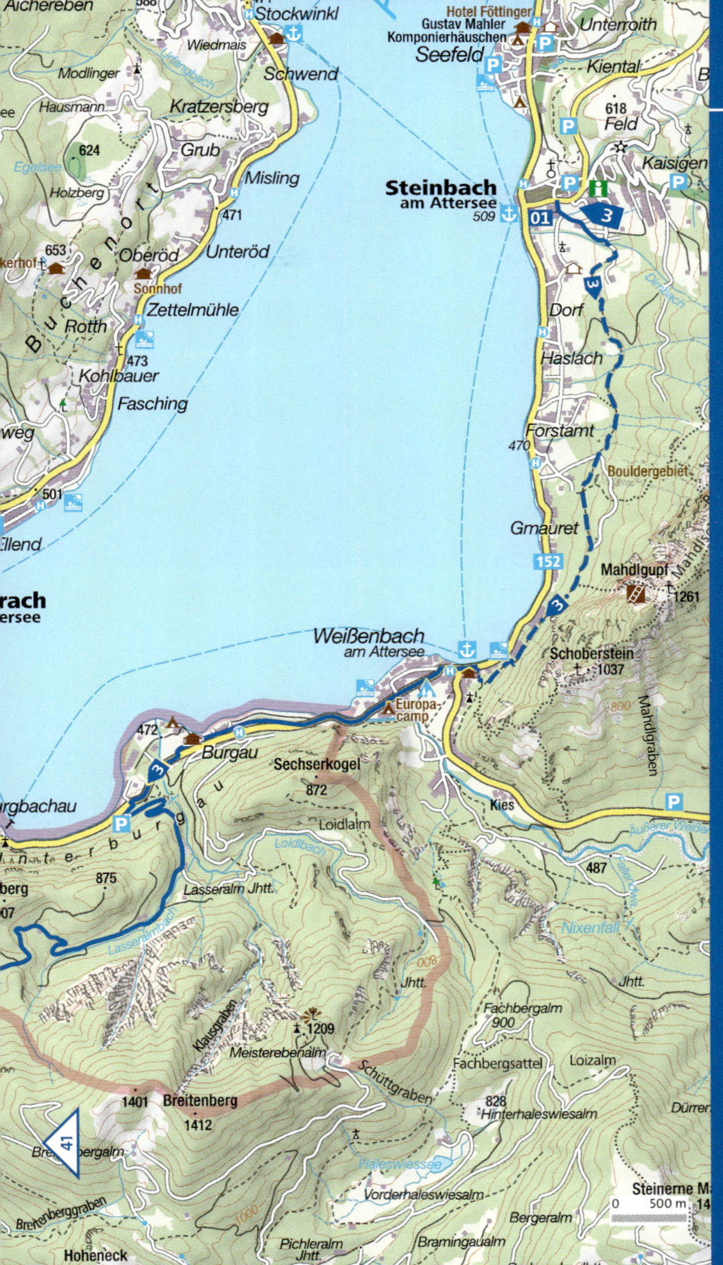
Aichereben
Stockwinkl
Schwend
Kratzersberg
Grub
Misling
Oberöd
Unteröd
Sonnhof
Zettelmühle
Rotth
Kohlbauer
Fasching
Buchenort
Hotel Föttinger
Gustav Mahler
Komponierhäuschen
Seefeld
Unterroith
Kiental
Feld
Kaisigen
Steinbach
am Attersee
Dorf
Haslach
Forstamt
Bouldergebiet
Gmauret
Mahdlgupf
Schoberstein
Weißenbach
am Attersee
Europa-
camp
Burgau
Sechserkogel
Loidlalm
Kies
Lasseralm Jhtt.
Nixenfall
Fachbergalm
Fachbergsattel
Loizalm
Meisterebenalm
Schüttgraben
Breitenberg
Hinterhaleswiesalm
Haleswiessee
Vorderhaleswiesalm
Bergeralm
Bramingaualm
Pichleralm
Jhtt.
Hoheneck
Steinerne M
0
500 m

3

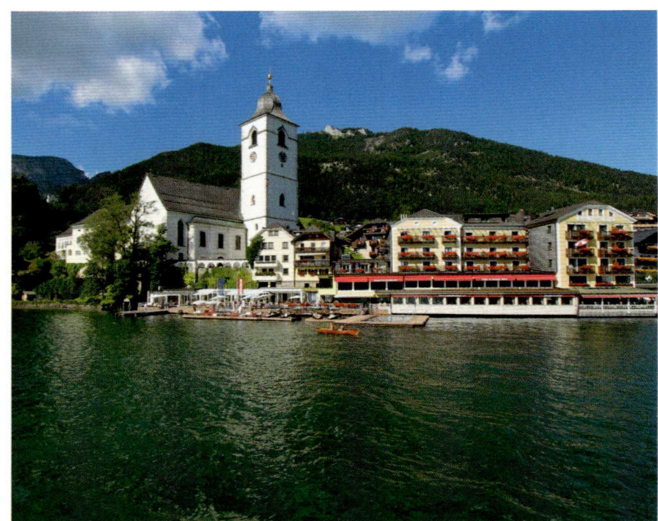

Etappenziel Nummer drei – St. Wolfgang am Wolfgangsee.

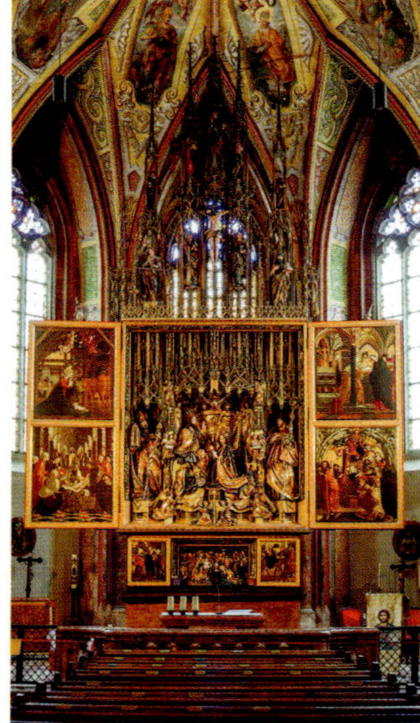

Die Wallfahrtskirche des Ortes birgt den berühmten Pacher-Altar.

gend erreichen Sie eine Wiese; gleich darauf wird auch der Sattel (800 m) am Strubeck überschritten. Im Abstieg kommen Sie an der kleinen Mauruskapelle mit ihrem auffallenden Dach vorbei. Sich rechts haltend erreichen Sie bald die Jausenstation Holzerbauer und damit die nächste Einkehrmöglichkeit. Rechts auf dem Weg Nr. 28 durch den Wald bergab zu den ersten Häusern von St. Wolfgang. Gerade weiter leicht ansteigend zum „Ahornplatz“, dann links abwärts Richtung Wolfgangsee, zuletzt rechts haltend zum Marktplatz von **St. Wolfgang** 05 (548 m).

Vor dem östlichen Portal des Tunnels der Umfahrungsstraße befindet sich das Infobüro des Wolfgangsee Tourismus; Bushaltestelle und Schiffsanlegestelle im nahen Zentrum des Marktes. 1:30 h

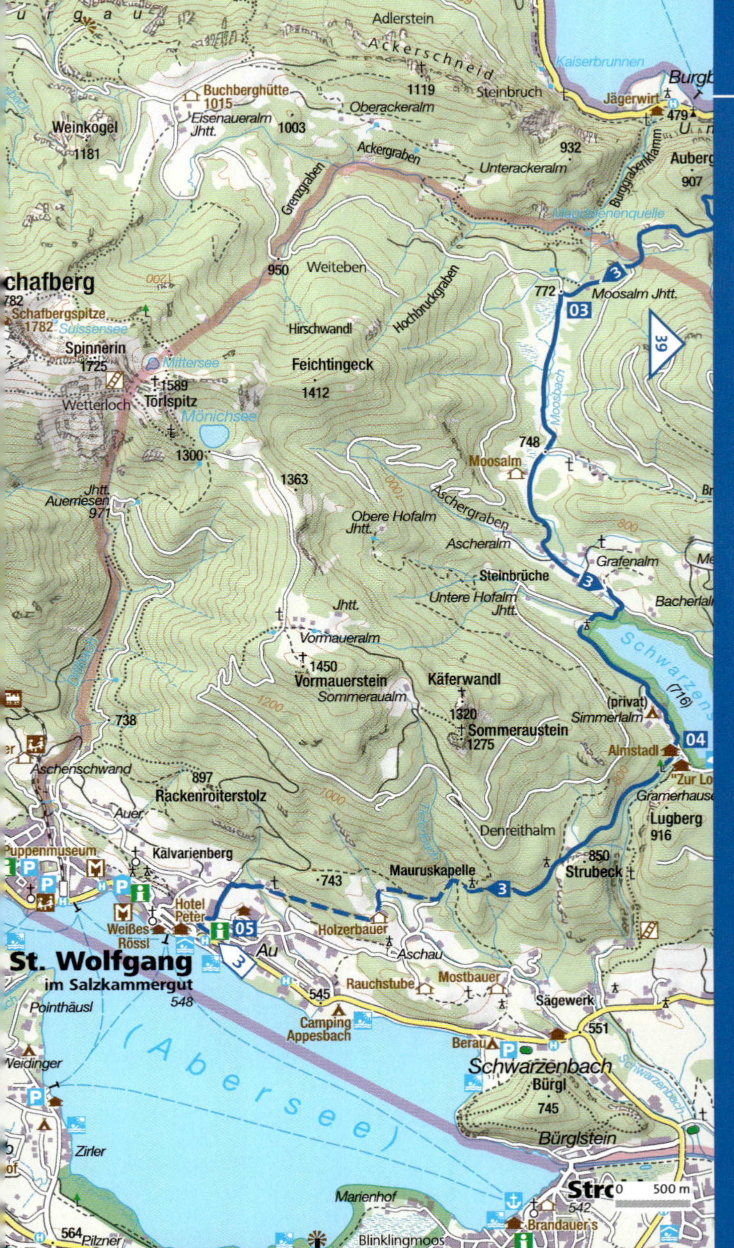

Adlerstein
Ackerschneid
1119
Steinbruch
Buchberghütte 1015
Eisenaueralm Jhtt.
1003
Oberackeralm
Weinkogel
1181
Ackergraben
932
Unterackeralm
Grenzgraben
Kaiserbrunnen
Jägerwirt
479
Auberg
907
Burggrabenklamm
Magdalenenquelle
Schafberg
782
Schafbergspitze 1782
Suissensee
950
Weiteben
Hirschwandl
Hochbruckgraben
772
Moosalm Jhtt.
03
39
Spinnerin 1725
Mittersee
1589
Törlspitz
Wetterloch
Feichtingeck
1412
Mönichsee
Moosbach
1300
748
Moosalm
1363
Jhtt. Auerriesen 971
Obere Hofalm Jhtt.
Aschergraben
Ascheralm
Grafenalm
Steinbrüche
Untere Hofalm Jhtt.
Bacherlal
Jhtt.
Vormaueralm
1450
Vormauerstein
Sommeraualm
Käferwandl
1320
Sommeraustein 1275
Schwarzensee
(716)
(privat)
Simmerlalm
04
Almstadl
"Zur Lo
738
Aschenschwand
897
Rackenroiterstolz
Auer
Gramerhaus
Lugberg
916
Denreithalm
Puppenmuseum
Kalvarienberg
743
Mauruskapelle
850
Strubeck
Hotel Peter
05
Holzerbauer
Weißes Rössl
Au
Aschau
St. Wolfgang im Salzkammergut
548
Rauchstube
Mostbauer
545
Sägewerk
Pointhäusl
Camping Appesbach
551
Berau
Schwarzenbach
Weidinger
(Abersee)
Bürgl
745
Bürglstein
Zirler
Marienhof
0 500 m
542
Brandauer's
564 Pilzner
Blinklingmoos
152
3

ST. WOLFGANG – ST. GILGEN

4. Etappe: Über die Schafbergalpe

  13,6 km   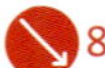 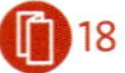

START | St. Wolfgang am Wolfgangsee, 548 m.
[GPS: UTM Zone 33 x: 384.049 m y: 5.288.242 m]
CHARAKTER | Lange, aber landschaftlich abwechslungsreiche Bergwanderung auf wenig befahrenen Güterwegen, Forststraßen sowie stellenweise steilen und felsigen Pfaden. Den Anstieg bis zur Schafbergalpe – immerhin über 750 Höhenmeter – kann man sich durch eine Fahrt mit der Schafbergbahn ersparen.

Besonders aussichtsreich ist die 4. Etappe, die von St. Wolfgang nach St. Gilgen führt.Zuerst geht es hinauf zur prächtig gelegenen Schafbergalm, zum Ende hin wandert man auf dem romantischen Uferweg entlang des Wolfgangsees nach St. Gilgen.

Hinweis: Die Schafbergbahn startet um 9:15 Uhr im Schafbergbahnhof an der Robert-Stolz-Straße im Westen des Ortszentrums. www.schafbergbahn.at

▶ Vom Tourismusbüro in **St. Wolfgang** 01 am östlichen Portal des Tunnels der Umfahrungsstraße gelangen Sie auf der Straße in kurzer Zeit zum Marktplatz vor der Wallfahrtskirche. Am Beginn des Platzes (Wegweiser) wandern Sie rechts durch die Florianigasse und dann über den Kalvarienbergweg bis zur ersten Kapelle. Links davon geht's auf Stufen bergauf, bei einer Abzweigung abermals nach links und über den schattigen Malersteig auf eine Anhöhe.

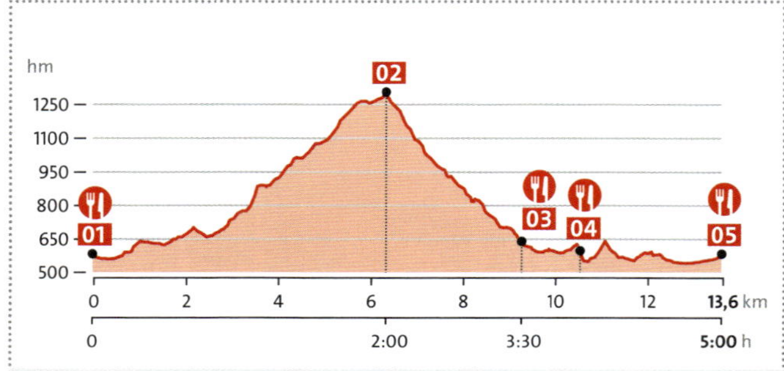

01 St. Wolfgang, 548 m; 02 Schafberg Alpe, 1.304 m; 03 Winkl, 600 m; 04 Fürberg, 545 m; 05 St. Gilgen, 545 m

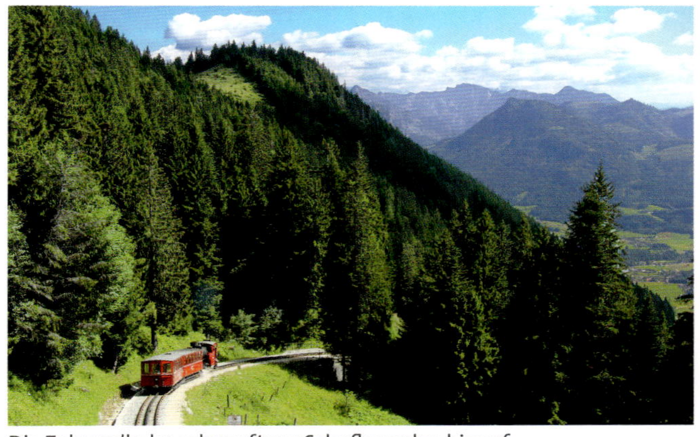

Die Zahnradbahn schnauft zur Schafbergalpe hinauf.

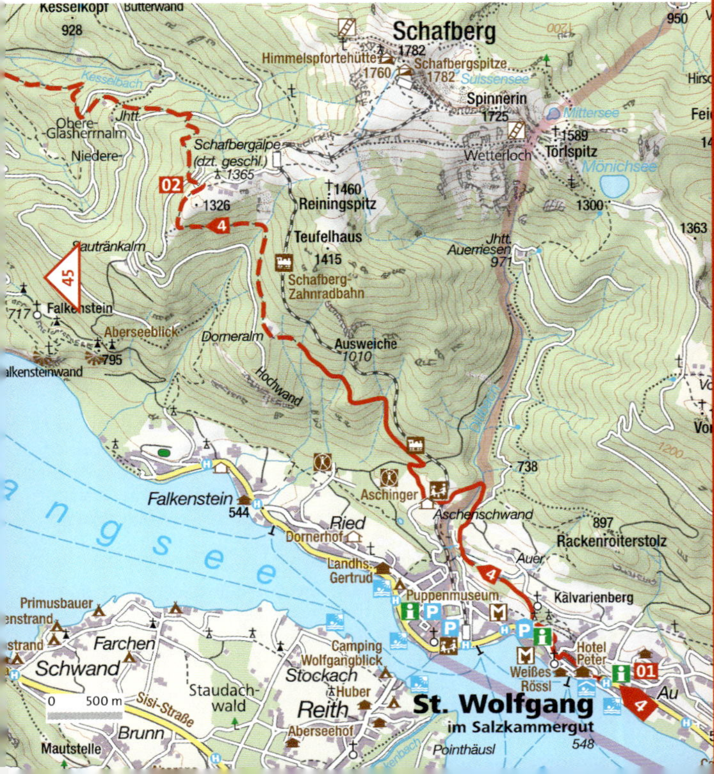

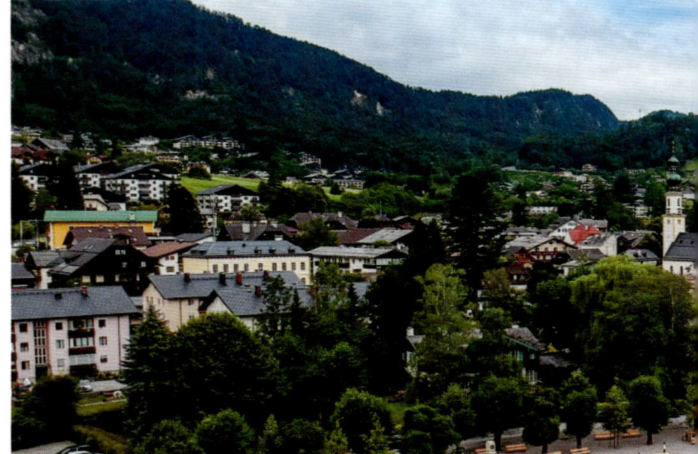

Blick auf St. Gilgen.

In der Folge gehen Sie über Stufen hinab zu einer Kreuzung und auf der Bergstraße 50 m hinauf. Dann links auf einem Steig zum Dittlbach (Landesgrenze zwischen Oberösterreich und Salzburg) und jenseits des Baches hinauf zur Jausenstation Aschinger. Dort beginnt der breite Schafbergweg, der abschnittsweise steil zur Dorneralm (1.020 m) hinaufführt. Weiter durch den Wald ansteigend hinauf zum Rand der **Schafbergalpe** 02 (1.304 m; Station der Schafbergbahn). 2:00 h

Hinweis: Zur Schafbergalm kann man auch ganz gemütlich mit der Zahnradbahn von St. Wolfgang aus fahren. Man erspart sich dabei 2 Stunden Gehzeit, muss aber von der Bahnstation ca. 10 Minuten zum oben genannten Wegweiser absteigen.

Gipfelabstecher auf den **Schafberg** (1.782 m) – siehe Tour G3, S. 243. Wanderer, die im Hotel auf dem Schafberggipfel übernachtet haben, brauchen beim Abwärtswandern über den besonders aussichtsreichen Steig ungefähr 1 Stunde, um zur Schafbergalm zu kommen. 1:30 h

Der Weiterweg (Nr. 20/804) führt nun bergab nach Winkl. Zuerst geht's kurz auf der Forststraße weiter, dann rechts durch Wald hinunter, wobei zweimal die Waldstraße überquert wird. Unten in der Siedlung **Winkl** 03 (600 m) zweigen Sie vor dem Haus Sonnwinkel links Richtung „Fürberg" ab und wandern am Wald-rand entlang, an der Siedlung Aich vorbei und zu einer Straße, auf der Sie zum Wolfgangsee und zum **Hotel & Gasthof Fürberg** 04 (545 m) hinabspazieren. 1:00 h

Die letzte Wegetappe bringt einen weiteren landschaftlichen Höhepunkt, nämlich die Wanderung auf dem zauberhaften Uferweg nach Brunnwinkl und nach **St. Gilgen** 05 (545 m). 1:00 h

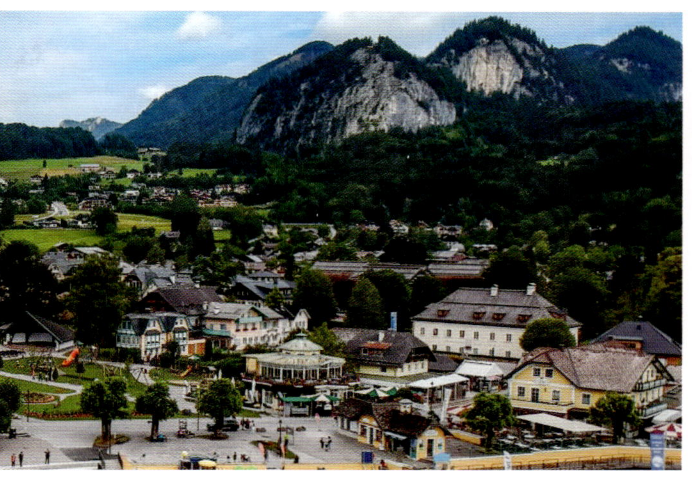

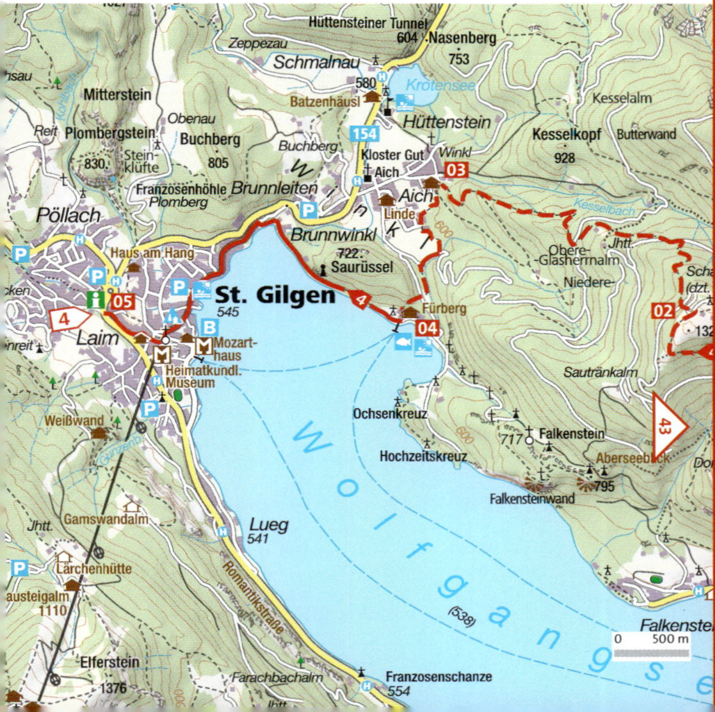

Hüttensteiner Tunnel
604
Nasenberg
753
Zeppezau
Schmalnau
580
Krotensee
Batzenhäusl
Hüttenstein
Kesselalm
Kesselkopf
928
Butterwand
Mitterstein
Obenau
Reit
Plombergstein
Buchberg
154
Buchberg
Kloster Gut
Aich
Winkl
03
830
Stein-
klüfte
805
Franzosenhöhle
Plomberg
Brunnleiten
Aich
Linde
Kesselbach
Pöllach
Brunnwinkl
600
Jhtt.
Obere-
Glasherrnalm
Haus am Hang
722
Saurüssel
Niedere-
St. Gilgen
545
4
05
Laim
Fürberg
04
02
B
Mozart-
haus
Heimatkundl.
Museum
Sautränkalm
Weißwand
Ochsenkreuz
600
717
Falkenstein
43
Aberseeblick
Hochzeitskreuz
795
Falkensteinwand
Wolfgangsee
Gamswandalm
Jhtt.
Lueg
541
Lärchenhütte
1110
Romantikstraße
(538)
0
500 m
Elferstein
1376
Farachbachalm
Franzosenschanze
554

5

ST. GILGEN – MONDSEE

5. Etappe: Über den Almkogel

  14 km 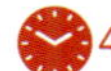 4:35 h 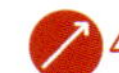 491 hm 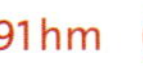 593 hm 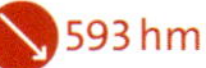  18

START | St. Gilgen am Wolfgangsee, 545 m.
[GPS: UTM Zone 33 x: 384.049 m y: 5.288.242 m]
CHARAKTER | Landschaftlich abwechslungsreiche Bergwanderung auf wenig befahrenen Güterwegen, Forststraßen sowie stellenweise steilen und felsigen Pfaden.

Die 5. Etappe ist auch Teil der www.4berge3seen.at Tour, einem 4 tägigem Auszug des BergeSeen Trail, sie führt vom Wolfgangsee zum Mondsee. Der Waldgipfel, den Sie dazwischen erklimmen können, schaut zwar unscheinbar aus, bietet aber eine interessante Aussicht. Davor und danach wandern Sie durch stille Wälder und gepflegtes Bauernland.

▶ Von der Pfarrkirche im Ortszentrum von **St. Gilgen** 01 (545 m) wandern Sie über den Mozartplatz und auf der Steinklüftstraße nach Norden zur B 154, die überquert wird. Jenseits folgen Sie dem Obenauweg ca. 40 m, um dann links auf den beschilderten Wanderweg einzuschwenken. Dieser führt durch den bewaldeten Staffelgraben zur Felswand des Plombergsteins. An ihrem Fuß zweigen Sie rechts ab, treffen beim Anwesen Plomberg wieder auf den Obenauweg und folgen diesem in das gleichnamige Hochtal hinein. In seinem hinteren Bereich zweigen Sie neuerlich links auf den Pfad Richtung Almkogel ab. Nach einem längeren Anstieg durch teils steile Waldhänge geht's rechts

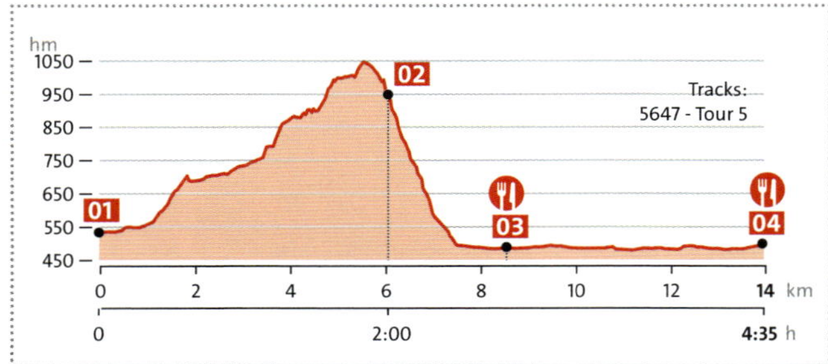

01 St. Gilgen, 545 m; 02 Almkogel, 1.030 m; 03 St. Lorenz, 483 m; 04 Mondsee, 483 m

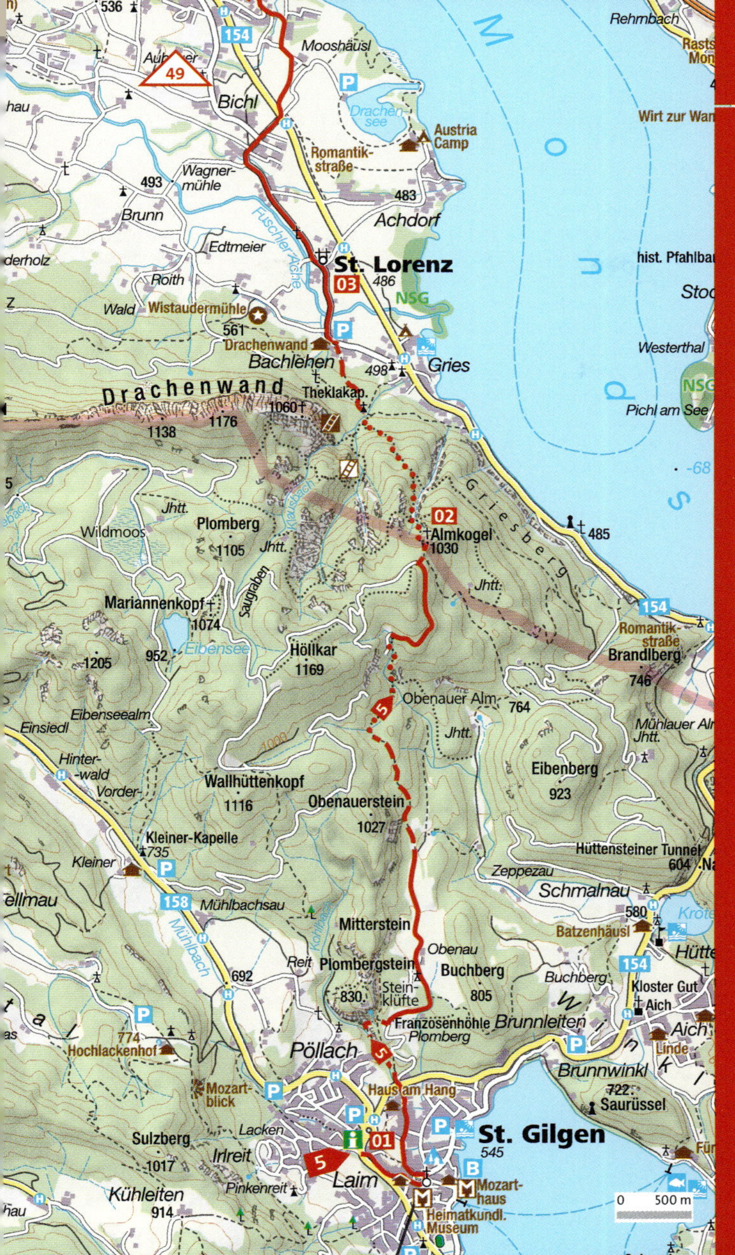

5
Bichl
St. Lorenz
Drachenwand
Almkogel
Plomberg
Mariannenkopf
Eibensee
Höllkar
Obenauer Alm
Wallhüttenkopf
Obenauerstein
Eibenberg
Mitterstein
Plombergstein
Buchberg
Franzosenhöhle
Pöllach
Haus am Hang
St. Gilgen
Mozarthaus
Heimatkundl. Museum
Laim
Achdorf
Gries
Schmalnau
Brunnwinkl
Sulzberg
Kühleiten

auf einer Forststraße über einen Rücken und weiter nach Norden, bis der Pfad auf den Almkogel rechts wegführt. Er bringt Sie zur Einmündung des Zugangs vom Krotensee und kurz darauf zu einer weiteren Gabelung. Rechts gelangt man in wenigen Minuten zum felsigen Gipfelaufbau des **Almkogels** 02 (1.030 m); eine prächtige Aussicht auf Attersee, Mondsee und Irrsee belohnt für die Anstiegsmühe. 2:00 h

Vom Gipfel geht's wieder zurück zum erwähnten Wegweiser, von dem sich der Steig rechts durch steilen Wald bis zur Theklakapelle hinabschlängelt. Von dort ist es nicht mehr weit bis zum Gasthof Drachenwand (498 m). Nun sind die Berge überwunden und es folgt eine flache Wanderung nach Mondsee. Zuerst spazieren Sie auf der Straße zur schönen doppeltürmigen Barockkirche **St. Lorenz** 03 (483 m).

Weiter auf der schmalen Straße zur Bundesstraße, die überquert wird. Jenseits auf einem Fahrweg zum Ufer des Mondsees und durch die Siedlung Schwarzindien. Darauf folgt eine Allee, dann muss man ein kurzes Stück neben der Bundesstraße gehen, bis man rechts zum Seeufer abbiegen kann. Von der schönen Uferpromenade wird über die Lindenallee das Ortszentrum von **Mondsee** 04 (483 m) erreicht. 2:35 h

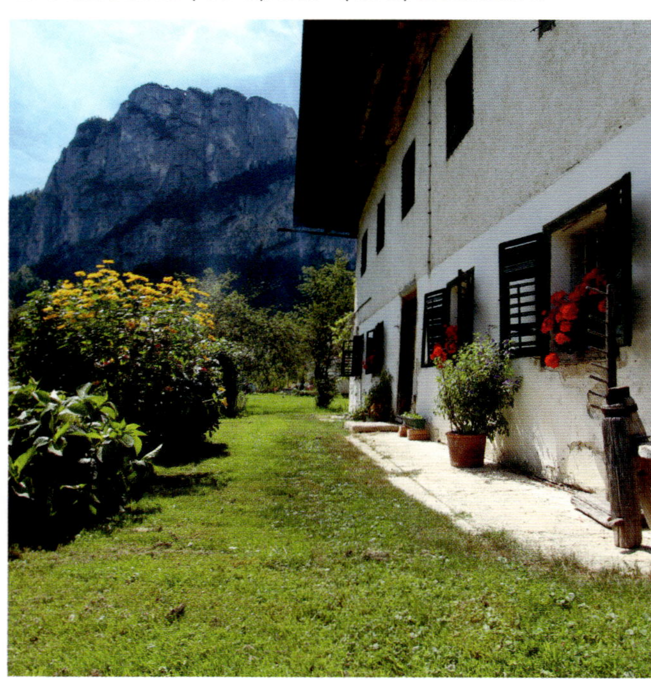

Die Drachenwand über St. Lorenz.

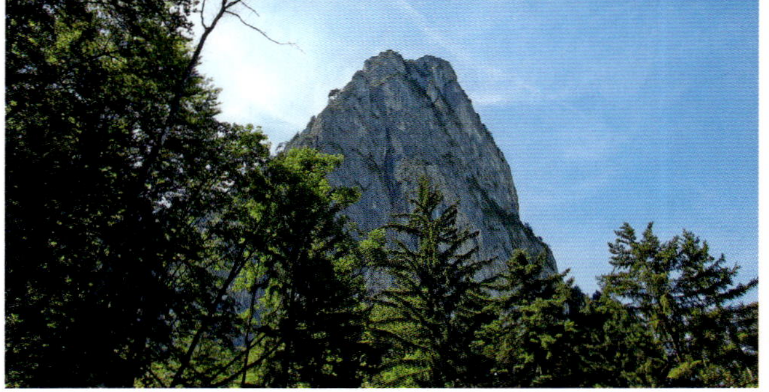

Dieser schroffe Berg bildet eine steinerne Kulisse über dem Mondsee.

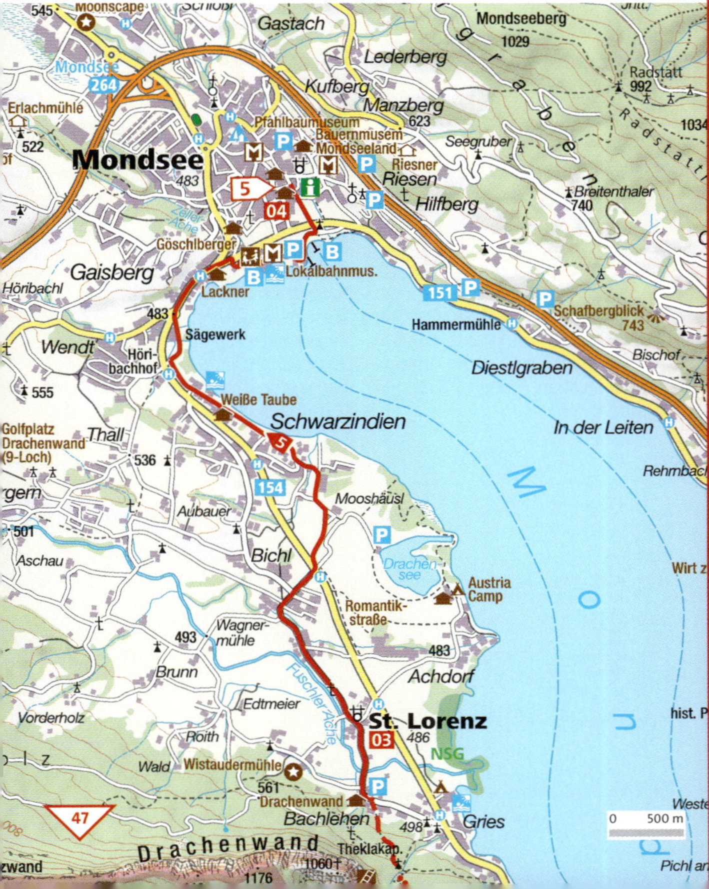

MONDSEE – FUSCHL AM SEE

6. Etappe: Von Oberösterreich nach Salzburg

 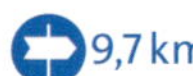

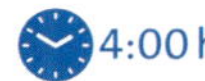

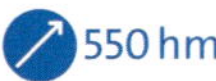

 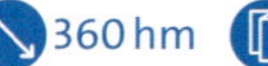

START | Mondsee, 483 m.
[GPS: UTM Zone 33 x: 376.613 m y: 5.301.537 m]
CHARAKTER | Relativ kurze, aber sehr lohnende „Erholungsetappe" auf Güterwegen, Forststraßen und Waldpfaden.

Auch diese Etappe ist Teil der www.4berge3seen.at Tour, einem 4 tägigem Auszug des BergeSeen Trail. Der Übergang vom Mondsee zum Fuschlsee zählt zu den „zahmeren" Etappen des Salzkammergut BergeSeen Trails. Der Weg erfordert zwar unterhalb des Schobers ein wenig Orientierungssinn – doch davor und danach bietet er viel Muße zum Betrachten der Landschaft. Mittendrin erwartet Sie eine Einkehrstation, deren kulinarisches Angebot zusätzliche Energie für einen kurzen Ruinen-Abstecher verspricht.

Vom Tourismusbüro in **Mondsee** 01 gehen Sie die Strecke der Etappe 5 bis zur Abzweigung vor Schwarzindien zurück. Nach dem Yachtclub Schwarzindien zweigen Sie jedoch rechts ab, überqueren die Bundesstraße und folgen kurz der Höribachstraße (Markierung Nr. 10). Dann gehen Sie auf einem links abzweigenden Weg am Kulturgut Höribach vorbei, bis Sie wieder die Straße erreichen. Auf dieser halten Sie sich rechts, wandern durch die Siedlung und weiter bis zur Fuschler Ache. Über den Mühlbach und dann links über

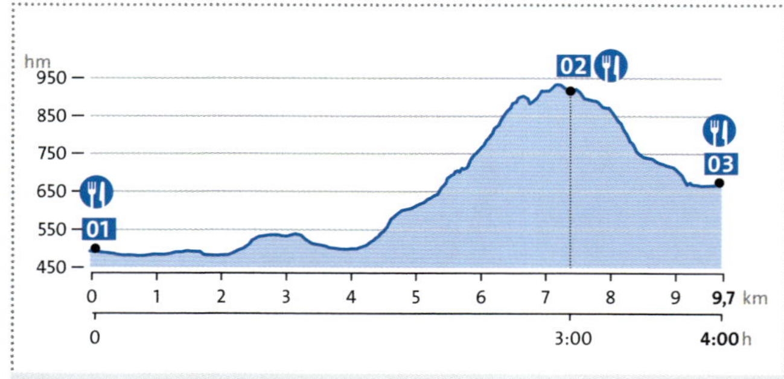

01 Mondsee, 483 m; 02 Forsthaus Wartenfels, 924 m;
03 Fuschl am See, 669 m

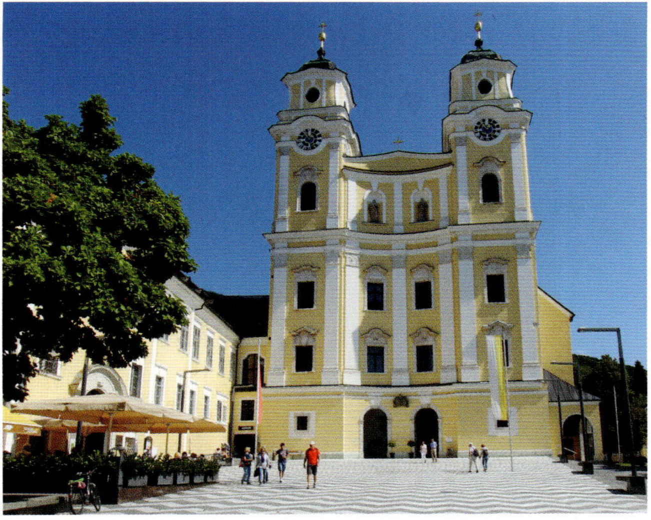

Die 6. Etappe beginnt direkt vor der barocken Basilika von Mondsee.

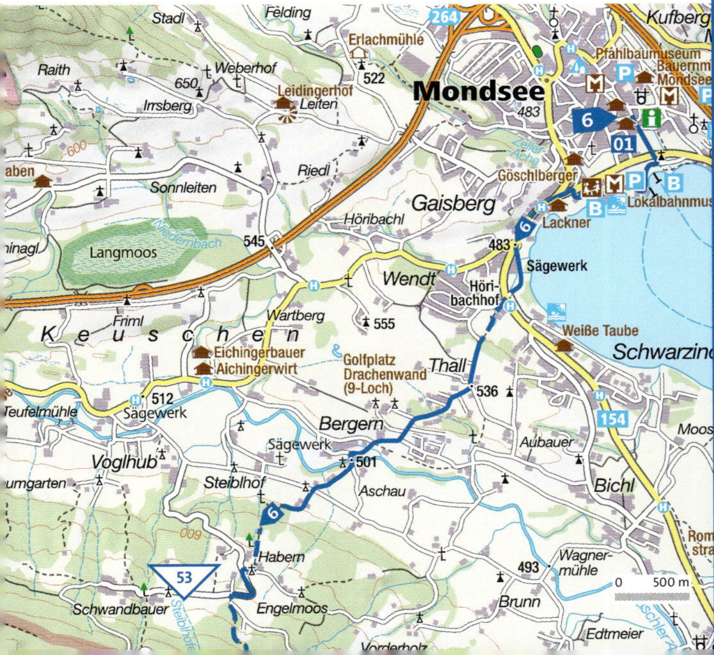

die Brücke der Fuschler Ache (immer der Höribachstraße folgend) bis zu einem Bauernhof. Rechts nach dem Wegweiser „Wartenfels, Schober“ ein paar Schritte zu einer modernen Kapelle, vor der Sie wieder links abzweigen. Bald führt ein Wanderweg nach Obernberg hinauf. Dort rechts zu einer Straße, der Sie nach links folgen. Nach einer Kurve biegen Sie links auf eine Forststraße ab, die Sie kurz darauf rechts auf dem Weg Nr. 10 wieder verlassen.

Nun geht's weiter durch die Waldhänge unter dem felsigen Schober aufwärts, bis Sie – zuletzt im etwas verschlungenen Forststraßen-Auf-und-Ab die Salzburger Landesgrenze überschreitend – bis zum Parkplatz des **Forsthauses Wartenfels** 02 (924 m) gelangen. 3:00 h

Der Abstecher zur **Ruine der Burg Wartenfels**, die 1259 erbaut wurde, lohnt sich auf jeden Fall; zusätzlich 30 Minuten hin und retour).

Gipfelabstecher auf den **Schober** (1.328 m) – siehe Tour G4, Seite 246.

Im Anschluss wandern Sie auf dem Weg Nr. 10 Richtung Fuschl bergab, erst durch Wald und dann über die Wiesen beim Gehöft Musch. Unten kommen Sie an einem Golfplatz bei der Waldhof-Alm vorbei. Rechts abzweigend kommen Sie zuletzt zu Ebner's Waldhof am Fuschlsee und zur Promenade an der Seestraße, auf der Sie ins Zentrum von **Fuschl am See** 03 (699 m) spazieren. Das Tourismusbüro Fuschlseeregion befindet sich am Dorfplatz. 1:00 h

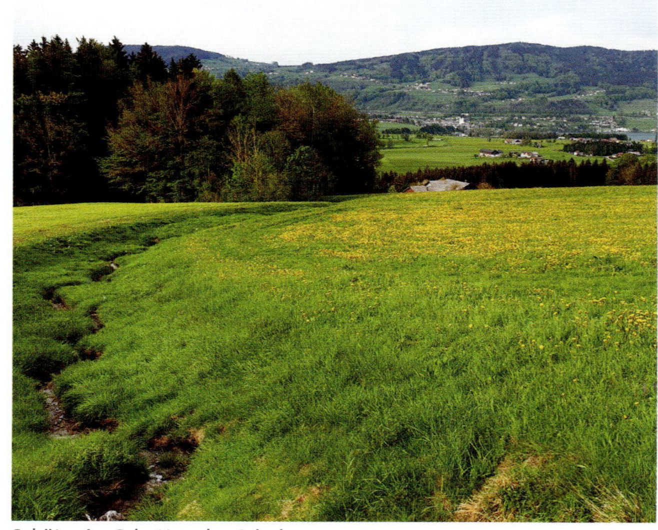

Schätze im Schatten des Schobers.

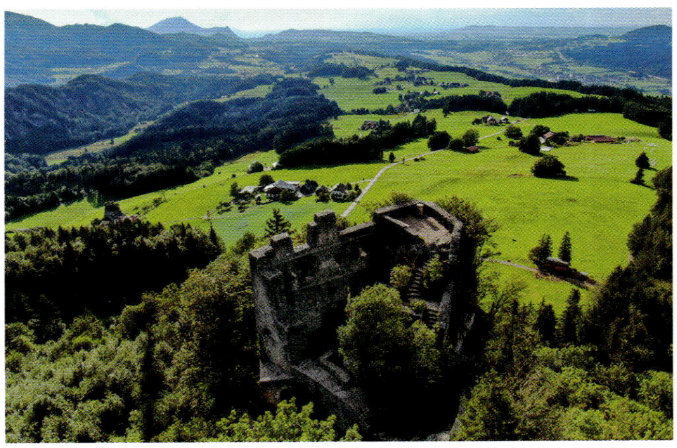

Abend auf der Ruine Wartenfels oberhalb von Fuschl am See.

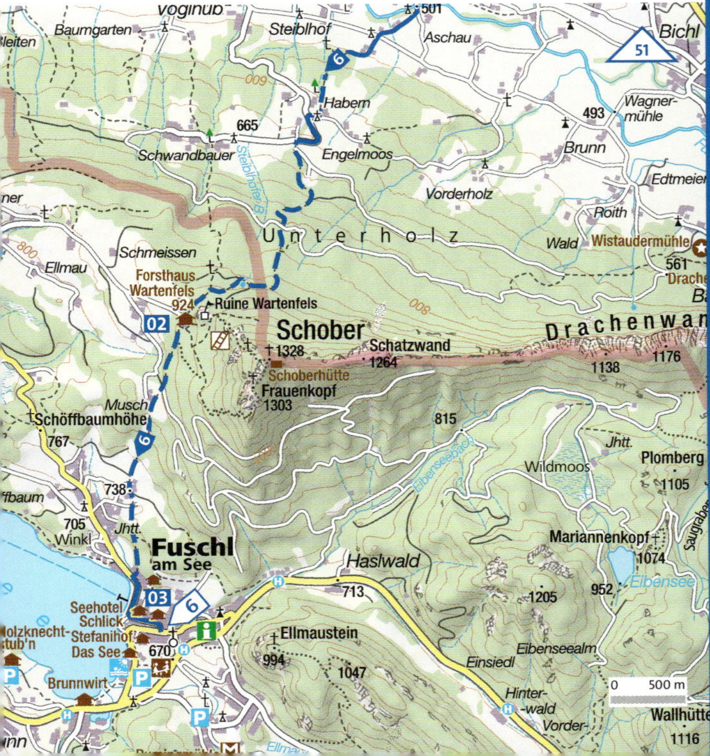

FUSCHL AM SEE – FAISTENAU

7. Etappe: See-Spaziergänge und Filbling-Überschreitung

  15,9 km 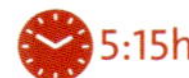   

START | Fuschl am See, 669 m.
[GPS: UTM Zone 33 x: 372.867 m y: 5.295.067 m]
CHARAKTER | Lange Berg-, Tal- und Seenwanderung auf Neben- und Forststraßen, markierten Wanderwegen und einem schmalen, sehr „wurzelreichen“ Bergpfad.

Heute überschreiten Sie zum ersten Mal einen "richtigen", wenn auch teilweise bewaldeten Gipfel, von dem man einen prächtigen Ausblick auf Fuschlsee, Schafberg und Dachstein genießen kann. Vor dem Aufstieg wandern Sie jedoch erst einmal am Südufer des Fuschlsees entlang bis zum bekannten Schloss Fuschl und nach dem Abstieg vom Filbling gelangen Sie auf Waldwegen zum beliebten Feriendorf Faistenau.

▶ Zunächst gehen Sie auf der Dorfstraße aus dem Ortszentrum von **Fuschl am See** 01 – vorbei am Strandbad – zur Umfahrungsstraße. Davor folgen Sie der Beschilderung des Fuschlseerundweges, der nun das Südufer des Fuschlsees begleitet. Nach dem Brunnwirt (gegenüber der Red Bull-Zentrale) folgen Sie rechts der Austraße und zweigen nach wenigen Schritten rechts ab und wandern dann am Badeplatz Wesenauer vorbei. Links oben ist der bewaldete Filbling mit seiner markanten Gipfelwiese zu sehen (diesen Bergkamm werden Sie im weiteren Tourenverlauf überschreiten – es gibt aber auch einen direkten Weg hinauf, der links zur Bundesstraße, steil zum kleinen Filblingsee und oberhalb davon rechts zum Gipfel ansteigt).

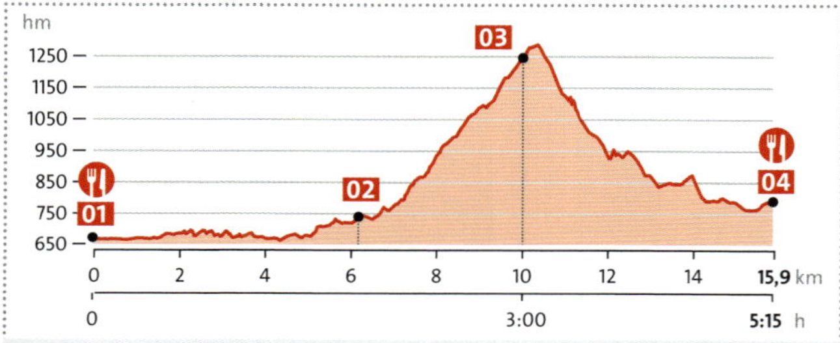

01 Fuschl am See, 669 m; 02 Höfnerhäuser, 700 m; 03 Filbling, 1.307 m; 04 Faistenau, 786 m

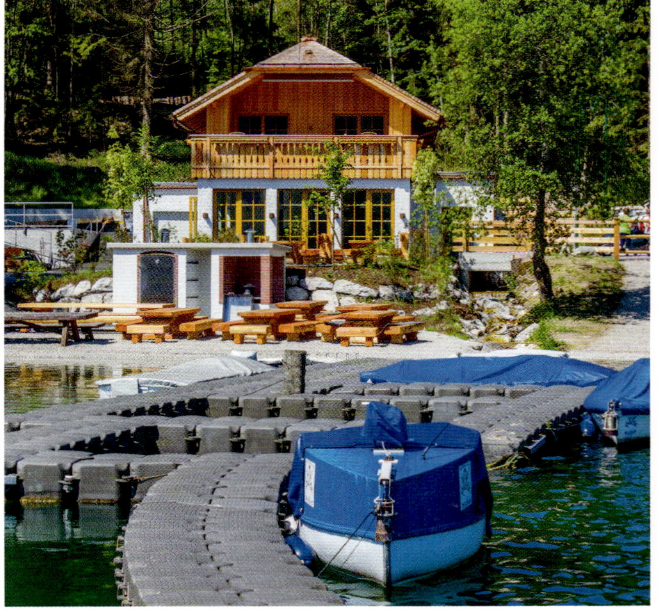

Ofenwarmen Räucherfisch kann man bei der Schlossfischerei genießen.

Der Seerundweg führt nun durch Waldhänge bis zum Badeplatz Stöllinger (Kiosk) hinüber. Auf dem Fischerweg kurz links hinauf, dann rechts auf dem Seerundweg und auf einer Brücke über den Hallbach, der in den See fließt. Weiter geht's auf dem schönen Seerundweg bis kurz vor das Schloss Fuschl in Hof bei Salzburg. Dann links auf der Zufahrtsstraße hinauf zur Bundesstraße (Bushaltestelle), die zu den **Höfnerhäusern** 02 überquert wird. 1:30 h

Hinweis: Busverbindung (Linie 150) von Fuschl zur Abzweigung beim Schloss Fuschl. Oder mit der „Fuschlerin", einem elektrisch betriebenen Holzboot, über den See zur Schlossfischerei beim Schloss Fuschl. Erste Fahrt ab Fuschl um 10:30 Uhr.

Auf dem folgenden Güterweg 200 m bergauf, dann rechts auf einem Wiesenweg zu einer Kapelle. Auf einer Forststraße erreichen Sie den 2,5 km langen Nordwestkamm des Berges, über den Sie ziemlich geradlinig bis zum Gipfel ansteigen. Die Bäume breiten allerdings ihre Wurzeln über den Pfad aus, sodass es hier nach Regen oder bei Schneelage recht rutschig wird. Die Gipfelwiese oben auf dem **Filbling** 03 (1.307 m) belohnt alle Mühe mit einem Tiefblick zum Fuschlsee und der Sicht zu Schober, Dachstein und Schafberg; eine Rastbank unterm Kreuz lädt zum Verweilen ein. 2:00 h

Abstieg auf dem bewaldeten und genauso „wurzeligen", aber steileren Südostrücken (weiterhin

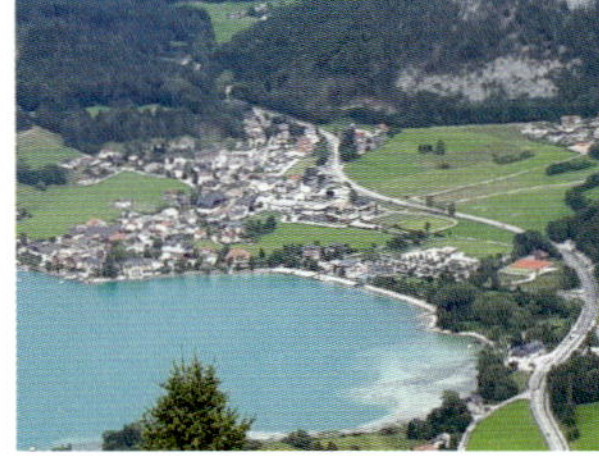

Ausblick vom Filbling auf Fuschl.

Nr. 40). Bald mündet der direkte Pfad von Fuschl herauf ein (wer ihm bergab folgt, erreicht nach 10 Minuten den kleinen, völlig vom Wald umfassten Filblingsee). Der Abstieg Richtung Faistenau führt noch kurz geradeaus über den Kamm (Blick zum Untersberg und zur Osterhorngruppe), biegt dann scharf rechts um und führt auf breiterer Trasse in den Hang hinab. Vorsicht! Nach etwa 250 m zweigen Sie links – ohne Wegweiser – auf einen unscheinbaren, schmalen und erdigen Pfad ab, der sich durch steilen Wald zur großen Wiese der Sattelalm (990 m) hinunterschlängelt. Links am Almhaus vorbei zu einem Wegweiser, dem Sie rechts Richtung „Faistenau" in den Wald folgen. Dort zweigen Sie rechts Richtung „Faistenau" ab (Weg Nr. 40/804). Nun wandern Sie auf einem Pfad und bald auf einer Forststraße durch die Waldhänge unter dem Schmiedhorn in einen Graben, in dem Sie links abzweigen und zur Kühbergstraße gehen. Dieser folgen Sie 500 m nach rechts, bis Sie links in den Krämerbichlweg einschwenken. So gelangen Sie zur Hinterseestraße, der Sie 50 m nach links folgen. Dann biegen Sie rechts ab und spazieren neben der Zufahrtsstraße und an der Feuerwehr vorbei ins Ortszentrum von **Faistenau** 04 (786 m).

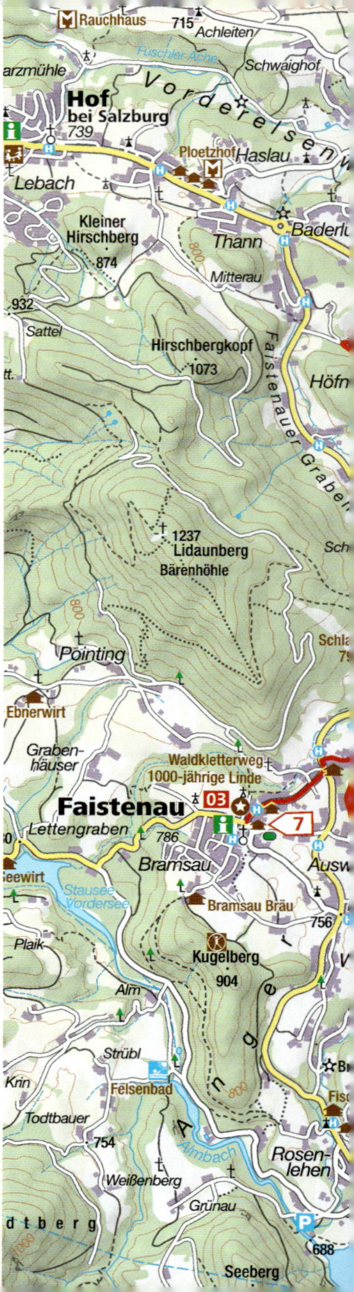

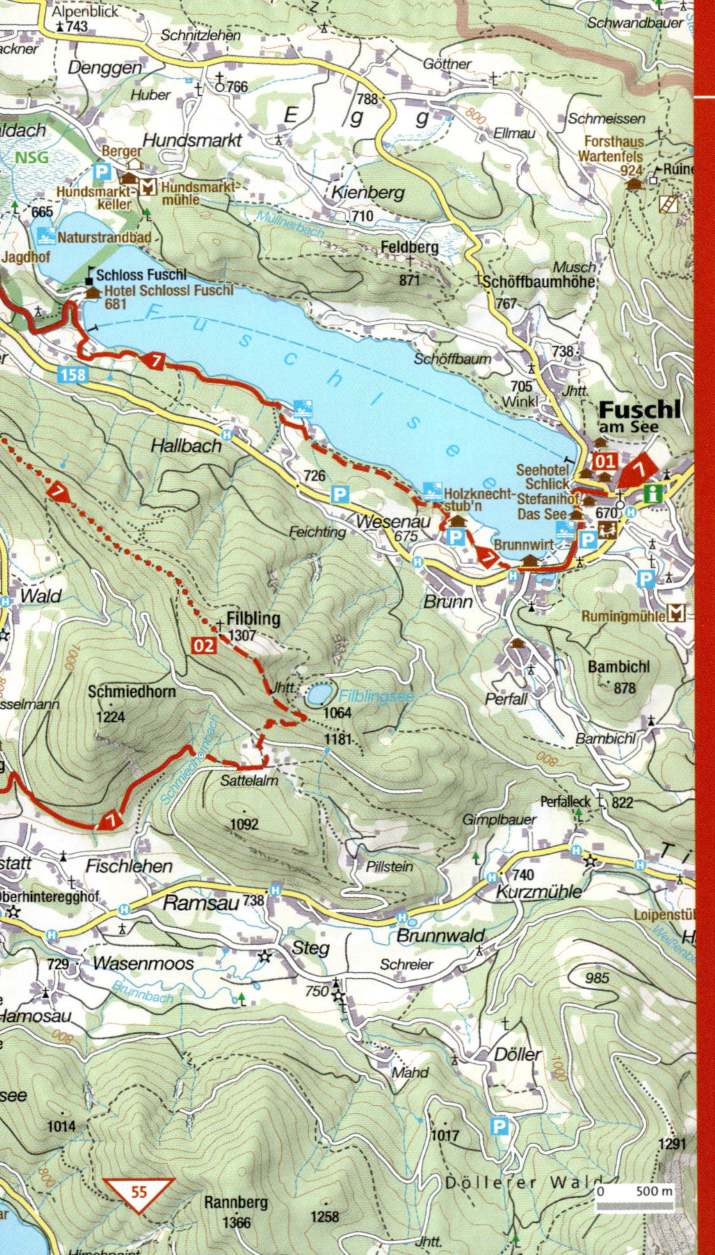
Fuschl am See
Fuschlsee
Schloss Fuschl
Hotel Schlossl Fuschl
681
Naturstrandbad
Hundsmarkt
Hundsmarkt-keller
Hundsmarkt-mühle
Berger
Denggen
Alpenblick
743
Kienberg
Feldberg
871
Schöffbaumhöhe
767
Hallbach
Wesenau
675
Brunn
Brunnwirt
Holzknecht-stub'n
Seehotel Schlick
Stefanihof
Das See
670
Filbling
1307
Filblingsee
1064
Schmiedhorn
1224
Sattelalm
1092
Fischlehen
Ramsau
738
Brunnwald
Kurzmühle
740
Wasenmoos
Steg
Döller
Döllerer Wald
Rannberg
1366
Perfall
Bambichl
878
Rumingmühle
Perfalleck
822
Forsthaus Wartenfels
924
Ruine
0 500 m

FAISTENAU – HINTERSEE

8. Etappe: Am Hintersee vorbei in die Osterhorngruppe

 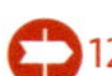 12 km  3:10 h  74 hm  107 hm  17

START | Faistenau, 786 m.
[GPS: UTM Zone 33 x: 372.867 m y: 5.295.067 m]
CHARAKTER | Tal- und Seenwanderung auf Neben- und Forststraßen, dazwischen auf markierten Wanderwegen.

Auf dieser relativ kurzen Etappe wandern Sie durch ein zauberhaftes Salzburger Tal, in dem der namensgebende Hintersee zu einer längeren (Bade-)Rast einlädt.

In **Faistenau** 01 gehen Sie, dem Wegweiser „Zum Hintersee“ folgend, auf der Bramsaustraße nach Südwesten zum Bramsau-Bräu. Auf dem Kugelberg-Rundweg geht's nun über dem Almbachtal zum Rosenlehen. Gleich danach treffen Sie wieder auf die Hinterseestraße, der Sie jedoch nur 120 m nach rechts folgen, um dann rechts auf der Seestraße zum nahen **Hintersee** 02 (688 m) zu wandern. Links geht's auf dem Seeuferweg an der Lago Bar vorbei und dem Nordufer entlang zum Badeplatz Hirschpoint (Kiosk) und dann kurz entlang der Straße. Nach der Tauglbrücke rechts abzweigen, zum Südufer und dort links auf eine Forststraße abbiegen. Auf dieser Straße kommen Sie nach 800 m zu einer Abzweigung. Wenn Sie rechts gehen, können Sie einen Abstecher zur sehenswerten Eiskapelle (Lawinenreste vom letzten Winter) machen. Hin- und Rückweg ca. 50 Minuten. Links führt der Weg weiter zur Landesstraße, die nochmals überquert wird. Dann führt der Weg noch ca. 3 km durch Wald und neben dem munteren Bergwasser der Taugl taleinwärts, bis Sie nach der Brücke über den Ladenbach rechts ins Dorf **Hintersee** 03 (746 m) gelangen. 1:00 h

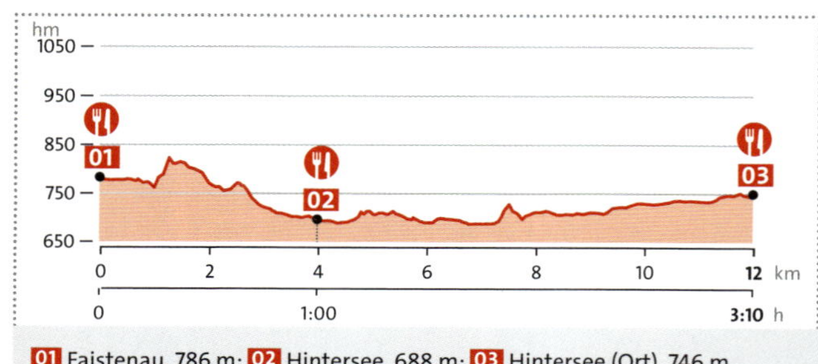

01 Faistenau, 786 m; 02 Hintersee, 688 m; 03 Hintersee (Ort), 746 m

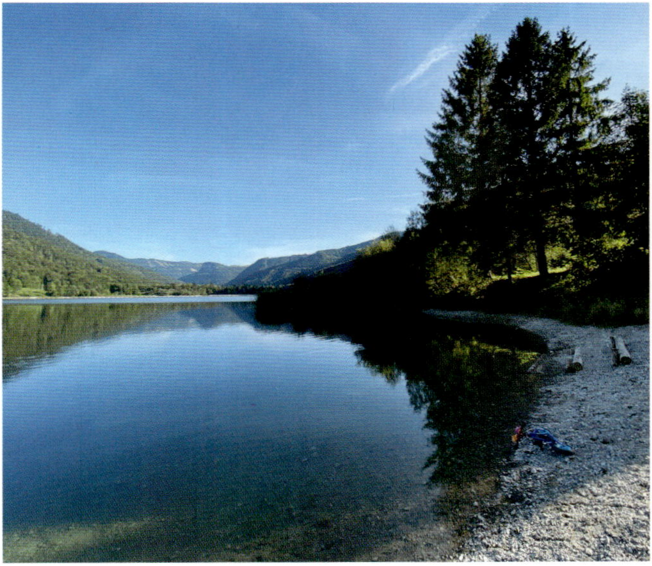

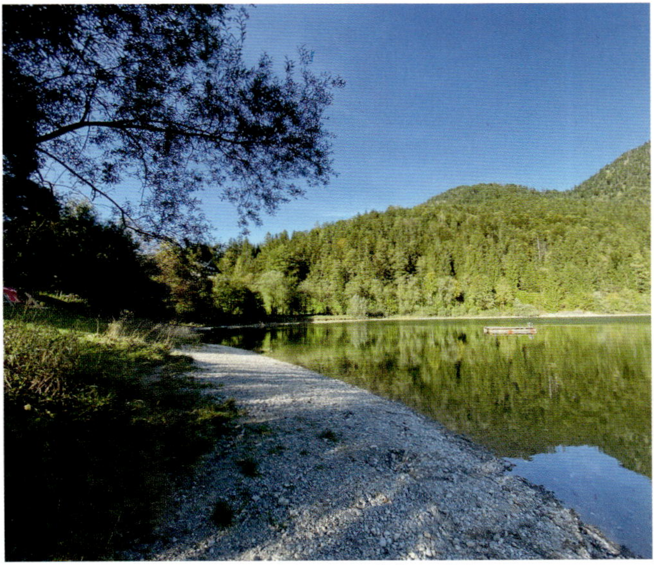

Der Hintersee, ein Juwel im Salzburger Teil des Salzkammerguts.

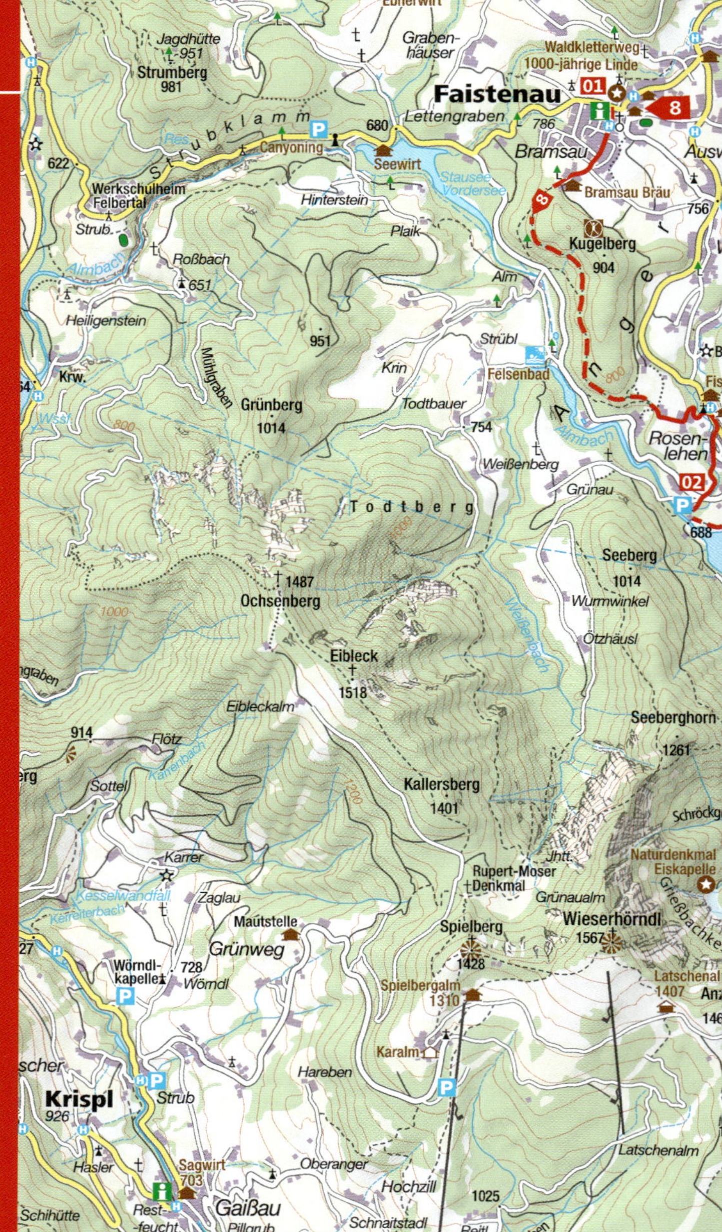
Faistenau
Strubklamm
Canyoning
Seewirt
Stausee Vordersee
Bramsau
Bramsau Bräu
Kugelberg
904
Waldkletterweg
1000-jährige Linde
Strumberg
981
Jagdhütte 951
Werkschulheim Felbertal
Roßbach
Heiligenstein
Grünberg
1014
Todtberg
Ochsenberg
1487
Eibleck
1518
Eibleckalm
Felsenbad
Rosenlehen
Grünau
Seeberg
1014
Wurmwinkel
Ötzhäusl
Seeberghorn
1261
Kallersberg
1401
Rupert-Moser Denkmal
Grünaualm
Wieserhörndl
1567
Naturdenkmal Eiskapelle
Spielberg
1428
Spielbergalm
1310
Latschenalm
1407
Karalm
Mautstelle
Grünweg
Zaglau
Karrer
Kesselwandfall
Wörndl-kapelle
728
Wörndl
Krispl
926
Strub
Sagwirt
703
Gaißau
Hasler
Oberanger
Hochzill
Schnaitstadl
Hareben
Reitl
1025
Schihütte
Rest-feucht
Pillgrub
Flötz
Sottel
914
Schwarzau
Ebnerwirt
Graben-häuser
Lettengraben
Hinterstein
Plaik
Alm
Strübl
Krin
Todtbauer
754
Weißenberg
Mühlgraben
Almbach
Weißenbach
Schröckg
Latschenalm
Haslau
680
786
756
688
622
651
951
800
1000
1200

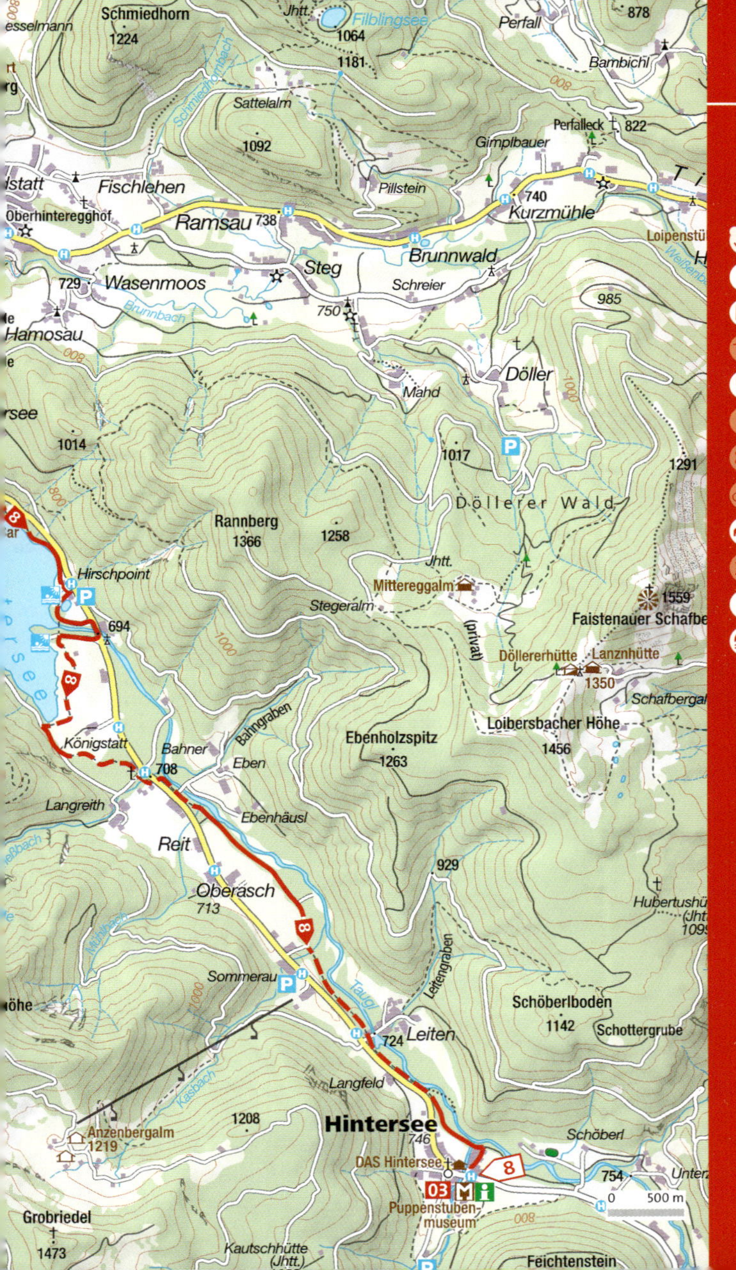
Schmiedhorn
1224
Filblingsee
1064
1181
Perfall
878
Bambichl
Sattelalm
1092
Perfalleck
822
Gimplbauer
Fischlehen
Pillstein
740
Kurzmühle
Oberhinteregghof
Ramsau
738
Brunnwald
Loipenstü
729
Wasenmoos
Steg
Schreier
985
Brunnbach
750
Hamosau
Döller
Mahd
1014
1017
1291
Rannberg
1366
1258
Döllerer Wald
Hirschpoint
Jhtt.
Mittereggalm
Stegeralm
1559
694
Faistenauer Schafbe
(privat)
Döllererhütte
Lanznhütte
1350
Schafbergal
Loibersbacher Höhe
1456
Königstatt
Bahngraben
Ebenholzspitz
1263
Bahner
708
Eben
Langreith
Ebenhäusl
Reit
929
Oberasch
713
Mühlbach
Hubertushü
1099
Leitengraben
Sommerau
Taugl
Schöberlboden
1142
Schottergrube
724
Leiten
Langfeld
Kasbach
Anzenbergalm
1219
1208
Hintersee
746
Schöberl
DAS Hintersee
754
8
03
Puppenstuben-museum
0
500 m
Grobriedel
1473
Kautschhütte
(Jhtt.)
Feichtenstein

HINTERSEE – POSTALM

9. Etappe: Am Weg zum größten Almplateau Österreichs

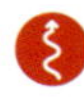 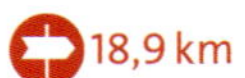 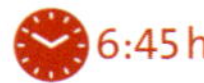 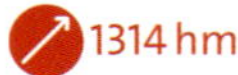 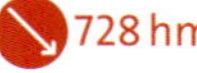 

18,9 km | 6:45 h | 1314 hm | 728 hm | 17

START | Hintersee, 746 m.
[GPS: UTM Zone 33 x: 371.634 m y: 5.285.883 m]
CHARAKTER | Nach der einleitenden Talwanderung folgt die Überschreitung der Osterhorngruppe auf Almstraßen und markierten, aber stellenweise steilen und steinigen Bergpfaden, die da und dort Trittsicherheit erfordern.

Die 9. Etappe des Salzkammergut BergeSeen Trails führt durch die Osterhorngruppe, einen besonders interessanten Bereich der Salzburger Kalkvoralpen. Ihre höchsten Gipfel – Egelseehörndl (1.782 m), Gennerhorn (1.735 m), Hoher Zinken (1.764 m) und das Osterhorn (1.746 m) – tragen ihre „zackigen" Namen ganz zu Recht: Die Kalkschichten, die sie aufbauen, fallen durch ihre markante, fast waagrechte Bankung auf. Mittendrin schuf die Erosion gewaltige Felskessel, die an überdimensionierte Zirkusarenen erinnern. Zwischen den Bergen breiten sich aber auch weite Almwiesen aus, die der Gebirgsgruppe eine sehr freundliche Note verleihen. Die 42 km^2 große Postalm an ihrem Nordostrand zählt überhaupt zu den ausgedehntesten Hochweiden der Alpen. Dieses rund 1.300 m hoch gelegene Almparadies ist das Ziel der heutigen Wegstrecke.

▶ Von der Kirche in **Hintersee** 01 gehen Sie kurz taleinwärts und über die Ladenbachbrücke. So-

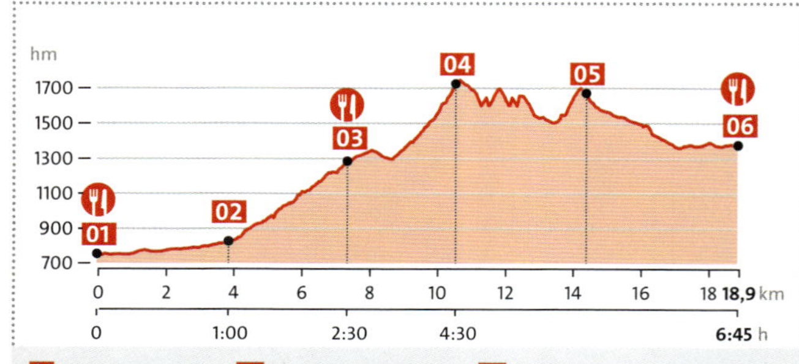

01 Hintersee, 746 m; 02 Lämmerbach, 801 m; 03 Genneralm, 1.295 m; 04 Hoher Zinken, 1.764 m; 05 Pitscherberg 1.720 m; 06 Postalm, 1.346 m

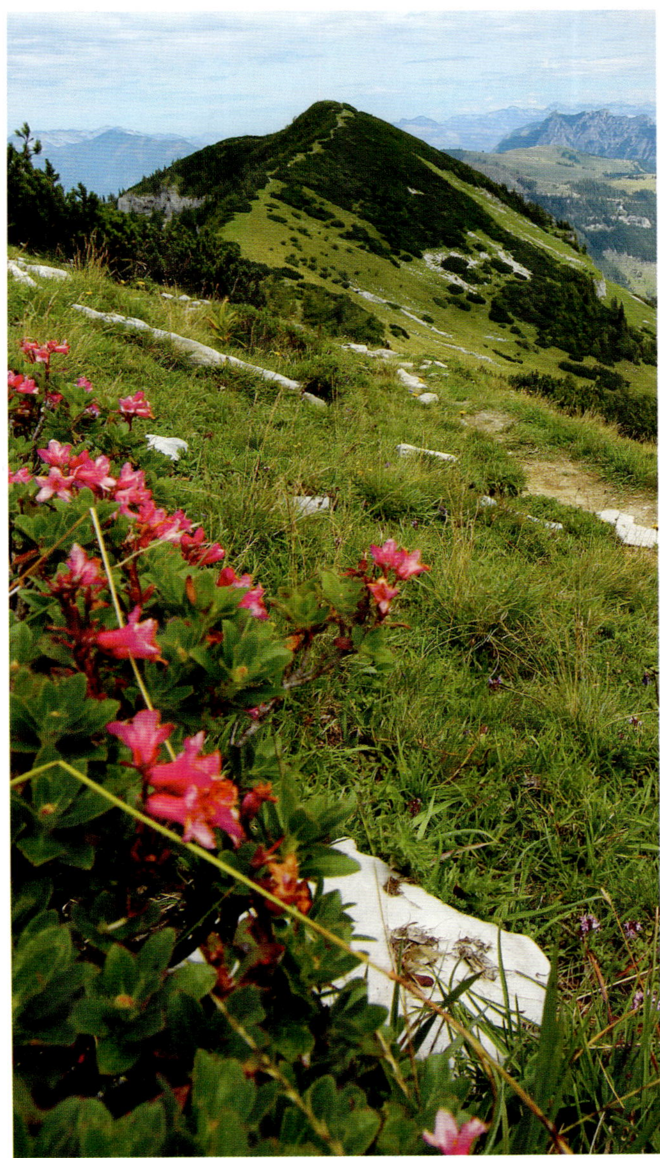

Der Weg zum Osterhorn – rechts hinten ist schon die Postalm zu sehen.

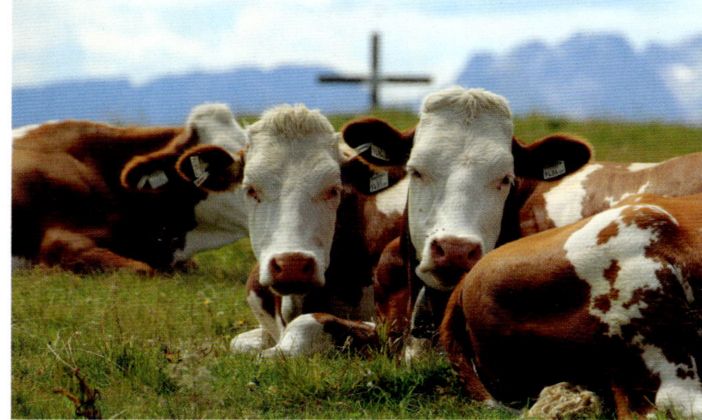

Auch die Kühe freuen sich über Gipfelstunden auf dem Hohen Zinken.

gleich links abbiegen zur Taugl, dann rechts entlang des Baches, bei der nächsten Brücke über das Gewässer und rechts haltend zum Forsthaus. Von dort auf einem schönen Wanderweg über Unterzagl wieder zur Straße, die dann links bis zum Ortsteil **Lämmerbach** 02 (801 m) und zum Parkplatz beim Beginn der Mautstraße zur Genneralm führt. 1:00 h

Vom dortigen Parkplatz wandern Sie auf der geschotterten Mautstraße zur Genneralm hinauf – einige ihrer Kehren lassen sich auf einem Pfad abkürzen. Wo sich der Wald zwischen dem Gennerhorn und der Felskuppe des Holzecks schließlich lichtet und Almwiesen Platz macht, erreichen Sie rechts die Hinter- und die Reithütte sowie links die Poschn'hütte auf der **Genneralm** 03 (1.295 m). 1:30 h

Nun geht's auf der Almstraße Richtung „Hoher Zinken, Pitscherberg, Postalm" (Nr. 840) südlich unter dem Holzeck vorbei und kurz in einen Sattel hinab. Dort beginnt der anfangs recht steinige Pfad auf den Hohen Zinken, der zunächst durch steile Waldhänge ansteigt. Zuletzt erreichen Sie über einen Wiesenhang das Gipfelkreuz auf der überraschend großen Kuppe des **Hohen Zinkens** 04 (1.764 m). Grandiose Aussicht zu den benachbarten Gipfeln der Osterhorngruppe. Weiters im Panorama: Schafberg, Schober, Berchtesgadener Alpen (Hoher Göll, Untersberg), Tennengebirge, Gosaukamm und Dachstein (Gosaugletscher), Gamsfeld, Retten- und Bergwerkskogel. Tiefblick zum Hintersee und – nach ein paar Schritten weiter nach Osten – auch nach St. Wolfgang. 2:00 h

Vom östlichen Rand der Gipfelkuppe führt der Pfad über einen Grashang und zwischen Latschen in den breiten Osterhornsattel (1.707 m) hinab. Von dort lohnt sich der 10-Minuten-Abstecher links auf das benachbarte **Osterhorn** (1.746 m), den aussichtsreichen „Namenspatron" der Gebirgsgruppe. Der Steig Nr. 840 Richtung „Pitscherberg, Postalm" zieht dagegen rechts auf einen Almboden (1.490 m) hinunter. Durch lichten Baumbestand

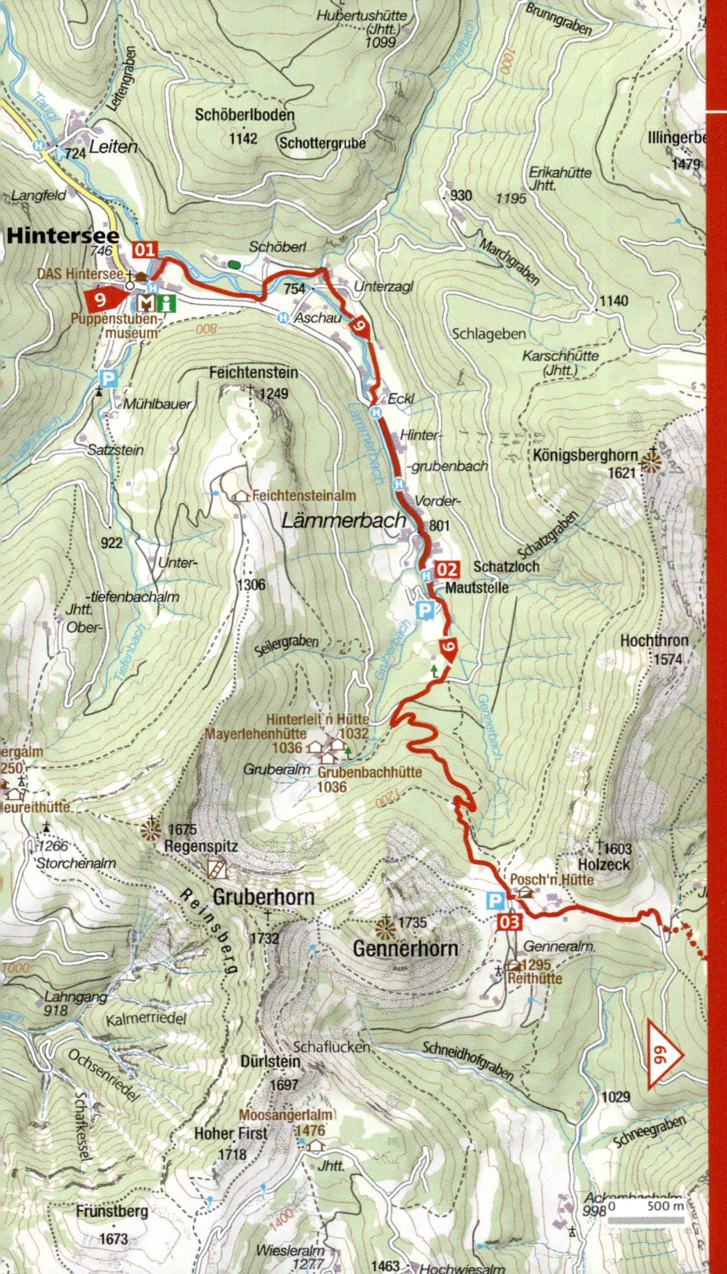
Hintersee
746
DAS Hintersee
Puppenstuben-museum
Leiten
724
Langfeld
Leitengraben
Taugl
Schöberlboden
1142
Schottergrube
Hubertushütte (Jhtt.) 1099
Schafbach
Brunngraben
Schöberl
754
Unterzagl
Aschau
Schlageben
930
1195
Erikahütte Jhtt.
Marchgraben
1140
Karschhütte (Jhtt.)
Illingerbe
1479
Feichtenstein
1249
Mühlbauer
Satzstein
Eckl
Hinter-
-grubenbach
Lämmerbach
Vorder-
801
Königsberghorn
1621
Feichtensteinalm
922
Unter-
-tiefenbachalm
Jhtt.
Ober-
1306
Schatzloch
Mautstelle
Schatzgraben
Tiefenbach
Seilergraben
Gruberbach
Gennerbach
Hochthron
1574
Hinterleit'n Hütte
1032
Mayerlehenhütte
1036
Gruberalm
Grubenbachhütte
1036
1675
Regenspitz
1266
Storchenalm
Gruberhorn
1732
Reinsberg
1735
Gennerhorn
1603
Holzeck
Posch'n Hütte
Genneralm
1295
Reithütte
Lahngang
918
Kalmerriedel
Ochsenriedel
Schafkessel
Schaflucken
Dürlstein
1697
Schneidhofgraben
1029
Moosangeralm
1476
Hoher First
1718
Jhtt.
Schneegraben
Frünstberg
1673
Wiesleralm
1277
1463
Hochwiesalm
998
0
500 m
01
02
03
9

9

weiter und – bei einer Abzweigung links auf der markierten Route bleibend – durch die stellenweise sehr steile, oben jedoch etwas bewaldete Südwestflanke des **Pitscherbergs** 05 (1.720 m) empor. Das Gipfelkreuz steht einige Schritte links oberhalb des Pfades.

Der Abstieg erfolgt auf dem nun besser ausgetretenen Pfad über den steilen Südosthang (Jägerstand) zu einem kleinen Plateau mit einigen Dolinentrichtern und urigen Lärchen, wo Sie eine Forststraße queren. Unterhalb davon erreichen Sie die bewirtschaftete Pitscherbergalm (1.449 m). Kurz auf der Forststraße weiter und dann links durch den Wald zur weiten Wiese der Labenbergalm hinab. Geradeaus ist ein kurzer Abstecher zur bewirtschafteten Lienbachhütte (1.431 m) am Fuß des Labenberges (1.642 m) möglich. Der Salzkammergut Trail führt dagegen mit der Nr. 840 links über einen 2 km langen, teils freien und teils bewaldeten Rücken zur **Postalm** 06 (1.346 m) hinüber. 3:00 h

An ihrem westlichen Rand empfängt sie die gemütliche, aus Holz erbaute Huberhütte. Weitere Übernachtungsmöglichkeiten erreichen Sie, wenn Sie zum 800 m entfernten Parkplatz 3 und von dort rechts – vorbei an der Strobler Hütte – zur Postalm-Mautstraße gehen (Almgasthaus Zur Blonden Hütte, Welser Hütte, Lienbachhof). Links vom Parkplatz 3 abzweigend erreichen Sie die Schafbergblick-, die Wiesler- und die Erlbachhütte (jeweils ca. 30 Minuten).

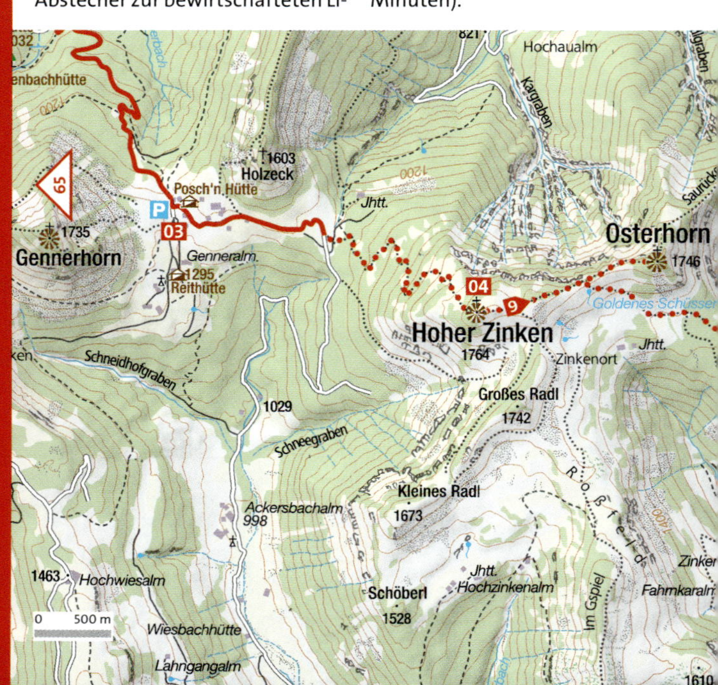

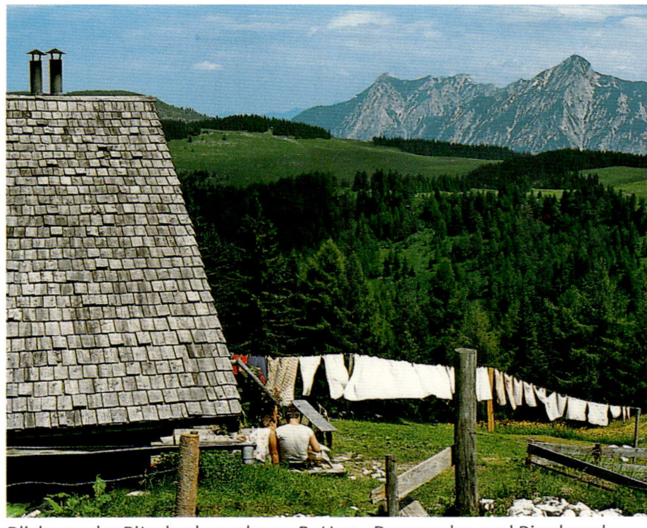

Blick von der Pitscherbergalm zu Retten-, Bergwerks- und Rinnkogel.

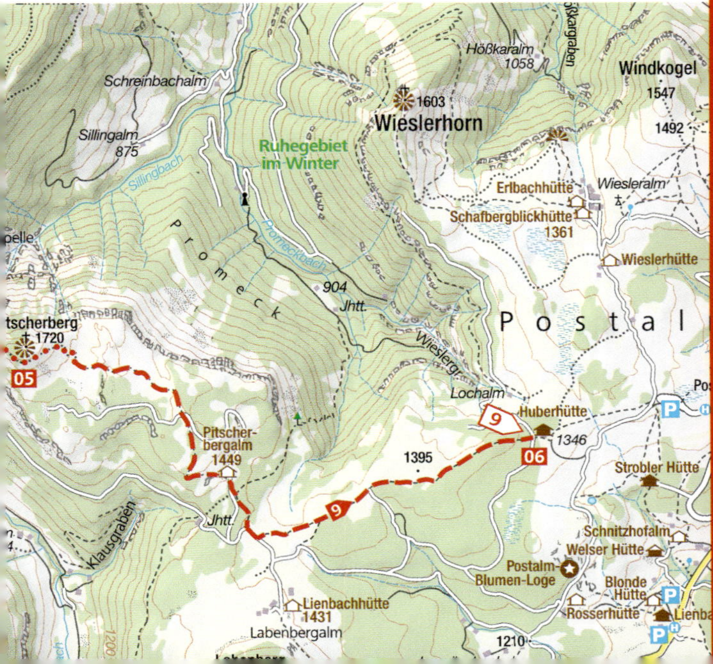

Schreinbachalm
Sillingalm 875
Sillingbach
Ruhegebiet im Winter
Promeck
Promeckbach
904
Jhtt.
Wieslergr.
Höẞkaralm 1058
1603
Wieslerhorn
Windkogel 1547
1492
Erlbachhütte
Wiesleralm
Schafbergblickhütte 1361
Wieslerhütte
Postal
tscherberg 1720
05
Pitscher-bergalm 1449
Lochalm
9
Huberhütte
1346
06
1395
Strobler Hütte
Jhtt.
Klausgraben
Schnitzhofalm
Welser Hütte
Postalm-Blumen-Loge
Blonde Hütte
Rosserhütte
Lienbachhütte 1431
Labenbergalm
1210

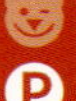

POSTALM – STROBL

10. Etappe: Vom Almenland zum Wolfgangseestrand

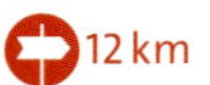

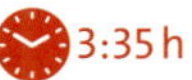

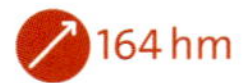

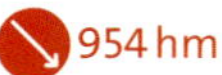

START | Postalm, Huberhütte, 1.346 m.
[GPS: UTM Zone 33 x: 381.352 m y: 5.279.791 m]
CHARAKTER | Kurzer Anstieg und langer Abstieg auf Forststraßen, markierten Almwegen und Waldpfaden, zuletzt wandern Sie auf einem ebenen Promenadenweg.

Nun folgt wieder eine eher erholsame Wegetappe. Erst geht's sanft durchs Weideland der Postalm bergan und danach relativ gemütlich durch Waldhänge bergab. Garniert ist die Route mit ein paar steinigen Passagen und dem Blick zu schroffen Bergen. Und zum Schluss erwartet Sie ein Spaziergang durch ein wertvolles Moorbiotop am Wolfgangsee.

▶ Von der Huberhütte am westlichen Rand der **Postalm** 01 wandern Sie auf dem Weg Nr. 840 weiter und unter einem Lift durch zum Parkplatz 3 am oberen Ende der Postalm-Mautstraße. Von dort lohnt sich der kurze Abstecher zur historischen Postalmhütte neben ihrer kleinen Kapelle. Sie geht auf das Jahr 1853 zurück und gehörte damals dem Postwirt aus Bad Ischl – so ging der Name schließlich auf das ganze Almgebiet über. Der Weg zum Wolfgangsee führt dagegen links auf einer Almstraße mit der Markierung Nr. 877 zu den **Wiesleralmen** 02 (1.361 m) im nördlichen Bereich der Postalm.
Zwischen der Wiesler- und der Schafbergblickhütte gehen Sie auf

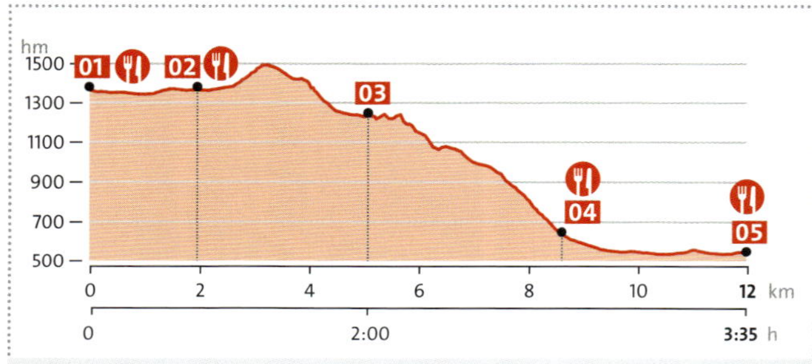

01 Postalm, 1.346 m; 02 Wiesleralmen, 1.361 m; 03 Niedergadenalm, 1.228 m; 04 Gasthof Mahdhäusl, 620 m; 05 Strobl, 542 m

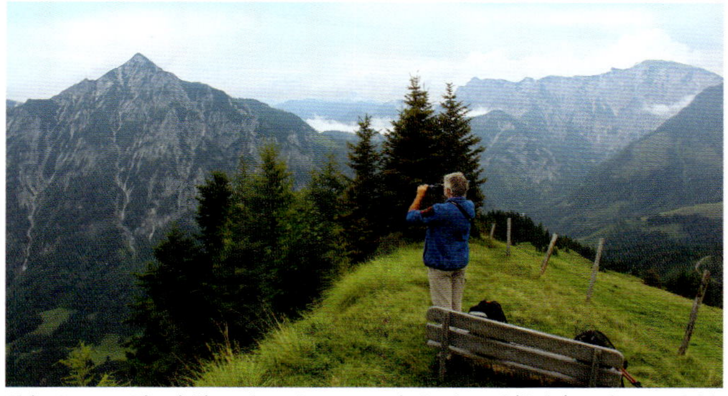

Sidestep zur Thorhöhe – im Hintergrund Rinnkogel (links) und Gamsfeld.

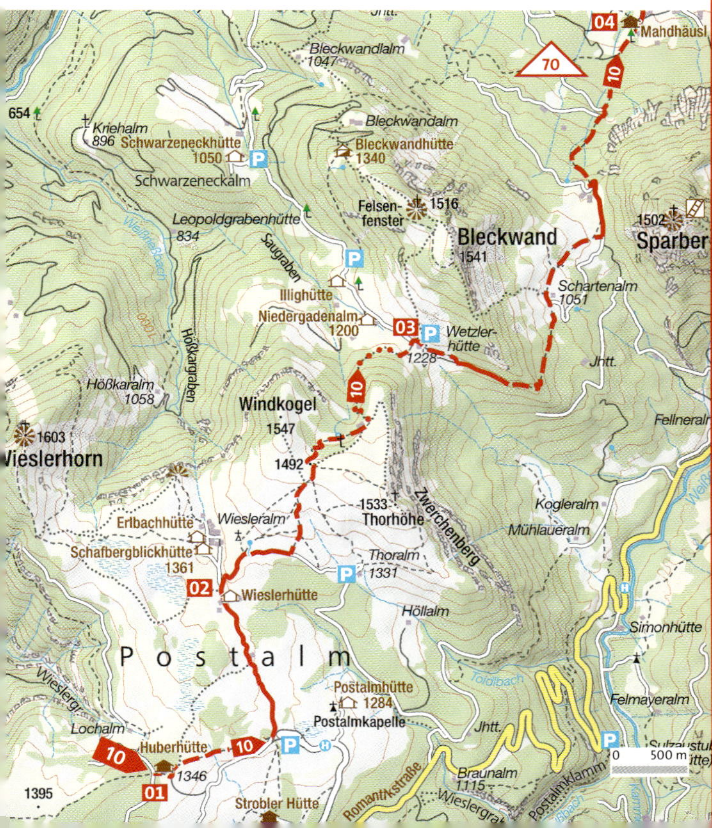

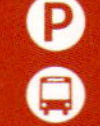

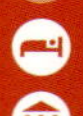

der rechts abzweigenden Straße etwa 350 m Richtung Thoralm. Dann führt der Wanderweg Nr. 877 mit der Beschilderung „Niedergadenalm – Strobl" links durch den Wiesenhang zum Thoralmsattel (1.492 m) hinauf.

Gipfelabstecher: Rechts davon erhebt sich die **Thorhöhe** (1.533 m), die nordseitig sehr steil abbricht (40 Minuten hin und retour).
Vom Sattel wandern Sie nun nordseitig auf dem alten Almweg in eine Mulde hinab, dort nach rechts und unter einer Stromleitung durch zu einer Privathütte auf einem kleinen Wiesenboden. Danach geht's kurz nach links und oberhalb eines Grabens – nahe der Stromleitung – weiter durch Waldhänge abwärts. Schließlich erreichen Sie im Sattel vor der Bleckwand die **Niedergadenalm** 03 (1.228 m), bei der eine schmale, asphaltierte Mautstraße, die von Gschwendt am Wolfgangsee heraufführt, endet. 2:00 h

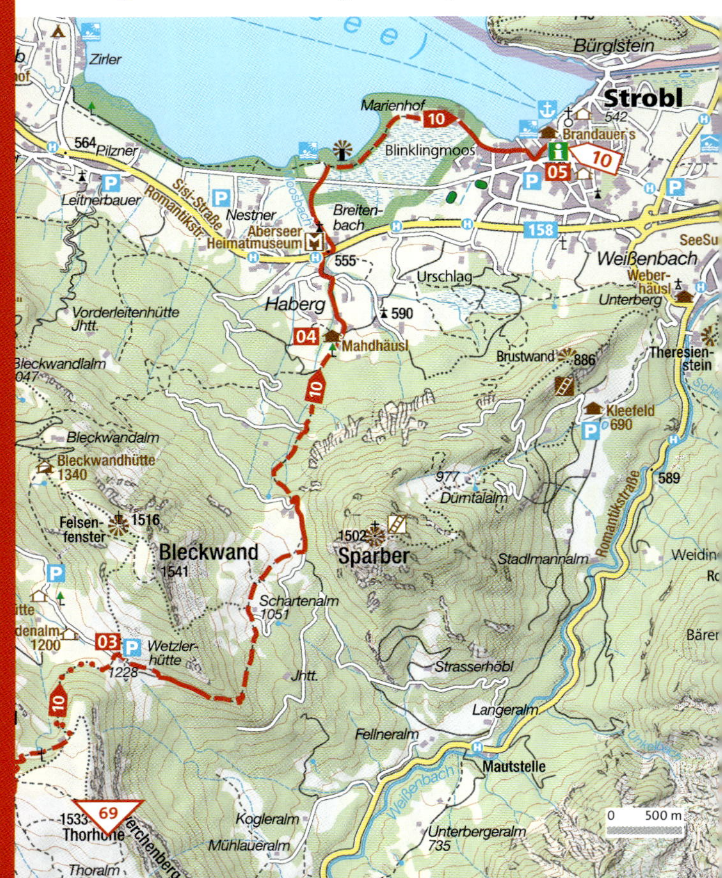

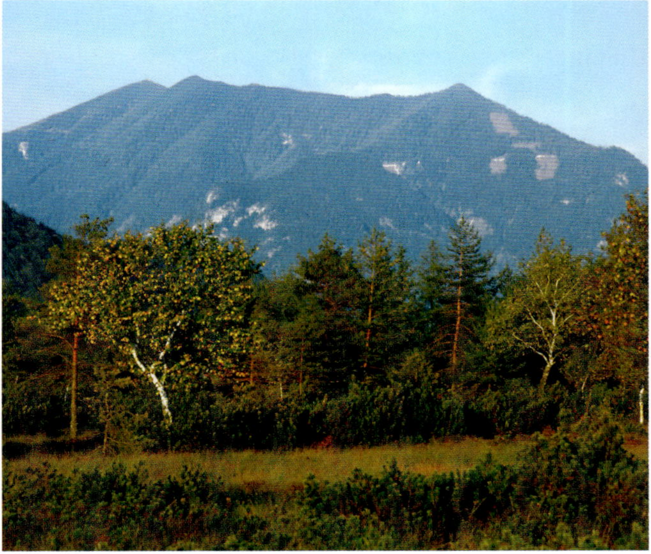

Der Leonsberg (Zimnitz), gesehen aus dem unberührten Blinklingmoos.

Gipfelabstecher auf die **Bleckwand** (1.516 m) – siehe Tour G5, Seite 248.

Rechts wandern Sie nun auf dem Pfad Nr. 877 durch steile, felsdurchsetzte Waldhänge zum Bleckwand-Südostgrat (Gatter) und links hinab zur Schartenalm (1.051 m). Links davon erhebt sich die Bleckwand (1.516 m) mit ihrer felsigen Ostseite und rechts der noch viel schroffere Sparber (1.502 m). Weiter auf dem Pfad Nr. 877 und kurz auch auf der geschotterten Almstraße zum **Gasthof Mahdhäusl** 04 (620 m) hinunter.

Auf der Zufahrtsstraße gelangen Sie zur viel befahrenen Bundesstraße (links Bushaltestelle), die rechts über eine Brücke führt – darunter kann man sie neben einem Bächlein unterqueren, allerdings nur bei geringer Wasserführung.

Jenseits steht das historische Lipphaus, in dem das sehenswerte Aberseer Heimathaus untergebracht ist. Nach der Beschilderung „Bahndammweg" spazieren Sie nun auf einem ebenen Wiesenweg neben einer Kapelle zum Wolfgangsee. Nach 10 Minuten überqueren Sie den Bahndammweg (die einstige Trasse der Salzkammergutbahn). Gleich danach zweigen Sie rechts auf den beschilderten Seeuferweg ab (geradeaus Abstecher zum Gschmå Platzl am Ufer – Blick nach St. Wolfgang).

Durch eine Birkenallee und das Naturschutzgebiet Blinklingmoos gelangen Sie zum Fellmayerbad. Bald danach zweigen Sie links ab und kommen durch die Moosgasse ins Zentrum von **Strobl** 05 (542 m) mit dem Tourismusbüro. 2:00 h

STROBL – BAD ISCHL

11. Etappe: Vorbei am Nussensee in die kaiserliche Kurstadt

  15,9 km 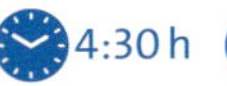 4:30 h 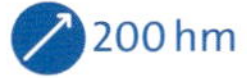 200 hm 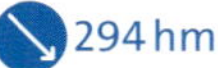 294 hm 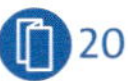 20

START | Strobl, 542 m.
[GPS: UTM Zone 33 x: 386.120 m y: 5.286.085 m]
CHARAKTER | Verhältnismäßig kurze Talwanderung ohne größere Steigungen auf Nebenstraßen, breiten Wegen und Waldpfaden.

Die 11. Wegetappe führt durch das Tal der Ischler Ache, die auch einfach nur Ischl genannt wird und im berühmten Kurort, der ihren Namen trägt, in die Traun mündet. Auf dem Weg dorthin vollzieht der Salzkammergut Berge Seen Trail einen kleinen Schlenker zum Nussensee.

▶ Im Ortszentrum von **Strobl** 01 folgen Sie der Bürglstraße nach Norden zur Brücke, unter der die Ischler Ache aus dem Wolfgangsee fließt. Direkt davor gehen Sie rechts über eine Metalltreppe hinab zum schmalen Achenweg, der neben dem Ufer des Flusses verläuft und nach 800 m unter einer Straßenbrücke durchführt. Nach weiteren 700 m endet er bei der nächsten Brücke. Dort rechts auf dem Fahrweg weiter, bis Sie links auf den beschilderten Römerweg abzweigen. Dieser mündet in die Schwarzenseestraße, auf der Sie links über die Ischler Ache (und damit über die Landesgrenze nach Oberösterreich) gelangen. Jenseits biegen Sie nach einem Gebäude rechts auf den Weg Nr. 32 Richtung Bad Ischl ab, der nun dem Nordufer der Ischl entlangführt. Nach der Ableitung des Mühlbachs rechts weiter, bei der nächsten Brücke die Straße überqueren und an einer Fischtrep-

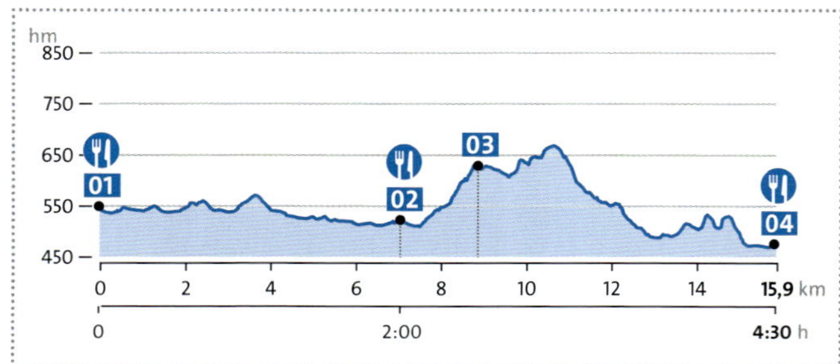

01 Strobl, 542 m; 02 Gasthof Zur Wacht, 542 m; 03 Nussensee, 604 m; 04 Bad Ischl, 470 m

pe vorbei. In der Ortschaft Windhag rechts Richtung Aigen-Voglhub abbiegen (Schild „Nussensee – Bad Ischl"), auf einer Fußgängerbrücke über den Fluss und drüben – wieder im Salzburger Land – links auf dem Bachweg mit der Nr. 18 weiter (geradeaus käme man zu einer Bushaltestelle). Teils auf geschotterter Trasse, teils auf Asphalt durch eine Siedlung und schließlich rechts zur nahen Bundesstraße (Bushaltestelle). Hinter der Unterführung befindet sich der **Gasthof Zur Wacht** 02 (542 m) im Weiler Ramsau. 1:15 h

Auf der Schneiderwirtstraße über den Schöffaubach. Bei der Abzweigung der Nussensee-Zufahrtsstraße und auch bei der gleich darauffolgenden Gabelung bleiben Sie geradeaus. Erst nach der Brücke über den Nussenbach biegen Sie rechts ab und wandern auf der alten, geschotterten Straße durch einen schluchtartigen Waldgraben zum

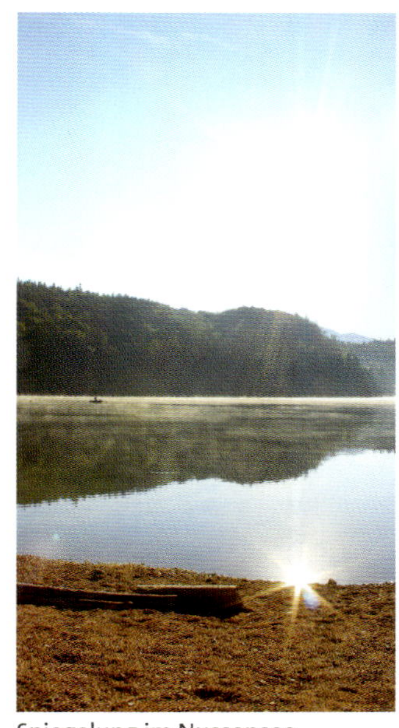

Spiegelung im Nussensee.

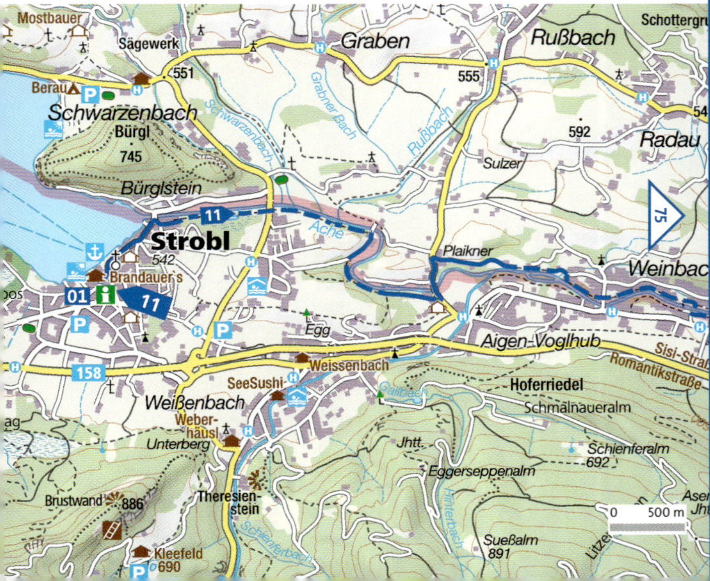

Nussensee 03 (604 m) hinauf. Dort angelangt haben Sie die Möglichkeit, nach rechts abzuzweigen und das waldumsäumte Berggewässer südseitig zu umrunden.

Kürzer ist die links wegführende, anfangs ebenfalls noch asphaltierte Route, in die der Seerundweg bald bei einem Haus einmündet. Von dort folgen Sie in jedem Fall dem breiten, ansteigenden Schotterweg, der über einen kleinen Waldrücken nach Lindau (566 m) hinüberzieht. Dort gehen Sie auf der asphaltierten Lindaustraße einige Schritte nach links, bevor Sie rechts auf den Auerbachweg abzweigen. Nun marschieren Sie etwa 1 km durch Wald und eine Siedlung nach Norden. 100 m nach der Einmündung der Ahornstraße biegen Sie rechts auf den flachen Elisabeth-Waldweg ab.

Dieser Themenweg, der zum Gedenken an die 1898 ermordete Kaiserin Elisabeth von Österreich gestaltet wurde, führt durch die Hänge über dem Tal zur 1,5 km entfernten Kalvarienbergkirche (532 m) hinüber. Von dort sehen Sie schon das Stadtzentrum von **Bad Ischl** 04 (470 m), in das Sie kurz auf dem Kalvarienbergweg absteigen. Auf der Leitenbergstraße und der rechts abzweigenden Wirerstraße gelangen Sie zur Kaiserin-Elisabeth-Brücke. Davor führt die Pfarrgasse zur Pfarrkirche und zur 1831 eröffneten Trinkhalle (Haus des Gastes), in der sich das Tourismusbüro befindet. Von dort ereicht man auf der Bahnhofstraße den Bahnhof bzw. den Busbahnhof. 1:15 h

Hinweis: Busverbindung (Linie 150) von Strobl (Busbahnhof im Bereich der Bahnstraße) nach Bad Ischl.

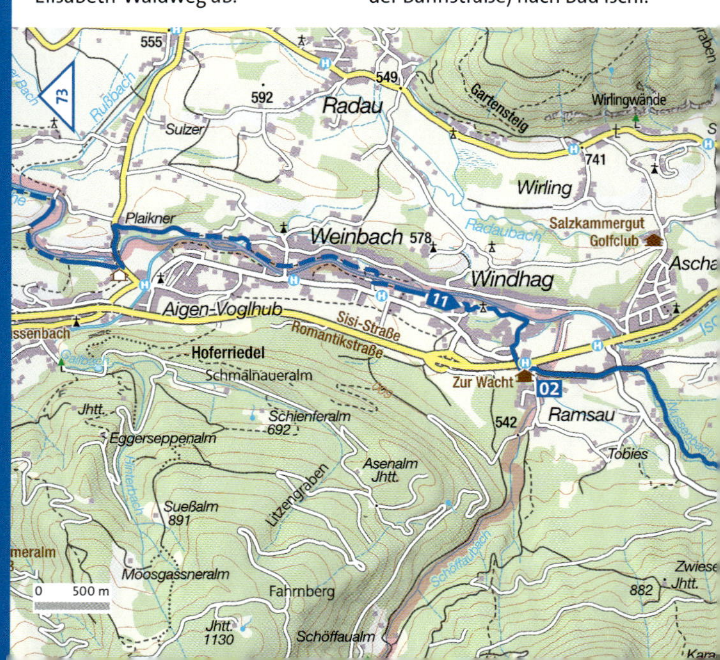

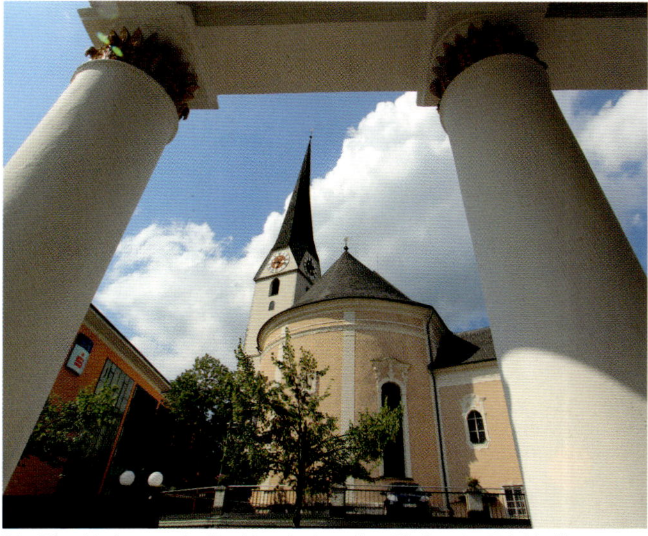

Die Pfarrkirche von Bad Ischl zwischen den Säulen der Trinkhalle.

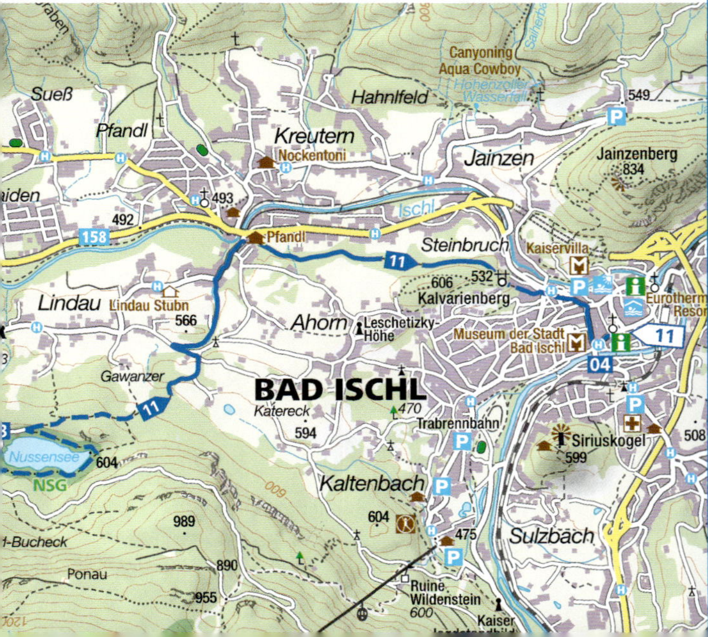

Sueß
Pfandl
Kreutern
Nockentoni
Hahnlfeld
Canyoning
Aqua Cowboy
Hohenzoller Wasserfall
549
Jainzen
Jainzenberg
834
493
492
158
Pfandl
Ischl
Steinbruch
Kaiservilla
11
606
532
Kalvarienberg
Eurotherm
Lindau
Lindau Stubn
566
Ahorn
Leschetizky-Höhe
Museum der Stadt Bad Ischl
11
04
Gawanzer
BAD ISCHL
Katereck
470
594
Trabrennbahn
Siriuskogel
599
508
Nussensee
604
NSG
Kaltenbach
604
989
475
Sulzbach
Bucheck
Ponau
890
955
Ruine Wildenstein
600
Kaiser

BAD ISCHL – BAD GOISERN

12. Etappe: Über die Katrin

 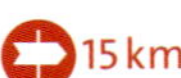

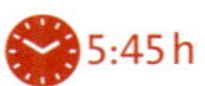

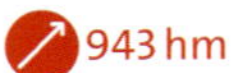

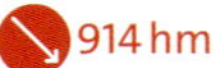

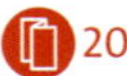

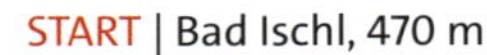
START | Bad Ischl, 470 m.
[GPS: UTM Zone 33 x: 396.734 m y: 5.285.155 m]
CHARAKTER | Ohne die Benützung der Katrin-Seilbahn eine konditionell anspruchsvolle Bergwanderung. Neben kurzen Forststraßen-Passagen erwarten Sie gut markierte, aber stellenweise steile Wald- und Bergpfade.

Auf dem Weg von Bad Ischl nach Süden nähern Sie sich der „Halbzeit" des Salzkammergut Berge-Seen Trails. Der führt auf den Ischler Hausberg, die 1.542 m hohe Katrin, von der man besonders schön zum vergletscherten Dachstein hinübersieht. Da jenseits der lange Abstieg ins Trauntal zu bewältigen ist, erscheint die Fahrt mit der Seilbahn als überzeugende Option.

▶ Vom Schröpferplatz vor der Kaiserin-Elisabeth-Brücke im Zentrum von **Bad Ischl** 01 wandern Sie auf der wunderschönen Esplanade neben der Traun taleinwärts, vorbei an der Konditorei Zauner zur anschließenden Hasnerallee. Bald links nach der Beschilderung „Lauffen" in die parkartige Kaltenbachau, vorbei an der Trabrennbahn, den Tennisplätzen und einer Traunbrücke. Bei der kleinen Rindenkapelle rechts abzweigen, über den Kaltenbach und an einem Teich vorbei. Dann rechts zur Katrinstraße, die zur Kaltenbachstraße führt. Auf dieser links

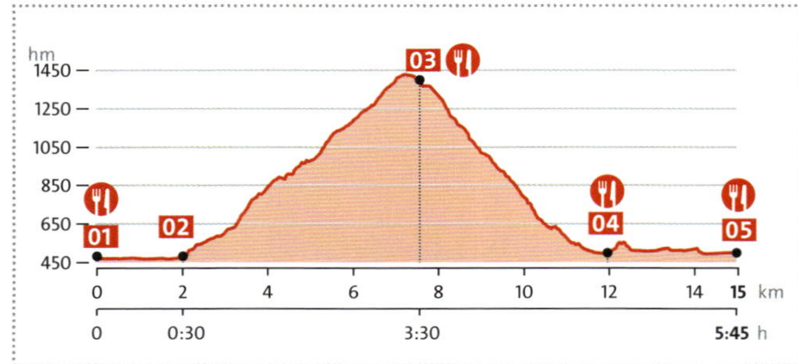

01 Bad Ischl, 470 m; 02 Katrin-Seilbahn, Talstation, 475 m; 03 Katrin-Seilbahn, Bergstation, 1.413 m; 04 Weißenbach, 490 m; 05 Bad Goisern, 502 m

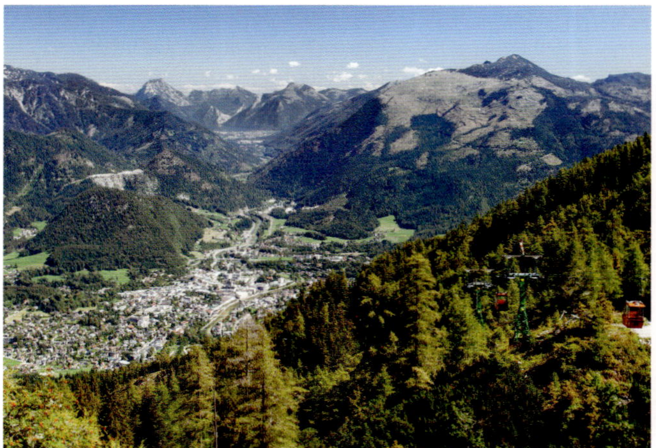
Das Panorama von der Katrin – mit Bad Ischl und Traunstein.

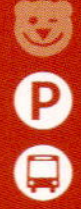

zur nahen **Talstation der Katrin-Seilbahn** 02 (475 m). 30 Minuten

Hinweis: Die erste Gondel der Katrin-Seilbahn fährt um 9 Uhr. Aktuelles: www.katrinseilbahn.com

Neben der Seilbahnstation steigen Sie einige Schritte über die Skipiste an, biegen oberhalb eines hohen Gebäudes links ab und wandern dann auf einer Forststraße unterhalb der Ruine Wildenstein wieder rechts zur Abfahrtsstrecke zurück. 50 m weiter oben rechts auf dem Fahrweg weiter, an einem Wasserreservoir vorbei und zu einer Kreuzung. Einige Schritte rechts zur Abzweigung des „Bilderweges" mit der Nr. 895 (Wegweiser „Katrinalm, Bergstation"). Er führt links im Zickzack durch Waldhänge hinauf. Nach etwa 30 Minuten erreichen Sie neuerlich die Skipiste, auf der Sie zu einer Forststraße ansteigen. Auf dieser nun links bergauf, unter der Seilbahn durch und in den Windengraben. Dort werden einige Kehren auf einem Pfad abgekürzt. Durch etwas flacheres Waldgelände vorbei und bald nach rechts zu einem Aussichtspunkt (1.362 m). Links bleibend auf einem neuen, nur sanft ansteigenden Weg durch die Südhänge des Feuerkogels zur urigen **Almhütte auf der Katrinalm** 03 (1.396 m), die knapp unterhalb der Seilbahn-Bergstation steht. Herrlicher Blick nach Süden zum Hallstätter See und zum Dachsteingebirge! 3:00 h

Gipfelabstecher: Auf die **Katrin** (1.542 m) – siehe Tour G6, Seite 250.

Abstieg auf dem Pfad Nr. 899, der durch die Südhänge des Katrin-Massivs ins Trauntal hinabzieht. Weiter unten erreichen Sie einen Forstweg, auf dem Sie zu einer quer verlaufenden Straße hinabmarschieren. Von dort weiter auf dem Wanderweg, von dem Sie bald rechts abzweigen. So gelangen Sie – weitere Forststraßen querend – zu den ersten Häusern von **Weißenbach** 04 (490 m) hinunter. 2:00 h

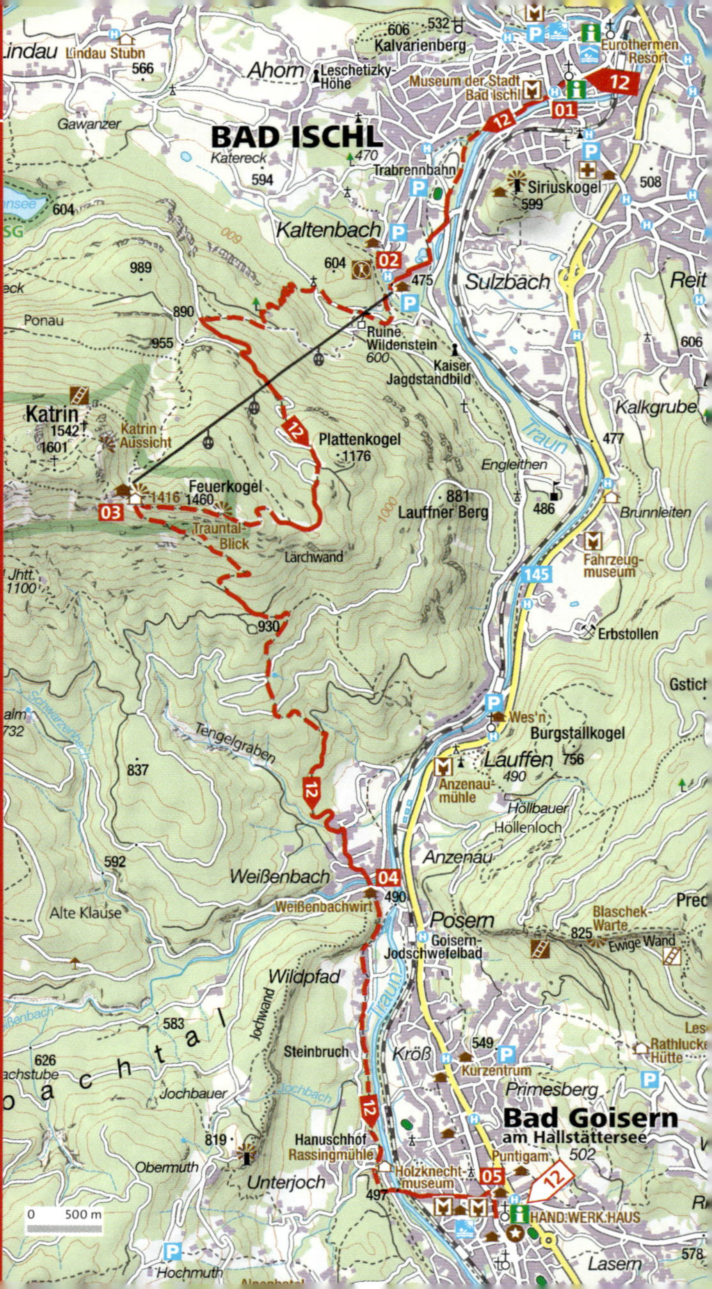

BAD ISCHL

Lindau
Lindau Stubn
566
Gawanzer
Katereck
594
604
Ahorn
Leschetizky-Höhe
470
606
532
Kalvarienberg
Museum der Stadt Bad Ischl
Eurothermen Resort
12
01
Trabrennbahn
Siriuskogel
599
508
Kaltenbach
02
604
475
Sulzbach
Reit
989
890
Ponau
955
Ruine Wildenstein
600
Kaiser Jagdstandbild
606
Kalkgrube
Katrin
1542
1601
Katrin Aussicht
Plattenkogel
1176
Traun
477
Engleithen
03
1416
Feuerkogel
1460
881
Lauffner Berg
486
Brunnleiten
Trauntal-Blick
Lärchwand
Fahrzeug-museum
Jhtt. 1100
145
930
Erbstollen
Gstich
Wes'n
Burgstallkogel
Tengelgraben
837
Lauffen
756
490
Anzenau-mühle
Höllbauer
Höllenloch
Anzenau
592
Weißenbach
04
Weißenbachwirt
490
Posern
Blaschek-Warte
825
Ewige Wand
Goisern-Jodschwefelbad
Alte Klause
Wildpfad
Jochwand
583
Steinbruch
Kröß
549
Kurzentrum
Rathlucke Hütte
626
Jochbauer
Jochbach
Primesberg
Bad Goisern
am Hallstättersee
502
819
Hanuschhof
Rassingmühle
Puntigam
Obermuth
Unterjoch
Holzknecht-museum
05
497
HAND.WERK.HAUS
0 500 m
Hochmuth
Lasern
578

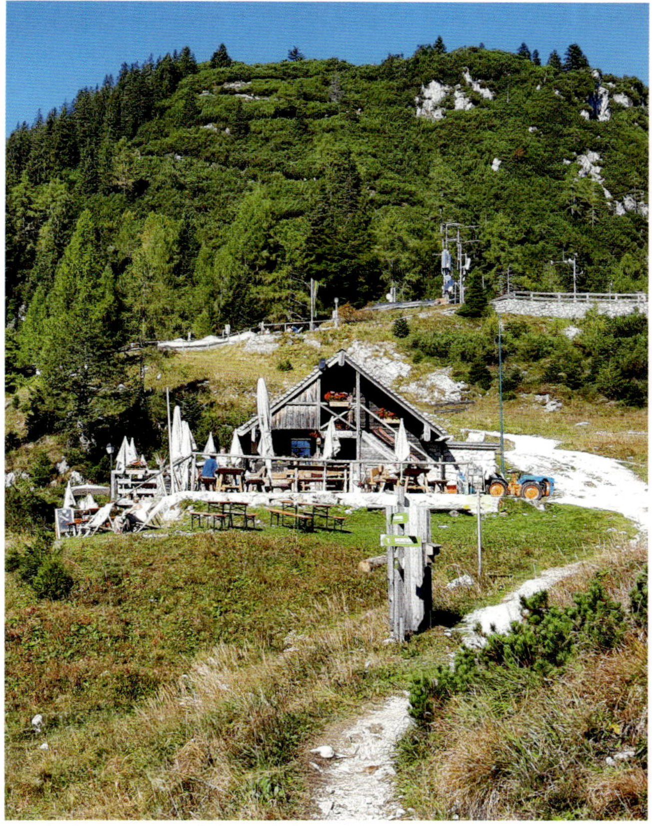

Hier lockt eine gemütliche Einkehr auf der Katrinalm.

Nach der Brücke über den Weißenbach queren Sie die Kreuzung bei der Zeugstätte der Feuerwehr und folgen dem Soleleitungsweg Richtung „Bad Goisern, Hallstatt" (Achtung! Stand Ende Januar 2022 ist der Anfang des Soleleitungswegs zwischen Hallstatt und Steeg/Goisern noch gesperrt!). Gleich geht's eng zwischen einem Holzstadel der Saline und dem Felshang durch; bei der Abzweigung beim nächsten Gebäude bleiben Sie links unten auf dem dem Soleleitungsweg, der oberhalb der Traun nach Süden führt. Nach etwa 2 km gehen Sie links auf der Sophienbrücke über die Traun und folgen der Sophienbrückenstraße ins Ortszentrum von **Bad Goisern am Hallstätter See** 05 (502 m). 45 Minuten

Hinweis: Bahn- und Busverbindung (Linie 542) zwischen Bad Ischl und Bad Goisern.

BAD GOISERN – GOSAU

13. Etappe: Auf zur Goiserer Hütte!

 13,8 km 5:05 h 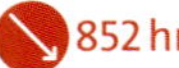1087 hm 852 hm 20

START | Bad Goisern, 502 m.
[GPS: UTM Zone 33 x: 396.734 m y: 5.285.155 m]
CHARAKTER | Bergwanderung auf Forststraßen und gut markierten, aber stellenweise steilen Wald- und Bergpfaden.

Die 13. Etappe folgt dem „Bibelweg", auf dem die Protestanten während der Zeit der Gegenreformation ihre heiligen Schriften über die Berge geschmuggelt haben. Der Aufstieg zur Goiserer Hütte ist stellenweise recht steinig und schweißtreibend, doch er beschert – ebenso wie der Abstieg ins Gosautal – unvergessliche Landschaftseindrücke.

Im Ortszentrum von **Bad Goisern** 01 gehen Sie auf der Oberen Marktstraße nach Süden zum Unimarkt und auf der rechts abzweigenden Ramsaustraße an der Evangelischen Kirche vorbei zur Brücke über die Traun. Jenseits wandern Sie geradeaus weiter und neben dem Ramsaubach bergauf. Im Ortsteil Steinach (580 m) biegen Sie links Richtung „Goiserer Hütte" ab und steigen nun neben dem Schüttbach zum Parkplatz Trockentann an. Auf einer Forststraße (Nr. 880/801 A) geht's weiter bis zur **Trockentannalm** 02 (805 m).

Nun marschieren Sie auf dem beschilderten, anfangs noch breiten Wanderweg durch den Kesselgraben hinauf, links neben einem Seitengraben zur Talstation der Materialseilbahn und zwischen Latschen zur Wallmann-Poidl-Rast. Durch lichte Baumbestände geht's

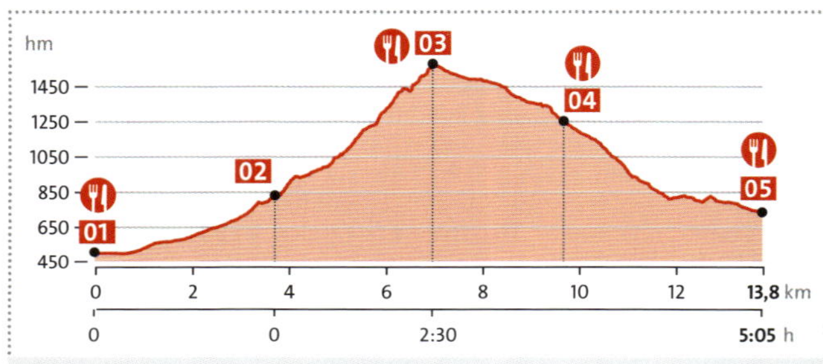

01 Bad Goisern, 502 m; 02 Trockentannalm, 805 m; 03 Goiserer Hütte, 1.595 m; 04 Iglmoosalm, 1.206 m; 05 Gosau-Vordertal, 780 m

weiter bergauf, vorbei an der Wiese der einstigen Unteren Schartenalm (1.178 m) und durch die steilen Hänge des Sonnenwendkogels zur Dichterinquelle. Zuletzt queren Sie den Hang hinüber zum Sattel zwischen dem Sonnenwendkogel und dem Kalmberg (1.580 m), rechts darüber steht die gastliche **Goiserer Hütte** 03 (1.592 m) des Alpenvereins. 3:15 h

Gipfelabstecher auf den **Hochkalmberg** (1.833 m) – siehe Tour G7, Seite 252.

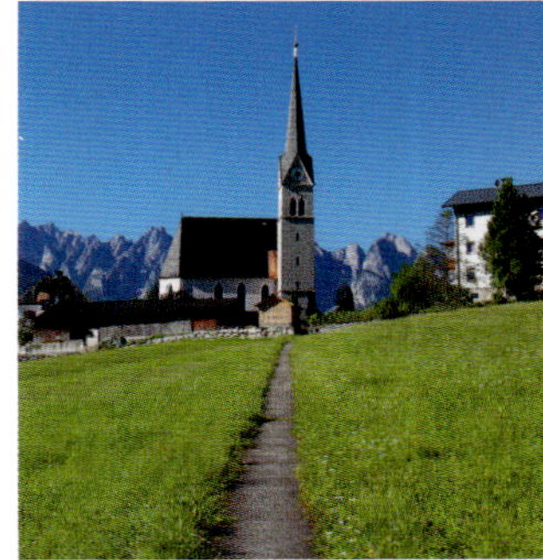

Gosau – das Ziel dieses Tages.

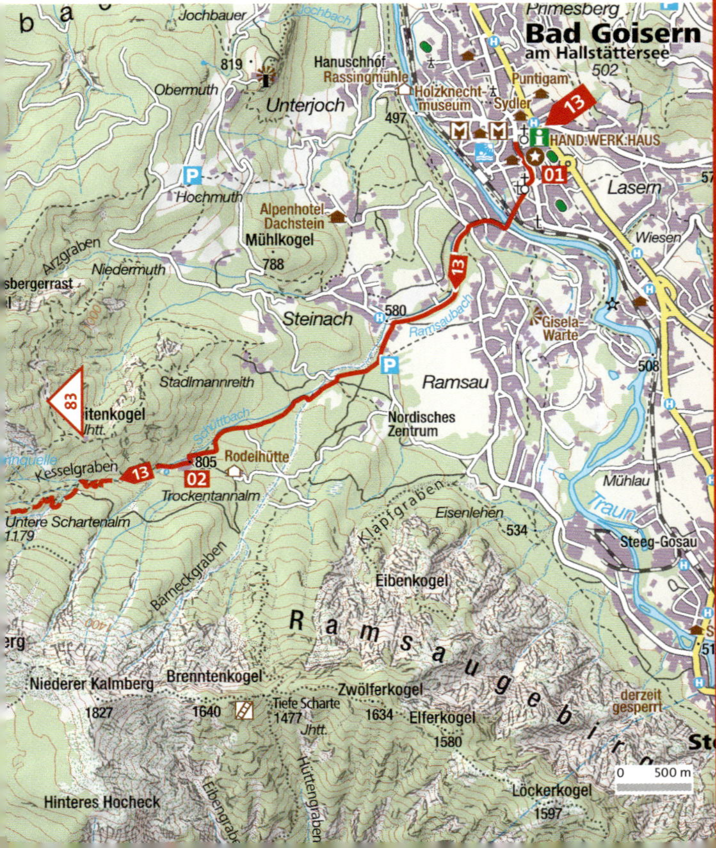

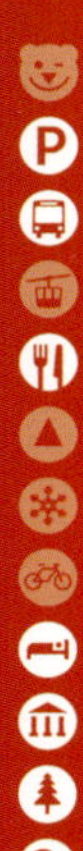

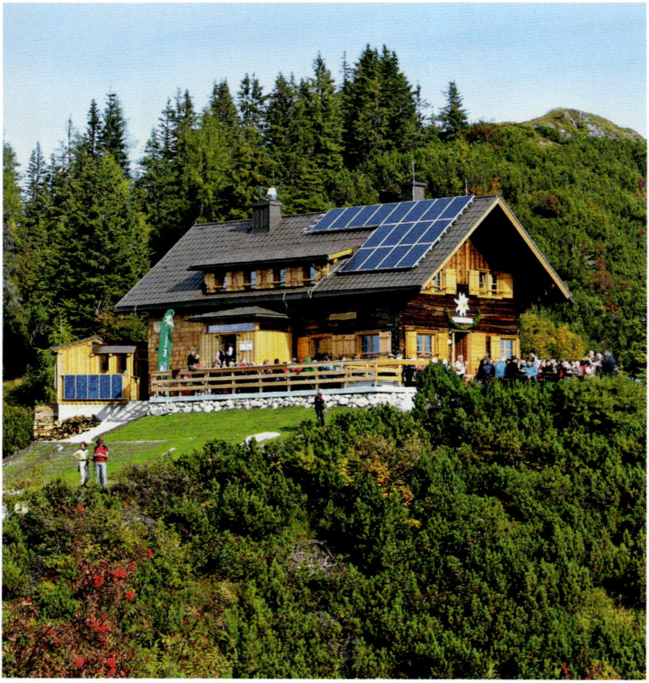

Das Zwischenziel der 13. Etappe – die schön gelegene Goiserer Hütte.

Der Abstieg verläuft auf dem Weg Nr. 880 Richtung „Gosau" kurz in eine kleine Scharte hinab und rechts zur südlichen Wiese der Schartenalm, auf der mehrere für das Salzkammergut so typische Holzhütten stehen. Bald zweigen Sie links ab. Die Route Nr. 880 verläuft nun – teils auf einer Forststraße – zur wunderschön gelegenen **Iglmoosalm** 04 (1.206 m) hinab.

Unterhalb der Almhütten verlassen Sie die Forststraße, um auf einem gut angelegten Weg nach Süden über einen Waldrücken, auf dem sich die „B'schissene Lacke" verbirgt, abzusteigen. Weiter unten am Waldrand erreichen Sie den Rastplatz Schindereben über dem Gosauer Ortsteil Ramsau (800 m). Dort zweigen Sie rechts auf den Panoramaweg ab, der – vorbei an einem Biobauernhof – in den Kreuzgraben und über den Edlbach- zum Grabenbach hinüberquert. Dort links zur nahen Pass-Gschütt-Straße. Vom jenseits gelegenen Hotel Koller gelangen Sie auf der Kirchenstraße zur Evangelischen und zur Katholischen Kirche in **Gosau-Vordertal** 05 (780 m).

Das Tourismusbüro befindet sich etwas weiter unten an der Einmündung der Pass-Gschütt-Straße in die Gosauseestraße (Bushaltestelle). 2:30 h

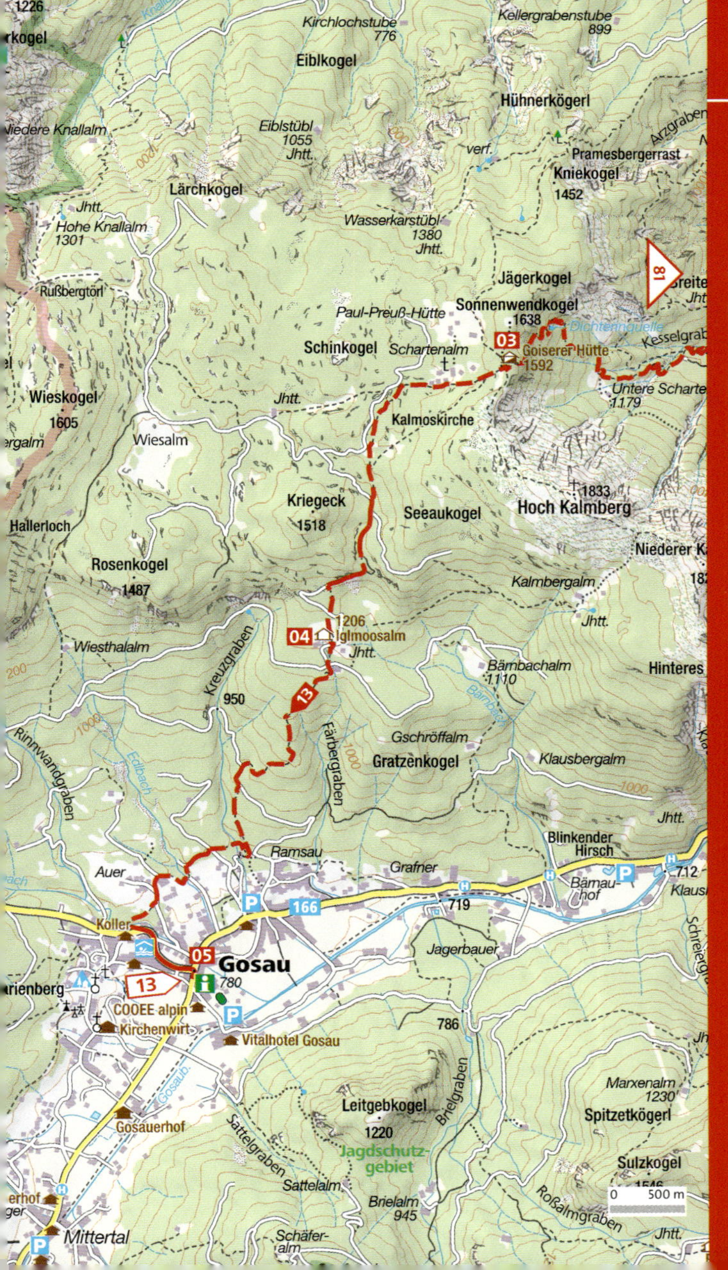

Kirchlochstube
776
Kellergrabenstube
899
Eiblkogel
Hühnerkögerl
Niedere Knallalm
Eiblstübl
1055
Jhtt.
verf.
Pramesbergerrast
Kniekogel
1452
Lärchkogel
Jhtt.
Hohe Knallalm
1301
Wasserkarstübl
1380
Jhtt.
Rußbergtörl
Jägerkogel
Sonnenwendkogel
1638
Paul-Preuß-Hütte
03
Goiserer Hütte
1592
Dichterinquelle
Kesselgrab
Schinkogel
Schartenalm
Untere Scharte
1179
Wieskogel
1605
Jhtt.
Kalmoskirche
Wiesalm
1833
Hoch Kalmberg
Kriegeck
1518
Seeaukogel
Hallerloch
Niederer K
Rosenkogel
1487
Kalmbergalm
1206
04
Iglmoosalm
Jhtt.
Jhtt.
Wiesthalalm
Kreuzgraben
Bämbachalm
1110
Hinteres
950
Färbergraben
Gschröffalm
Gratzenkogel
Klausbergalm
Rinnwandgraben
Jhtt.
Blinkender Hirsch
Ramsau
Grafner
Auer
Bämauhof
712
Klaus
166
719
Koller
Jagerbauer
05
Gosau
780
13
COOEE alpin
Kirchenwirt
786
Vitalhotel Gosau
Marxenalm
1230
Spitzetkögerl
Leitgebkogel
1220
Gosauerhof
Jagdschutzgebiet
Sattelgraben
Brielgraben
Sulzkogel
Sattelalm
0 500 m
Brielalm
945
Roßalmgraben
Jhtt.
Mittertal
Schäferalm

GOSAU – GOSAU-HINTERTAL

14. Etappe: Panoramawege vor dem Gosaukamm

  14,7 km  5:15 h  791 hm 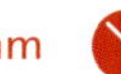 758 hm 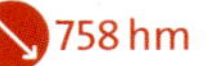  20

START | Gosau-Vordertal, 780 m.
[GPS: UTM Zone 33 x: 391.932 m y: 5.275.091 m]
CHARAKTER | Bergwanderung auf Forststraßen und markierten Wald- und Bergpfaden. Die Gehzeit kann durch die Talfahrt mit der Gosaukamm-Seilbahn um 1 Stunde verkürzt werden.

Heute genießen Sie den ganzen Tag über die Sicht zu den tausend Türmen des Gosaukammes, der vor über 200 Millionen Jahren als Korallenriff in warmem Meerwasser entstand, und zum fast 3000 Meter Hohen Dachstein, der mit dem Großen Gosaugletscher noch ein wenig an die Eiszeit erinnert.

▶ Von der Hauptstraße bei der Tourismus-Info in **Gosau-Vordertal** 01 führt der Salzkammergut Trail auf dem Kirchenweg zur Katholischen Kirche hinauf. Oberhalb davon geht's links über Stufen zum Kalvarienberg und von der Kalvarienbergkapelle kurz auf dem Panoramaweg nach rechts. Dann zweigt der Herrenweg (Nr. 611) mit der Beschilderung „Gablonzer Hütte, Zwieselalm" links bergwärts ab. Er führt durch Wald zu einem Fahrweg hinauf, folgt diesem kurz nach links und zieht dann rechts zu einer weiteren Forststraße (1.050 m) empor. Diese Schotterstraße leitet Sie weiter nach Süden, wobei sich der Abschnitt um das Skigebiet unter dem Hornspitz bis zur Leutgeb- und Falmbergalm rechts auf einem Pfad umgehen lässt. Nach dem

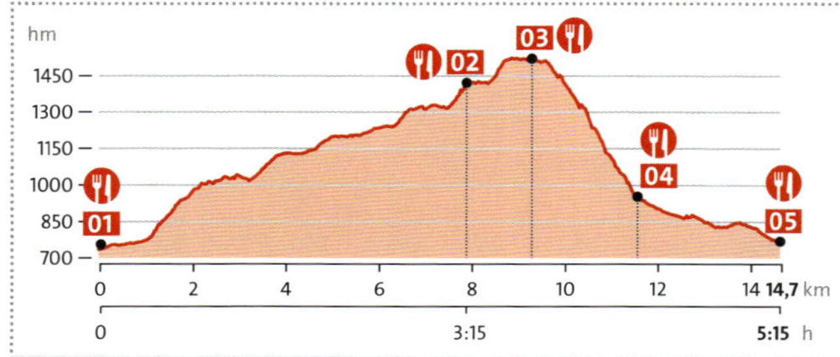

01 Gosau-Vordertal, 780 m; 02 Zwieselalm, 1.440 m;
03 Gablonzer Hütte, 1.550 m; 04 Vorderer Gosausee, 937 m;
05 Gosau-Hintertal, 767 m

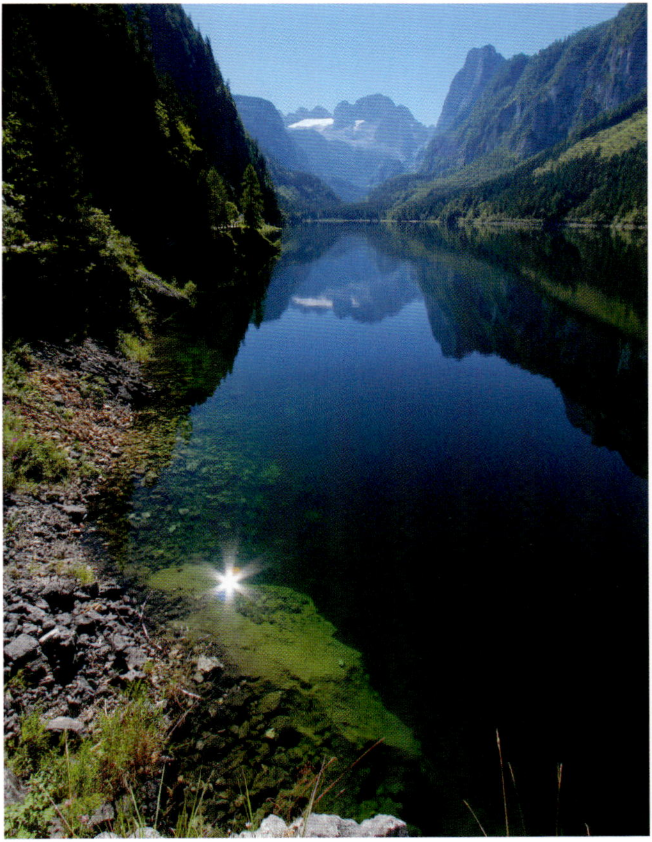

Der berühmte Blick über den Vorderen Gosausee: Niederer und Hoher Dachstein, Torstein und darunter Großer und Kleiner Gosaugletscher.

letzten Straßenkilometer, vorbei an der Ötscheralm, wandern Sie rechts auf dem Herrenweg zu einem Skilift und steigen durch steileres Waldgelände zum Edtalmgatterl an. Von dort geht's dann rechts (Nr. 622) in Kehren zur gastlichen **Zwieselalm** 02 (1.440 m) hinauf.

Von dort wandern Sie dann links auf einem Fahrweg Richtung Gablonzer Hütte. Die linke Route ist eine Abkürzung dorthin. Der kurz steiler ansteigende Schotterweg führt unter zwei Seilbahnen durch auf eine Anhöhe im Bereich der Sonnenalm und links zur nahen **Gablonzer Hütte** 03 (1.550 m).

Neben diesem Schutzhaus des Alpenvereins steht die Breininghütte. 3:00 h

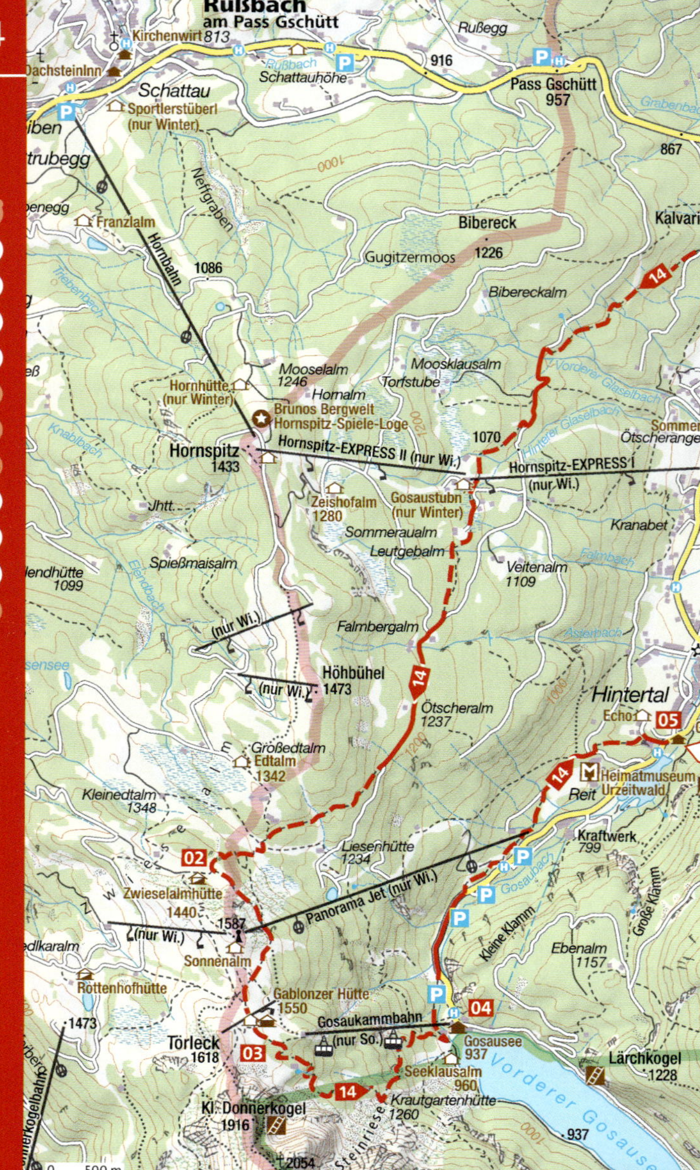
Rußbach
am Pass Gschütt
Kirchenwirt 813
Dachsteininn
Schattau
Sportlerstüberl
(nur Winter)
Schattauhöhe
Pass Gschütt
957
Poschenalm
1180
Rußegg
Hornegg
969
916
867
Biberegg
1226
Gugitzermoos
Bibereckalm
Kalvarienb
Franzlalm
Hornbahn
Neffgraben
1086
Mooselalm
1246
Hornalm
Moosklausalm
Torfstube
Hornhütte
(nur Winter)
Brunos Bergwelt
Hornspitz-Spiele-Loge
Hornspitz
1433
Hornspitz-EXPRESS II (nur Wi.)
Hornspitz-EXPRESS I
(nur Wi.)
1070
Sommerhof
Ötscheranger
Zeishofalm
1280
Gosaustubn
(nur Winter)
Sommeraualm
Leutgebalm
Kranabet
Veitenalm
1109
Spießmaisalm
(nur Wi.)
Falmbergalm
Höhbühel
1473
Ötscheralm
1237
Hintertal
Echo
05
Großedtalm
Edtalm
1342
Kleinedtalm
1348
Heimatmuseum
Urzeitwald
Reit
Kraftwerk
799
Liesenhütte
1234
02
Zwieselalmhütte
1440
Panorama Jet (nur Wi.)
1587
Sonnenalm
Rottenhofhütte
Kleine Klamm
Große Klamm
Ebenalm
1157
Gablonzer Hütte
1550
Gosaukammbahn
(nur So.)
04
Törleck
1618
03
Gosausee
937
Seeklausalm
960
Lärchkogel
1228
Krautgartenhütte
1260
Kl. Donnerkogel
1916
Vorderer Gosausee
937
Gr. Donnerkogel
2054
Steinriesenkogel
Strichkogel
2008
Scharwandhütte
1348
1473
14
0 500 m

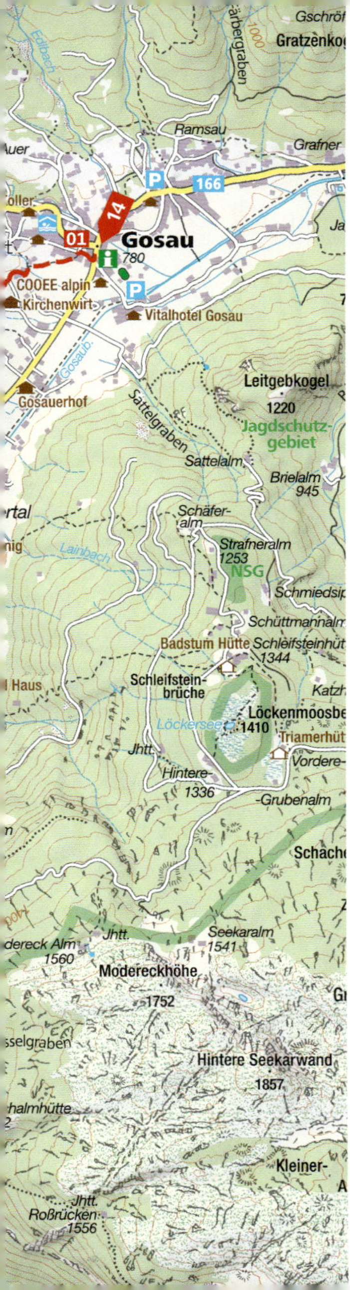

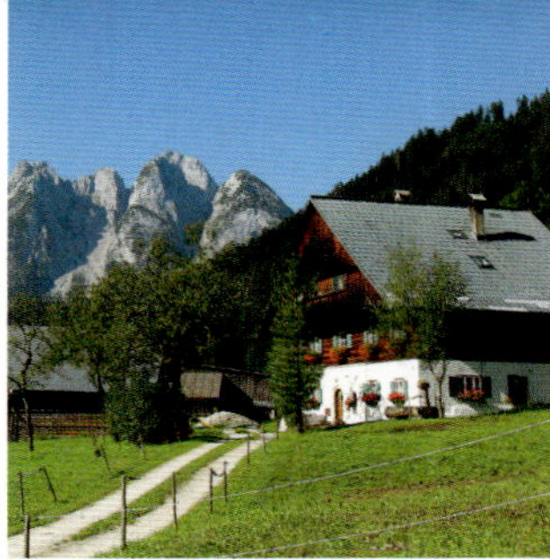

Gosau-Hintertal.

Auf einem breiten Wanderweg gelangen Sie schließlich zur nahen Bergstation der Gosaukammbahn. Wer schon müde ist, kann in der Seilbahngondel zum **Vorderen Gosausee** 04 (937 m) hinabschweben und erspart sich damit den einstündigen 550-Höhenmeter-Abstieg auf dem steilen und steinigen, aber landschaftlich ungemein schönen Pfad Nr. 620. Den weltberühmten Blick über den See zum Großen Gosaugletscher unter den Riesengipfeln des Dachsteinmassivs und zu den Zinnen des Gosaukammes genießen dann wieder alle gleichermaßen.

Hinweis: Letzte Talfahrt der Gosaukammbahn von Mitte Juni bis Mitte September um 17:20 Uhr, davor und danach bis Ende Oktober um 16:50 Uhr. Aktuelles: www.dachstein.at

Zuletzt folgt noch die finale Wanderung talauswärts – teils auf dem Gehsteig der Straße, teils links auf dem Panoramaweg, der an der Frühstückspension Jäger vorbeiführt. Unterhalb eines kleinen Stausees erreichen Sie **Gosau-Hintertal** 05 (767 m), wo Sie den Gasthof Gosauschmied finden. 2:00 h

Hinweis: Busverbindung (Linie 542) vom Gosausee nach Gosau-Hintertal.

GOSAU-HINTERTAL – HALLSTATT

15. Etappe: Löckernmoos, Plankensteinalm, Salzberg

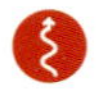 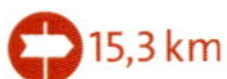  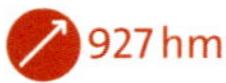 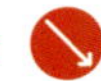 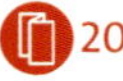

15,3 km | 6:15 h | 927 hm | 1185 hm | 20

START | Gosau-Hintertal, 767 m.
[GPS: UTM Zone 33 x: 388.327 m y: 5.267.413 m]
CHARAKTER | Erlebnisreiche Bergwanderung auf Forststraßen und markierten Wald- bzw. Almpfaden, die an einigen Stellen etwas Orientierungssinn erfordern – daher Vorsicht bei Nebel.

Auf dieser Etappe erleben Sie ein Naturwunder nach dem anderen und auch etliche historische Besonderheiten – etwa das bedeutendste Hochmoor der Region, aber auch Schleifsteinbrüche, die bis heute von Idealisten genutzt und bewahrt werden, und natürlich das berühmte Salzbergwerk von Hallstatt. Das interessanteste Gebiet würde man allerdings auf den ersten Blick gar nicht erkennen: Unter dem felsigen Plassen lag ein Zentrum des prähistorischen Bergbaus.

▶ Vom Gasthof Gosauschmied in **Gosau-Hintertal** 01 folgen Sie der Gosauseestraße etwa 500 m talauswärts. Vor einer Brücke und einer Linkskurve zweigen Sie vor der Bushaltestelle Gamsjäger scharf nach rechts auf die Madlgasse ab. Nach etwa 300 m beginnt rechts der Wanderweg Nr. 644 mit dem Wegweiser „Plankensteinalm, Schleifsteinbrüche, Löckernmoos“, auf dem Sie durch steile Waldhänge ansteigen. Er quert zwei Forststraßen, zweigt rechts ab und erreicht die Schleifsteinbrüche unter dem Ressenberg. Dieses Gebiet besteht aus feinkörnigem Sandstein, der sich vor etwa 80 Millionen Jahren im Meer abgelagert hat – er wird

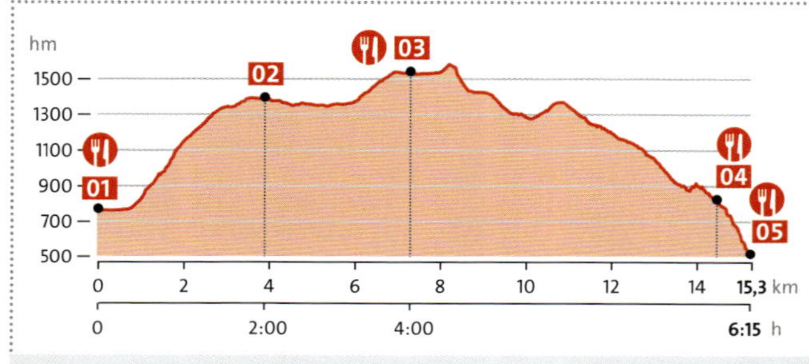

01 Gosau-Hintertal, 767 m; 02 Löckernmoos, 1.410 m; 03 Plankensteinalm, 1.530 m; 04 Rudolfsturm, 855 m; 05 Hallstatt, 511 m

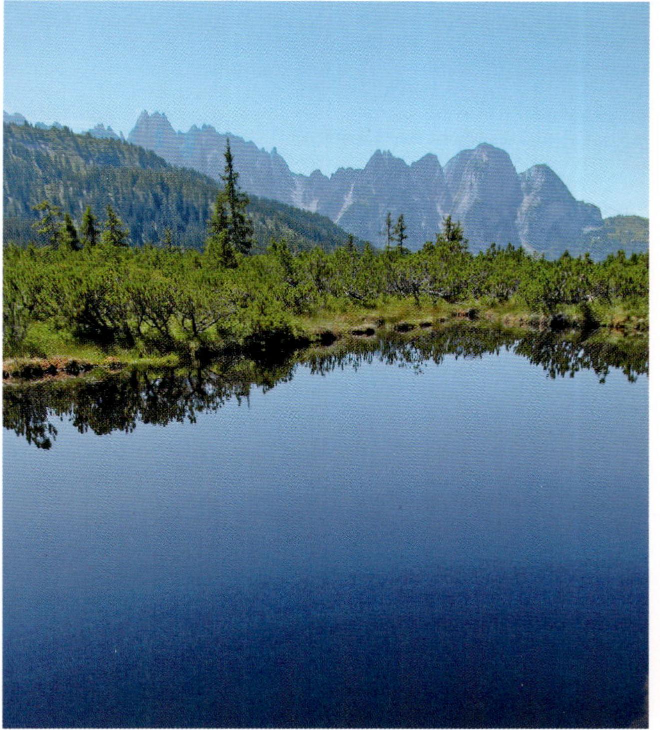

Moorwasser und Kalkspitzen – Löckernmoossee mit Gosaukamm.

seit 400 Jahren zur Herstellung von Schleif- und Wetzsteinen abgebaut. Von der gastlichen Badstubnhütte führt ein neu angelegter, beschilderter Pfad durch urigen Wald ins **Löckernmoos** 02 (1.410 m) hinauf. Dieses streng geschützte Hochmoor liegt auf der Kuppe des flachen Berges, ist mit „Löckern" (Legföhren oder Latschen) bewachsen und weist sogar einen kleinen See mit dunklem Moorwasser auf. Von einem Aussichtsplatz aus sehen Sie viele Gipfel in der Umgebung – vom Hochkalmberg über den Gosaukamm bis zum Hochkönig. 2:00 h

Vom Löckernmoossee führt der Pfad nach Süden zur Hinteren Grubenalm (1.336 m) hinab. Auf einer Forststraße kommen Sie zu einer nahen Kreuzung, von der Sie links zur im Sommer bewirtschafteten Triamerhütte auf der Vorderen Grubenalm (1.348 m) gelangen. Einige Meter unterhalb davon verschwindet ein Bächlein im sagenumwobenen Wildfrauenloch. Von der Alm geht's noch ca. 20 Minuten auf der Straße zum Rastbankanger weiter, bis das Schild „Plankenstein-Alm" die Abzweigung des Weges Nr. 644 anzeigt. Auf dieser Route steigen Sie rechts durch romantisches

Waldgelände zur weiten, von Wald eingefassten Hochweide der **Plankensteinalm** 03 (1.530 m) an. Dies ist das größte zusammenhängende Almgebiet im Inneren Salzkammergut – und vielleicht auch das schönste. Im Süden erblicken Sie die kalkgrauen Dachstein-Vorlagerungen um die einsamen Ochsenkögel und das mächtige Hohe Kreuz (2.837 m); im nördlichen Bereich der Wiesen lädt die 200 Jahre alte Leutgebhütte zu Rast und Einkehr. 2:00 h

Nun wandern Sie quer über die sanft gewellte Almfläche nach Osten. Wo der schüttere Baumbewuchs beginnt, wendet sich der stellenweise nur schlecht sichtbare Pfad etwas nach links – achten Sie hier genau auf die rot-weiß-roten Markierungen auf Steinen und Stämmen! Weiter vorne ist die Trasse wieder besser ausgetreten; sie leitet unterhalb der Hohen Scheibe (1.659 m) durch kleine Mulden und Lichtungen zum etwa 800 m entfernten „Durchgang". Dieser kleine Sattel (Gatter) bildet die Verbindung zur Durchgangalm (1.378 m), zu der Sie neben Felsabbrüchen steil absteigen. Über dem Wald- und Almkessel baut sich der felsige Plassen (1.953 m) auf; frische Gesteinsausbrüche und ge-

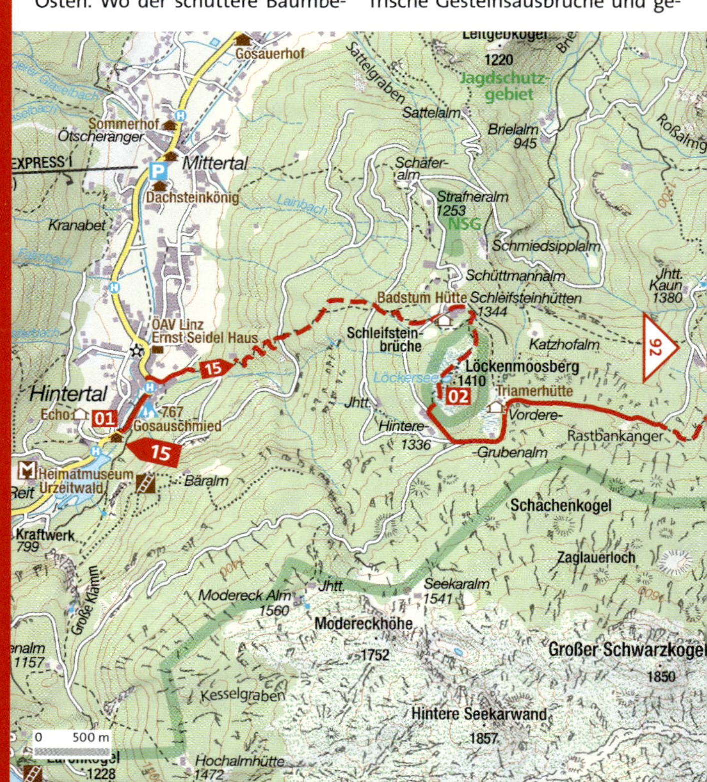

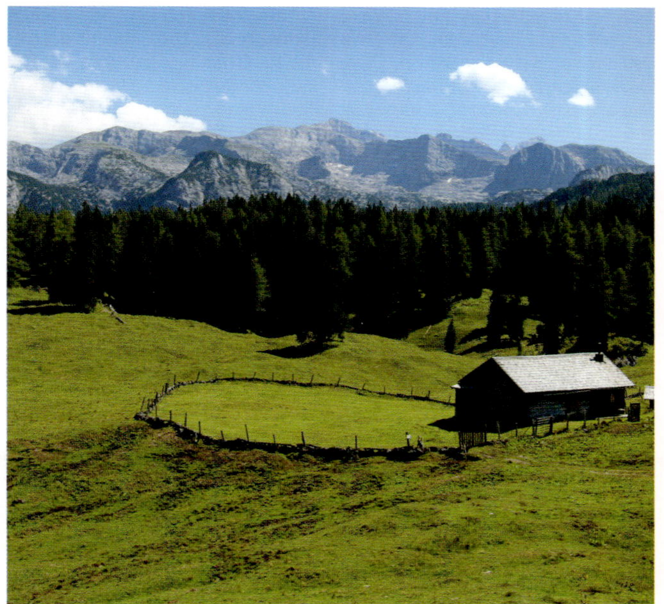

Die Plankensteinalm vor dem Dachsteinmassiv (Hohes Kreuz, Torstein).

waltige Schutthalden zeigen, dass sich hier ein geologisch unruhiges Gebiet befindet. Sie folgen kurz einer Forststraße und wandern dann links auf dem Pfad Nr. 644 weiter. Nach einem Waldabstieg mündet von rechts ein Forstweg ein, dann geht's wieder etwas aufwärts zur Dammwiese (1.350 m). Auf diesem Sattel zwischen dem Plassen und dem Solingerkogel (1.406 m)befand sich der Salzbergbau der jüngeren Eisenzeit. Ab dem 2. Jahrhundert vor Christus entwickelte sich hier ein Zentrum der Latènekultur, das bis in die Zeit nach Christi Geburt Bestand hatte.

Durch eine Art Grasdschungel und auf Holzstegen wandern Sie hinab ins Salzbergtal, wo Sie eine Straße erreichen. Rechts unten befindet sich das heutige Salzbergwerk; der breite, aber steile Weg dorthin passiert mehrere Grubeneinfahrten. Vorbei am Eingangsgebäude des Schaubergwerks (Salzwelten Hallstatt) und an einem „begehbaren Grab", das an das hier entdeckte Gräberfeld mit mehr als 2000 bestatteten Menschen aus dem 1. vorchristlichen Jahrhundert erinnert, erreichen Sie den **Rudolfsturm** 04 (855 m). Unterhalb dieses mittelalterlichen Wehrturms, der heute ein Restaurant beherbergt, bietet die Aussichtsplattform „Welterbeblick" einen tollen Tiefblick auf den 300 m tiefer gelegenen Markt Hallstatt und den Hallstätter See. 2:00 h

Vom Rudolfsturm wandern Sie zuletzt auf dem Salzbergweg nach

Hallstatt hinunter. Die breite Trasse ist zwar nicht hochalpin, wie eine Tafel warnt, sie führt aber im Zickzack durch steile, felsdurchsetzte Waldflanken talwärts. Unterwegs passieren Sie den Franz-Joseph-Stollen; weiter unten lohnt sich der Abstecher links zum Wasserfall in der Mühlbachschlucht. Darunter erreichen Sie bei einer Aussichtswarte eine Forststraße, auf der Sie links weitergehen. Bald danach führt rechts der Gaiswandweg zwischen Lawinenverbauungen zum Friedhof der Katholischen Pfarrkirche in **Hallstatt** 05 (511 m) hinunter. Über die Kirchenstiege kommen Sie zur Gosaumühlstraße, die rechts zur Schiffsanlegestelle vor der Evangelischen Kirche und weiter zum malerischen Marktplatz führt. 1:00 h

Hinweis: Vom Rudolfsturm kann man mit der Salzbergbahn in den Ortsteil Lahn hinunterfahren (www.salzwelten.at/de/hallstatt); von dort in 20 Minuten neben dem See ins Ortszentrum.

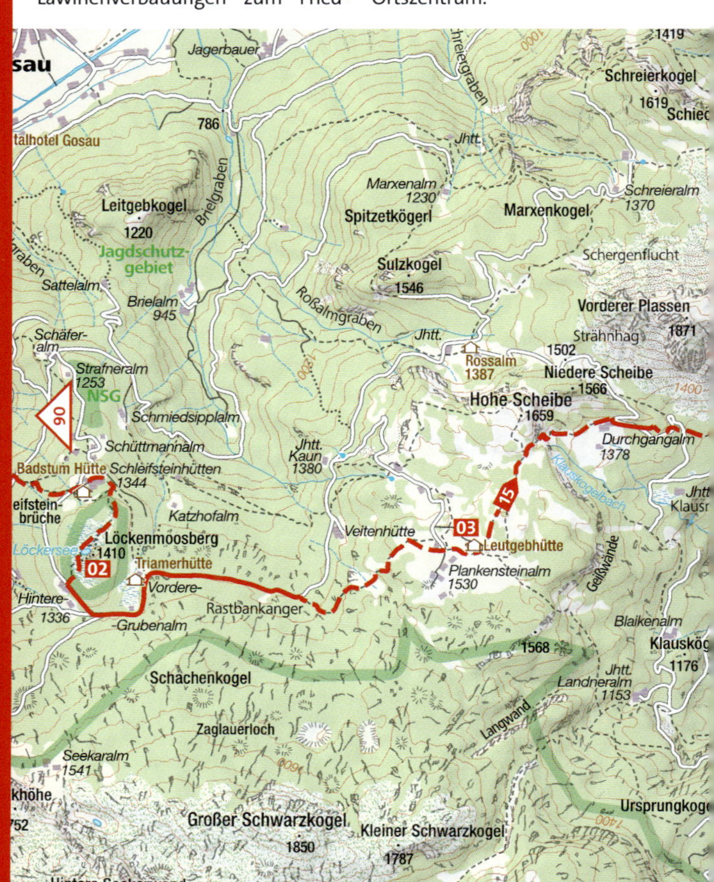

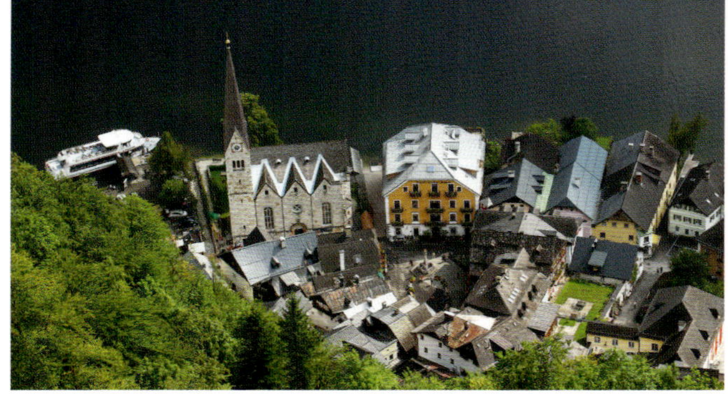

Hallstattblick vom Rudolfsturm.

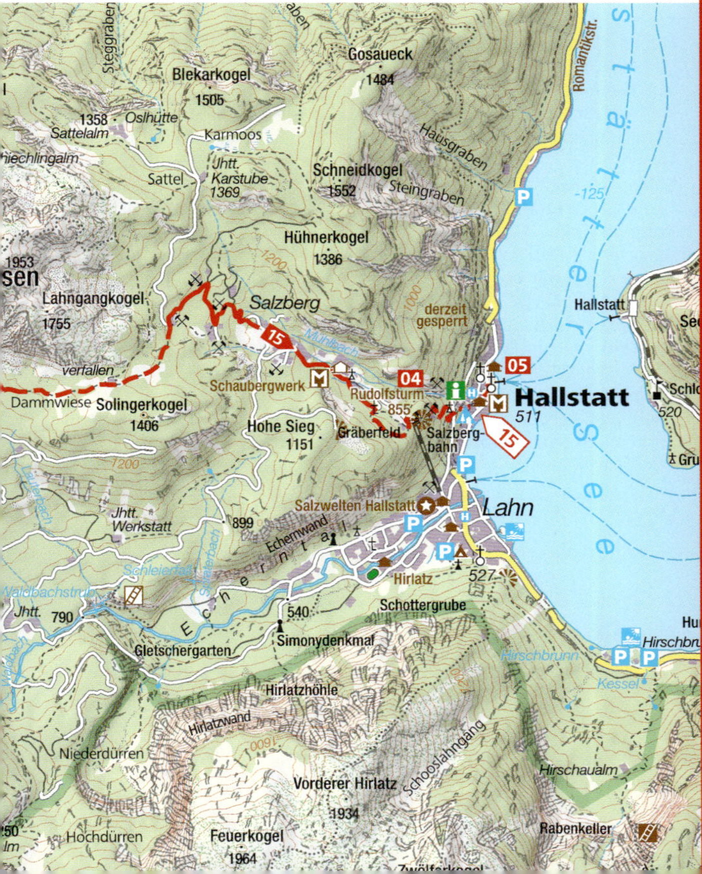

HALLSTATT – BAD AUSSEE

16. Etappe: Vom Hallstätter See ins Ausseerland

  18,4 km  5:00 h  283 hm  138 hm 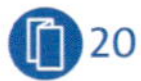 20

START | Hallstatt, 511 m.
[GPS: UTM Zone 33 x: 398.405 m y: 5.268.630 m]
CHARAKTER | Einfache Seeufer- und Talwanderung für die ganze Familie auf Forststraßen und markierten Wegen.

Die 16. Etappe besteht aus drei ganz unterschiedlichen Abschnitten. Nach der Schifffahrt über den Hallstätter See wandern Sie auf dem Ostuferweg nach Obertraun, wo sich der Themenweg „Durch Kalk und Karst“ anschließt. Unter den Bergflanken über dem Koppenwinkel scheint die Welt bzw. das Trauntal zu Ende zu sein – doch die Koppentraun hat sich ein enges Tal zwischen dem Dachsteinstock und dem Hohen Sarstein geschaffen. Der „Weg durch die Wildnis“ nutzt diesen romantischen Durchschlupf bis nach Bad Aussee im Herzen des steirischen Salzkammerguts.

Von **Hallstatt** 01 fahren Sie mit dem Linienschiff (www.hallstattschifffahrt.at) über den Hallstätter See zur Bahnstation Hallstatt. Herrlicher Rückblick zum Bergwerksort! Von dort wandern Sie auf dem Ostuferweg nach rechts. Die breite Trasse führt im Auf und Ab hinter dem Schloss Grub vorbei. Einer seiner Besitzer, Christoph Eyssl, verfügte im Jahre 1668, dass nach seinem Tod sein Sarg alle 50 Jahre über den See gerudert werden solle – diesem Wunsch wurde bis ins 19. Jahrhundert hinein entsprochen. Nach 45 Minuten Gehzeit gelangen Sie nach **Obertraun** 02 (513 m).

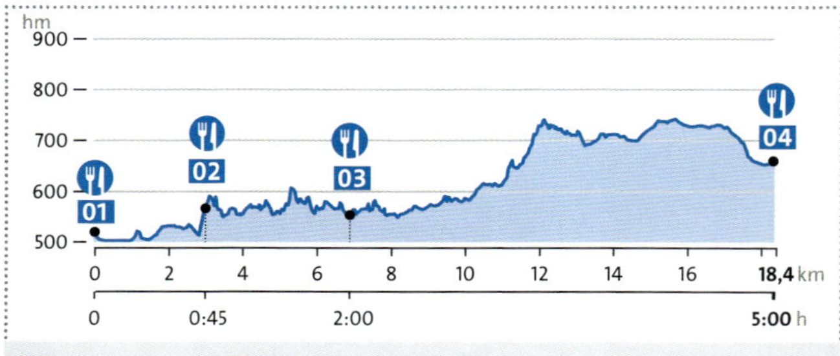

01 Hallstatt, 511 m; 02 Obertraun, 513 m; 03 Gasthaus Koppenrast, 531 m; 04 Bad Aussee, 659 m

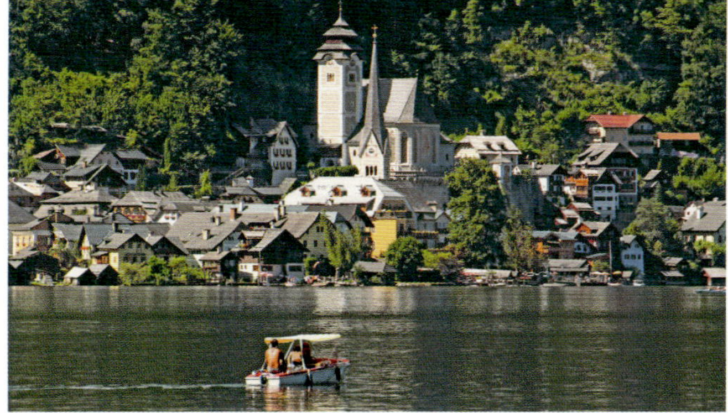
Weltkulturerbe Hallstatt.

Schon kurz vor dem Ort zweigt links der Themenweg „Durch Kalk und Karst“ ab. Er führt unter der Bahnlinie durch und hinauf zum „Lichtstein“. Von dort folgt er rechts dem Höhenweg Nr. 1 und kurz einer Straße. Links ein paar Schritte zum Friedhof hinauf und davor scharf rechts wieder auf den Höhenweg abzweigen. Nun geht's etwa 3 km etwas oberhalb der Häuser und durch den Sarsteinwald am Fuß des 1.975 m hohen Sarstein-Massivs zur Straße, auf der Sie zur nahen Bahnstation Obertraun-Koppenbrüllerhöhle und zur Brücke über die Traun weitergehen. Jenseits empfiehlt sich das **Gasthaus Koppenrast** 03 (531 m) zu einer ersten Einkehr. 1:15 h

Auf der anderen Straßenseite finden Sie eine Infotafel über den Weg, der ins enge Koppental und zum beeindruckenden Felsportal der Koppenbrüllerhöhle führt (Besichtigung möglich, https://dachstein-salzkammergut.com). Davor gehen Sie links hinunter zur Kop-

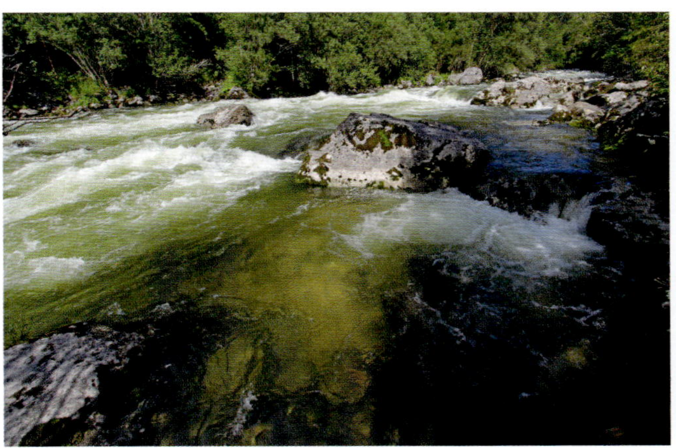
Die Koppentraun ist bis heute ein wilder Fluss geblieben.

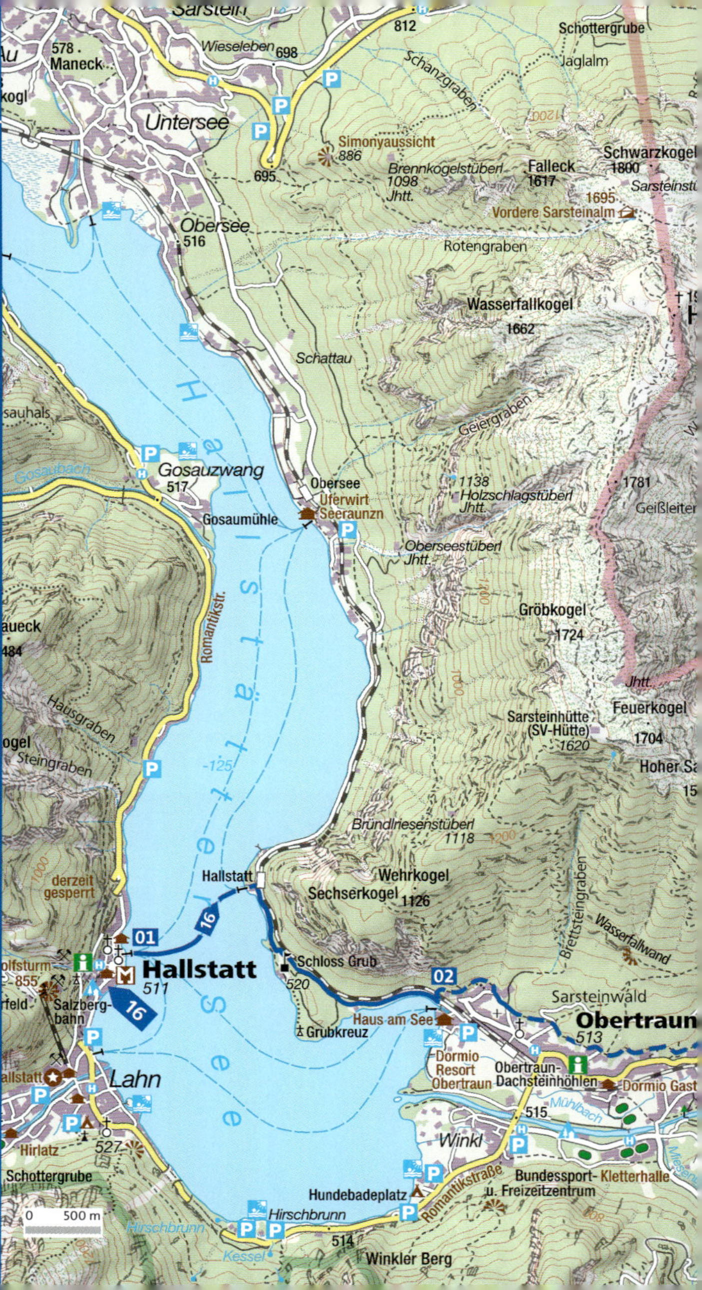

Untersee
Obersee
516
Hallstätter See
Gosauzwang
517
Gosaumühle
Obersee
Uferwirt Seeraunzn
Simonyaussicht
886
Brennkogelstüberl
1098
Jhtt.
Falleck
1617
Schwarzkogel
1800
Vordere Sarsteinalm
Rotengraben
Wasserfallkogel
1662
Schattau
Geiergraben
Holzschlagstüberl
Jhtt.
Oberseestüberl
Jhtt.
Gröbkogel
1724
Feuerkogel
1704
Sarsteinhütte
(SV-Hütte)
1620
Bründlriesenstüberl
1118
Wehrkogel
Sechserkogel
1126
Hallstatt
511
Schloss Grub
520
Grubkreuz
Haus am See
Obertraun
513
Sarsteinwald
Dormio Resort Obertraun
Obertraun-Dachsteinhöhlen
Dormio Gast
Winkl
515
Lahn
Hirlatz
527
Schottergrube
Salzbergbahn
derzeit gesperrt
Romantikstr.
Hausgraben
Steingraben
Gosaubach
Hundebadeplatz
Hirschbrunn
514
Kessel
Winkler Berg
Romantikstraße
Bundessport- u. Freizeitzentrum
Kletterhalle
Mühlbach
Wasserfallwand
Brettsteingraben
Schanzgraben
Wieseleben
698
812
Schottergrube
Jaglalm
578
Maneck
695
01
02
16
0 500 m

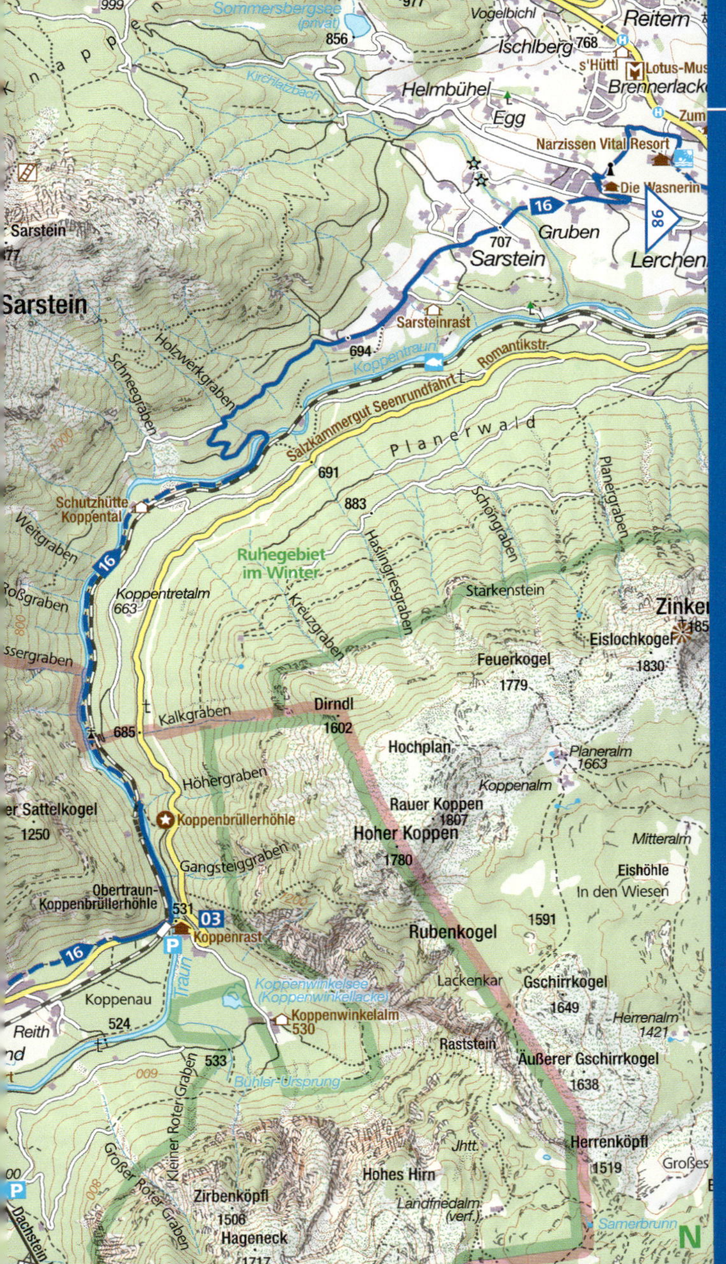

Sommersbergsee (privat)
856
Vogelbichl
Reitern
Ischlberg 768
s'Hüttl
Lotus-Mus
Brennerlack
Helmbühel
Egg
Zum
Kirchlatzbach
Narzissen Vital Resort
Die Wasnerin
16
86
Gruben
707
Sarstein
Lerchen
Sarstein
Sarstein
Sarsteinrast
694
Koppentraun
Romantikstr.
Salzkammergut Seenrundfahrt
Holzwerkgraben
Schneegraben
Planerwald
691
883
Schutzhütte Koppental
Weitgraben
16
Ruhegebiet im Winter
Haslingriesgraben
Schöngraben
Planergraben
Starkenstein
Zinker
Eislochkogel
1830
Koppentretalm
663
Roßgraben
Kreuzgraben
Feuerkogel
1779
ssergraben
Dirndl
1602
Kalkgraben
685
Hochplan
Planeralm
1663
Koppenalm
Höhergraben
er Sattelkogel
1250
Koppenbrüllerhöhle
Rauer Koppen
1807
Hoher Koppen
1780
Mitteralm
Eishöhle
In den Wiesen
Gangsteiggraben
Obertraun-Koppenbrüllerhöhle
531
03
Koppenrast
16
Rubenkogel
1591
Traun
Koppenwinkelsee (Koppenwinkellacke)
Lackenkar
Gschirrkogel
1649
Koppenau
524
Koppenwinkelalm
530
Herrenalm
1421
Reith
Raststein
Äußerer Gschirrkogel
1638
533
Bühler-Ursprung
Kleiner Roter Graben
Großer Roter Graben
Jhtt.
Herrenköpfl
1519
Großes
Hohes Hirn
Zirbenköpfl
1506
Landfriedalm (verf.)
Hageneck
1717
Samerbrunn
Dachstein K
N

pentraun, die Sie bei der Eisenbahnbrücke und einer Hängebrücke für Fußgänger erreichen. Rechts weiter und durch einen Tunnel der alten Bahntrasse (die wegen der Hochwassergefahr höher hinaufverlegt wurde). Bei der folgenden Gabelung bleiben Sie links neben der wild schäumenden Koppentraun und kommen an der Landesgrenze der Steiermark an einer Kapelle vorbei. Nach der gastlichen Schutzhütte Koppental passieren Sie einen großen Lawinenschutzdamm, der darauf hinweist, wie gefährlich dieses Gebiet im Winter ist. Bald danach gelangen Sie über eine weitere Hängebrücke auf die nördliche Talseite, über die der Weg in Kehren zu einer Forststraße ansteigt. Rechts erreichen Sie – schließlich auf Asphalt – die verstreuten Häuser der Ortschaft Sarstein (707 m). Bei den Abzweigungen nahe der Mostschenke Sarsteinrast bleiben Sie auf der Sarsteinstraße, die über Wiesen bis zur Sommersbergseestraße führt. Auf dieser links, am Hotel Wasnerin vorbei und danach rechts auf den bald geschotterten Roseggerweg abzweigen.

Dort genießen Sie nun eine wunderbare Aussicht – vom Toten Gebirge mit dem burgartigen Loser und der Trisselwand über den Hohen Sarstein bis zum Hallstätter Gletscher am Hohen Dachstein. Nach einem Stadel zweigen Sie beim Wegweiser „Bad Aussee“ rechts zum Parkplatz vor dem Narzissen-Bad ab.

Vorbei am benachbarten Hotel und dann rechts auf einem Wiesenweg zum (dauerhaft geschlossenen)

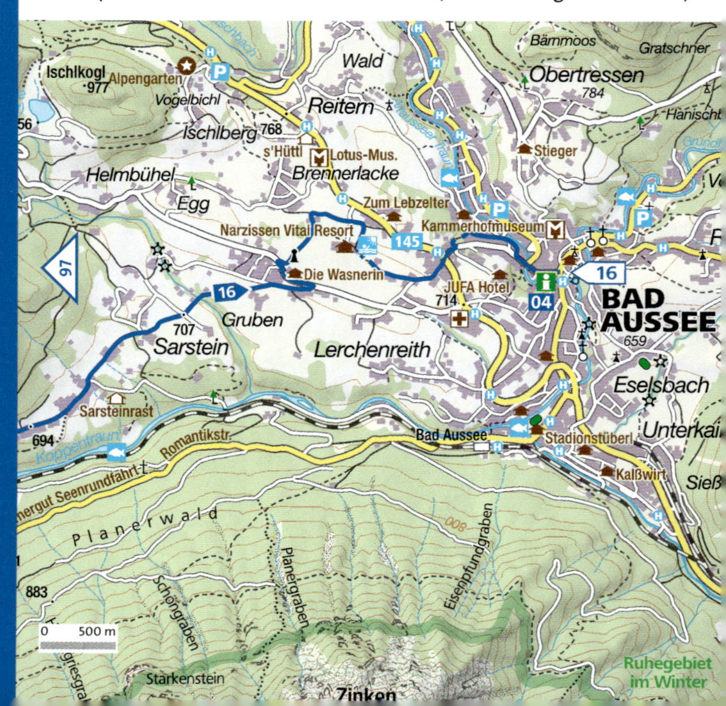

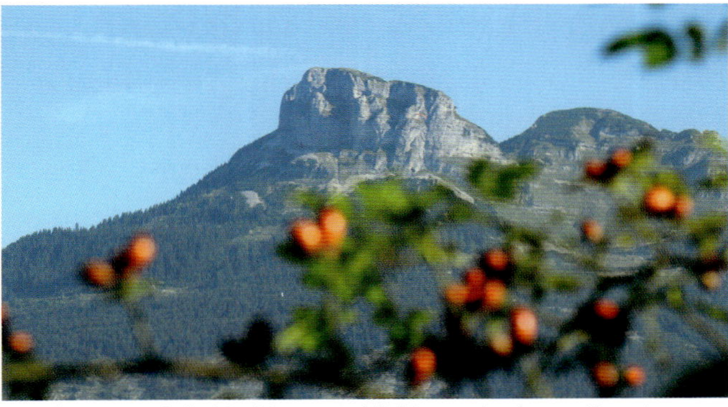
Von der Wasnerin bei Bad Aussee erblickt man den burgartigen Loser.

Teichwirt. Auf der Teichstraße und der links weiterführenden Wilhelm-Kienzl-Straße zur meist vielbefahrenen Pötschenpass-Straße, die in der Nähe des ÖAMTC überquert wird. Kurz auf der Marktleitenstraße weiter. Nach dem Roten Kreuz zweigen Sie jedoch links (Wegweiser „Bad Aussee“) auf einen Treppenweg ab, der sich ins Tal der Altausseer Traun hinabschlängelt. Unten rechts auf der Rudolfstraße weiter, am Parkschlössl vorbei und auf der Elisabethpromenade zu einer Brücke, über die Sie links ins nahe Zentrum von **Bad Aussee** 04 (659 m) kommen. Das Tourismusbüro finden Sie rechts im Postamtsgebäude. 3:00 h

Hinweis: Bahnverbindung von der Station Hallstatt über Obertraun und Obertraun-Koppenbrüllerhöhle nach Bad Aussee. Vom Bahnhof gelangt man zu Fuß in 15 Minuten ins Zentrum.

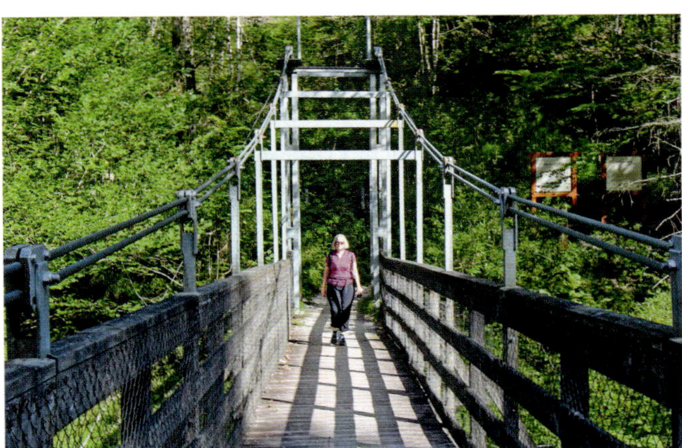
Eine der Hängebrücken am „Weg durch die Wildnis“ im Koppental.

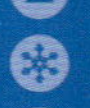

BAD AUSSEE – BAD MITTERNDORF

17. Etappe: Kainischtraun, Ödensee und Steinitzenalm

 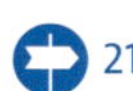 21 km 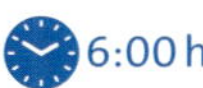 6:00 h  483 hm  338 hm 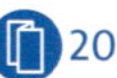 20

START | Bad Aussee, 659 m.
[GPS: UTM Zone 33 x: 408.554 m y: 5.273.622 m]
CHARAKTER | Lange, aber einfache Tal- und Almwanderung auf Forststraßen und markierten Waldwegen.

Die Traun, der Hauptfluss des Salzkammerguts, hat nicht nur eine Quelle. Sie entspringt mit einem Wasserfall über dem Kammersee, der das kühle Nass durch den Toplitz- zum Grundlsee schickt, aus dem es als Grundlseer Traun abfließt. Die Altausseer Traun gurgelt dagegen aus dem Altausseer See – und dann gibt es noch die Kainischtraun, die, um es ganz kompliziert zu machen, von der Ödenseer Traun gespeist wird. Letztere kann man sich im Verlauf der 17. Etappe näher ansehen, ebenso wie die Steinitzenalm und die Salza, die Ihnen in Bad Mitterndorf entgegenrinnt.

▶ Im Kurpark von **Bad Aussee** 01 gehen Sie am Erzherzog-Johann-Denkmal vorbei zum geografischen Mittelpunkt Österreichs. Dann überschreiten Sie auf der runden Mercedesbrücke den Zusammenfluss der Altausseer mit der Grundlseer Traun. Jenseits geht's links zum Parkplatz an der Unteren Pratergasse, dann links über die E-Werk-Brücke und kurz danach rechts nach dem Wegweiser „Zum Bahnhof" über den E-Werk-Steg. Der beschilderte Gehweg zum Bahnhof führt kurz hinauf zur Hugo-Cordignano-Promenade, auf der Sie – vorbei an der evangelischen Kirche – südwärts spazieren. Unter der Brücke der Umfahrungsstraße

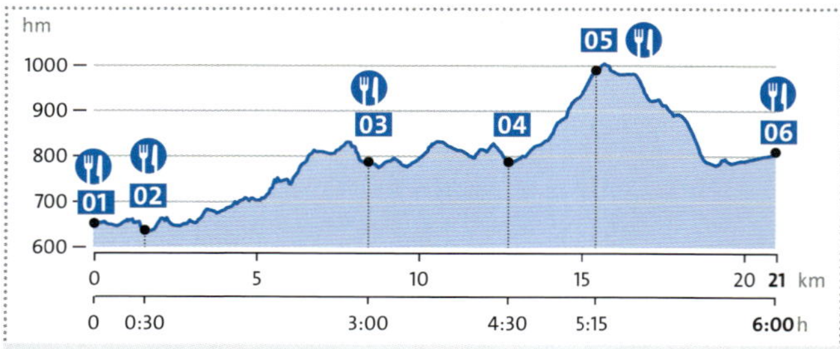

01 Bad Aussee, 659 m; 02 Bahnhof Bad Aussee, 633 m; 03 Ödensee, 776 m; 04 Mühlreith, 800 m; 05 Steinitzenalm, 995 m, 06 Bad Mitterndorf, 809 m

gelangen Sie zur Bahnhofstraße, die Sie vor der Beckbrücke überqueren. Auf der Öfnerstraße und der Unteren Bahnhofpromenade erreichen Sie die Brücke, die links über die Traun zum **Bahnhof Bad Aussee** 02 (633 m) führt. 30 Minuten

Auf der Bahnhofstraße 200 m Richtung Zentrum zurück, vor der Brücke über die Kainischtraun rechts abzweigen und auf einem schmalen Pfad zu einer Brücke, über die man zum Gasthaus Kalßenwirt hinüberqueren kann. Weiter entlang

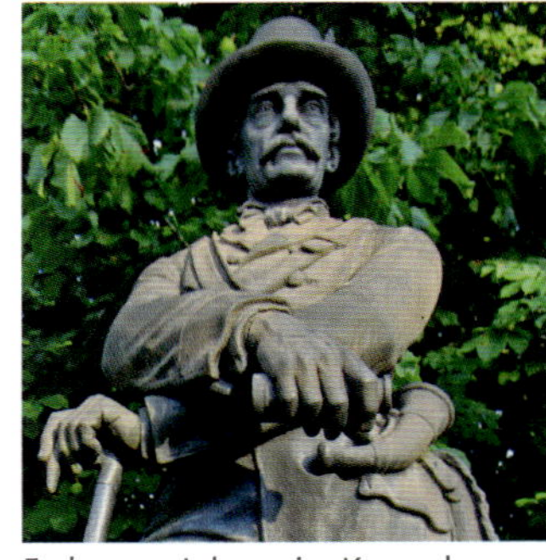

Erzherzog Johann im Kurpark.

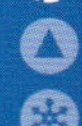
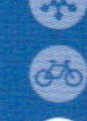

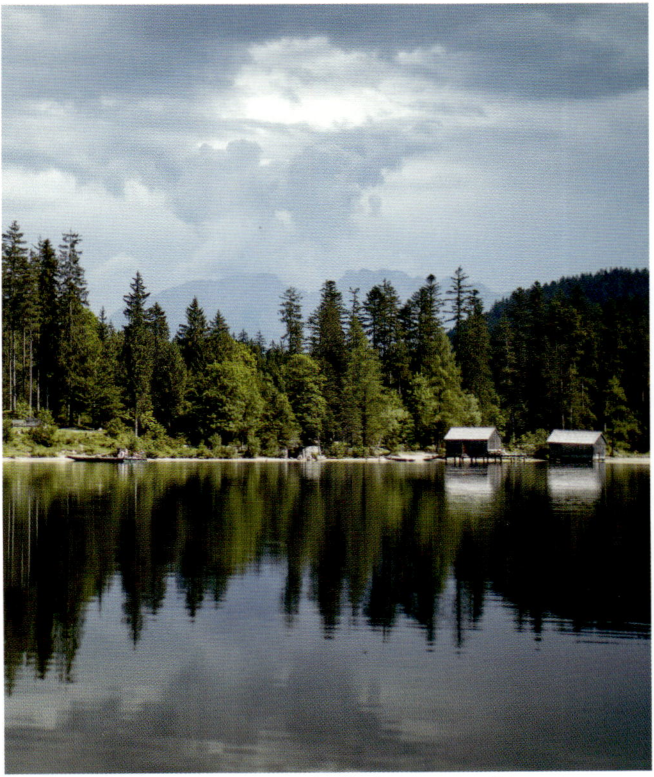

Von Bad Aussee wandern wir zum idyllisch gelegenen Ödensee.

der Traun und der Beschilderung „Ödensee“ folgen und am Altstoffsammelzentrum vorbei. Dann geht's durch Wald bergauf zu einer Schottergrube und bald darauf zur Straße, die zum Ödensee führt. Auf dieser gelangen Sie rechts nach 500 m zum Parkplatz vor dem Genuss-Gasthaus Kohlröserlhütte am **Ödensee** 03 (776 m). 2:30 h

Wer will, kann den See in ca. 45 Minuten auf einer Forststraße bzw. Pfad-Abschnitten umrunden. Der Salzkammergut Trail führt jedoch von der Kohlröserlhütte links über den Abfluss der Ödenseer Traun und dann rechts auf dem Ödensee-Rundweg zum Ostufer, wo Sie links zu einer Forststraße gehen. Auf dieser gelangt man links zur Alten Ödenseestraße, der man ab einer Gabelung rechts folgt. Knapp vor dem mit Latschen bewachsenen Kainischmoos rechts zu einer Wiese. Nun folgen Sie stets den Schildern „Mühlreith, Karstquellen Strumern“. Bald zweigen Sie links auf einen Wanderweg ab, der durch Waldhänge ansteigt.

Nach etwa 500 m geht's links auf der Forststraße wieder etwas abwärts, rechts in den Eiblgraben und dort nach links. Rechts verbirgt sich hinter einigen Bäumen eine Lichtung mit einem kleinen, flachen See, links führt ein schmaler Pfad zu den nahen Karstquellen der

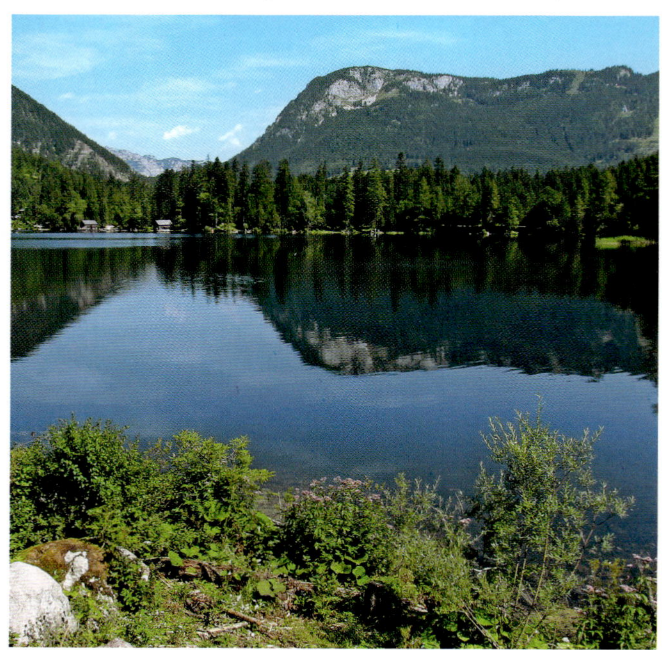

Der 1.614 m hohe Rötelstein spiegelt sich im waldumsäumten Ödensee.

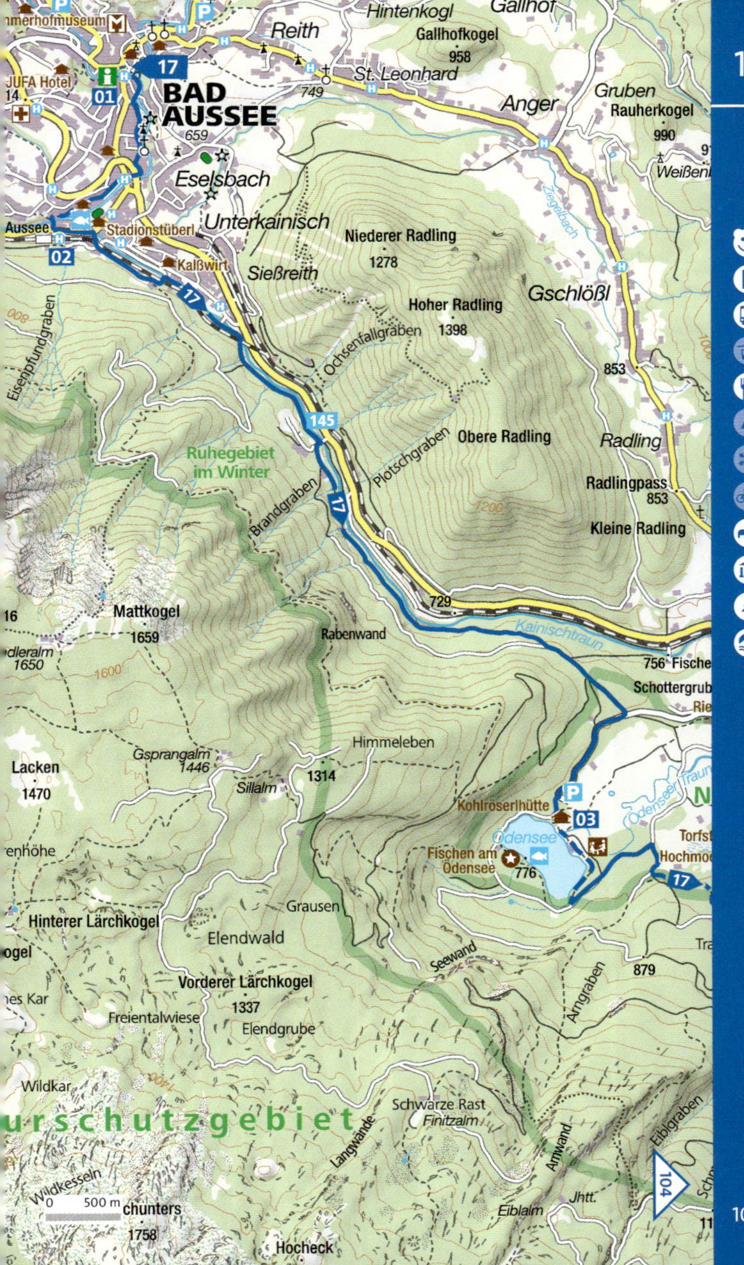
BAD AUSSEE
659
JUFA Hotel
Reith
St. Leonhard
749
Hintenkogl
Gallhof
Gallhofkogel
958
Anger
Gruben
Rauherkogel
990
Weißenb
Eselsbach
Unterkainisch
Aussee
Stadionstüberl
Kaßwirt
Sießreith
Niederer Radling
1278
Hoher Radling
1398
Gschlößl
Ziegelbach
Ochsenfallgraben
853
Eisenpfundgraben
Ruhegebiet im Winter
145
Plotschgraben
Obere Radling
Radling
Radlingpass
853
Brandgraben
Kleine Radling
1200
Mattkogel
1659
729
Rabenwand
Kainischtraun
1650
1600
756 Fische
Schottergrub
Himmeleben
Gsprangalm
1446
Lacken
1470
Sillalm
1314
Kohlröserlhütte
Ödensee
Ödenseer Traun
Fischen am Ödensee
776
Torfst
Hochmo
Hinterer Lärchkogel
Grausen
Elendwald
Seewand
Arngraben
879
Vorderer Lärchkogel
1337
Freientalwiese
Elendgrube
Wildkar
1400
urschutzgebiet
Schwarze Rast
Finitzalm
Langwände
Arnwand
Eiblgraben
Wildkesseln
0 500 m
chunters
1758
Hocheck
Eiblalm
Jhtt.
104
01
02
03
17

Strumern. Die Schotterstraße führt schließlich kurz bergab bis zu den Häusern von **Mühlreith** 04 (800 m). 1:30 h

Dort schwenken Sie nach rechts Richtung „Steinitzenalm" auf den Stiegerangerweg ab. Wo er links zur Jausenstation Stieger abzweigt, rechts auf der Forststraße in den Wald. Über dem weiten Graben des Riedlbachs ansteigend, am Riedlmoos vorbei und neben der Gschwendwiese kommen Sie nach 2 km zu einer Gabelung auf der **Steinitzenalm** 05 (995 m), wo die Christof'nhütte zur Einkehr verlockt. 0:45 h

Von der erwähnten Gabelung noch kurz aufwärts, dann links abzweigen und am Südrand der Almwiese vorbei zu zwei weiteren Abzweigungen. Geradeaus in den bewaldeten Almgraben hinab. Unten auf dem Talboden geht's nach links, auf der ebenen Straße (Pulverstampfweg) über die Salza und nach Neuhofen. Nach der Unterführung der Bahn und der Umfahrungsstraße kommen Sie durch den Kurpark ins Ortszentrum von **Bad Mitterndorf** 06 (809 m).

Tourismusbüro im Ort (Mitterndorferstraße 58). Dort queren Sie auch die Wanderroute „Vom Gletscher zum Wein". 0:45 h

Hinweis: Bahn- und Busverbindung (Linie 950) von Bad Aussee nach Bad Mitterndorf (Bahnstation Bad Mitterndorf-Heilbrunn).

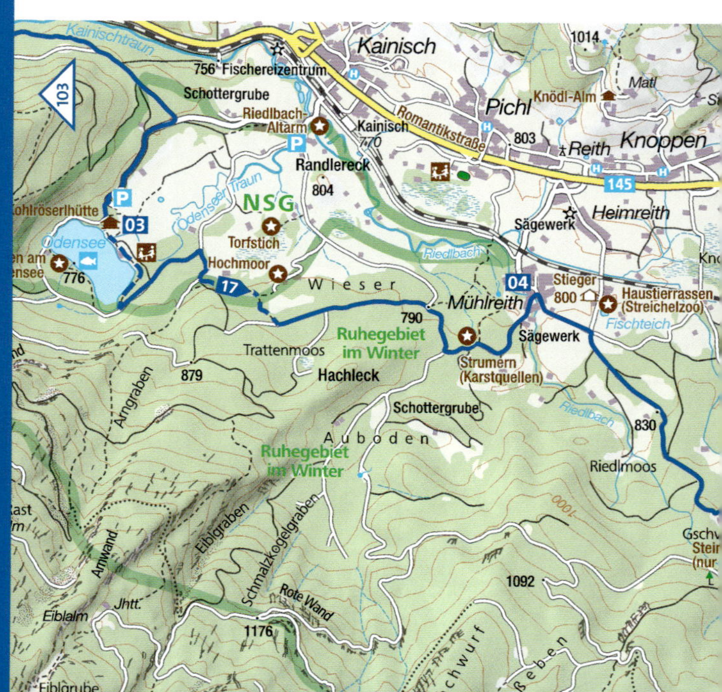

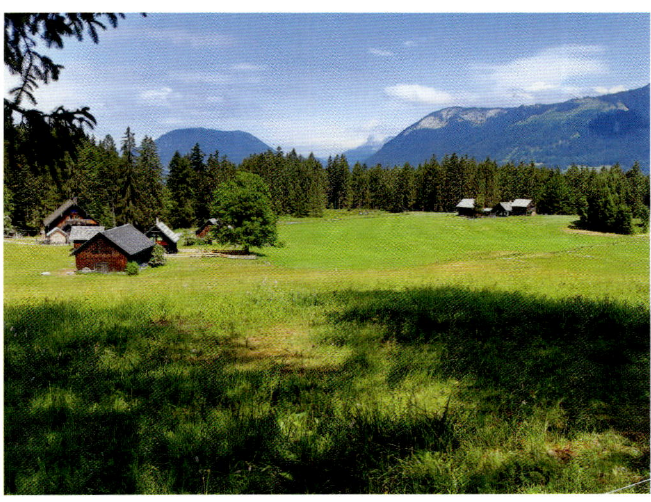

Die gastliche Steinitzenalm.

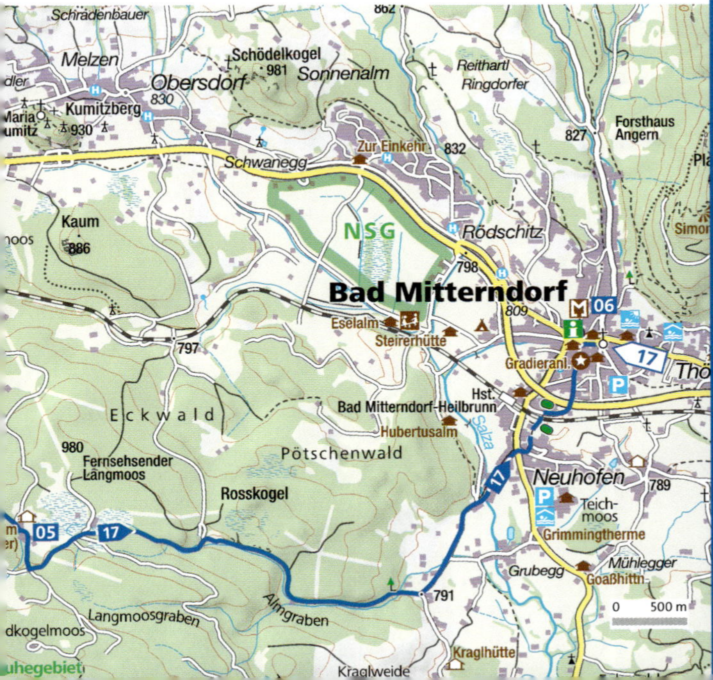

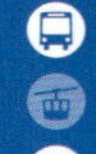
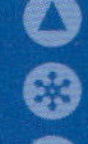
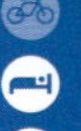

BAD MITTERNDORF – TAUPLITZALM

18. Etappe: Von der Sprungschanze ins Tote Gebirge

 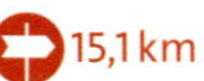 15,1 km 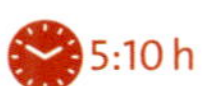 5:10 h 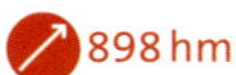 898 hm 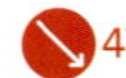 47 hm  20

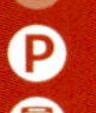
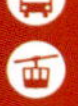

START | Bad Mitterndorf, 809 m.
[GPS: UTM Zone 33 x: 419.658 m y: 5.267.398 m]
CHARAKTER | Talwanderung auf Nebenstraßen, Forstwegen und einem Pfad, dann geht's auf gut markierten Waldwegen zur Tauplitzalm hinauf.

So wie die grünen Vorlagerungen des Dachsteingebirges überquert der Salzkammergut BergeSeen Trail auch den „Almbalkon" im Süden des Toten Gebirges. Vor dem Aufstieg zur rund 1.600 m hoch gelegenen Tauplitzalm, die als Wiege des Skilaufs in den Ostalpen gilt, erkunden Sie jedoch den breiten, flachen Talboden zwischen Bad Mitterndorf und Tauplitz. Der „Hinterberg", wie dieser Übergang vom Salzkammergut ins Ennstal genannt wird, ist ebenfalls vom Wintersport geprägt: Am Kulm steht eine der größten Skiflugschanzen der Welt.

▶ Von der Bushaltestelle am Platz unterhalb der Pfarrkirche von **Bad Mitterndorf** 01 gehen Sie nach Süden, vorbei an der Kirchenstiege. Der Koglergasse folgend bis zur Unterführung der Bundesstraße. Am Ende des Weges biegen Sie links auf einen Weg, der Sie zum Bahnübergang führt.

Folgen Sie der Neuhofenstraße bis zur ersten Abzweigung Richtung Heizwerk. Am Ende eines kleinen Waldstücks rechts abiegend auf einem Fahrweg durch einen Waldstreifen und über den Zauchenbach. Bei einer Siedlung

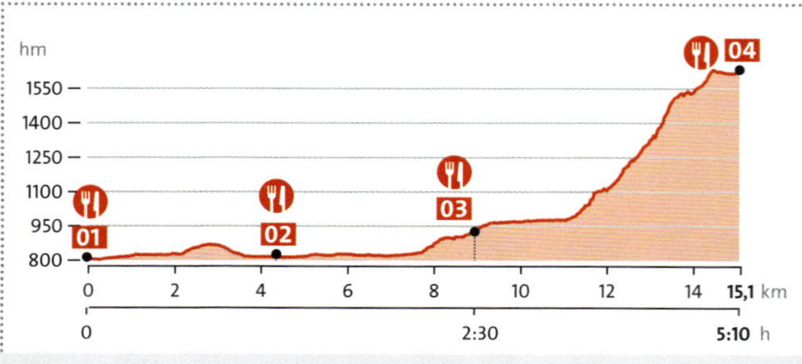

01 Bad Mitterndorf, 809 m; 02 Krungl, 818 m; 03 Tauplitz, 896 m;
04 Bergstation Tauplitzalm, 1.645 m

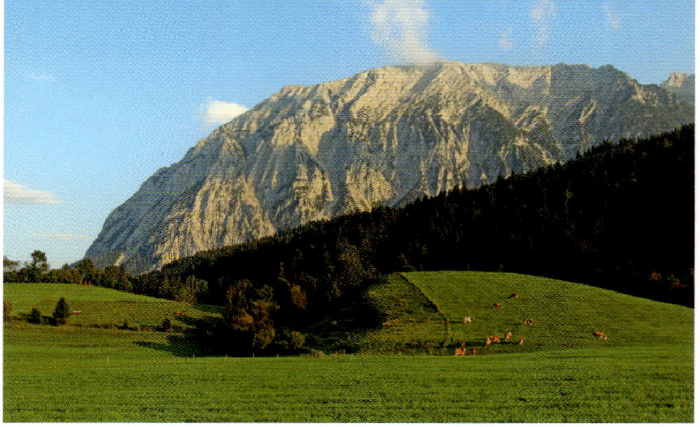

Flache Route, großer Berg: der Grimming in der Nähe von Tauplitz.

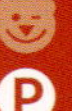

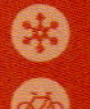

überqueren Sie den Hörmannweg und wandern durch flaches Waldgelände weiter. Vom Weiler Graben geht's links auf dem Krunglgrabenweg in die Ortschaft **Krungl** 02 (818 m).

Beim Hotel-Gasthof Kanzler biegen Sie rechts Richtung „Bahnhof Tauplitz" ab (Beschilderung Radweg R 19) und marschieren auf der schmalen Asphaltstraße zwischen Wiesen auf den unübersehbaren Felswall des 2.351 m hohen Grimmings zu. Unterhalb des Kulmbauernhofs links Richtung „Furt, Tauplitz" und zum Auslaufgelände der Skiflugschanze am Kulm, das in einem kurzen Linksbogen umgangen wird (links davon befindet sich das Hochmoor der Auen). Nach dem Wegweiser „Tauplitz" kurz am Rand des Talbodens weiter, dann links zum Krunglbach und daneben zur Bahn-Unterführung. Dahinter zur Umfahrungsstraße, die ebenfalls unterquert wird, auf dem Steinfeldweg durch die Siedlung Furt und auf dem Furthleitenweg ins Dorfzentrum von **Tauplitz** 03 (896 m). 2:30 h

Hinweis: Busverbindung (Linie 950) von Bad Mitterndorf nach Tauplitz.

Auf der Pötschnergasse zum Parkplatz bei der Talstation der Sesselbahn Tauplitz. Oberhalb davon zweigen Sie links auf den Hollamweg ab, den Sie nach einer Linkskurve rechts auf dem Freibergweg verlassen. Wo dieser scharf nach rechts abknickt, geht's geradeaus auf der Schotterstraße weiter und über Wiesen aufwärts. Nach 1 km erreichen Sie rechts bei einem Holzlagerplatz den asphaltierten Gnanitzweg, auf den Sie links einschwenken. Nach ca. 200 m beginnt links der Wanderweg Nr. 275 (Wegweiser „Steirersee, Linzer Tauplitzhaus"). Er steigt – zwei Forststraßen querend – durch einen enger werdenden Waldgraben zur Wiese der Niederblas an und wendet sich dann links durch steile Mischwaldhänge in die Lahnergrube empor. Zuletzt wandern Sie durch lichten Lärchenwald auf den Höhenrücken zwischen dem Mitterberg und der Tauplitzalm (1.520 m). Hoch über dem Steirersee links zu den nahen Steirerseehütten hinüber und auf der noch ein kurzes Stück ansteigenden Schotterstraße auf das Pla-

18

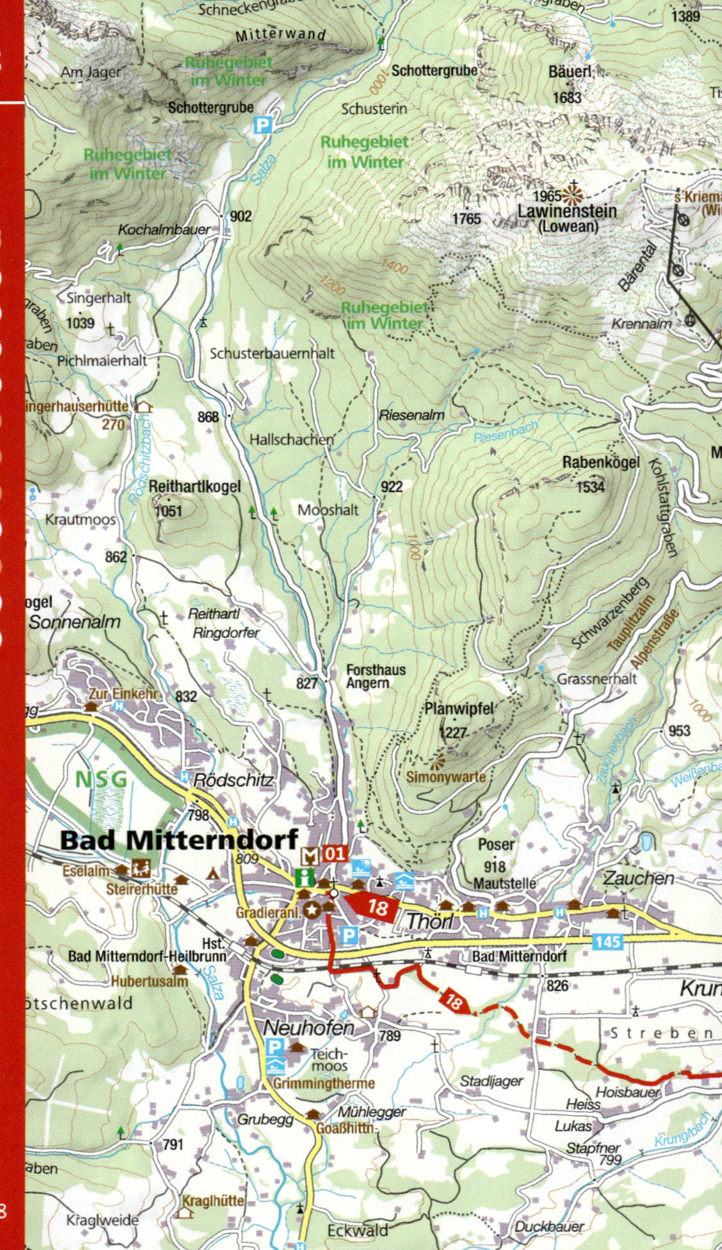

Schneckengraben
Mitterwand
Ruhegebiet im Winter
Am Jager
Schottergrube
Schottergrube
Schusterin
Ruhegebiet im Winter
Ruhegebiet im Winter
Loskogel 1389
Bäuerl 1683
1965 Lawinenstein (Lowean)
1765
Salza
902
Kochalmbauer
Singerhalt
1039
Pichlmaierhalt
Schusterbauernhalt
Ruhegebiet im Winter
Bärental
Krennalm
868
Hallschachen
Riesenalm
Riesenbach
Rabenkögel 1534
Kohlstattgraben
Rödschitzbach
Reithartlkogel 1051
Krautmoos
Mooshalt
922
862
Sonnenalm
Reithartl Ringdorfer
Schwarzenberg
Tauplitzalm
Alpenstraße
Grassnerhalt
Zur Einkehr
832
827
Forsthaus Angern
Planwipfel 1227
953
Simonywarte
Zauchenbach
NSG
Rödschitz
798
Bad Mitterndorf
01
809
Eselalm
Steirerhütte
Gradieranl.
18
Thörl
Poser 918
Mautstelle
Zauchen
145
Hst. Bad Mitterndorf-Heilbrunn
Hubertusalm
Bad Mitterndorf
826
18
Salza
Neuhofen
789
Teich-moos
Grimmingtherme
Streben
Stadljager
Hoisbauer
Heiss
Lukas
Stapfner 799
Krunglbach
Grubegg
Mühlegger
Goaßhittn
791
Kraglhütte
Kraglweide
Eckwald
Duckbauer

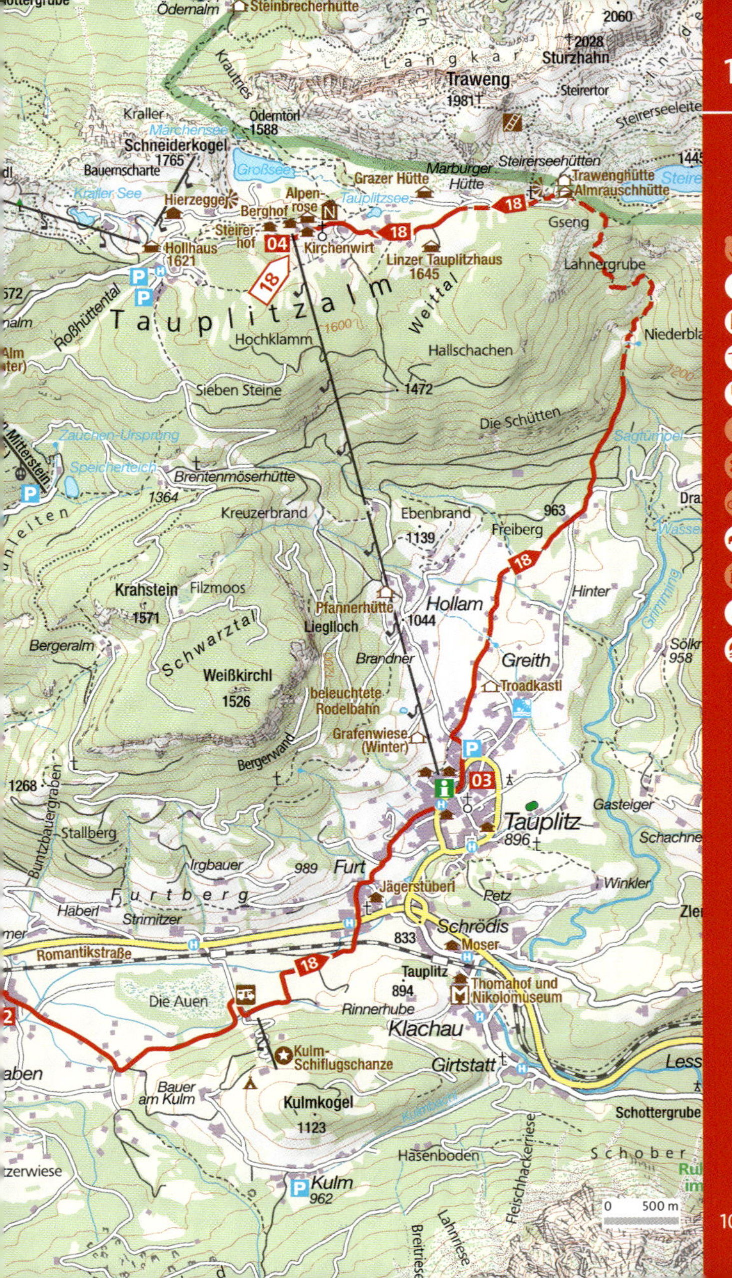
Steinbrecherhütte
Traweng
Sturzhahn
Schneiderkogel
1765
Großsee
Grazer Hütte
Marburger Hütte
Steirerseehütten
Trawenghütte
Almrauschhütte
Hierzegger
Alpenrose
Berghof
Steirerhof
Kirchenwirt
Hollhaus
1621
Linzer Tauplitzhaus
1645
Tauplitzalm
Lahnergrube
Hochklamm
Hallschachen
Sieben Steine
1472
Die Schütten
Brentenmöserhütte
Kreuzerbrand
Ebenbrand
Freiberg
Krahstein
1571
Filzmoos
Pfannerhütte
Hollam
Schwarztal
Weißkirchl
1526
beleuchtete Rodelbahn
Grafenwiese (Winter)
Greith
Troadkastl
Tauplitz
896
Furt
Furtberg
Jägerstüberl
Schrödis
Moser
Romantikstraße
Tauplitz
894
Thomahof und Nikolomuseum
Die Auen
Klachau
Kulm-Schiflugschanze
Girtstatt
Kulmkogel
1123
Schottergrube
Kulm
962
0 500 m

18

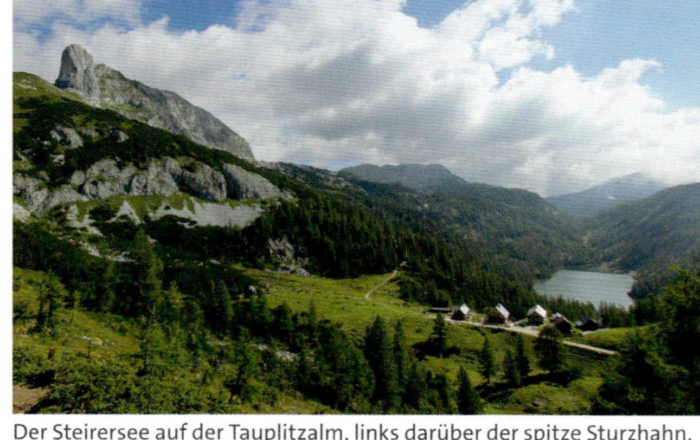

Der Steirersee auf der Tauplitzalm, links darüber der spitze Sturzhahn.

teau der **Bergstation Tauplitzalm** 04 (1.645 m). Links steht das Linzer Tauplitzhaus des Alpenvereins, geradeaus führt der nun asphaltierte Fahrweg zum etwa 500 m entfernten Naturfreundehaus Tauplitzalm und zu weiteren Gasthöfen bzw. Beherbergungsbetrieben. Dort queren Sie nochmals die große Steirische Wanderroute „Vom Gletscher zum Wein". 2:30 h

Hinweis: Die Vierer-Sesselbahn Tauplitzalm fährt von Anfang Juli bis Mitte September täglich bei gutem Wetter ab 8.30 Uhr. Zwischen Ende Mai und Ende September Busverbindung Bad Mitterndorf – Tauplitzalm (nicht an Sonn- und Feiertagen außer dem 15. 8.).

Gipfelabstecher auf den **Traweng** (1.981 m) – siehe Tour G8, Seite 254.

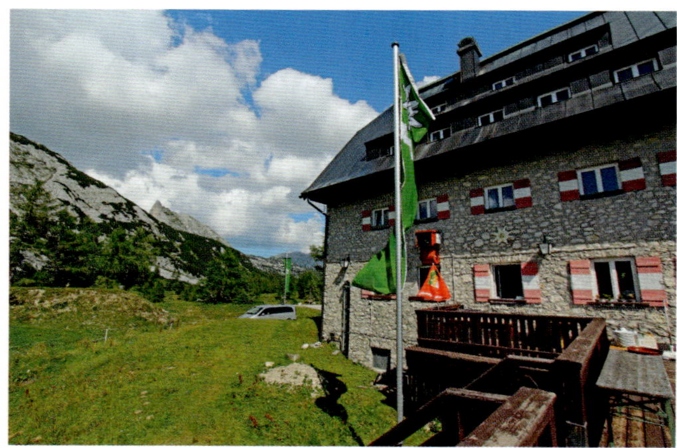

Das Linzer Tauplitzhaus ist eine stattliche Alpenvereinsherberge.

TAUPLITZALM – GÖSSL AM GRUNDLSEE

19. Etappe: Verborgene Winkel unter der Karstwüste

  12,9 km 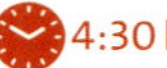 4:30 h  167 hm  1098 hm  20

START | Bergstation Tauplitzalm, 1.645 m.
[GPS: UTM Zone 33 x: 425.618 m y: 5.271.904 m]
CHARAKTER | Lange Tal- und Almwanderung auf Forststraßen und markierten Pfaden; beim Übergang zum Grundlsee ist ein wenig Orientierungssinn erforderlich.

Beim Übergang von der Tauplitzalm zum Grundlsee durchwandern Sie einsame Waldtäler und verborgene Almen am Fuße des Toten Gebirges. Nur wer einen Blick nach Norden über den Großsee und das Öderntörl wirft erahnt, dass sich darüber die größte Karsthochfläche Europas verbirgt – eine rund 80 km^2 große Felswüste ganz ohne Wasser. Die kann man sich auch am Ziel kaum vorstellen: Der Grundlsee, das größte Gewässer im Ausseerland, lädt im Sommer vielmehr zum Baden ein.

▶ Der kleine, schon ziemlich verlandete Tauplitzsee liegt in einer flachen Wiesenmulde in der Mitte der **Bergstation Tauplitzalm** 01. Man erreicht ihn vom Sattel nahe dem Linzer Tauplitzhaus über die Grazer Hütte oder vom Naturfreundehaus Tauplitzalm. Von seiner Nordseite führt der Weg Nr. 272 nach Nordwesten zum nahen Großsee hinüber. Über seinem Nordufer steigt der Pfad rechts zum winzigen Märchensee und zum nahen Öderntörl (1.588 m) an. Jenseits geht's in Kehren durch den Waldhang neben der Krautries zu den Schuttfeldern unter dem Schneiderkogel hinunter. Zwischen Lärchen und Latschen gelangen Sie rechts zur einsamen **Ödernalm** 02

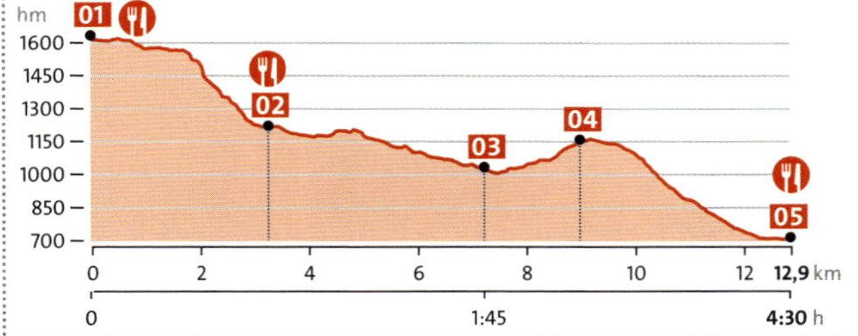

01 Bergstation Tauplitzalm, 1.645 m; 02 Ödernalm, 1.225 m; 03 Rechenplatz, 1.008 m; 04 Schneckenalm, 1.152 m; 05 Gößl am Grundlsee, 720 m

19

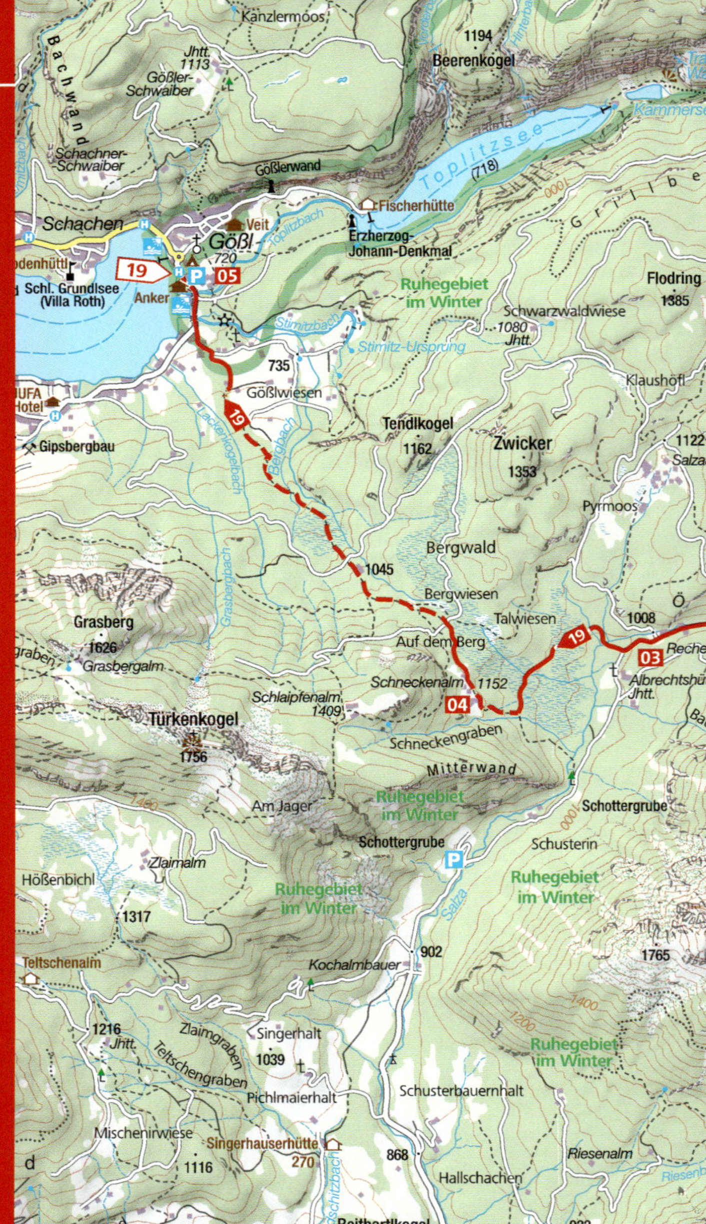

Zimitzalm
983
Kanzlermoos
Bachwand
Jhtt.
1113
Gößler-
Schwaiber
1194
Beerenkogel
Kammersee
Toplitzsee
(718)
Schachner-
Schwaiber
Gößlerwand
Fischerhütte
Grillbe
Schachen
Veit
Toplitzbach
Gößl
720
Erzherzog-
Johann-Denkmal
19
05
Schl. Grundlsee
(Villa Roth)
Anker
Ruhegebiet
im Winter
Flodring
1385
Stimitzbach
Schwarzwaldwiese
1080
Jhtt.
Stimitz-Ursprung
735
Klaushöfl
Hotel
Gößlwiesen
19
Lackenkogelbach
Bergbach
Tendlkogel
1162
Zwicker
1353
1122
Gipsbergbau
Pyrmoos
Bergwald
1045
Grasbergbach
Bergwiesen
Talwiesen
1008
Grasberg
1626
Auf dem Berg
19
Recher
03
Grasbergalm
Schneckenalm
1152
Albrechtshütte
Jhtt.
Schlaipfenalm
1409
04
Türkenkogel
1756
Schneckengraben
Mitterwand
Ruhegebiet
im Winter
Schottergrube
Am Jager
Schottergrube
Schusterin
Zlaimalm
Ruhegebiet
im Winter
Ruhegebiet
im Winter
Hößenbichl
Salza
1317
902
1765
Teltschenalm
Kochalmbauer
1216
Jhtt.
Zlaimgraben
Teltschengraben
Singerhalt
1039
Ruhegebiet
im Winter
Pichlmaierhalt
Schusterbauernhalt
Mischenirwiese
Singerhauserhütte
270
868
Riesenalm
1116
Rödschitzbach
Hallschachen
Reithartlkogel
922

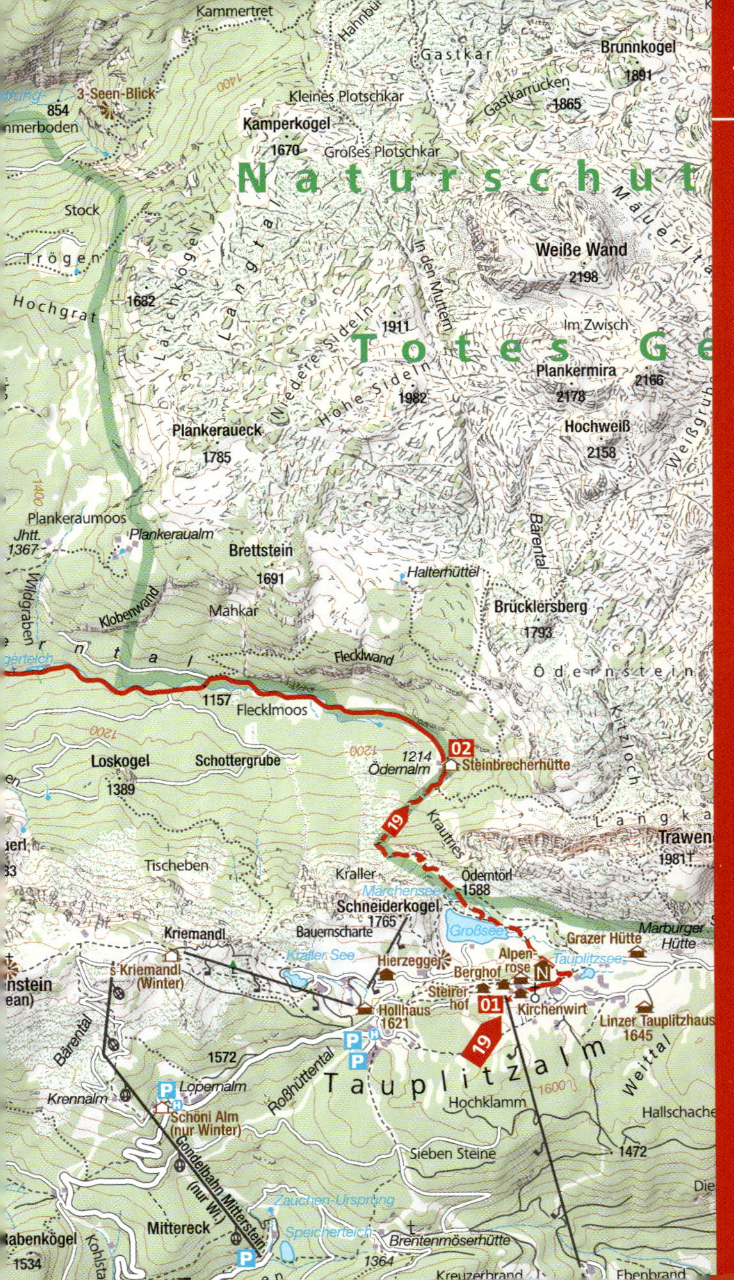

Kammertret
Gastkar
Brunnkogel
1891
3-Seen-Blick
854
Kleines Plotschkar
Gastkarrücken
1865
Kamperkogel
1670
Großes Plotschkar
Naturschut
Stock
Trögen
Weiße Wand
2198
Hochgrat
1682
Lärchkogel
Langtal
In den Muttern
1911
Niedere Sideln
Im Zwisch
Totes Ge
Plankermira
2178
2166
Hohe Sideln
1982
Plankeraueck
1785
Hochweiß
2158
Plankeraumoos
Plankeraualm
Jhtt.
1367
Brettstein
1691
Halterhüttel
Bärental
Klobenwand
Mahkar
Brücklersberg
1793
Wildgraben
Flecklwand
Ödernstein
1157
Flecklmoos
02
1214
Ödernalm
Steinbrecherhütte
Loskogel
1389
Schottergrube
Kitzloch
19
Krautries
Langkar
Trawen
1981
Tischeben
Kraller
Öderntörl
1588
Märchensee
Schneiderkogel
1765
Großsee
Marburger Hütte
Kriemandl
Bauernscharte
Grazer Hütte
Alpenrose
Tauplitzsee
Kraller See
Hierzegger
Berghof
Kriemandl (Winter)
Steirerhof
01
Kirchenwirt
Hollhaus
1621
Linzer Tauplitzhaus
1645
Bärental
19
1572
Weittal
Tauplitzalm
Lopernalm
Roßhüttental
Krennalm
Hochklamm
Hallschache
Schöni Alm (nur Winter)
Sieben Steine
1472
Gondelbahn Mitterstein (nur Wi.)
Zauchen-Ursprung
Mittereck
Speicherteich
Brentenmöserhütte
1534
1364
Kreuzerbrand
Ebenbrand

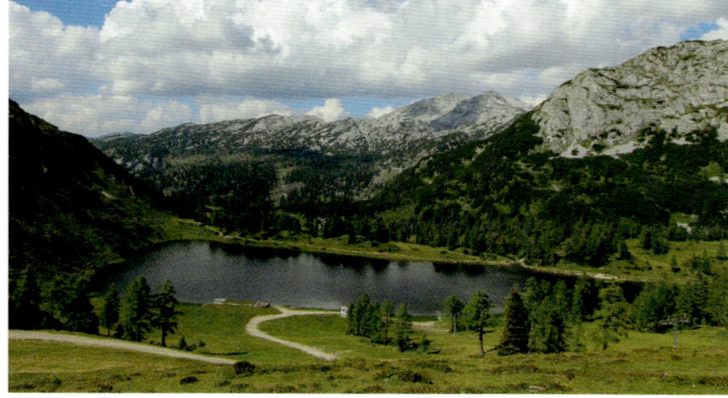

Hinter dem Großsee und dem Öderntörl zeigt sich das Karstplateau.

(1.225 m), die in einem Hochtal am Fuße des Traweng liegt. Im Sommer lädt dort die Steinbrecherhütte zur Einkehr ein (Mi. – So.).

Nun wandern Sie auf der Schotterstraße duch das Öderntal hinaus. Über dem Flecklmoos erhebt sich links der Lawinenstein (Lowean, 1.965 m), während rechts das Zentralplateau des Toten Gebirges abdacht. Nach etwa 3,5 km erreichen Sie die kleine Holzhütte beim sogenannten **Rechenplatz** 03 (1.008 m), wo sich das Öderntal ein wenig weitet. 1:45 h

Bei der dortigen Abzweigung bleiben Sie links im Tal. Nach 250 m erreichen Sie eine weitere Gabelung, bei der Sie rechts abzweigen (Wegweiser „Schneckenalm, Gößl", Nr. 272). Vom Ende der sanft ansteigenden Forststraße nach 1 km rechts auf dem beschilderten Pfad zur **Schneckenalm** 04 (1.152 m).

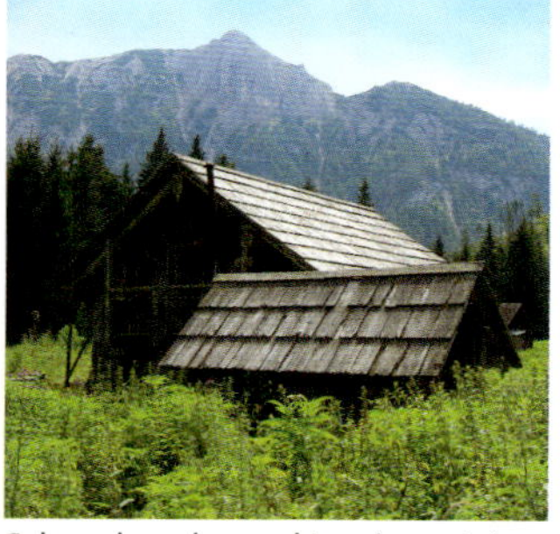

Schneckenalm und Lawinenstein.

Von der obersten Almhütte führt ein rauer Fahrweg durch das flache, waldfreie Gebiet „Auf dem Berg" zu einer quer verlaufenden Forststraße. Auf dieser gehen Sie einige Schritte nach rechts, dann folgen Sie links einem alten Fahrweg in den Wald (Markierung und Steinmännchen beachten). Bald wandern Sie bergab, bis der Weg nach einer Hütte in eine Forststraße einmündet. Kurz nach rechts und links auf einem Pfad weiter abwärts bis zu den Gößlwiesen. Von dort kommen Sie auf einer Straße zum Grundlsee hinunter und nach rechts – vorbei an einer Badewiese und am Gasthaus Rostiger Anker – nach **Gößl** 05 (720 m). Weitere Gasthöfe und Beherbergungsbetriebe finden Sie rechts im Dorf. 2:45 h

Hinweis: Busverbindung (Linie 956) von Bad Aussee nach Gößl.

GÖSSL AM GRUNDLSEE – APPELHAUS

20. Etappe: Seenzauber in der Karstöde

 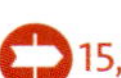 15,2 km  6:00 h  1283 hm 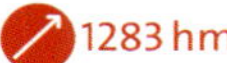 389 hm  20 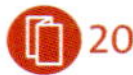

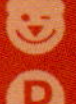
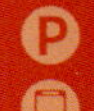
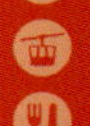

START | Gößl am Grundlsee, 720 m.
[GPS: UTM Zone 33 x: 417.572 m y: 5.276.635 m]
CHARAKTER | Lange und landschaftlich sehr eindrucksvolle Bergwanderung in hochalpines Gelände. Sie wandern dabei auf markierten, aber teils schmalen und steinigen Pfaden. Eine kurze gesicherte Stelle und die Querung eines steilen Hanges erfordern Schwindelfreiheit. Oben auf dem Plateau setzt das zerklüftete Karstgestein Trittsicherheit voraus. Bei Nebel kann man sich im unübersichtlichen Gelände leicht verirren, außerdem klaffen direkt neben dem Pfad einige tiefe Dolinen – und bei Schneelage sind die Markierungen auf den Steinen am Boden nicht sichtbar.

Die 20. Etappe des Salzkammergut BergeSeen Trails führt ins Hochgebirge. Nach einem ziemlich steilen Waldanstieg erreichen Sie einen der schönsten Bergseen der Region – und die Hochfläche des Toten Gebirges. Ihr östlicher, zwischen 1.600 m und 2.000 m hoch gelegener Bereich ist stark vom „Grünkarst" geprägt: Zwischen schroffen Gipfeln, einförmigen Mulden und wild zerklüfteten Karrenfelsen sorgen Lärchenhaine, Latschenfelder und seltene Alpenpflanzen für grünes Flair. Doch man soll sich nicht täuschen: Abseits des markierten Weges ist das Gelände unwegsam und birgt ernste Gefahren.

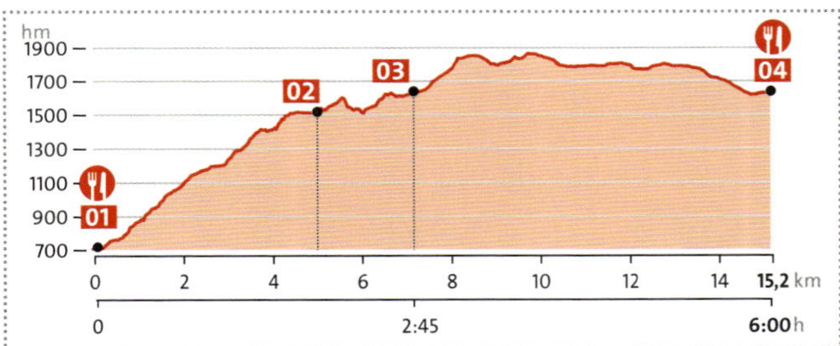

01 Gößl am Grundlsee, 720 m; 02 Vorderer Lahngangsee, 1.494 m; 03 Elmgrube, 1.622 m; 04 Albert-Appel-Haus, 1.660 m

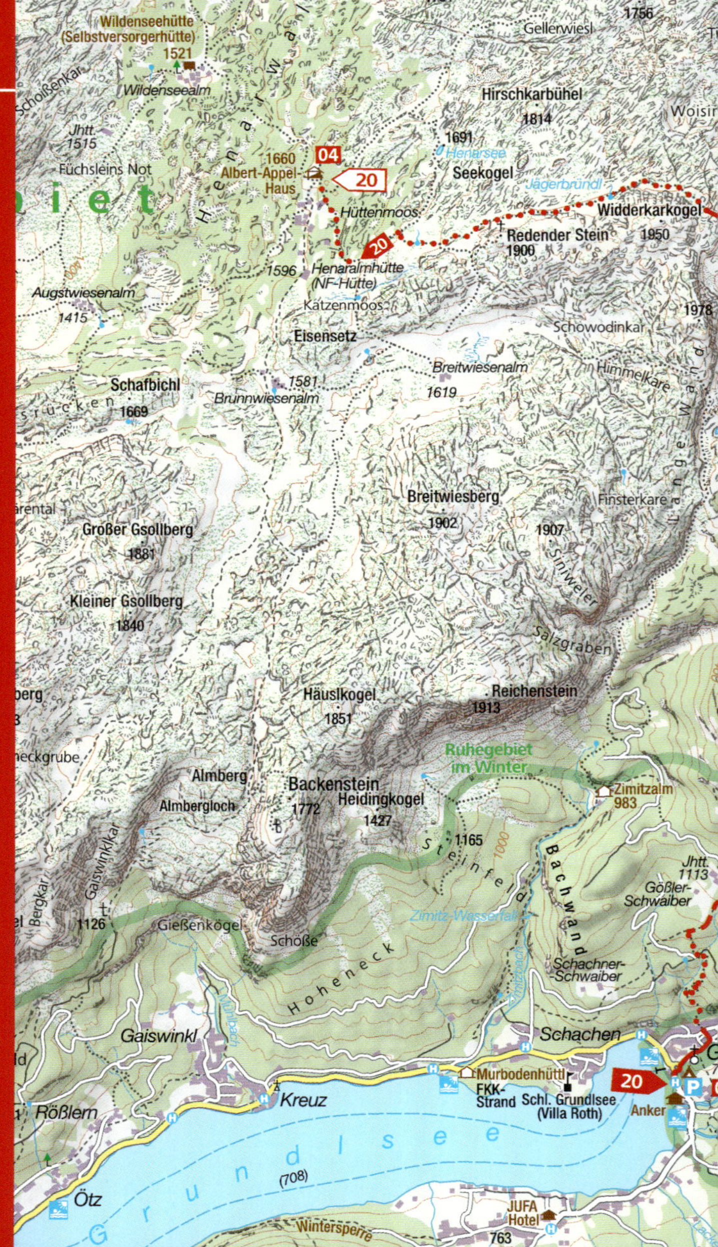
Wildenseehütte
(Selbstversorgerhütte)
1521
Wildenseealm
Schoißenkar
Jhtt.
1515
Füchsleins Not
1660
Albert-Appel-
Haus
04
20
Hüttenmoos
Henaralmhütte
(NF-Hütte)
1596
Kätzenmoos
Augstwiesenalm
1415
Eisensetz
Schafbichl
1669
1581
Brunnwiesenalm
Breitwiesenalm
1619
1791
1756
Gellerwiesl
Hirschkarbühel
1814
Woisin
1691
Henarsee
Seekogel
Jägerbründl
Widderkarkogel
Redender Stein
1900
1950
1978
Schowodinkar
Himmelkare
Breitwiesberg
1902
Finsterkare
1907
Großer Gsollberg
1881
Kleiner Gsollberg
1840
Salzgraben
Häuslkogel
1851
Reichenstein
1913
Ruhegebiet
im Winter
Almberg
Almbergloch
Backenstein
1772
Heidingkogel
1427
Zimitzalm
983
1165
Steinfeld
Bachwand
Jhtt.
1113
Gößler-
Schwaiber
Gaiswinklkar
Bergkar
1126
Gießenkögel
Schöße
Zimitz-Wasserfall
Hoheneck
Schachner-
Schwaiber
Gaiswinkl
Schachen
Murbodenhüttl
FKK-
Strand
Schl. Grundlsee
(Villa Roth)
20
Anker
Kreuz
Rößlern
Grundlsee
(708)
Ötz
JUFA
Hotel
763
Wintersperre

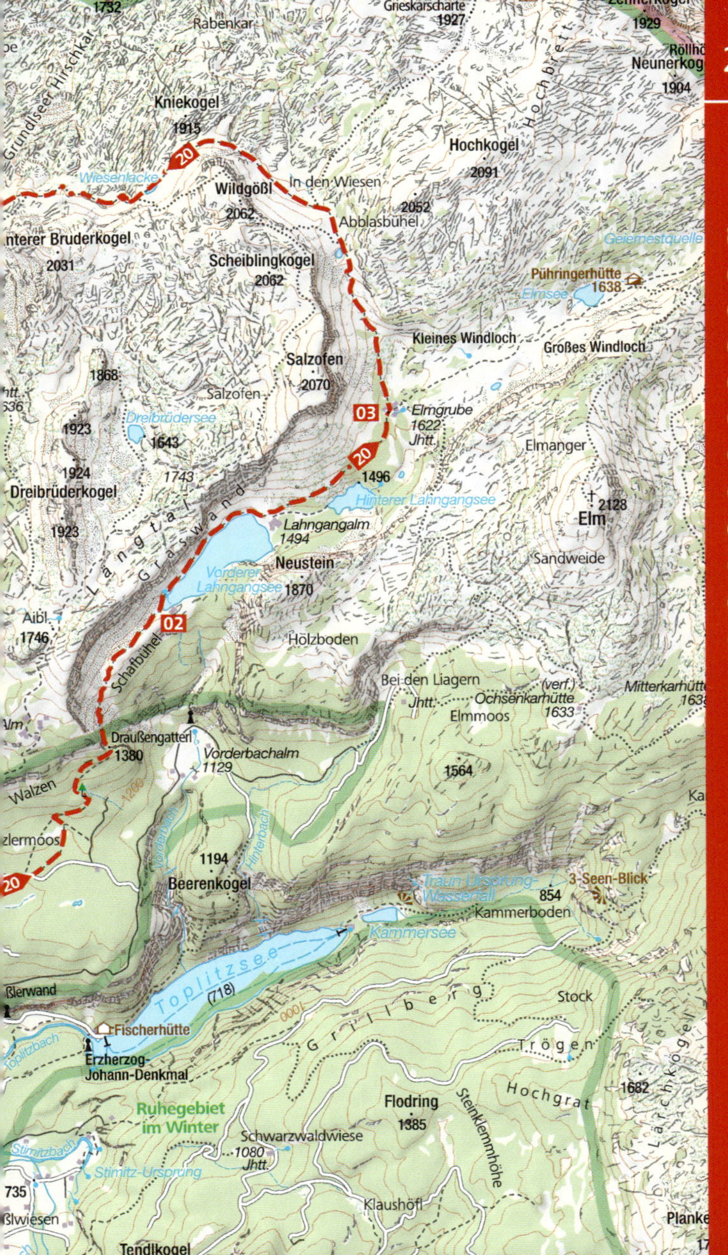
Raucherte Luckn
Grieskarscharte
1927
2038 Zehnerkogel
1929
Neunerkog
1904
1732
Rabenkar
Grundlseer Hirschkar
Kniekogel
1915
Hochbrett
Hochkogel
2091
Wiesenlacke
Wildgößl
2062
In den Wiesen
2052
Abblasbühel
Geiernestquelle
Hinterer Bruderkogel
2031
Scheiblingkogel
2062
Pühringerhütte
1638
Elmsee
Kleines Windloch
Großes Windloch
Salzofen
2070
1868
Salzofen
Dreibrüdersee
1643
1923
Elmgrube
1622
Jhtt.
Elmanger
1924
1743
Dreibrüderkogel
1496
Hinterer Lahngangsee
2128
Elm
1923
Lahngangalm
1494
Langtal
Graswand
Neustein
1870
Vorderer Lahngangsee
Sandweide
Aibl
1746
Schafbühel
Hölzboden
Bei den Liagern
Jhtt.
(verf.)
Ochsenkarhütte
1633
Elmmoos
Mitterkarhütte
Draußengatterl
1380
Vorderbachalm
1129
1564
Walzen
Vorderbach
Hinterbach
1194
Beerenkogel
Traun Ursprung-Wasserfall
854
3-Seen-Blick
Kammerboden
Kammersee
Toplitzsee
(718)
Grillberg
Stock
Fischerhütte
Toplitzbach
Erzherzog-Johann-Denkmal
Trögen
Hochgrat
1682
Lärchkogel
Ruhegebiet im Winter
Flodring
1385
Steinklemmhöhe
Schwarzwaldwiese
1080
Jhtt.
Stimitzbach
Stimitz-Ursprung
735
Klaushöfl
Tendlkogel
Planke

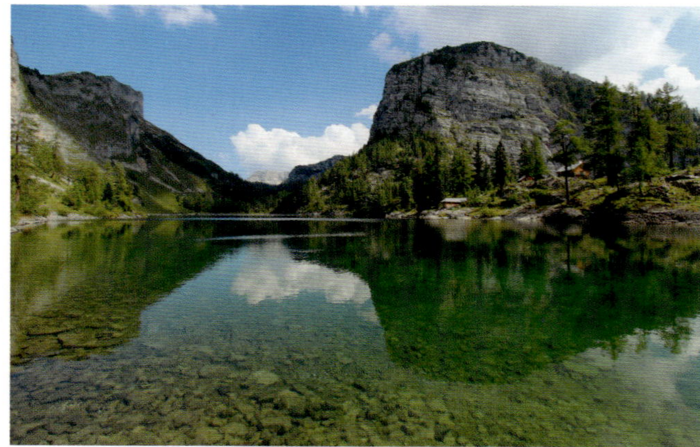

Der Vordere Lahngangsee mit Salzofen (links), Rotgschirr und Neustein.

Vom Gasthof Hofmann beim Kreisverkehr am Grundlsee gehen Sie Richtung Toplitzsee ins Dorf **Gößl** 01. 150 m nach der kleinen, teils mit Holzschindeln verkleideten Kirche zweigen Sie beim Wegweiser „Zur Pühringerhütte über Lahngangseen" (Nr. 214) links ab. Neben einigen Häusern aufwärts, dann rechts über den Dorfbach und gleich wieder links. Nun wandern Sie auf dem schmalen Breuer-Franzl-Steig durch sehr steile Waldhänge („Hagl") bergauf und an einem Wasserreservoir vorbei. Beim Elisabeth-Breuer-Bankerl genießen Sie schon den Tiefblick zur Kirche, dann steigen Sie bald neben einem Bächlein an und queren links zu einer Forststraße. Oberhalb davon wird es etwas rutschig. Bei der Einmündung des Pfades von Schachen nach rechts, an der Wiese des Gößler Schwaiber vorbei (1.113 m, Blick zum Reichenstein) und über die nächsten zwei Forststraßen. Nach der Weide am Kanzlermoos schlängelt sich der Pfad durch urtümlichen Wald („Blitzschlag-Marterl") zum Draußengatterl (1.380 m) empor. Hinter diesem Felseinschnitt steigen Sie neben einer überhängenden Wand kurz ab (Stahlseil-Sicherung), dann folgt die ansteigende Querung der sehr steilen, von Schuttrinnen durchzogenen Hänge unterhalb der Graswand (eindrucksvoller Tiefblick zur Vorderbachalm). Schließlich führt der Pfad durch eine Mulde hinter dem wenig ausgeprägten Schafbühel zum **Vorderen Lahngangsee** 02 (1.494 m). Sein oft smaragdgünes Wasser wird rechts vom schroffen Neustein (1.870 m) überragt, während neben der Graswand der Salzofen (2.070 m) hervorlugt. Im Hintergrund zeigt sich das 2.261 m hohe Rotgschirr. 2:15 h

Der „Ausseerweg" führt links über dem See und der kleinen Lahngangalm am Nordufer weiter. Es handelt sich dabei um einen sogenannten Reitweg, der im 19. Jahrhundert für blaublütige Jäger angelegt wurde; einige aus Steinen aufgeschichtete Passagen führten wie Dämme durch das unwegsame Gelände. Rechts liegt der Hintere

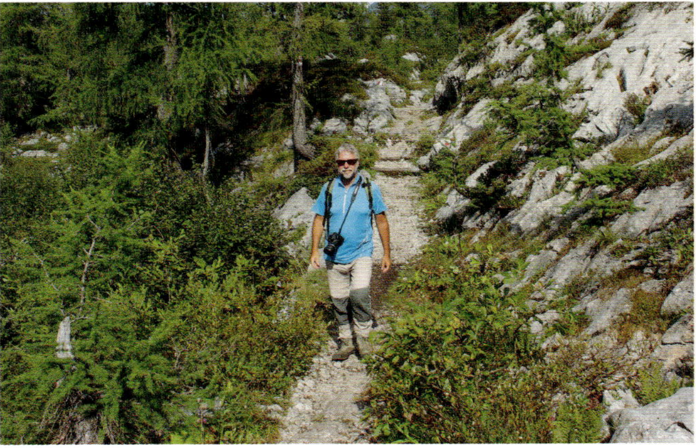

Auf dem Weg durch den Grünkarst zum Appelhaus.

Lahngangsee in einer 100 m tiefen Wald- und Latschenmulde; nach Regen hört man dort sogar das Rauschen eines Wasserfalls. Zwischen dem Salzofen und dem östlich aufragenden, pyramidenförmigen Elm (2.128 m) erreichen Sie die Holzhütten in der **Elmgrube** 03 (1.622 m). 30 Minuten

Dort verlassen Sie den Weg zur Pühringerhütte nach links (Wegweiser „Am Abblaser – Albert Appel-Haus"). Sie wandern nun auf dem Pfad Nr. 201, einem Teil des Nordalpinen Weitwanderweges 01, durch Latschengassen zum Abblasbühel (1.860 m) hinauf. In diesem Sattel unter dem kahlfelsigen Hochkogel (2.091 m) sprudelt meist eine Quelle. Nach einer (oft ausgetrockneten) Lacke zweigt links ein Pfad auf den 2.062 m hohen Wildgößl ab. Seine Überschreitung ist zwar sehr lohnend, erfordert aber mindestens eine zusätzliche Gehstunde. Kürzer ist der rechts weiterführende Pfad Nr. 201, der durch die Mulde „In den Wiesen" zur Abzweigung des Grieskarsteiges Richtung Almsee führt. Von dort gehen Sie links weiter und um den Wildgößl herum zur Wiesenlacke, die sich zwischen Gras und Felsen ebenfalls oft wasserlos zeigt (dort mündet der Wildgößl-Weg wieder ein). Der Pfad führt nun noch 4 km nach Westen, stets im sanften Auf und Ab durch teils felsiges, teils grasiges Gelände, das links vom Hinteren Bruderkogel (2.031 m) und vom Wildkarkogel (1.950 m) überragt wird. Rechts zeigt sich der latschengrüne Große Woising (2.064 m). In der Ferne erscheint schließlich der genau 1.900 m hohe Redende Stein, ein „Echofelsen" mit einem großen Gipfelkreuz. Unterhalb davon verbirgt sich das **Albert-Appel-Haus** 04 (1.660 m) im Henarwald, einem ausgedehnten und recht unberührt gebliebenen Lärchenbestand. Die 1928 eröffnete Schutzhütte gehört dem Österreichischen Touristenverein, der damit an seinen Gründer und ersten Obmann erinnert. Versorgt wird das sehr gastliche Haus übrigens über eine 6 km lange Materialseilbahn. 3:15 h

APPELHAUS – JAGERSIMMERL

21. Etappe: Totes Gebirge, Kurs Nord

  24,6 km  8:00 h 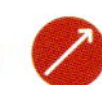 568 hm  1625 hm  19

START | Albert-Appel-Haus, 1.660 m.
[GPS: UTM Zone 33 x: 415.256 m y: 5.282.812 m]
CHARAKTER | Diese sehr lange, aber auch entsprechend abwechslungsreiche Wegetappe führt zunächst auf schmalen Pfaden über die Hochfläche des Toten Gebirges. Dann folgt ein sehr steiler und anstrengender Abstieg, bei dem man kurze gesicherte Passagen meistern muss – Trittsicherheit und völlige Schwindelfreiheit sind dort auf jeden Fall erforderlich. Im dritten Wegabschnitt geht's noch einmal auf einem Pfad bergauf, dann auf einer Forststraße durch ein langes Waldtal und zuletzt auf einem flachen Talweg zum Etappenziel.

Nun verlassen Sie das Karstplateau des Toten Gebirges nach Norden – an der einzigen Stelle, wo das auch Bergwanderern möglich ist. Alle anderen Routen, die durch die wilden Nordabstürze des Gebirgsstocks führen, gelten als Klettersteige. Allerdings: Steiles Felsgelände mit Stahlseilen und einer Metalltreppe müssen auch zwischen der Rinnerhütte und dem Offensee überwunden werden. Beim (noch sehr langen) Weiterweg zum Almsee kann man die wilden Wände des Toten Gebirges dann noch ein wenig von unten bewundern. Ab dem Almsee geht man Richtung Grünau im Almtal am Almuferweg.

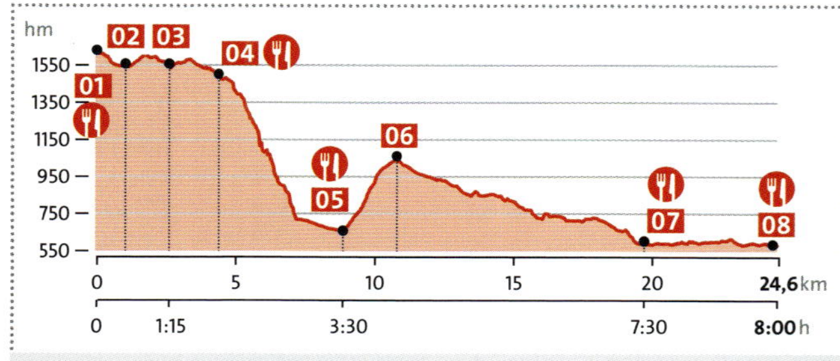

01 Albert-Appel-Haus, 1.660 m; 02 Wildenseealm, 1.521 m; 03 Wildensee, 1.535 m; 04 Rinnerhütte, 1.470 m; 05 Offensee, 649 m; 06 Gschirrsattel, 1.029 m; 07 Almsee, 589 m; 08 Jagersimmerl, 577 m

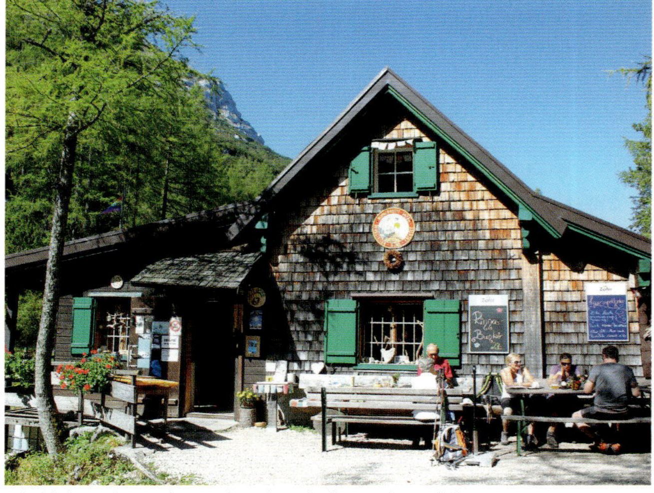

Die kleine, aber sehr gut bewirtschaftete Rinnerhütte.

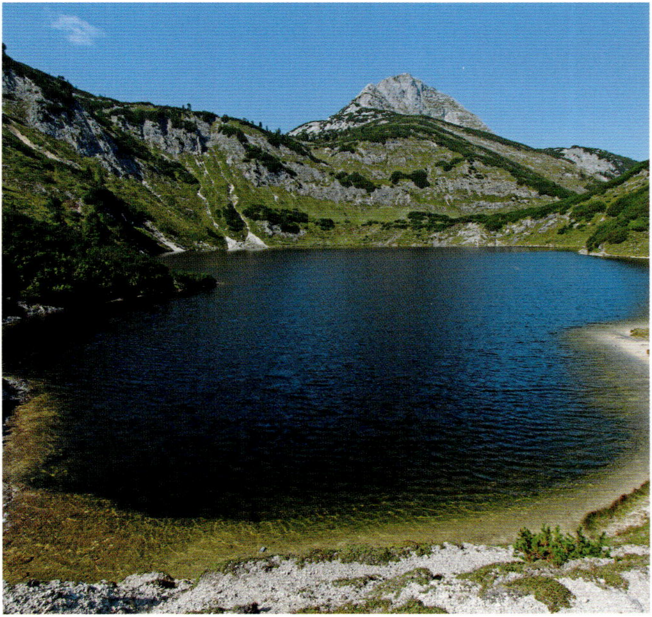

Wasserzauber in der Karstwildnis: Der Wildensee unter dem Rinnerkogel.

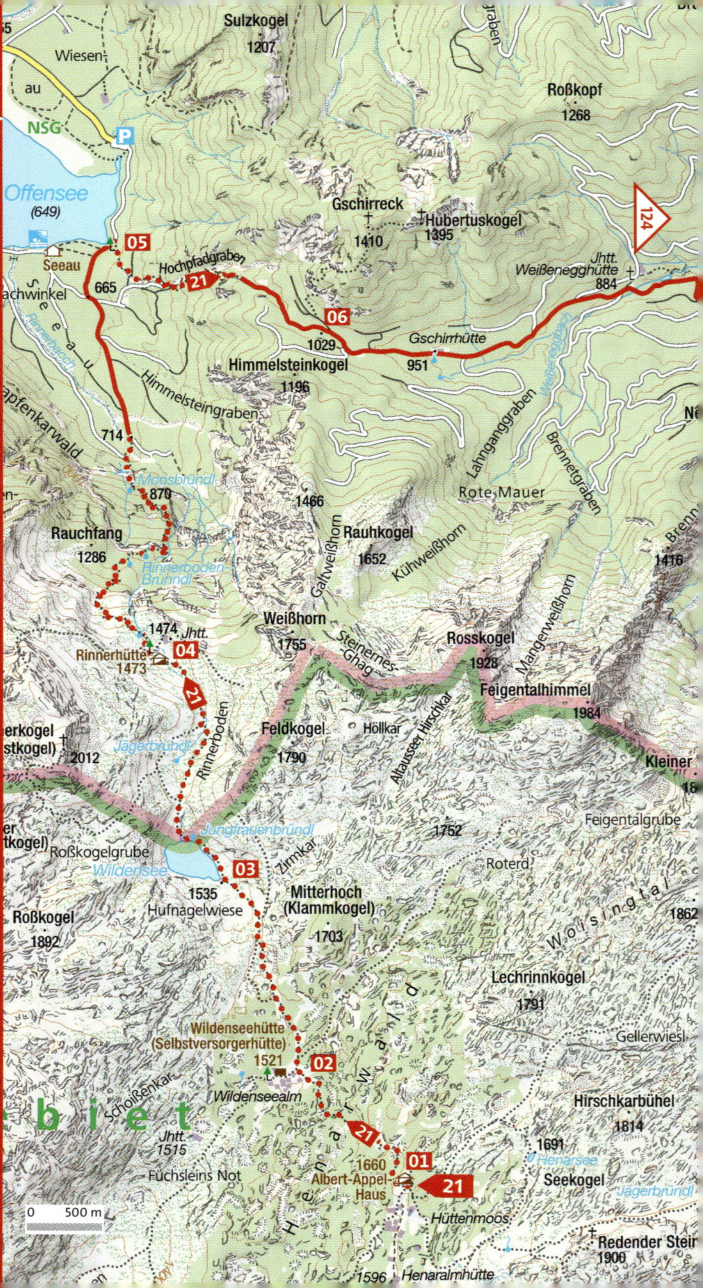

Sulzkogel
1207
Wiesen-
au
NSG
P
Roßkopf
1268
Offensee
(649)
Gschirreck
1410
Hubertuskogel
1395
124
Seeau
05
Hochpfadgraben
21
Jhtt.
Weißenegghütte
884
665
achwinkel
Seeau
Rinnerbach
06
1029
Gschirrhütte
951
Himmelsteinkogel
1196
Himmelsteingraben
Weißeneggbach
Lahnganggraben
Brennetgraben
apfenkarwald
714
Moosbründl
870
1466
Rote Mauer
Rauchfang
1286
Rinnerboden-
Bründl
Galtweißhorn
Rauhkogel
1652
Kühweißhorn
1416
Weißhorn
1755
Steinernes-
Ghag
Rosskogel
1928
Mangerweißhorn
1474 Jhtt.
Rinnerhütte
1473
04
21
Feigentalhimmel
1984
erkogel
stkogel)
2012
Jägerbründl
Rinnerboden
Feldkogel
1790
Höllkar
Altausseer Hirschkar
Kleiner
Jungfrauenbründl
Roßkogelgrube
Wildensee
03
Zirmkar
1752
Feigentalgrube
Roterd
1535
Hufnagelwiese
Mitterhoch
(Klammkogel)
1703
Roßkogel
1892
Wolsingtal
1862
Lechrinnkogel
1791
Wildenseehütte
(Selbstversorgerhütte)
1521
02
Wildenseealm
Henarwand
Gellerwiesl
Schoißenkar
Hirschkarbühel
1814
Jhtt.
1515
21
1691
Henarsee
1660
01
Albert-Appel-
Haus
21
Seekogel
Jägerbründl
Füchsleins Not
0 500 m
Hüttenmoos
Redender Stein
1900
1596
Henaralmhütte

Vom **Albert-Appel-Haus** 01 wandern Sie auf dem Pfad Nr. 235 durch den urigen Henarwald in 45 Minuten zur **Wildenseealm** 02 (1.521 m) hinüber. Selbstversorger finden dort eine kleine Schutzhütte; zwischen den für Ausseer Almen so typischen Holzhütten sehen Sie links wieder zum fernen Dachstein mit dem Hallstätter Gletscher.

Ihr Weiterweg biegt jedoch rechts ab und schlängelt sich – nun mit der Markierungsnummer 212 – zur Mulde der Hufnagelwiese, die Sie nach 30 Minuten erreichen. Im porösen Karstuntergrund verschwindet dort ein Bach, der ein paar Meter weiter vorne durch einen Felseinschnitt plätschert – dahinter zeigt sich der **Wildensee** 03 (1.535 m).

Gipfelabstecher auf den **Rinnerkogel** (2.012 m) – siehe Tour G9, Seite 257.

Der Pfad führt neben seinem rechten Ufer entlang, dann müssen Sie einen kurzen, aber steilen Schrofenhang erklimmen. Dahinter öffnet sich ein freundlich-grünes Hochtal, in dem ebenfalls bald ein Rinnsal dahingluckert. Vorbei an zwei Abzweigungen Richtung Rinnerkogel (siehe Tour 54) gelangen Sie nach weiteren 45 Minuten zur kleinen **Rinnerhütte** 04 (1.470 m), die liebevoll vom Bergsteigerbund Ebensee betreut wird.

Der Abstieg beginnt mit einem kurzen flachen Wegabschnitt, der eine kleine Karstquelle passiert. Vom nördlichen Plateaurand sehen Sie zum ersten Mal den Offensee in der Tiefe. Der Pfad wendet sich nach links und schlängelt sich über steiles, felsiges und stellenweise recht rutschiges, aber mit Latschen und einzelnen Bäumen

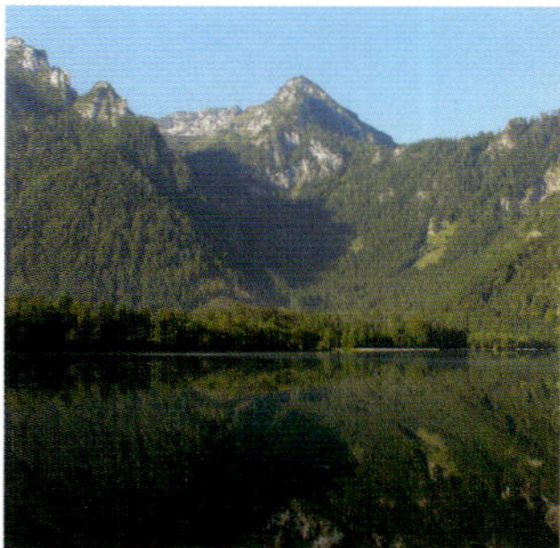

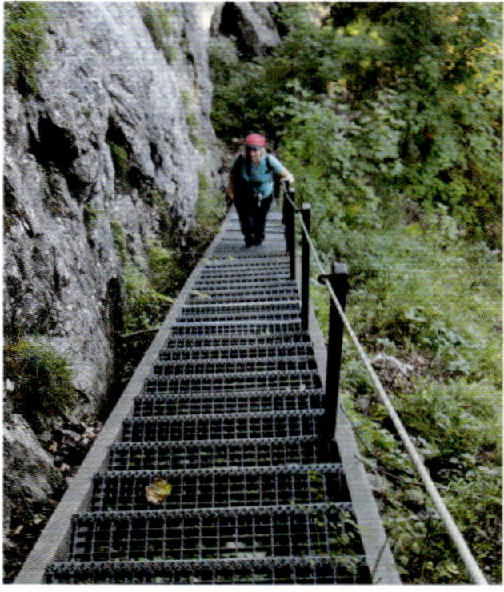

Der Offensee und die Leiter, die den Abstieg dorthin entschärft.

bewachsenes Gelände zu einer Schutthalde abwärts. Über gut angelegte Kehren kommen Sie dort recht angenehm zum Rinnerboden mit seinem erfrischenden Bründl hinunter. Im Wald folgen Sie dann einem meist trockenen Bachbett, das unter einer Felswand über dem Abgrund endet – nach starken Niederschlägen rauscht hier ein Wasserfall. Links daneben steigen Sie über eine kurze, gestufte und gut mit Stahlseilen gesicherte Felspassage ab. Unterhalb davon geht's nach links und neben der Wand über eine steile Alutreppe hinunter. Die Abstiegsroute führt weiter-

hin durch abschüssige, aber teils bewaldete Hänge; zwei kurze Stellen sind mit Seilgeländern abgesichert. Durch eine kleine Schlucht kommen Sie zum bewaldeten Talboden. Ein Bachbett wird auf Stegen übersetzt, dann wandern Sie auf einer flachen Forststraße zum Südufer des **Offensees** 05 (649 m) und zur Jausenstation Seeau.
1:30 h

Kurz vor dem See weist das Schild „Zum Almsee" auf den Weiterweg (Nr. 420), der jedoch noch 4 Stunden Gehzeit in Anspruch nimmt. Er folgt dem Weitwanderweg 04 und dem Mariazellerweg 06 bis zum **Gschirrsattel** 06 (1.029 m) hinauf.

Hinter dieser Waldsenke unter dem Weißhorn (1.755 m) erreichen Sie eine Schotterstraße, die durch das lange Tal des Weißeneggbachs ins Almtal hinauszieht. Nach 3 km verlassen Sie die Fernwanderwege nach rechts, steigen bald danach links auf einen Pfad ins Tal ab und wandern jenseits zu einer weiteren Forststraße hinauf. Diese führt wieder nach Osten weiter, bis Sie rechts auf einem Wanderweg zum Südufer des **Almsees** 07 (591 m) hinunterkommen. 4:00 h

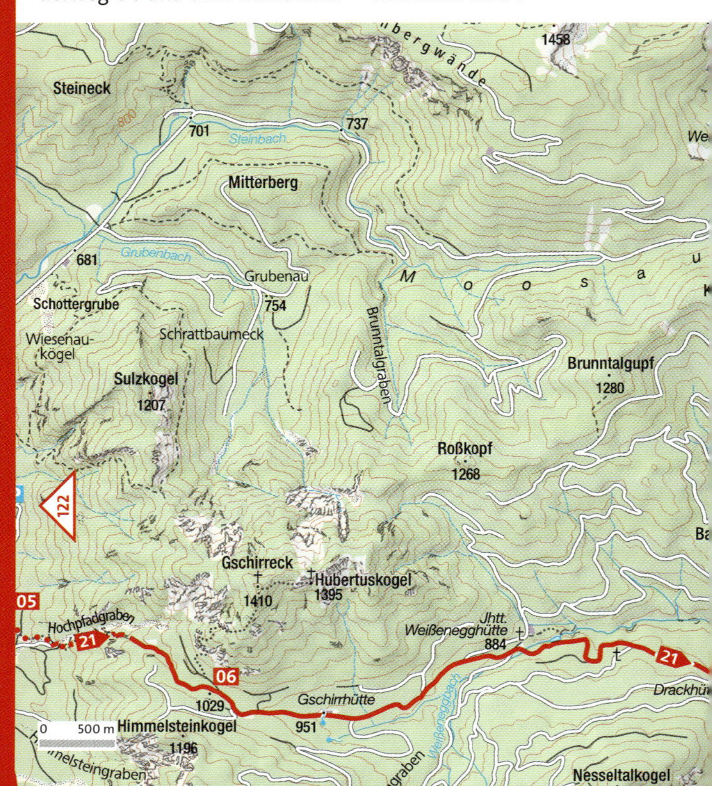

Vorbei am Deutschen Haus und am Gasthof Seehaus (Bushaltestelle) erreichen Sie den Ostuferweg. Auf diesem wandern Sie neben dem Almsee bis zur Seeklause beim Jagdhaus Schwarzenbrunn (Bushaltestelle). Neben der Alm geht's zum **Jagersimmerl** 08 (577 m) in der Habernau hinaus. 1:00 h

Hinweis: Busverbindung (Linie 533) von Gmunden über Grünau im Almtal zum Almsee. Traunstein Taxi, Route 60 vom Bahnhof Grünau im Almtal zum Almsee bzw. Almtalerhaus – mindestens 1 Stunde vorab bestellen (Tel. 050/4221691 oder O-Taxi App).

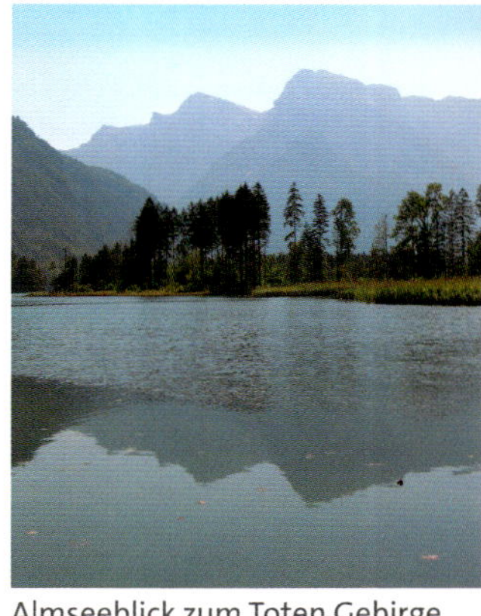

Almseeblick zum Toten Gebirge.

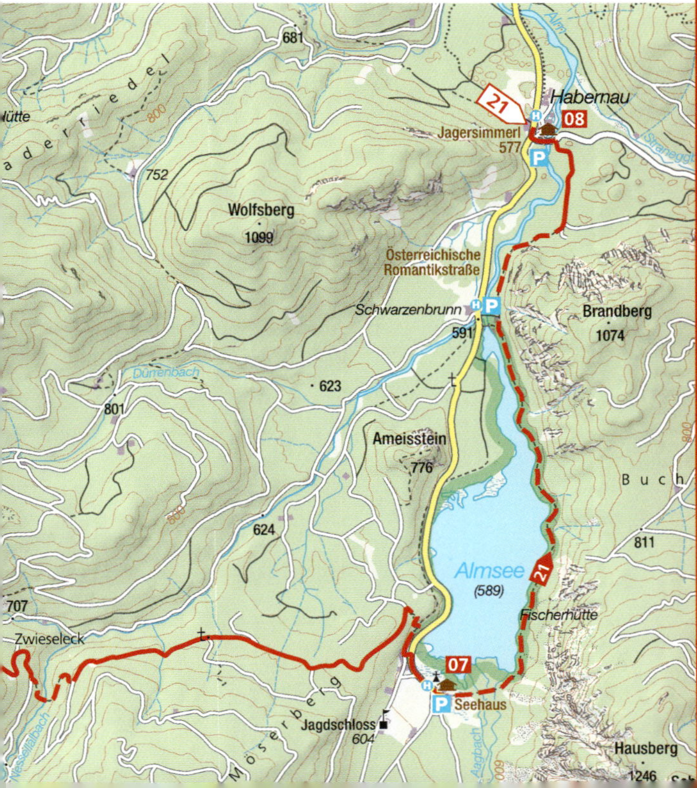

JAGERSIMMERL – GRÜNAU IM ALMTAL

22. Etappe: „Erholungswanderung“ durch das Almtal

    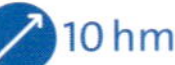  
9,7 km 2:30 h 10 hm 61 hm 19

START | Jagersimmerl, 577 m.
[GPS: UTM Zone 33 x: 422.159 m y: 5.292.190 m]
CHARAKTER | Einfache, fast ebene und landschaftlich sehr schöne Talwanderung auf Nebenstraßen und einem gut markierten Weg.

Ähnlich wie die 8. Etappe führt auch diese Wegstrecke durch ein flaches Tal – in diesem Fall der Alm entlang. Der wunderbare Gebirgsfluss schlängelt sich durch ein waldreiches Voralpental, in dem Nobelpreisträger Konrad Lorenz einst das Leben der Graugänse erforschte. Dank der vergleichsweise kurzen Gehzeit bleibt vielleicht sogar noch Muße für die Besichtigung des Wildparks Cumberland (Rundweg ca. 5 km).

▶ Vom **Jagersimmerl** 01 führt der wunderbare Almuferweg „Genuss am Fluss“ (Nr. 1) etwa 300 m neben der Straße talauswärts, danach geht's rechts daneben auf einem Wanderweg weiter. Nach 3 km erreichen Sie den Parkplatz vor dem **Wildpark Cumberland** 02 (550 m).

Gleich daneben befindet sich das 2021 neu eröffnete Gebäude der Konrad-Lorenz-Forschungsstation, wo heute auch an Raben und Waldrappen geforscht wird. Nach gut 1 km wandern Sie auf einer links abzweigenden Nebenstraße neben dem Ufer des Flusses dahin, bis Sie wieder auf die Almseestraße treffen. Neben dieser 50 m nach rechts, dann biegen Sie links ab und spazieren durch die Siedlung Heckenau. Neben der Alm in den

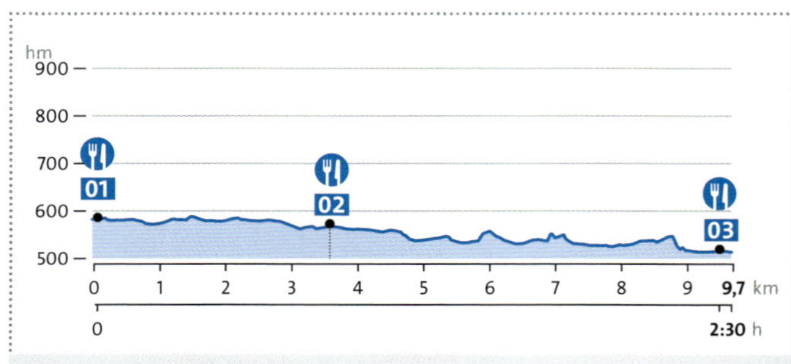

01 Jagersimmerl, 577 m; 02 Wildpark Cumberland, 550 m;
03 Grünau im Almtal, 528 m

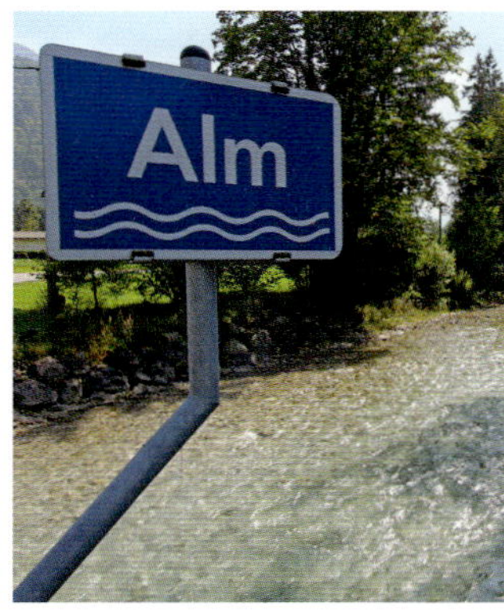

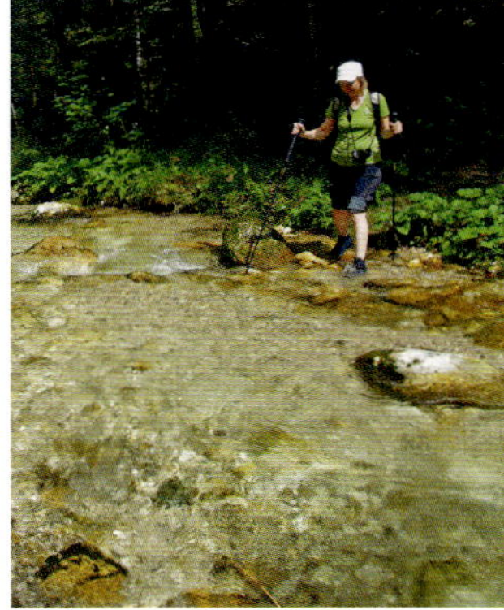

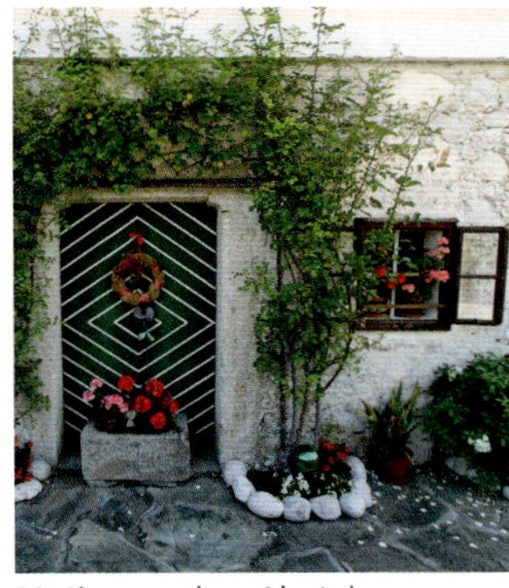

Motive aus dem Almtal.

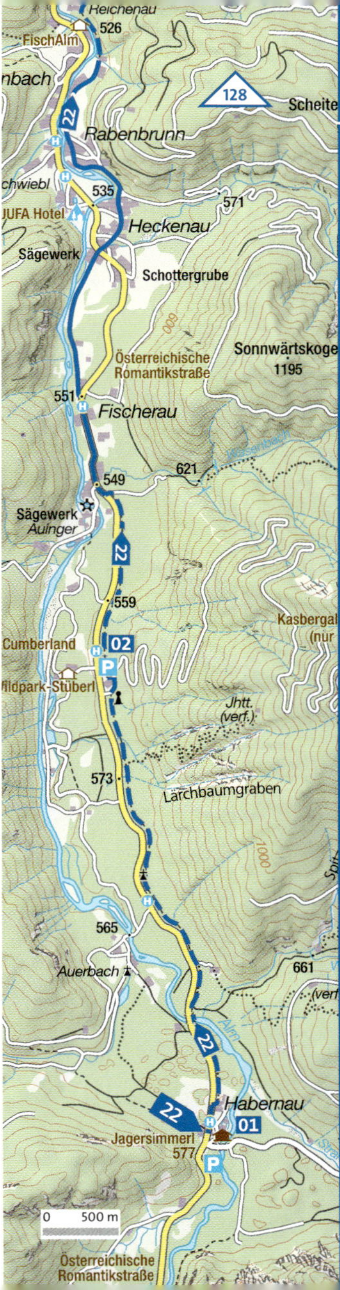

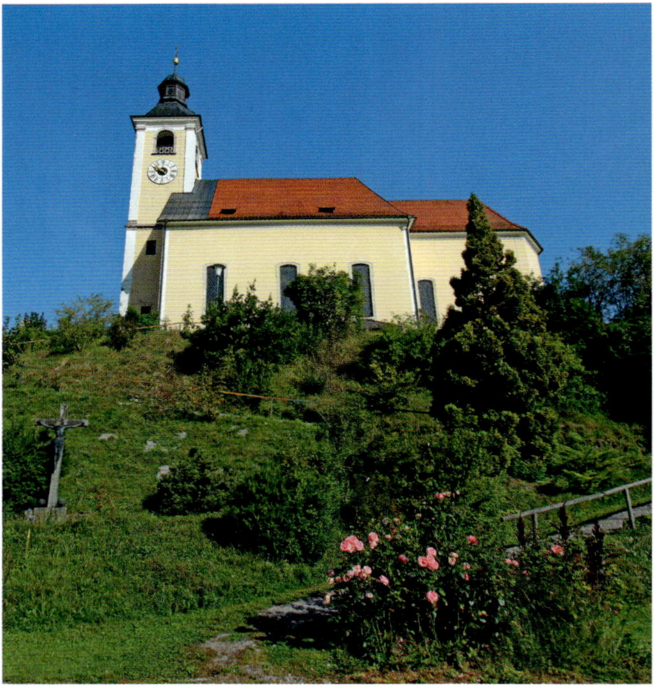

Die barocke Pfarrkirche von Grünau im Almtal.

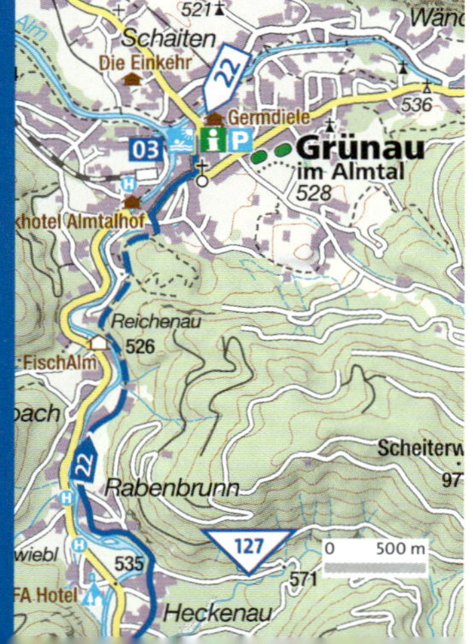

Ortsteil Rabenbrunn, vorbei an der Pension Wanderruh und bald auf einem Weg durch die Waldhänge oberhalb der Reichenau bis zum Rand des Bergsteigerdorfes **Grünau im Almtal** 03 (528 m). Der Bahnhof liegt beim Ortseingang am linken Flussufer, nur 100 m vom Weg entfernt. 2:30 h

Hinweis: Busverbindung (Linie 533) Gmunden – Grünau im Almtal – Almsee; Bushaltestelle beim Gemeindeamt Grünau. Traunstein Taxi, Route 60 vom Bahnhof Grünau im Almtal zum Almsee bzw. Almtalerhaus – mindestens 1 Stunde vorab bestellen (Tel. 050/4221691 oder O-Taxi App).

GRÜNAU IM ALMTAL – GMUNDEN

23. Etappe: Erlebnis Laudachsee

 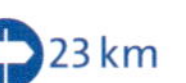 23 km 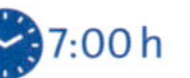 7:00 h 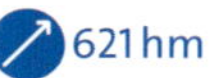 621 hm 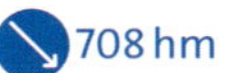 708 hm  19

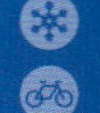

START | Grünau im Almtal, 528 m.
[GPS: UTM Zone 33 x: 421.931 m y: 5.300.762 m]
CHARAKTER | Lange Tal- und Waldwanderung auf Güterwegen, Forststraßen und gut markierten Pfaden.

Einst gingen Knechte auf dem „Glankerlweg“ von Hof zu Hof, um nach Arbeit zu fragen. Heute sucht (und findet) man dort Naturerlebnisse – und den Auftakt zur letzten Etappe des Salzkammergut Berge-Seen Trails. Und auch diese bietet wieder eine ganze Reihe interessanter Erlebnispunkte – von den Schotterbänken der Alm über den sagenumwobenen Laudachsee bis zum „Hausberg“ von Gmunden.

▶ Vom Tourismusbüro im ÖAV-Bergsteigerdorf **Grünau** 01 folgen Sie der Hauptstraße talauswärts bis zur nahen Raiffeisenkasse. Dahinter zweigen Sie links auf den Flößerweg ab, gehen am Freibad vorbei und über die Grünaubachbrücke. 300 m geht's der Alm entlang, bis Sie hinter dem Gasthof „Einkehr“ links auf einem Steg die Alm überqueren. Drüben wandern Sie flussabwärts auf dem Flößerweg durch den Uferwald und an der Wehr der Redlmühle vorbei. Im etwa 3,5 km entfernten Ortsteil Almegg wird die Landesstraße unterquert. Nach weiteren 1,5 km auf dem Flößerweg neben der Alm gelangen Sie links auf der Grubbachstraße zur **Bahnstation Kothmühle** 02 (528 m) hinauf. 1:15 h

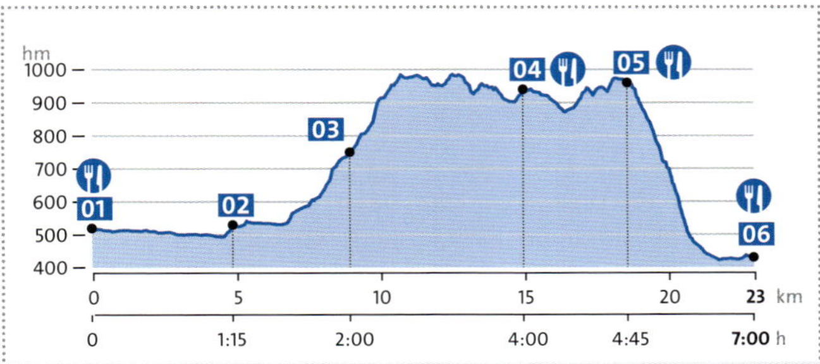

01 Grünau, 528 m; 02 Kothmühle, 499 m; 03 Bauernhof Hochbuchegg, 742 m; 04 Laudachsee, 914 m; 05 Grünberg, 984 m; 06 Gmunden, 440 m

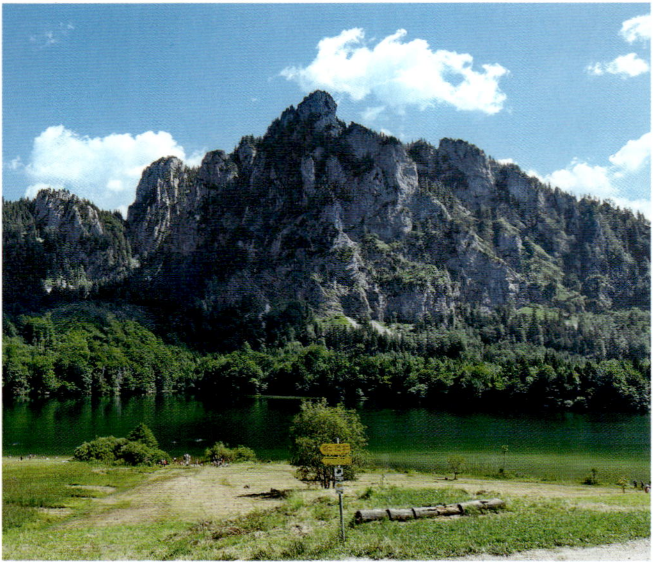

Kein Wunder, dass hier eine Nixe gelebt hat: Laudachsee mit Katzenstein.

Links zur Landesstraße, neben dieser rechts über den Bahnübergang und nach 250 m links auf den Güterweg „Zu Brunn" abbiegen. Nach 400 m biegen Sie rechts auf den Waldweg ab, folgen ihm zur Einmündung des Schaumburgweges und gehen links durch die Siedlung weiter. Geradeaus über eine Kreuzung und auf der anschließenden Mayrhofstraße ca. 800 m bis zu einer Querstraße nahe einem Flugfeld, vorbei an einer modernen Kapelle. Einige Schritte nach rechts, dann links auf einem beschilderten Gehweg über die Wiese zum Güterweg „Hochbuchegg", wo Sie der Beschilderung zum Laudachsee (Nr. 413) folgen. In Serpentinen durch die Wald- und Wiesenhänge unter dem Steineck empor (da und dort besteht ein Abkürzungspfad). So erreichen Sie den Bauernhof **Hochbuchegg** 03 (742 m). 45 Minuten

Dort beginnt der etwa 6 km lange Übergang zum Laudachsee. Auf der Forststraße (Nr. 413) in den Wald und dort links auf einem Pfad bergauf. Ab 800 m Seehöhe marschieren Sie wieder auf dem Forstweg zur Jagdhütte in der Schrattenau (981 m). Vorbei an einer Abzweigung und gleich danach links weiter. In der Folge können Sie – stets der Beschilderung „Laudachsee" folgend – ein Stück rechts auf einen Pfad ausweichen. Schließlich zweigt der letzte Wegweiser rechts hinab zum **Laudachsee** 04 (914 m) – dort erwartet Sie ein Traumblick zum Felsdreikant des Katzensteins (1.349 m) und zum viel mächtigeren Traunstein (1.691 m). Neben dem sumpfigen Nordufer kommen Sie rasch zur schon anno 1285 erstmals erwähnten Ramsaualm, die sich heute für eine genussvolle Einkehr empfiehlt. 2:00 h

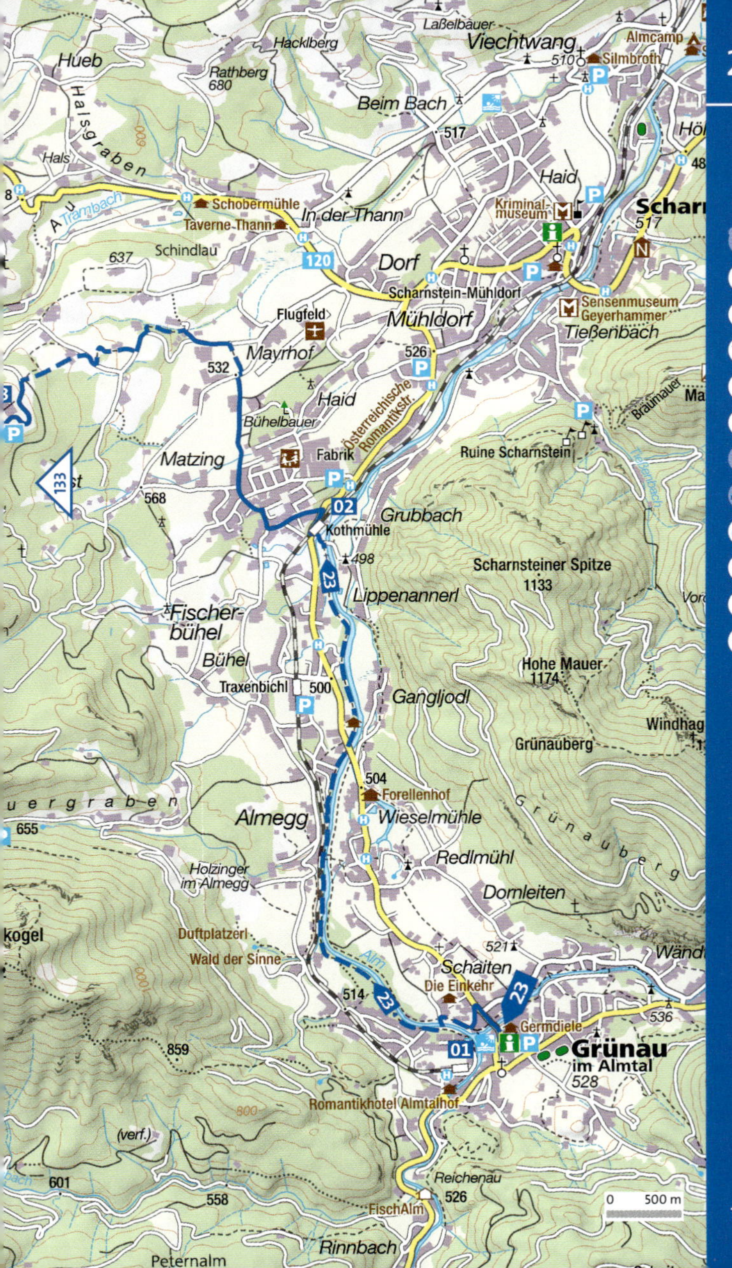
Laßelbauer
Viechtwang
Almcamp
Hueb
Hacklberg
Rathberg
680
Silmbroth
510
Beim Bach
517
Halsgraben
Hals
Haid
Scharnstein
517
Schobermühle
Trambach
In der Thann
Kriminal-
museum
Taverne Thann
Schindlau
637
120
Dorf
Scharnstein-Mühldorf
Sensenmuseum
Geyerhammer
Flugfeld
Mühldorf
Tießenbach
532
Mayrhof
526
Haid
Österreichische Romantikstr.
Bräumauer
Bühelbauer
Ruine Scharnstein
Matzing
Fabrik
133
568
02
Grubbach
Kothmühle
498
Scharnsteiner Spitze
1133
Lippenannerl
Fischer-
bühel
Bühel
Hohe Mauer
1174
Traxenbichl
500
Gangljodl
Windhag
Grünauberg
504
Forellenhof
Wieselmühle
Almegg
655
Redlmühl
Holzinger
im Almegg
Domleiten
kogel
Duftplatzerl
521
Wald der Sinne
Schaiten
Alm
Die Einkehr
514
23
Germdiele
536
859
01
Grünau
im Almtal
528
Romantikhotel Almtalhof
(verf.)
Reichenau
601
526
558
FischAlm
Rinnbach
Peternalm
0
500 m

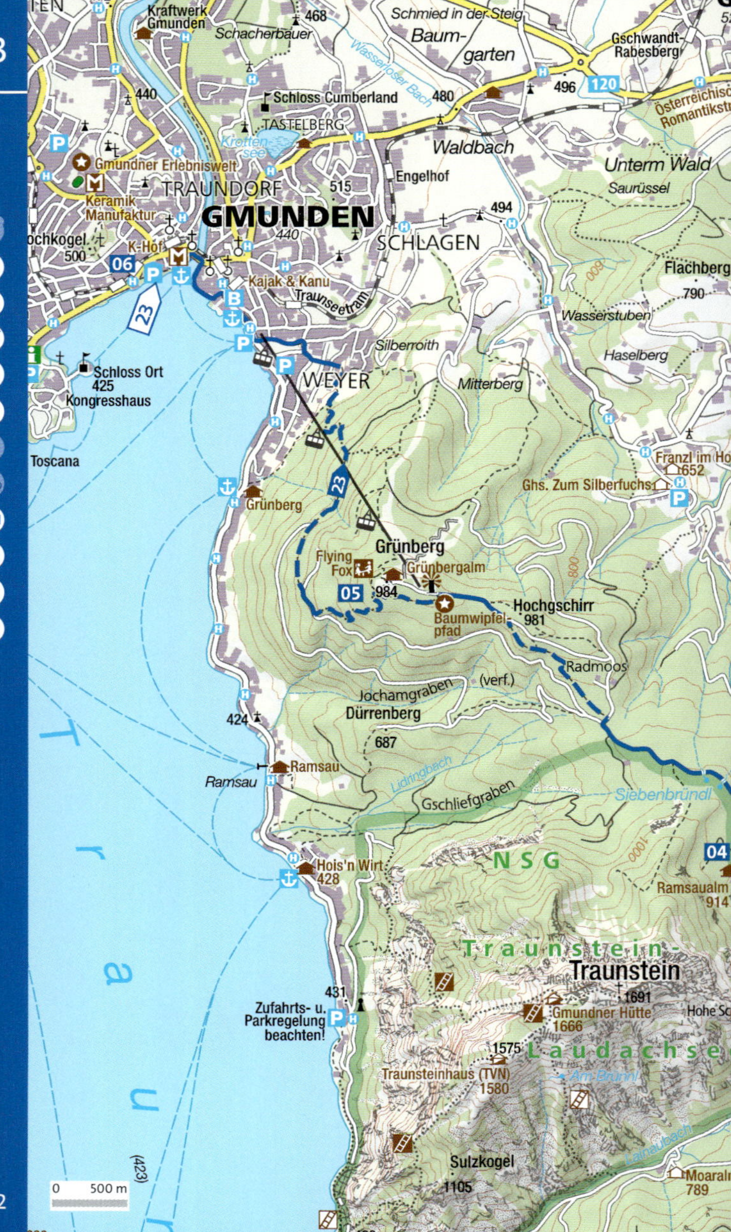
GMUNDEN
Kraftwerk Gmunden
Schacherbauer
Schmied in der Steig
Baumgarten
Gschwandt-Rabesberg
Schloss Cumberland
TASTELBERG
Krottensee
Waldbach
Unterm Wald
Saurüssel
Engelhof
Gmundner Erlebniswelt
Keramik Manufaktur
TRAUNDORF
SCHLAGEN
K-Hof
Kajak & Kanu
Traunseetram
Flachberg
Wasserstuben
Silberroith
Haselberg
Schloss Ort
Kongresshaus
WEYER
Mitterberg
Toscana
Franzl im Ho
Ghs. Zum Silberfuchs
Grünberg
Flying Fox
Grünbergalm
Hochgschirr
Baumwipfelpfad
Radmoos
Jochamgraben
(verf.)
Dürrenberg
Ramsau
Lidringbach
Gschliefgraben
Siebenbründl
NSG
Hois'n Wirt
Ramsaualm
Traunstein-
Traunstein
Gmundner Hütte
Laudachse
Traunsteinhaus (TVN)
Am Brünnl
Zufahrts- u. Parkregelung beachten!
Sulzkogel
Lainaubach
Moaralm
Traun
Österreichische Romantikstraße

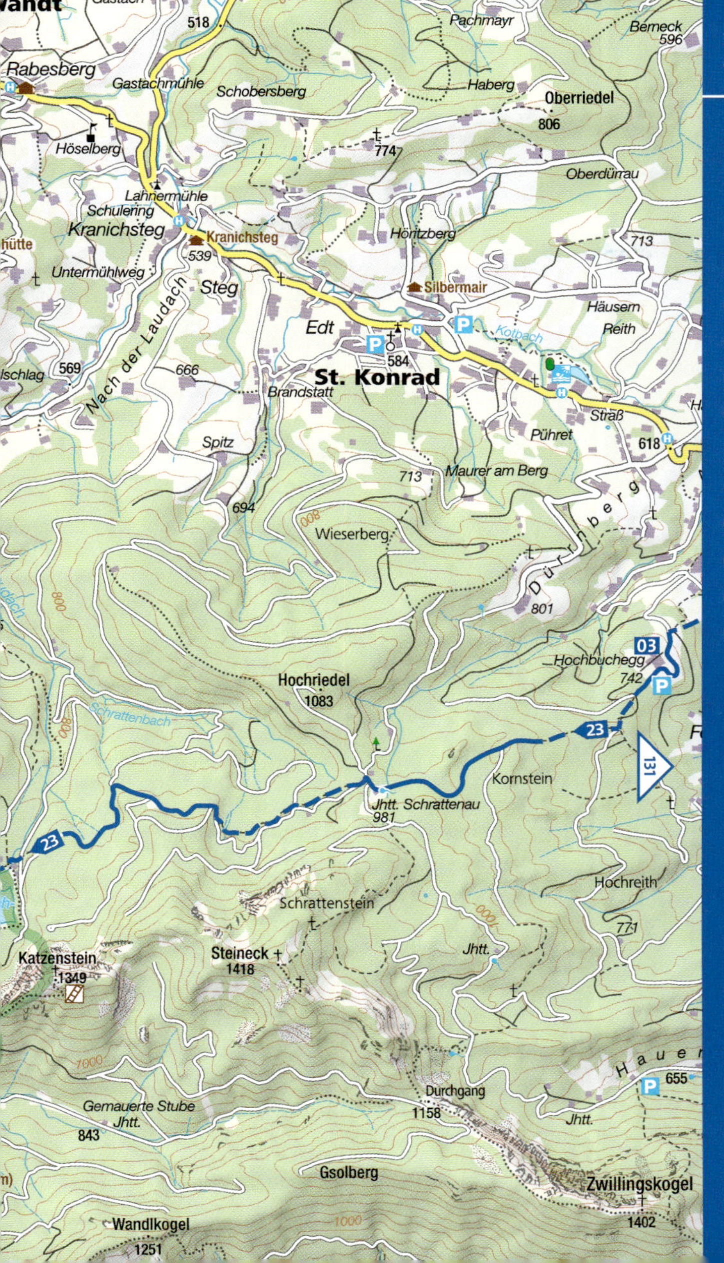
Rabesberg
Gastach
518
Gastachmühle
Schobersberg
Pachmayr
Haberg
Berneck
596
Oberriedel
806
Höselberg
774
Oberdürrau
Lahnermühle
Schulering
Kranichsteg
Kranichsteg
539
Untermühlweg
Höritzberg
713
Steg
Silbermair
Häusern
Reith
Nach der Laudach
Edt
Kotbach
584
569
666
St. Konrad
Brandstatt
Straß
Spitz
Pühret
618
713
Maurer am Berg
694
Dürnberg
Wieserberg
801
03
Hochbuchegg
742
Hochriedel
1083
Schrattenbach
23
131
Kornstein
Jhtt. Schrattenau
981
23
Hochreith
Schrattenstein
771
Katzenstein
1349
Steineck
1418
Jhtt.
655
Durchgang
1158
Gemauerte Stube
Jhtt.
843
Jhtt.
Gsolberg
Zwillingskogel
1402
Wandlkogel
1251

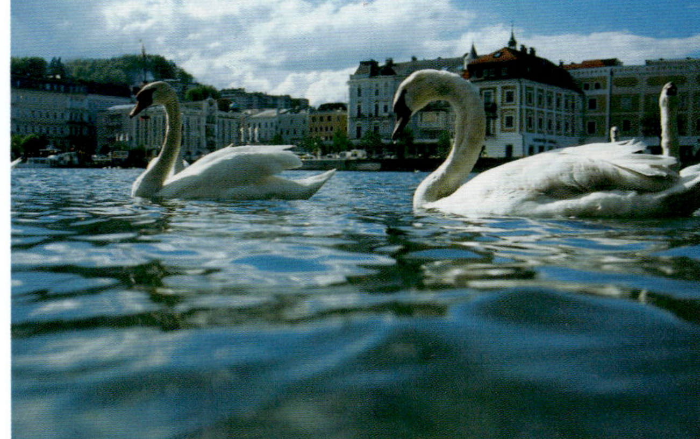
Zieleinlauf in Gmunden – mit den berühmten Traunseeschwänen.

Der letzte Wegabschnitt verläuft auf dem Waldlehrpfad Richtung „Grünberg, Gmunden“ (Nr. 410). Er führt leicht aufwärts und dann bergab – vorbei an Holzfiguren sowie am Siebenbrünnlein – in einen Sattel (880 m). Die Abzweigung zum Traunsee-Ostufer wird ignoriert, gleich darauf biegen Sie jedoch rechts ab und folgen nach einigen Schritten dem Schild „Grünberg-Hochgschirr“ nach links. Der Weg zieht zum „Traunseeblick“ unter dem Hochgschirr hinauf und zur Seilbahnstation auf dem **Grünberg** 05 (1.004 m). Die nahe Grünbergalm bietet Stärkung, und einen Blick über den Traunsee, ebenso der Baumwipflpfad Salzkammergut mit seinem Aussichtsturm. 1:45 h

Hinweis: Die Grünberg-Seilbahn fährt bis 17 Uhr (im Juli/August an Wochenenden bei schönem Wetter bis 18 Uhr. Aktuelle Betriebszeiten: www.gruenberg.info

Auch der letzte Abstieg folgt der Route Nr. 410, die nach Norden zur Skiabfahrt hinab- und unter der Seilbahn durchführt. Die Abzweigung des Ortnersteigs bleibt unbeachtet. Erst bei der Querung des Mitterweges biegen Sie links auf den Moosbergweg ab, der sich zum Gmundner Ortsteil Weyer hinabschlängelt. Dort rechts zur Straße Im Gsperr, die links zur Talstation der Grünberg-Seilbahn und zum Traunsee führt. Der Salzkammergut Trail folgt schon oberhalb davon dem Grünbergweg nach rechts und dann links der Karl-Josef-von-Frey-Straße, bis Sie rechts auf der Weyerstraße zur Traunsteinstraße und zum Seebahnhof gelangen. Von dort geht’s zur Traunbrücke und links ins Zentrum von **Gmunden** 06 (914 m). Vor dem Seebahnhof befindet sich die Endstation der Straßenbahn, die über den Rathausplatz bis zum Bahnhof fährt. 1:15 h

Hinweis: Busverbindung (Linie 533) von Grünau nach Gmunden (Bahnhof). Traunsee-Tram vom Seebahnhof Gmunden zum Bahnhof Gmunden.

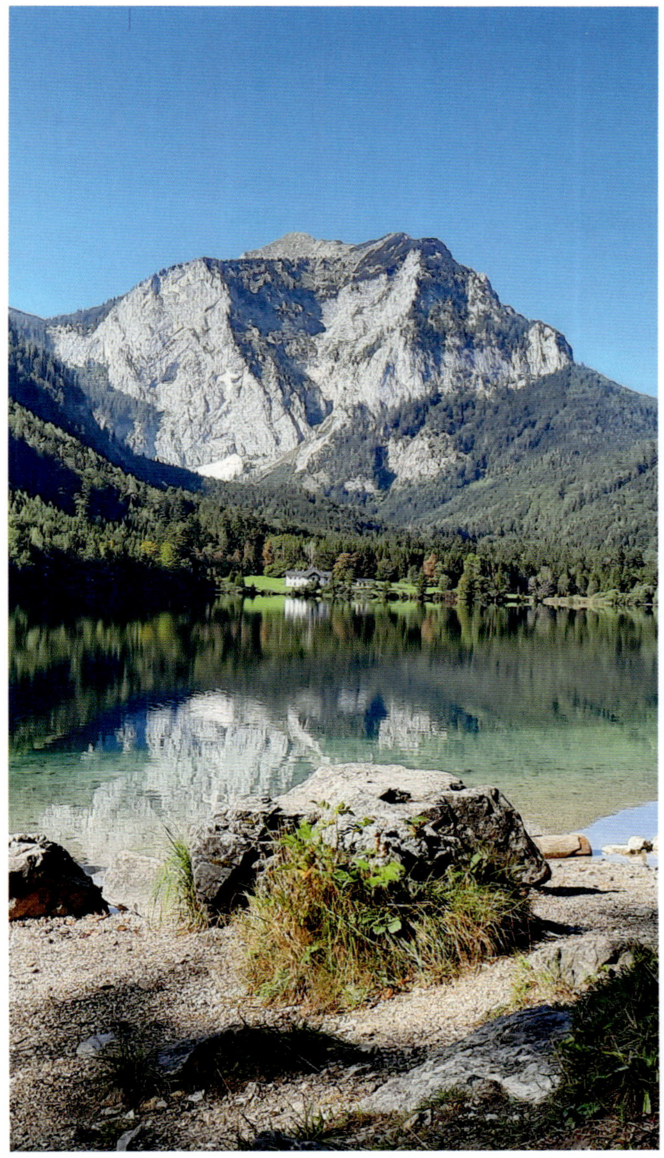

Erinnerung an Etappe 2: Der Vordere Langbathsee und der Brunnkogel.

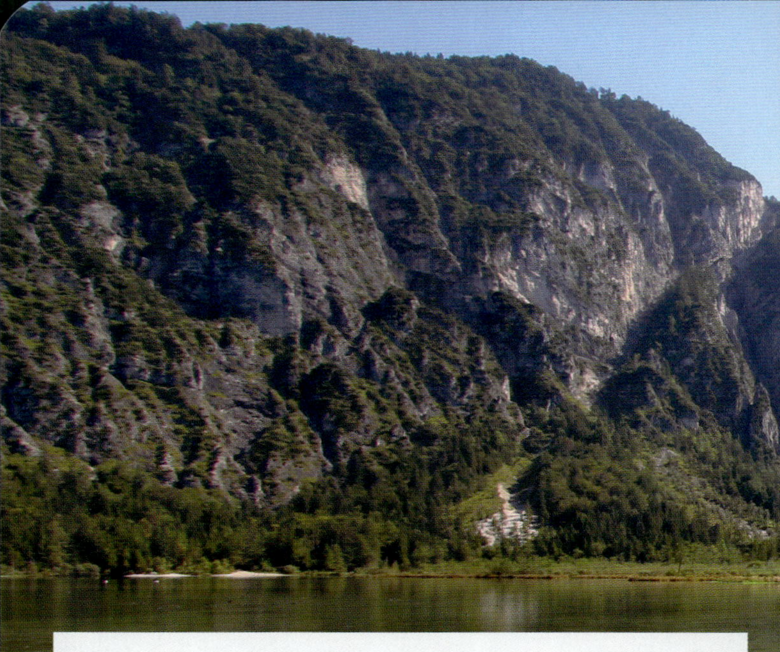

Die alpinen Varianten

des Salzkammergut BergeSeen Trails

Als Ergänzung zu den 23 Etappen des Salzkammergut BergeSeen Trails finden Sie auf den folgenden Seiten sechs alpine Varianten. Sie sind eine Einladung, die Weitwanderung noch zu verlängern, vielleicht auch einmal in höher gelegene Gefilde vorzudringen und weitere Seen zu besuchen. Diese Routen sind – so wie der Hauptweg – mit dem „S"-Logo gekennzeichnet; die jeweilige Gebietsbezeichnung zeigt, wohin sie führen.

Jede dieser Strecken garantiert ein großes Erlebnis, sei es nun am Ufer der Seen, auf dem Karstplateau oder im Eishauch der Dachsteingletscher. Die alpinen Varianten des Salzkammergut BergeSeen Trails ermöglichen zudem die Zusammenstellung einer ganzen Reihe längerer oder auch kürzerer, auf jeden Fall aber individueller Wegstrecken. Und da ist bestimmt auch Ihr ganz persönliches Weitwander-Highlight dabei!

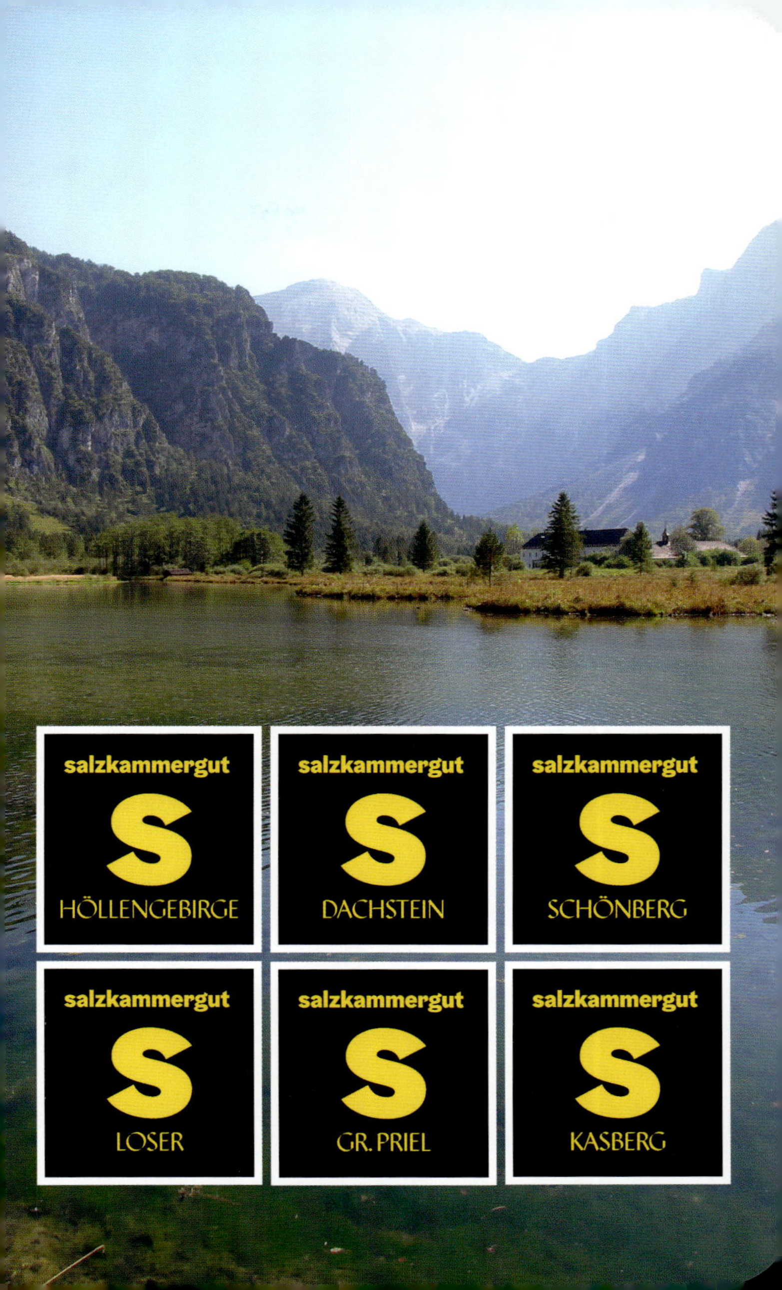

salzkammergut
S
HÖLLENGEBIRGE

salzkammergut
S
DACHSTEIN

salzkammergut
S
SCHÖNBERG

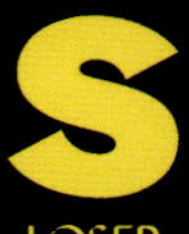

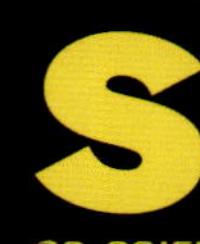

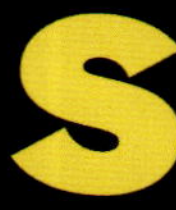

LANGBATHSEE – RIEDER HÜTTE

Alpine Variante durch das Höllengebirge, 1. Teil

 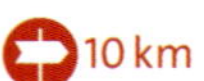 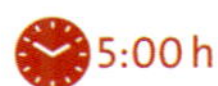 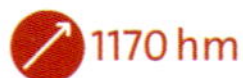  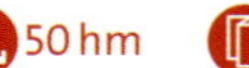 

10 km | 5:00 h | 1170 hm | 50 hm | 18

START | Parkplatz Kreh im Langbathtal, 647 m
[GPS: UTM Zone 33 x: 403.718 m y: 5.299.232 m]
CHARAKTER | Aufstieg ins Höllengebirge auf einer Forststraße und einem stellenweise steilen Wanderweg, dann folgt die Querung der Karsthochfläche auf gut markierten Bergpfaden.

Mit dem fast 1.600 m hohen Feuerkogel bricht das rund 17 km lange Höllengebirge, das nordseitig respektable Wandabstürze aus hellem, oft fast senkrecht aufgefaltetem Wettersteinkalk zeigt, im Osten über dem Trauntal ab. Wer nicht von Ebensee mit der Seilbahn hinauffahren möchte, findet unter anderem eine sehr lohnende Aufstiegsroute aus dem Langbathtal. Dieser Weg folgt der alpinen Variante des Salzkammergut BergeSeen Trails, die dann über das latschenüberwucherte Plateau zur Rieder Hütte weiterführt.

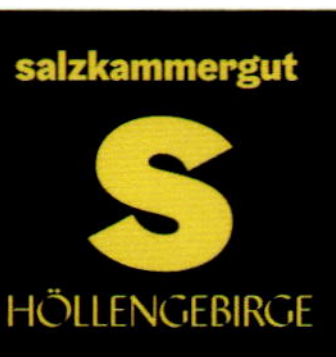

Vom **Parkplatz Kreh** 01 queren Sie die Brücke über den Langbathbach und gehen jenseits auf der Forststraße nach links – talauswärts – über eine weitere Brücke. Gleich danach zweigt rechts der beschilderte Wanderweg auf den Feuerkogel ab (Nr. 832). Bald wandern Sie wieder auf einer Forststraße neben einem Graben und – erst links, dann

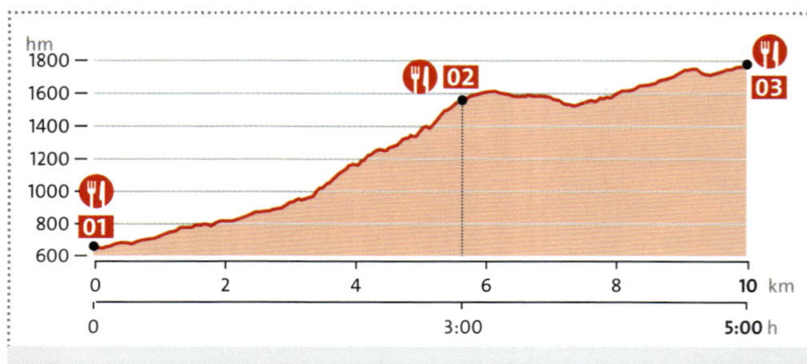

01 Parkplatz Kreh, 647; 02 Feuerkogel, 1.592 m; 03 Rieder Hütte, 1.765 m

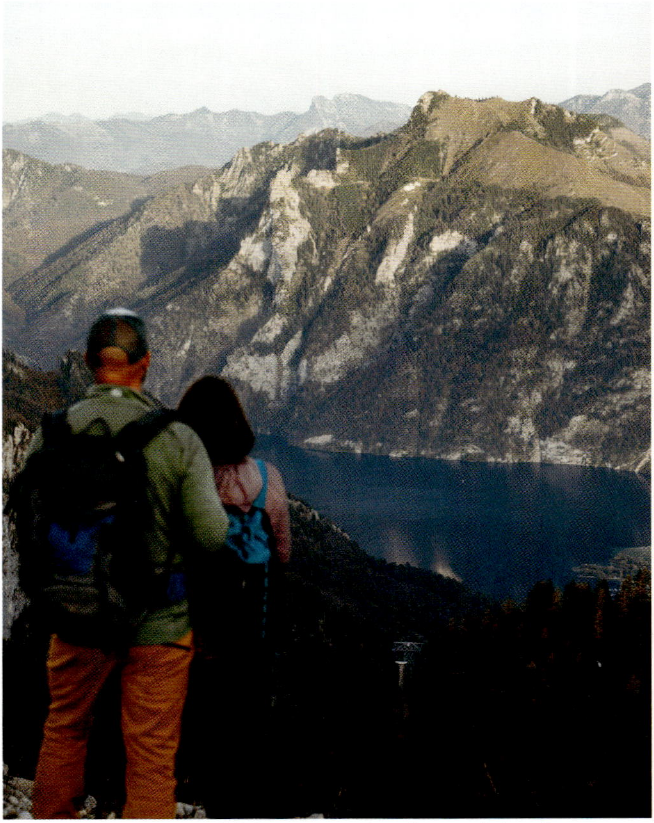

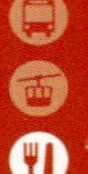

Traumhafter Panoramablick vom Feuerkogel zum Erlakogel.

rechts abzweigend – durch den Wald zu einer Jagdhütte bergauf. Danach geht's endgültig auf dem Pfad Nr. 832 weiter, über die einstige Pledialm (schöne Ausblicke) und durch die bewaldeten Abhänge des gleichnamigen Riedels (1.624 m).

Zuletzt wandern Sie unter der Seilbahn durch und auf den **Feuerkogel** 02 (1.592 m). In seinem Bereich finden Sie die Berggasthöfe Feuerkogel und Edelweiß, die Christophorushütte und die Kranabethütte. 3:00 h

Hinweis: Aktueller Fahrplan der Seilbahn von Ebensee auf den Feuerkogel: www.feuerkogel.info

Nun marschieren Sie auf dem breiten Weg Nr. 804 (04/06) nach Westen, Richtung „Rieder Hütte". An den Liften vorbei zur Gasselhöhe unterhalb des Heu-

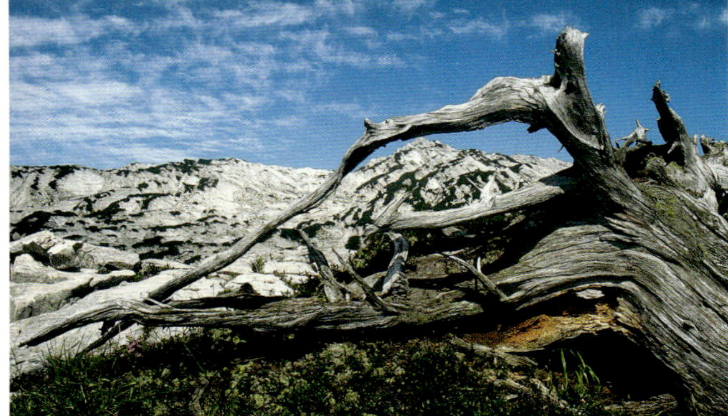

Himmlische Stille im Höllengebirge.

mahdgupfs, dann folgen Sie dem weiterhin mit Nr. 804 markierten Haasweg ins Edltal hinab. Unter dem 1.707 m hohen Alberfeldkogel (der mit dem „Europakreuz" gekrönt ist und in zusätzlich 30 Minuten „mitgenommen" werden kann) und den mit Latschen bewachsenen Hängen des Gamskogels steigen Sie durch eine enge Felsgasse höher und queren die weiten Karsthänge oberhalb des Großen Totengrabens, wobei Sie eine kurze gesicherte Stelle passieren. Knapp unterhalb des Totengrabengupfs (kann ebenfalls rasch erstiegen werden) teilt sich die Route: Rechts geht's zwischen einigen Kuppen direkt zur nahen **Rieder Hütte** 03 (1.765 m) des Alpenvereins hinüber. 2:00 h

Von dort laden der Große Höllkogel (1.862 m), die höchste Erhebung des Höllengebirges, und der Eiblgupf (1.813 m) zu einem Abstecher ein (jeweils zusätzlich 1:30 h hin und retour).

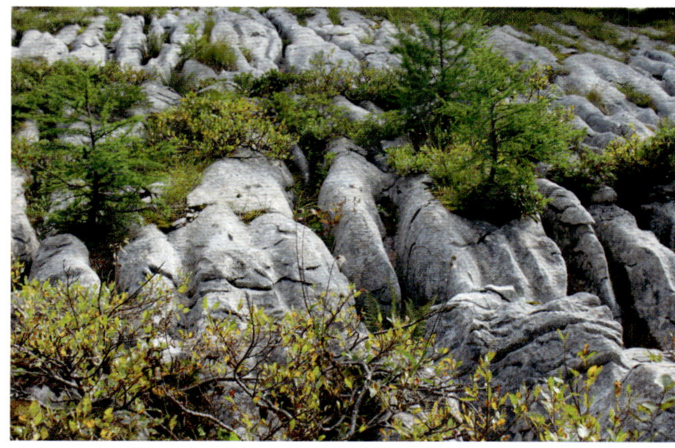

Steinerne Fußangeln gibt's genug im Höllengebirge.

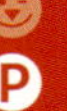

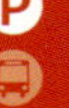

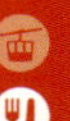

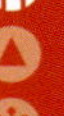

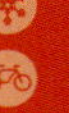

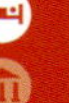

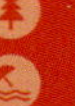

RIEDER HÜTTE – STEINBACH AM ATTERSEE

Alpine Variante durch das Höllengebirge, 2. Teil

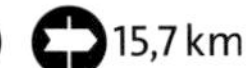

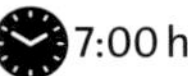

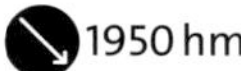

START | Rieder Hütte, 1.765 m.
[GPS: UTM Zone 33 x: 400.961 m y: 5.295.333 m]
CHARAKTER | Landschaftlich eindrucksvolle Gebirgsüberschreitung auf schmalen und steinig-felsigen, stellenweise auch ausgesetzten und gesicherten Pfaden, die Trittsicherheit, Schwindelfreiheit und alpine Erfahrung erfordern. Im Sommer mitunter sehr heiß. Bei Nebel oder Schneetreiben kann man sich leicht verirren.

Die Überquerung des westlichen Höllengebirges verlangt einen sicheren Tritt und gute Kondition, denn es geht dabei mehrmals auf und ab. Doch die Landschaft, die man zwischen der Rieder Hütte und dem viel besuchten Hochleckenhaus durchwandert, ist wirklich einzigartig. Unterwegs genießt man an Tagen mit klarer Luft weite Ausblicke in die Bergwelt des Salzkammerguts.

▶ Von der **Rieder Hütte 01** folgen Sie dem Pfad Nr. 820 einige Schritte nach Norden, bleiben bei der Abzweigung zum Eiblgupf links und steigen in die Große Eiblgrube ab. Ihr Boden wird südlich umgangen, dann mündet der Abstiegspfad vom Eiblgupf bei einem großen Felsblock ein. Anschließend um die mit Latschen bewachsene Nordseite des Brunnkogels (1.779 m) herum (Stahlseil). Unter den rechts – un-

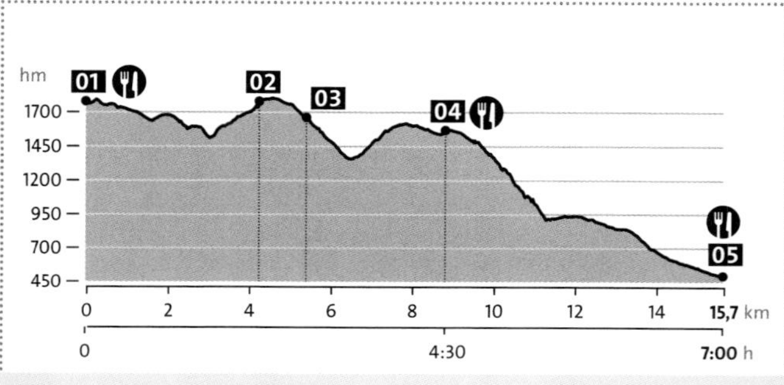

01 Rieder Hütte, 1.765 m; 02 Grünalmkogel, 1.821 m; 03 Pfaffengrabenhöhe, 1.691 m; 04 Hochleckenhaus, 1.572 m; 05 Steinbach am Attersee, 509 m

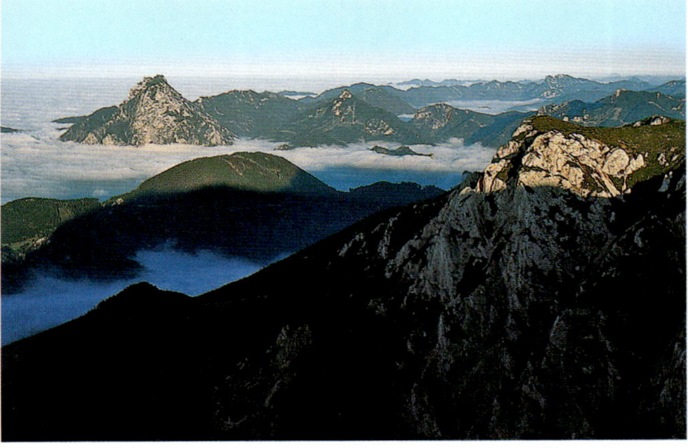

Am Abend nahe der Rieder Hütte – über dem Nebel der Traunstein.

terhalb des Weges – abbrechenden Felswänden der Hirschlucke liegt der Hintere Langbathsee. Vor der nächsten Mulde (1.500 m) passieren Sie eine Quelle. Danach steigen Sie zwischen Latschen und durch kleine Felsschluchten, vorbei an Felsabstürzen und einer großen Doline zum Kamm des **Grünalmkogels** 02 (1.821 m) an.

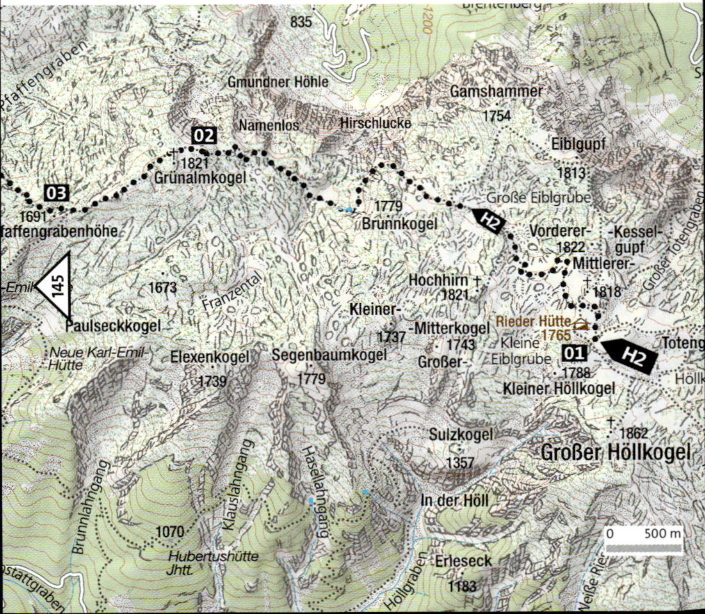

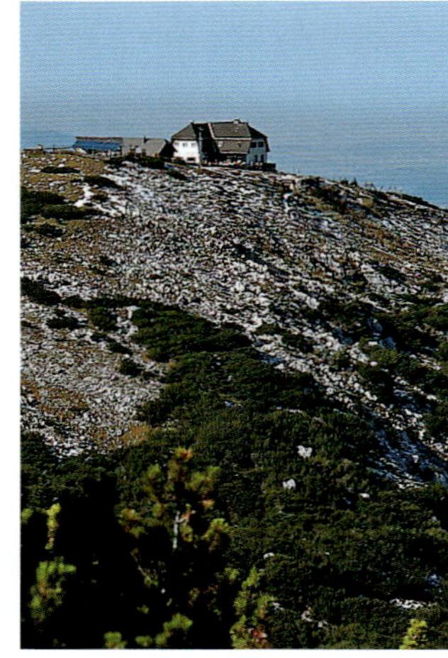
Zwischenziel Hochleckenhaus.

Sein höchster Punkt wird rechts umgangen. Weiter über den Südwestrücken bis knapp vor die **Pfaffengrabenhöhe** **03** (1.691 m).

Von dort steigen Sie nun rechts durch steile Latschenhänge (und über 337 Höhenmeter) in den lang gezogenen Pfaffengraben ab. Aus dieser von Latschen schier überwucherten Senke, die den zentralen vom westlichen Bereich des Höllengebirges teilt, muss man über fast die gleiche Höhendistanz wieder ansteigen, bis man neben dem unscheinbaren Jägerköpfl (1.668 m) auf den Schafluckensteig trifft. Links kommen Sie durch eine weitere Latschenmulde zum **Hochleckenhaus** **04** (1.572 m) des Alpenvereins. 4:30 h

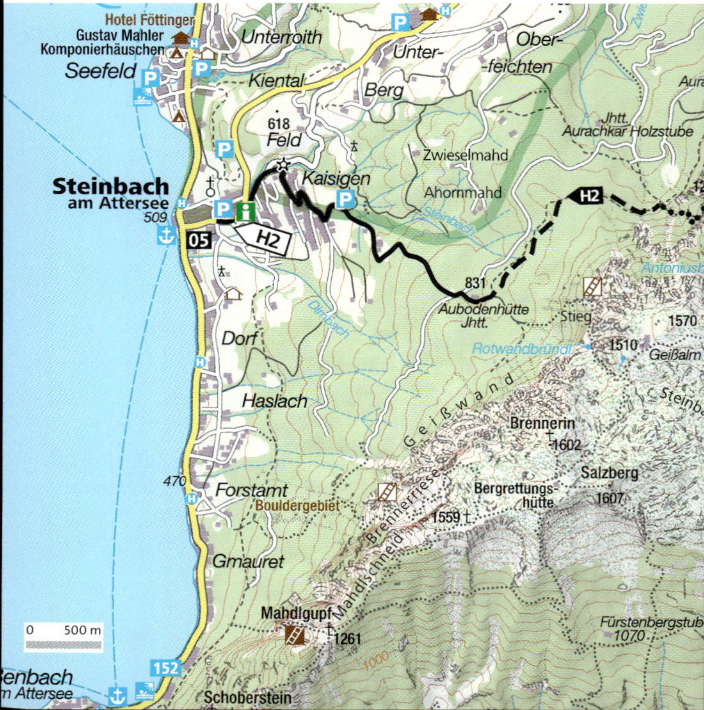

Gipfelabstecher auf den **Brunnkogel** (1.708 m) – siehe Tour G10, Seite 260.

Weiter auf dem Pfad Nr. 820/04/06 bleibend steigen Sie vom Schutzhaus nach Westen über den freien Hang der Griesalm ab – Wasser wird hier auf dem flachen Pultdach des Stalls gesammelt. Bei der nahen Abzweigung der Route zur Brennerin biegen Sie rechts auf den Pfad Nr. 823 ab, der zum Antoniusbründl und zum „Gatterl" hinabführt. Links neben den Felstürmen der Adlerspitzen (1.241 m) erreichen Sie die Kreuzung mit dem Valerieweg und damit die Etappe 2 des Salzkammergut Trails. Auf dieser Route gelangen Sie links zur Auboden-Jagdhütte und nach **Steinbach am Attersee** **05** (509 m). 2:30 h

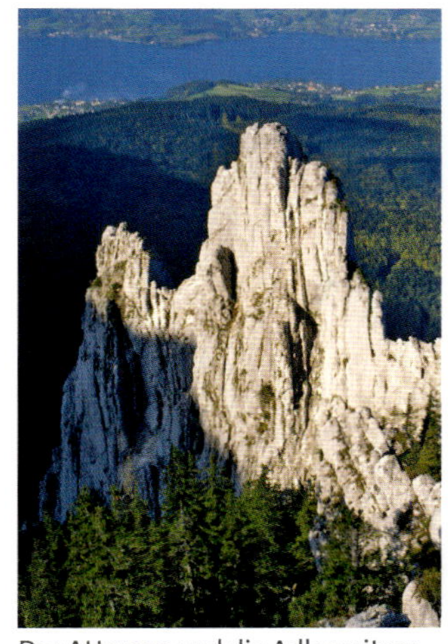

Der Attersee und die Adlerspitzen.

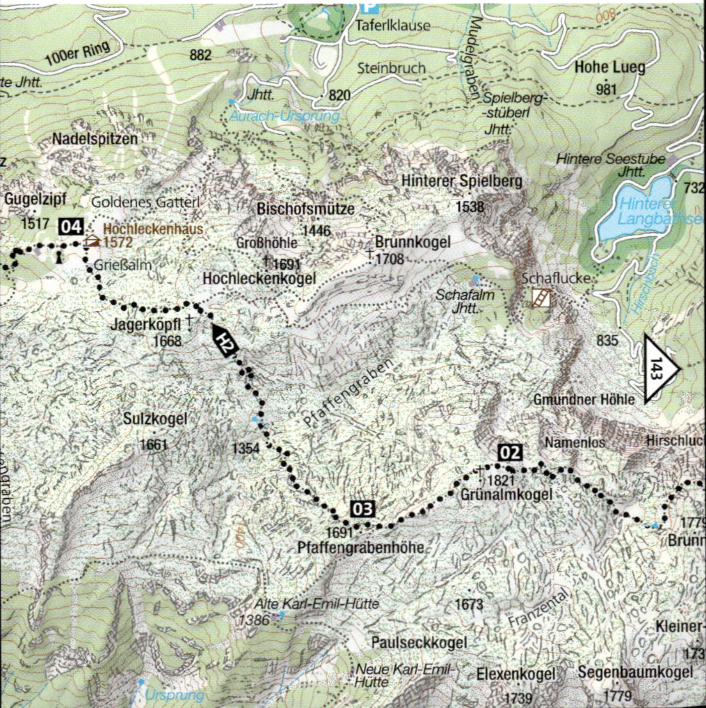

D1

GOSAU-HINTERTAL – ADAMEKHÜTTE

Alpine Variante Dachstein

  13,3 km  6:00 h 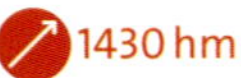 1430 hm  –  20

START | Gosau-Hintertal, 767 m.
[GPS: UTM Zone 33 x: 388.327 m y: 5.267.413 m]
CHARAKTER | Lange, aber landschaftlich überaus reizvolle Tal- und Bergwanderung auf breiten Wanderwegen und einem steinigen Bergpfad, der in hochalpines Gelände führt.

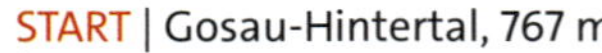

Diese alpine Variante des Salzkammergut BergeSeen Trails führt von den Gosauseen in die hochalpine Felswildnis um die Adamekhütte. Dieses Schutzhaus wurde 1905 vom Alpenverein eröffnet und nach einem seiner verdienten Funktionäre benannt. Es steht an einem der schönsten Plätze im Dachsteingebirge – gleich dahinter schmiegt sich der Große Gosaugletscher unter das Hohe Kreuz, den Niederen und den Hohen Dachstein, den Mitterspitz und die Schneebergwand, einem Vorbau des mächtigen Torsteins.

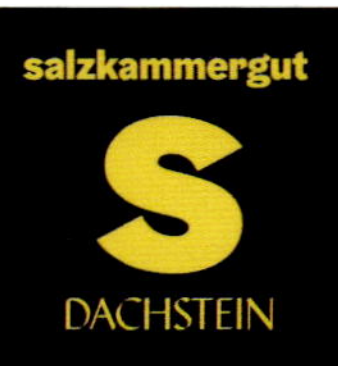

▶ Von **Gosau-Hintertal** 01 wandern Sie zunächst auf der Route der 14. Etappe des Salzkammergut Trails taleinwärts – vom Gasthof Gosauschmied neben der Gosauseestraße zum kleinen Stausee hinauf, dann rechts nach der Beschilderung „Panoramaweg bis Gosausee" hinter dem „Urzeitwald" vorbei und wieder auf dem Gehsteig der

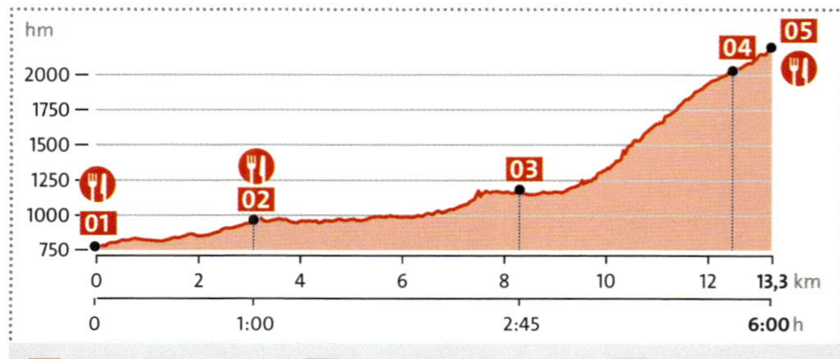

01 Gosau-Hintertal, 767 m; 02 Vorderer Gosausee, 937 m; 03 Hinterer Gosausee, 1.154 m; 04 Am Hohen Riedel, 2.022 m; 05 Adamekhütte, 2.196 m

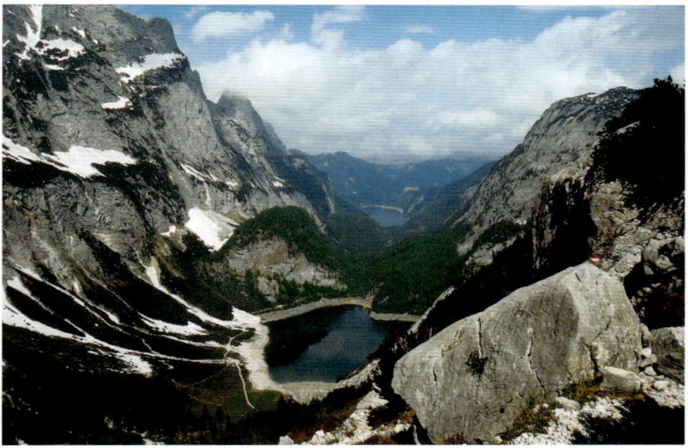

Rückblick zu den Gosauseen, den Schmuckstücken dieser Wegvariante.

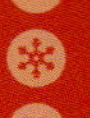
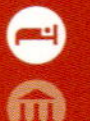

Straße zum **Vorderen Gosausee** 02 (937 m). 1:00 h

Hinweis: Busverbindung (Linie 542) von Gosau-Hintertal zum Vorderen Gosausee.

Vom Gasthof Gosausee geht's links auf dem breiten Weg über dem dunklen Wasser des Vorderen Gosausees dahin. Bei der Abzweigung der Forststraße zur Ebenalm bleiben Sie auf dem flachen Uferweg, der durch die Felswände über dem Wasser führt (darüber und darunter verläuft der Klettersteig „Laserer alpin"). Von der Einmündung des Süduferweges marschieren Sie weiter auf dem Forstweg taleinwärts, vorbei an der Niederen Holzmeisteralm und der periodisch gefüllten Gosaulacke. Unterhalb des Launigg-Wasserfalls steigt die Route zum Luegbichl an. Durch einen Waldgraben gelangen Sie zum **Hinteren Gosausee** 03 (1.154 m). 1:45 h

An seinem Südufer führt links ein kurzer Abstecher zur gastlichen Hohen Holzmeisteralm. Der Weg Nr. 614 Richtung „Adamekhütte" führt dagegen rechts in den wild zerrissenen Graben des Kreidebachs und dann links davon im Zickzack durch licht bewaldete Hänge zum Niederen Bärenstaffel hinauf. Neben einem Graben zu einer Steilstufe, die der Pfad in vielen Serpentinen überwindet. Vorbei an der Ruine der 1879 errichteten Grobgesteinhütte – der ersten Bergsteigerunterkunft in diesem Gebiet – erreicht man den **Hohen Riedel** 04 (2.035 m) unter dem Schreiberwandeck, wo sich der Weg teilt.

Sie gehen geradeaus – weiterhin mit der Markierung Nr. 614 – durch das felsige Karstgelände auf die mächtige Schreiberwand zu und rechts davon in Kehren zur **Adamekhütte** 05 (2.196 m) hinauf. Die Aussicht von dieser Alpenvereinshütte zum Dachstein und zum Gosaukamm ist grandios. 3:15 h

Weiter auf der alpinen Variante zur Simonyhütte oder Abstieg auf der gleichen Route (5:00 h).

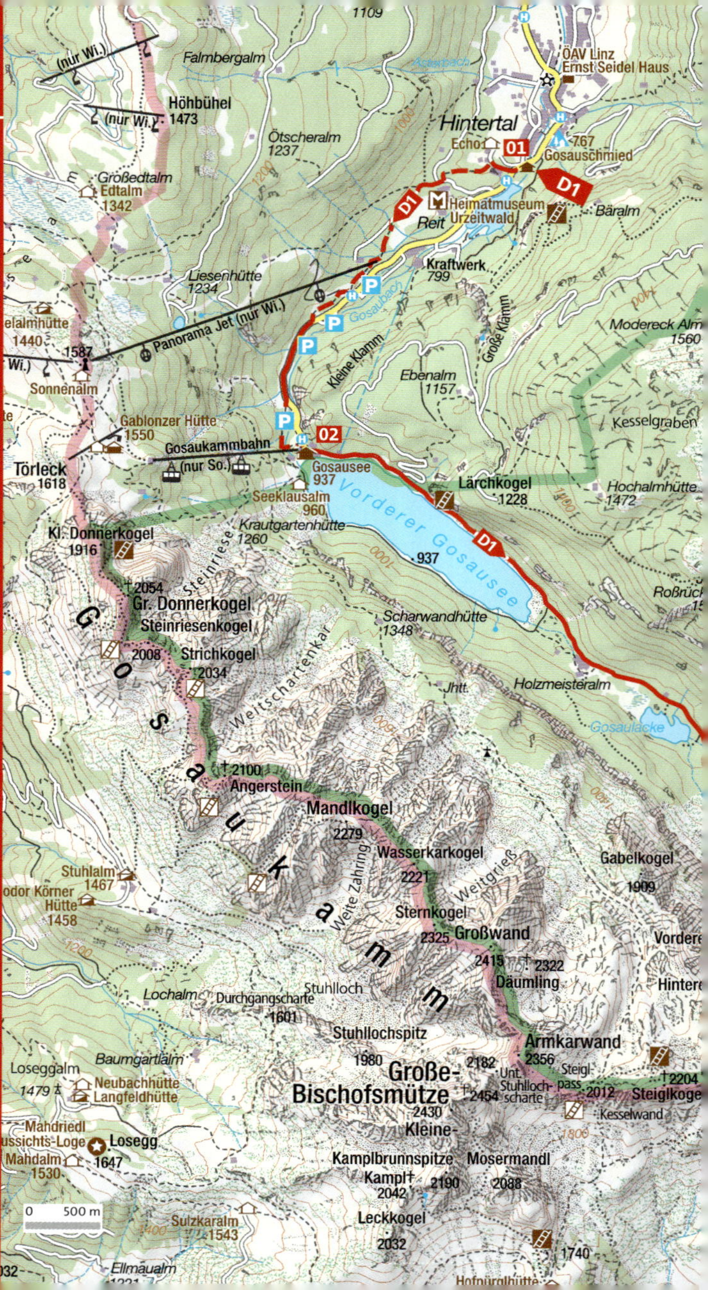

1109
(nur Wi.)
Falmbergalm
Höhbühel
1473
(nur Wi.)
ÖAV Linz
Ernst Seidel Haus
Hintertal
Echo
01
767
Gosauschmied
D1
Ötscheralm
1237
Großedtalm
Edtalm
1342
D1
Heimatmuseum
Urzeitwald
Reit
Bäralm
Kraftwerk
799
Liesenhütte
1234
Gosaubach
Große Klamm
Moderecks Alm
1560
Panorama Jet (nur Wi.)
elalmhütte
1440
1587
Wi.)
Sonnenalm
Kleine Klamm
Ebenalm
1157
Kesselgraben
Gablonzer Hütte
1550
02
Gosaukammbahn
(nur So.)
Törleck
1618
Gosausee
937
Lärchkogel
1228
Hochalmhütte
1472
Seeklausalm
960
Vorderer Gosausee
Krautgartenhütte
1260
Kl. Donnerkogel
1916
D1
937
2054
Steinriese
Gr. Donnerkogel
Steinriesenkogel
Roßbrück
Scharwandhütte
1348
2008
Strichkogel
2034
Weitschartenkar
Jhtt.
Holzmeisteralm
Gosaulacke
Gosaukamm
2100
Angerstein
Mandlkogel
2279
Wasserkarkogel
2221
Weite Zahring
Weitgrieß
Gabelkogel
1909
Stuhlalm
1467
odor Körner
Hütte
1458
Sternkogel
2325
Großwand
Vordere
2415
2322
Däumling
Hintere
Lochalm
Durchgangscharte
Stuhlloch
1601
Stuhllochspitz
Armkarwand
2356
1980
Große-
Bischofsmütze
2182
Unt.
Stuhlloch-
scharte
2454
Steigl-
pass
2012
2204
Steiglkoge
Kesselwand
Baumgartlalm
Loseggalm
1479
Neubachhütte
Langfeldhütte
2430
Kleine-
Mahdriedl
ussichts-Loge
Losegg
Mahdalm
1530
1647
Kamplbrunnspitze
Mosermandl
Kampl
2042
2190
2088
0 500 m
Sulzkaralm
1543
Leckkogel
2032
1740
032
Ellmaualm
Hofpürglhütte

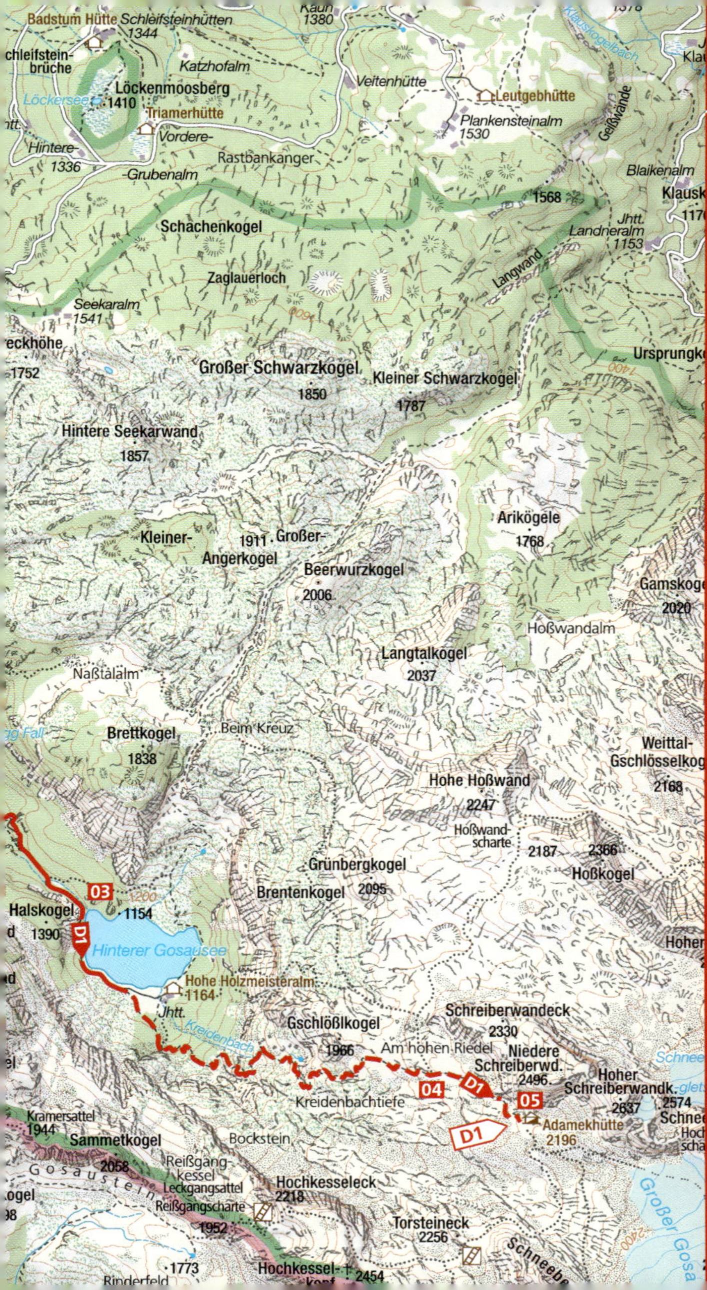

Badstum Hütte
Schleifsteinhütten 1344
Kaun 1380
Schleifsteinbrüche
Löckenmoosberg 1410
Löckersee
Triamerhütte
Katzhofalm
Veitenhütte
Leutgebhütte
Plankensteinalm 1530
Geißwände
Klauskogelbach
Hintere- 1336
Vordere-
-Grubenalm
Rastbankanger
Blaikenalm
1568
Jhtt.
Landneralm 1153
Langwand
Schachenkogel
Zaglauerloch
Seekaralm 1541
Eckhöhe 1752
Großer Schwarzkogel 1850
Kleiner Schwarzkogel 1787
Ursprungkogel
Hintere Seekarwand 1857
Kleiner- Angerkogel
1911 Großer-
Beerwurzkogel 2006
Arikögele 1768
Gamskogel 2020
Hoßwandalm
Langtalkogel 2037
Naßtalalm
Brettkogel 1838
Beim Kreuz
Weittal-Gschlösselkogel 2168
Hohe Hoßwand 2247
Hoßwand-scharte
2187
2366
Hoßkogel
Grünbergkogel
Brentenkogel 2095
03
Halskogel 1390
1154
D1
Hinterer Gosausee
Hohe Holzmeisteralm 1164
Jhtt.
Kreidenbach
Gschlößlkogel 1966
Schreiberwandeck 2330
Am hohen Riedel
Niedere Schreiberwd. 2496
Hoher Schreiberwandk. 2637
2574
Schneegletscher
04
D7
05
Kreidenbachtiefe
Adamekhütte 2196
D1
Kramersattel 1944
Sammetkogel 2058
Bockstein
Reißgangkessel
Leckgangsattel
Reißgangscharte 1952
Gosaustein
Hochkesseleck 2218
Torsteineck 2256
Großer Gosaugletscher
Schneebergwand
1773
Rinderfeld
Hochkesselkopf 2454

GABLONZER HÜTTE – HOFPÜRGLHÜTTE

Alpine Variante Dachstein, 2. Teil – Am Gosaukamm

 9,7 km 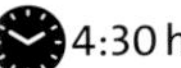 4:30 h 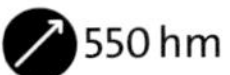 550 hm 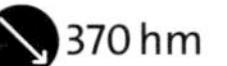 370 hm 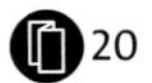 20

START | Gablonzer Hütte, 1.550 m.
[GPS: UTM Zone 33 x: 385.538 m y: 5.265.509 m]
CHARAKTER | Eindrucksvolle alpine Höhenwanderung auf schmalen und steinig-felsigen, stellenweise auch ausgesetzten und gesicherten Pfaden, die Trittsicherheit, Schwindelfreiheit und alpine Erfahrung erfordern.

Die alpine Variante durch das Dachsteingebirge beginnt gleich mit einem „Klassiker" unter den alpinen Höhenwegen. Sanfte Almweiden und schroffe Felswildnis ist hier am Fuße des Gosaukammes oft nur einen Steinwurf voneinander entfernt. Der höchste Gipfel dieses dolomitenartigen Gebirgszuges im Westen des Dachsteingebirges, die 2.454 m hohe Bischofsmütze, macht ihrem Namen wirklich alle Ehre. Doch sie schickt – seit Jahren von Bergstürzen geplagt – immer wieder Steinschlagsalven in die Tiefe.

▶ Von der **Gablonzer Hütte 01**, die an der 14. Etappe des Salzkammergut Trails liegt (und vom Vorderen Gosausee per Seilbahn erreichbar ist), wandern Sie auf dem Weg Nr. 611 – einem Varianten-Abschnitt des nordalpinen Weitwanderweges 01 – neben der Breininghütte vorbei zur Wegteilung am Unteren Törlecksattel und auf dem rechts abwärts führenden Austriaweg (Nr. 601) durch licht bewaldetes Gelände und steilere, felsdurchsetzte Grashänge am Fuße des Großen Donnerkogels dahin. Durch ein

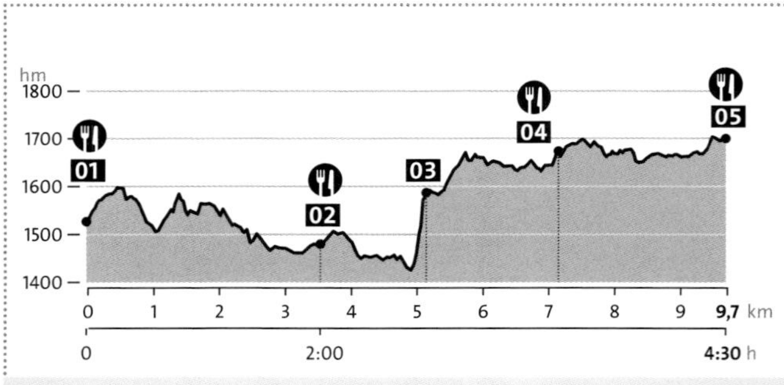

01 Gablonzer Hütte, 1.550 m; 02 Stuhlalm, 1.467 m; 03 Durchgangscharte, 1.601 m; 04 Sulzkaralm, 1.543 m; 05 Hofpürglhütte, 1.705 m

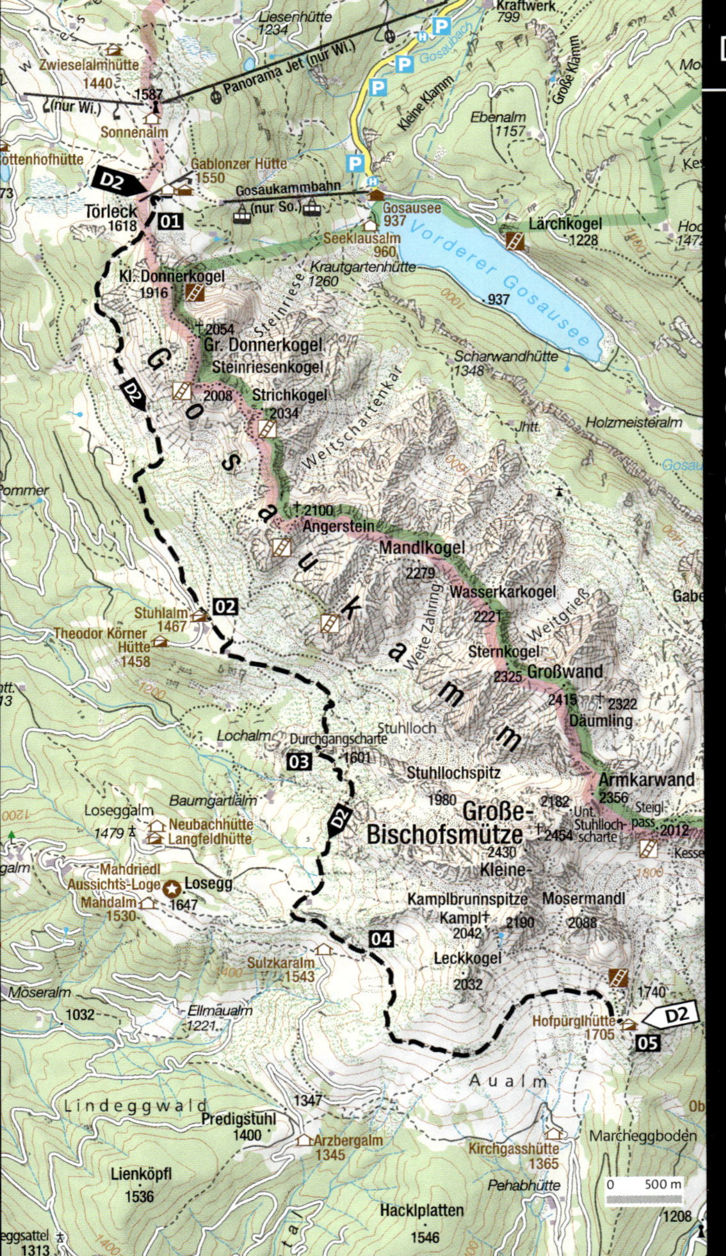

Liesenhütte 1234
Kraftwerk 799
Zwieselalmhütte 1440
Panorama Jet (nur Wi.)
1587
(nur Wi.)
Sonnenalm
Gosaubach
Kleine Klamm
Große Klamm
Ebenalm 1157
Gablonzer Hütte 1550
Gosaukammbahn (nur So.)
D2
Törleck 1618
01
Gosausee 937
Seeklausalm 960
Lärchkogel 1228
Kl. Donnerkogel 1916
Krautgartenhütte 1260
Vorderer Gosausee
937
2054
Gr. Donnerkogel
Steinriese
Steinriesenkogel
Scharwandhütte 1348
Gosaukamm
2008
Strichkogel 2034
Weitschartenkar
Holzmeisteralm
2100
Angerstein
Mandlkogel
2279
Wasserkarkogel
2221
Weitgrieß
Weite Zahring
Stuhlalm 1467
02
Theodor Körner Hütte 1458
Sternkogel
2325
Großwand
2415
2322
Däumling
Lochalm
Durchgangscharte 1601
Stuhlloch
03
Stuhllochspitz
1980
2182
Armkarwand 2356
Baumgartlalm
Loseggalm 1479
Neubachhütte
Langfeldhütte
Große-Bischofsmütze
2454
Unt. Stuhlloch-scharte
Steigl-pass 2012
2430
Kleine-
Mahdriedl Aussichts-Loge
Losegg 1647
Mahdalm 1530
Kamplbrunnspitze
Kampl 2042
2190
Mosermandl 2088
04
Leckkogel 2032
Sulzkaralm 1543
1740
Möseralm 1032
Ellmauàlm 1221
Hofpürglhütte 1705
05
Aualm
Lindeggwald
1347
Predigstuhl 1400
Arzbergalm 1345
Kirchgasshütte 1365
Marcheggboden
Lienköpfl 1536
Pehabhütte
0 500 m
Hacklplatten 1546
1208
Eggsattel 1313

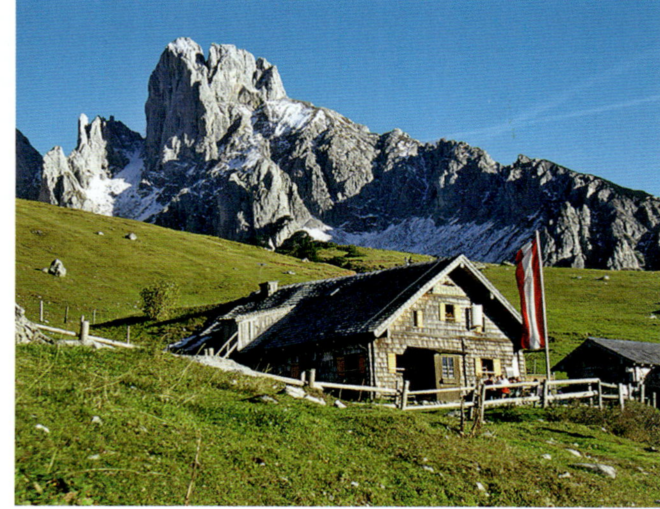

Die Bischofsmütze über der sehr besuchenswerten Stuhlalm.

Waldstück unter dem Angerstein (2.100 m) erreichen Sie die weiten Wiesen der **Stuhlalm** **02** (1.467 m) – die Theodor-Körner-Hütte des Alpenvereins ist im nahen Wald versteckt. 2:00 h

Über den Grasrücken oberhalb der Alm (Mooseben) geht's weiter ins latschenbewachsene Grubach unter dem Stuhlloch, das finstere Kar unter der markanten Großen Bischofsmütze (2.454 m). Der folgende „Durchgang" über das Jöchl wurde 2012 durch einen Felssturz völlig zerstört.

Der neu angelegte Weg zieht schon vor der Schutthalde rechts im Zickzack durch Latschen zu einer sehr steilen Felsrinne hinauf. Diese wurde durch zahlreiche Holzstufen und solide Stahlseile gangbar gemacht. Eine felsige **Scharte** **03** (1.600 m) gibt den Übergang zur Südseite des Kammes frei. Dort führt der Pfad durch steile und felsige Hänge in die weiten Latschenfelder unter dem Stuhllochspitz (1.980 m) und in der Folge fast eben unter den schroffen Westausläufern der Bischofsmütze (Stahlseile) zum Mahdalmriegel (1.630 m). Dort wenden Sie sich nach links und wandern durch die Gras- und Geröllhänge oberhalb der **Sulzkaralm** **04** (1.467 m), die rechts zu einem kurzen Abstecher einlädt.

Durch die idyllischen Wiesen und die Latschenfelder im Süden des Leckkogels (2.032 m) ansteigend zieht der Austriaweg zuletzt zur bald sichtbaren **Hofpürglhütte** **05** (1.706 m) hinüber. Das stattliche Alpenvereinshaus thront auf einem aussichtsreichen Hügel unter dem kecken Mosermandl (2.088 m), neben dem die beiden Zacken der Bischofsmütze eindrucksvoll hervorspitzen. 2:30 h

HOFPÜRGLHÜTTE – ADAMEKHÜTTE

D3

Alpine Variante Dachstein, 3. Teil – Der Linzer Weg

 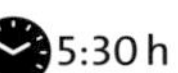 7,8 km  5:30 h 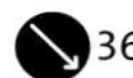 850 hm 360 hm  20

START | Hofpürglhütte, 1.705 m.
[GPS: UTM Zone 33 x: 388.429 m y: 5.259.839 m]
CHARAKTER | Hochalpine Höhenroute auf einem stellenweise ausgesetzten und gesicherten Pfad, der absolute Trittsicherheit, Schwindelfreiheit, alpine Erfahrung und etwas Klettergewandtheit erfordert (Stellen im 1. Schwierigkeitsgrad, Helm ratsam). Nur bei sicherem Wetter – Nebel, Schneetreiben und vor allem hart gefrorene Schneefelder legen die Umkehr nahe.

Der 1905 von der Alpenvereinssektion Linz eröffnete Linzer Steig ist der schwierigste Abschnitt der alpinen Variante durch das Dachsteingebirge. Er führt ins Vorfeld des Kleinen Gosaugletschers, der sich unter den 2.948 m hohen Torstein, den mächtigsten aller Dachsteintrabanten, schmiegt. Die verwickelte Route ist an mehreren Stellen gut mit Eisenstiften und Stahlseilen gesichert – etwa im Reißgangsattel oder auf der schroffen Felsklippe des Torsteinecks. Die größte Überraschung erlebt man aber mit dem 2.480 m hohen Eiskarlspitz. Gleich nach der Überschreitung des Oberen Hochkesselecks ragt er wie eine Felsrakete aus dem Schuttboden – und erst im Vorbeigehen entpuppt er sich als mehrgipfeliger Felskamm.

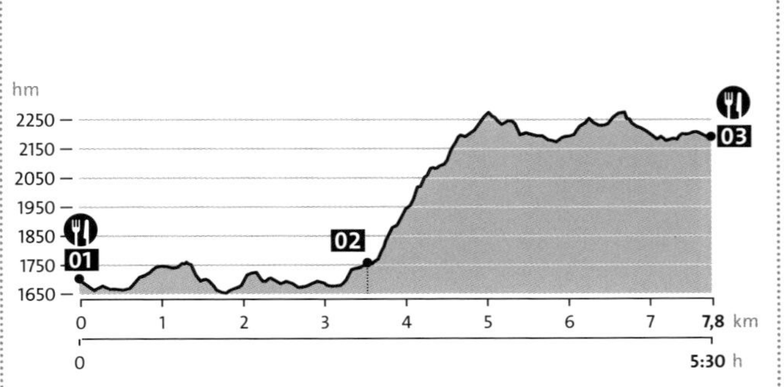

01 Hofpürglhütte, 1.705 m; 02 Rinderfeld, 1.669 m;
03 Adamekhütte, 2.196 m

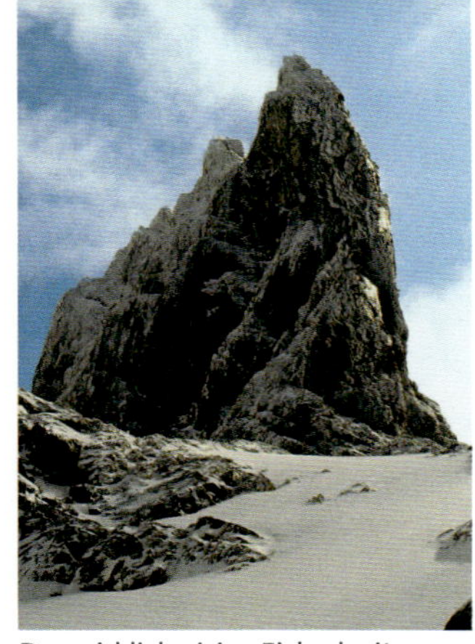

Der wirklich eisige Eiskarlspitz.

▶ Von der **Hofpürglhütte 01** gehen Sie mit der Markierungsnummer 614/617 (01) in den schutterfüllten „Kessel“ unter der Bischofsmütze, wo die Route zum Steiglpass abzweigt. Geradeaus weiter und am Fuße des Gosausteins über die „Rote Rinne“ und eine kleine Anhöhe nach Osten, auf den Torstein zu. Hoch über der Filzmooser Hofalm erreichen Sie dort die flachen, grünen Böden des **Rinderfeldes 02** (1.669 m).

Zwischen Felsblöcken zweigt dort der Linzer Steig links ab. Er führt in die Reißgangschlucht (Steinschlaggefahr!) empor. Durch die rechte, teils gestufte und teils plattige Felsflanke (Sicherungen) gelangen Sie zum Reißgangsattel (1.952 m) hinauf. Rechts haltend in Kehren aufwärts, links um eine Kante herum (Stahlseil) und neben der Felsmulde des Unteren Hochkessels über Platten in die weite Scharte zwischen dem Reißgangkogel (2.015 m) und dem Hochkesseleck. Bald darauf links auf ein luftiges Band (Stahlseil), das durch eine Felswand auf den Grat des Niederen Hochkesselecks (2.208 m) führt. Kurz auf dem Kamm weiter, dann auf der stellenweise aufgeschichteten Wegtrasse durch eine Wandstufe neben dem Oberen Hochkessel, über gesicherte Felsplatten und in Kehren auf das Hohe Hochkesseleck (2.260 m). Jenseits queren Sie schräg durch die Nordflanke des wuchtigen Hochkesselkopfs in das Kar unter dem Eiskarlspitz (mittendrin liegt ein großer Felsblock). Dort wandern Sie ziemlich eben über Karrenfelder, Schutt und meist auch Schneeflecken zu einer Wandstufe, über die Sie mit Hilfe von Eisenstiften und Stahlseilen absteigen.

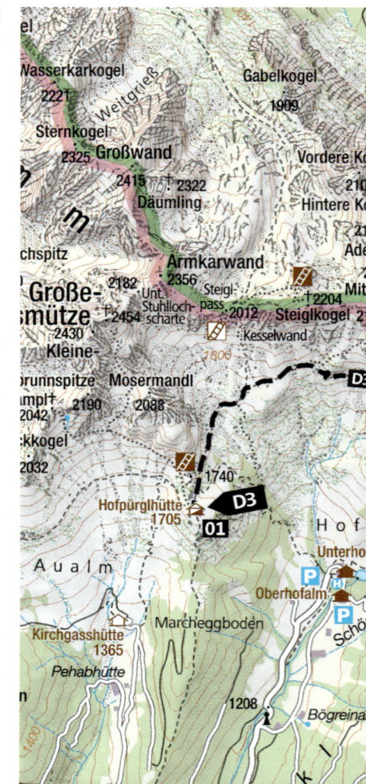

Durch das Kar weiter zur Abzweigung Richtung Windlegerscharte und etwas nach links unter dem Kleinen Gosaugletscher vorbei. Der Felsaufbau unter dem Torsteineck (2.256 m) wird mittels Eisenstiften und Stahlseilen erklettert, dann wandern Sie durch das plattige Felsgelände um die Hohe Schneebergwand herum und zum Moränenrücken unterhalb des Großen Gosaugletschers. Links hinunter, über steiles, vom Eis abgeschliffenes Gestein und durch Schutt zur längst sichtbaren **Adamekhütte** 03 (2.196 m). Dort treffen Sie auf die alpine Variante, die von den Gosauseen heraufzieht. 5:30 h

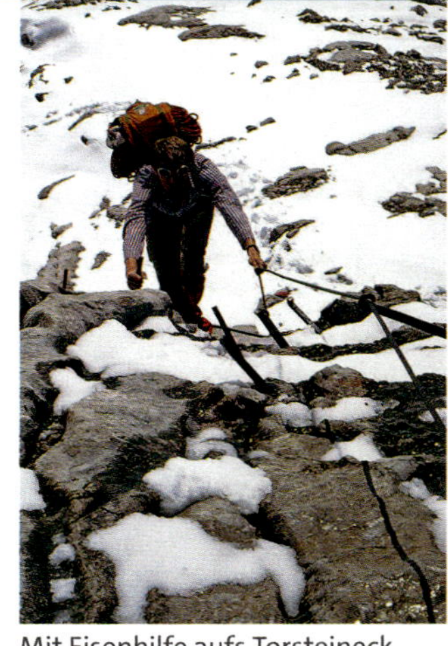

Mit Eisenhilfe aufs Torsteineck.

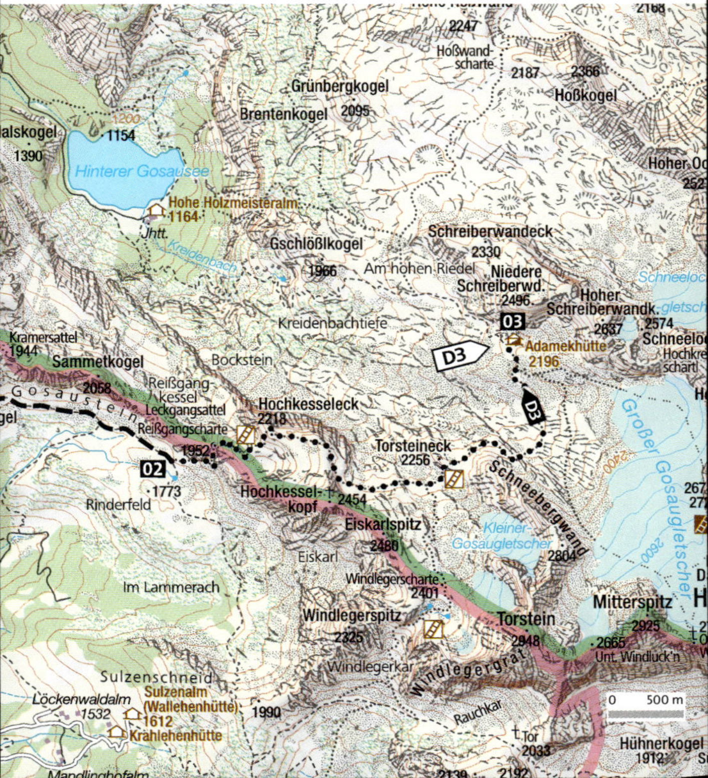

D4

ADAMEKHÜTTE – SIMONYHÜTTE

Alpine Variante Dachstein, 4. Teil – Über den Hohen Trog

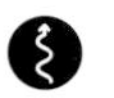 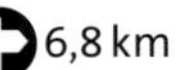 6,8 km 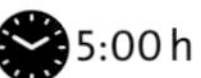 5:00 h 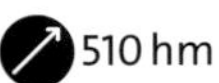 510 hm  500 hm 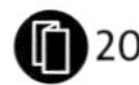 20

START | Adamekhütte, 2.196 m.
[GPS: UTM Zone 33 x: 393.291 m y: 5.260.825 m]
CHARAKTER | Anspruchsvolle Überschreitung in einer hochalpinen Karstlandschaft auf schmalen und steinig-felsigen, stellenweise auch ausgesetzten und gesicherten Pfaden, die Trittsicherheit, Schwindelfreiheit, gute Kondition und alpine Erfahrung erfordern. Vorsicht vor hart gefrorenen Schneefeldern – Absturzgefahr! Nur bei sicherem Wetter starten – bei Nebel, Schneetreiben und Neuschnee kann man sich im einförmigen Gelände leicht verirren.

„Durch die Wüste" – das könnte das Motto für diese Etappe sein. Einen Tag lang geht's hier durch eine Art Mondlandschaft aus Kalk, weltentlegen und wasserlos, also nehmen Sie genug zu Trinken mit! Bei stabilem Schönwetter ist diese Tour ein wunderbares Naturerlebnis, bei dem man trotz des kargen Untergrunds auch viele Blüten entdeckt. Im Nebel landet man dort aber wirklich rasch im Nirgendwo!

Von der **Adamekhütte** 01 gehen Sie zunächst auf dem Zustiegsweg Nr. 614 bis zum **Hohen Riedel** 02 (2.035 m) hinunter. Dort zweigen Sie rechts auf den Pfad Nr. 650 ab, der unter den Wandabbrüchen des Schreiberwandecks (2.330 m) zu großen, herabgestürzten Gesteinsbrocken ansteigt. Dahinter zweigen Sie rechts ab und wandern in das riesige, durch Mulden und kleine Felsbänder gegliederte Felskar unterhalb des kleinen Schneeloch-

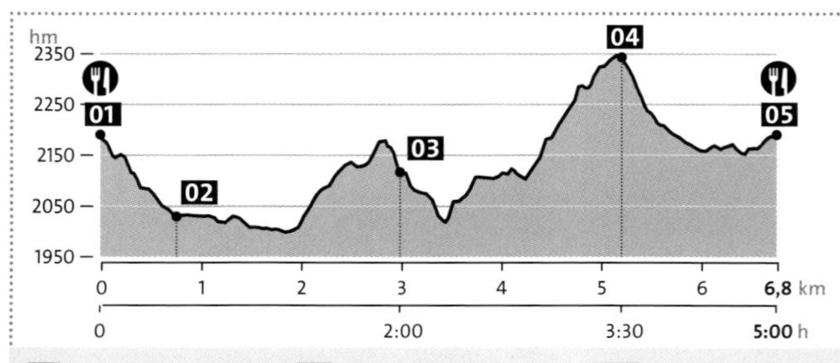

01 Adamekhütte, 2.196 m; 02 Am Hohen Riedel, 2.022 m; 03 Hoßwandscharte, 2.187 m; 04 Hoher Trog, 2.359 m; 05 Simonyhütte, 2.205 m

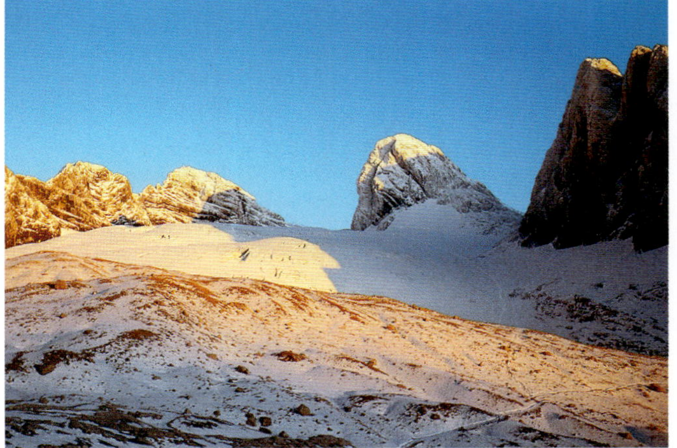

Kontraste: Abendblick von der Adamekhütte zum Gosaugletscher ...

gletschers hinein. Mehr als 1 km durchquert man diese entlegene Karstöde (mit Traumblick zum Gosaukamm), bis man die **Hoßwandscharte** **03** (2.187 m) erreicht. 2:00 h Jenseits folgt ein kurzer Abstieg durch Felsgelände, dann geht's unter dem Hoßkogel (2.366 m) nach rechts und – mühsam – über zerklüftete Karrenplatten ins Weittal hinein (hier besondere Vorsicht, da bis in den Sommer hinein steile

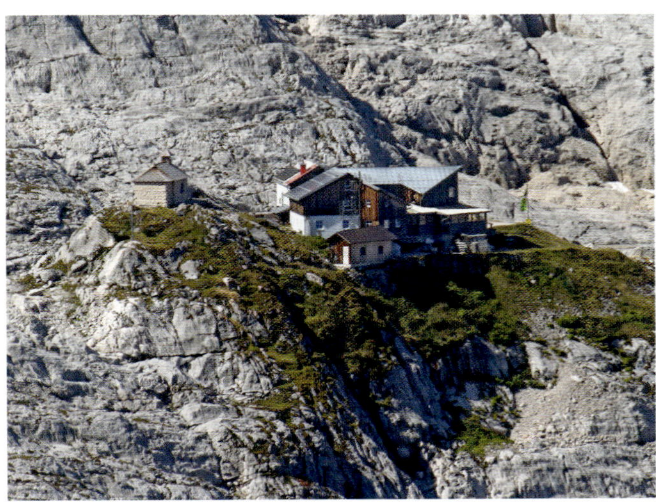

... und die Simonyhütte mit der Dachsteinkapelle mitten im Karst.

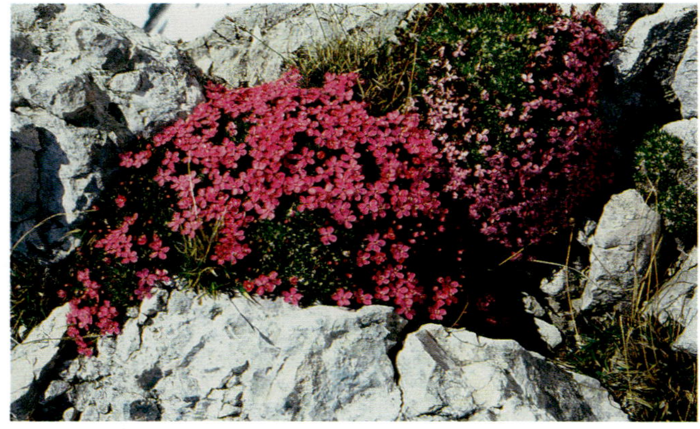

Auch in der knochentrockenen Karstwüste gibt es buntes Leben.

Altschneefelder bestehen). Auch dieses Kar zeigt gewaltige Ausmaße und wird in der Mitte durch den kleinen, aber spitzen Weittal-Gschlösselkogel (2.168 m) geteilt. Unter dem Hohen Ochsenkogel beginnt der kehrenreiche Aufstieg über zwei ausgesetzte Steilstufen, die mit Eisenklammern und Stahlseilen gesichert sind, bis zum **Hohen Trog** **04** (2.359 m). Auf diesem weiträumigen Schuttsattel kreuzen Sie den Pfad, der links auf den Mittleren Ochsenkogel (2.365 m) führt und rechts zum Niederen Kreuz (2.651 m).

Der Abstieg nach Osten führt steil über Schutt, Karrenfelsen und Gesteinsplatten – eine kurze Stelle ist mit einem Seil gesichert – ins ausgedehnte Wildkar. Nördlich unter dem kleinen, zuckerhutförmigen Schöberl (2.426 m) wandern Sie zur **Simonyhütte** **05** (2.205 m). 3:00 h

Interessant ist der Abstecher zum **Oberen Eissee** unterhalb des Hallstätter Gletschers (1:30 – 2:00 h). **Überschreitung** des **Taubenkogels** (2.300 m) – siehe Tour G11, Seite 262.

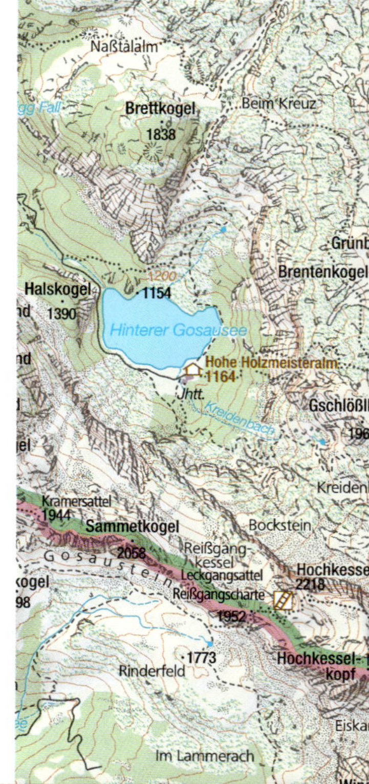

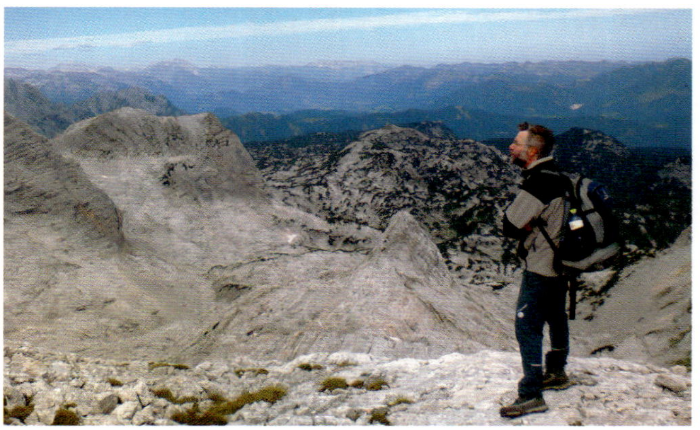

Blick vom Hohen Trog ins einsame Weitkar – links verläuft die Route.

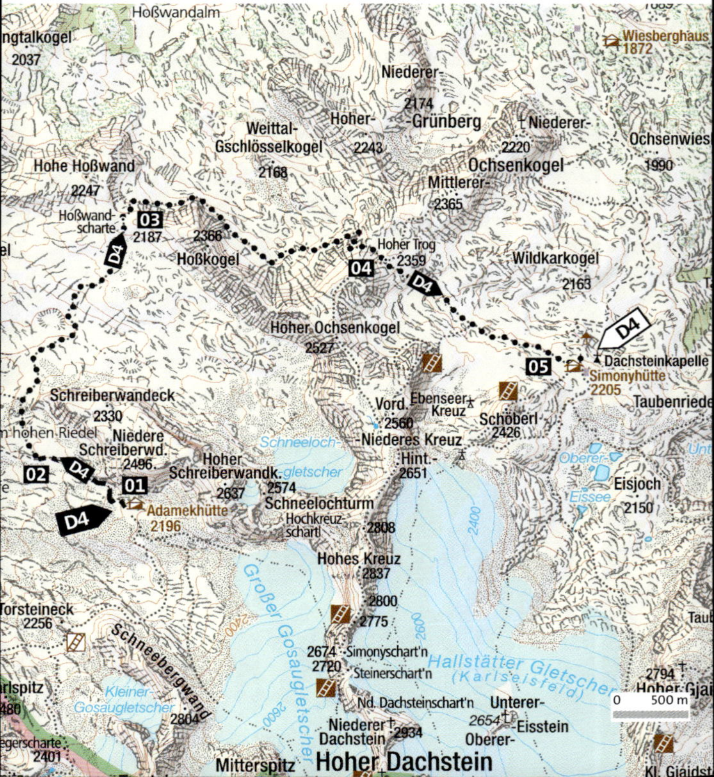

Hoßwandalm
ngtalkogel 2037
Wiesberghaus 1872
Niederer-
2174
Hoher-
Grünberg
Niederer-
Weittal-
Gschlösselkogel
2243
2220
Ochsenwies
Hohe Hoßwand
2168
Ochsenkogel
1990
2247
Mittlerer-
2365
Hoßwand-
scharte
03
2187
2366
Hoßkogel
Hoher Trog
2359
04
Wildkarkogel
2163
D4
Hoher Ochsenkogel
2527
05
Dachsteinkapelle
Simonyhütte
2205
Schreiberwandeck
2330
Vord.
Ebenseer-
Kreuz
2560
Schöberl
2426
Taubenriede
hohen Riedel
Niedere
Schreiberwd.
2496
Schneeloch-
Niederes Kreuz
Hint.-
2651
Hoher
Schreiberwandk.
gletscher
02
01
2637
2574
Oberer-
Eissee
Eisjoch
2150
Adamekhütte
2196
Schneelochturm
Hochkreuz-
schartl
2808
Hohes Kreuz
2837
Großer Gosaugletscher
2800
2775
Torsteineck
2256
Schneebergwand
2674
Simonyschart'n
2720
Steinerschart'n
Hallstätter Gletscher
(Karlseisfeld)
2794
Hoher Gjai
rlspitz
480
Kleiner-
Gosaugletscher
Nd. Dachsteinschart'n
Unterer-
0 500 m
2804
Niederer
Dachstein
2934
2654
Eisstein
Oberer-
egerscharte
2401
Mitterspitz
Hoher Dachstein
Kl. Gjaidst

D5

SIMONYHÜTTE – HALLSTATT

Alpine Variante Dachstein, 5. Teil – Der Abstieg zum See

 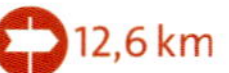 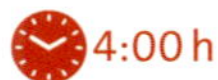 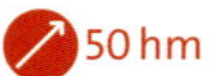 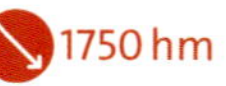 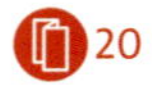

START | Simonyhütte, 2.205 m.
[GPS: UTM Zone 33 x: 396.324 m y: 5.261.779 m]
CHARAKTER | Lange und relativ einfache Bergab-Wanderung auf gut angelegten, aber stellenweise steinigen Wegen.

Diese Etappe führt Sie auf einer historischen Route ins Tal. Es handelt sich dabei um den sogenannten Franz-Josefs-Reitsteig, der seit dem 19. Jahrhundert aus dem tief eingeschnittenen Echerntal auf das Dachsteinplateau zieht. Dieser Anstiegslinie folgten schon die ersten Bergsteiger, die zum Hallstätter Gletscher vordrangen – unter ihnen auch Friedrich Simony, der erste wissenschaftliche Erforscher der Gebirgsgruppe. Über Adalbert Stifter, der den „Dachsteinprofessor“ in seinem Roman „Der Nachsommer“ verewigte, geriet dieser Weg sogar in die Weltliteratur.

Von der **Simonyhütte** 01 wandern Sie auf dem gut angelegten Weg Nr. 650/601 zwischen den Karrenfelsen des Taubenriedels ins fast vegetationslose Wildkar hinunter. Vorbei an der Talstation der Materialseilbahn gelangen Sie auf der ab nun breiteren Wegtrasse im Auf und Ab unter dem Wildkarkogel vorbei zur Abzweigung zur Gjaidalm. Geradeaus weiter ins begrünte Gelände nahe der Ochsenwieshöhe (1.990 m). Über die Schmalzlhöhe und durch die felsgesäumte Karstgasse des Ochsentrögls absteigend geht's weiter zum **Wiesberghaus** 02 (1.872 m). 1:00 h

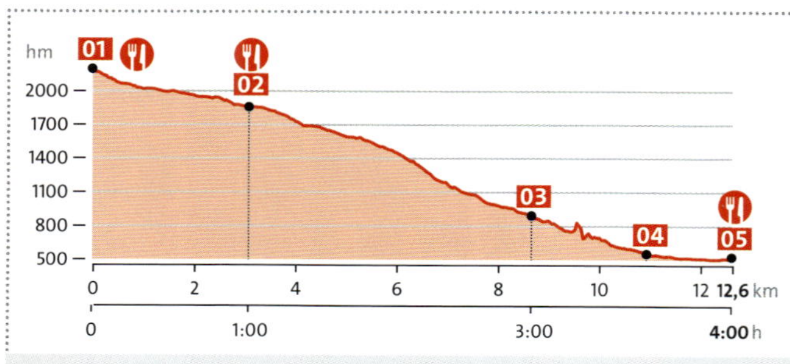

01 Simonyhütte, 2205; 02 Wiesberghaus, 1.872 m; 03 Waldbach, 874 m; 04 Echerntal, 540 m; 05 Hallstatt-Lahn, 511 m

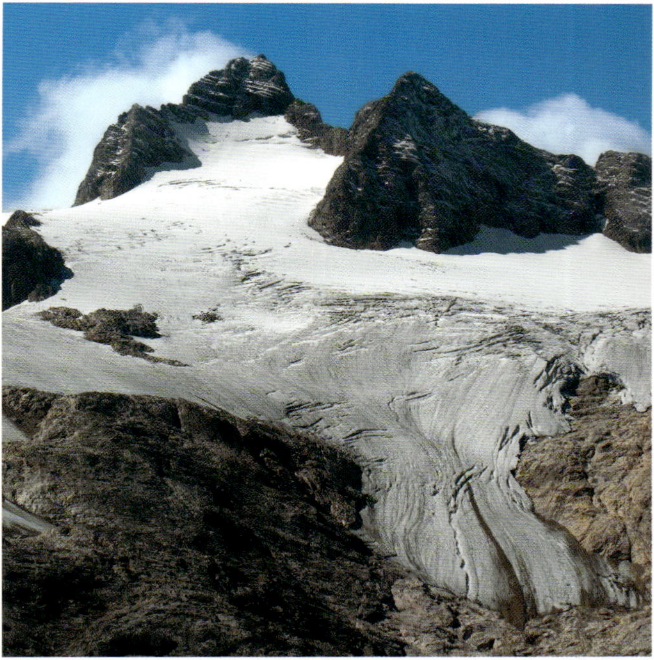

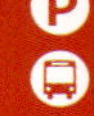
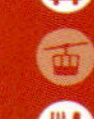
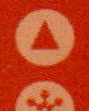
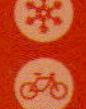

Highlights über der Route: Hoher Dachstein und Hallstätter Gletscher.

Dieses gemütliche Schutzhaus der Naturfreundehütte liegt schon an der Waldgrenze. Sie marschieren – weiterhin der Markierung Nr. 601 Richtung „Hallstatt" folgend – nun also zwischen herrlichen Lärchen- und Zirbenbeständen bergab. Neben dem Boden der Wiesalm geht's durch das Hochtal der Herrengasse zur verschlossenen Tiergartenhütte hinunter. Danach führen Serpentinen unterhalb der Grünkogelwand, der Martins- und der Tropfwand steil nach unten, bis Sie beim „Alten Herd" auf eine Forststraße stoßen. Der markierte Pfad kürzt ihre Kehren bis zum **Waldbach** 03 (874 m) ab. Dort empfiehlt sich links ein kurzer Abstecher zur Karstquelle des Waldbach-Ursprungs.

Dann wandern Sie auf der Straße kurz zur Abzweigung bei der Brücke über den Wasserfällen des Waldbachstrubs (toller Tiefblick). Dort nach rechts und auf der großteils asphaltierten Fahrbahn über dem tief eingeschnittenen und von hohen Felswänden umgebenen Echerntal hinab – durch einen Tunnel, vorbei an der Station der Materialseilbahn für das Wiesberghaus und über die Dürrenbachbrücke (bei der links der Weg in den „Gletschergarten" abzweigt – etwas längere Variante). Beim Parkplatz in der Nähe des Simony-Denkmals erreichen Sie den Boden des **Echerntals** 04 (540 m).

Zuletzt geht's auf der flachen Straße (oder links, jenseits des Baches,

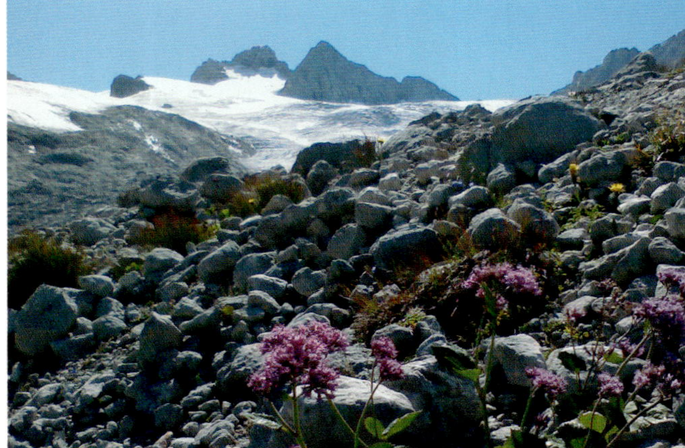

Blütenschmuck zwischen Simonyhütte und Wiesberghaus.

auf dem Echerntalweg) in den Hallstätter Ortsteil **Lahn** 05 (511 m). Beim dortigen Busterminal am Ufer des Hallstätter Sees befindet sich die Schiffsanlegestelle. 3:00 h

Zu Fuß gelangen Sie links in 15 Minuten ins historische Ortszentrum von Hallstatt. Dort beginnt die 16. Etappe des Salzkammergut Berge-Seen Trails.

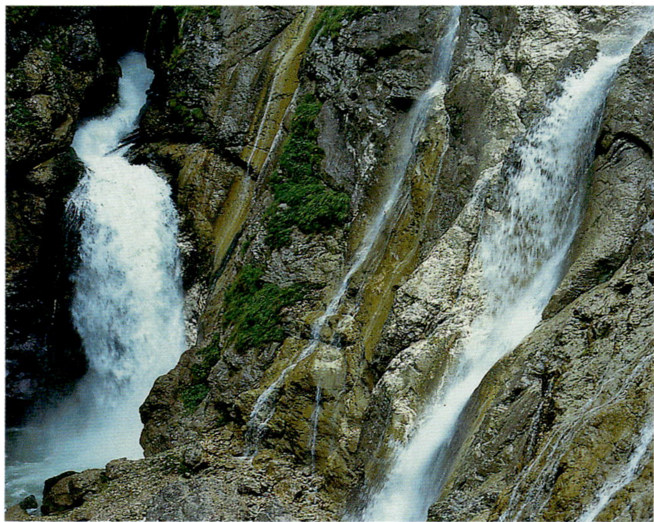

Die wilde Wasserwucht des Waldbachstrubs im Echerntal.

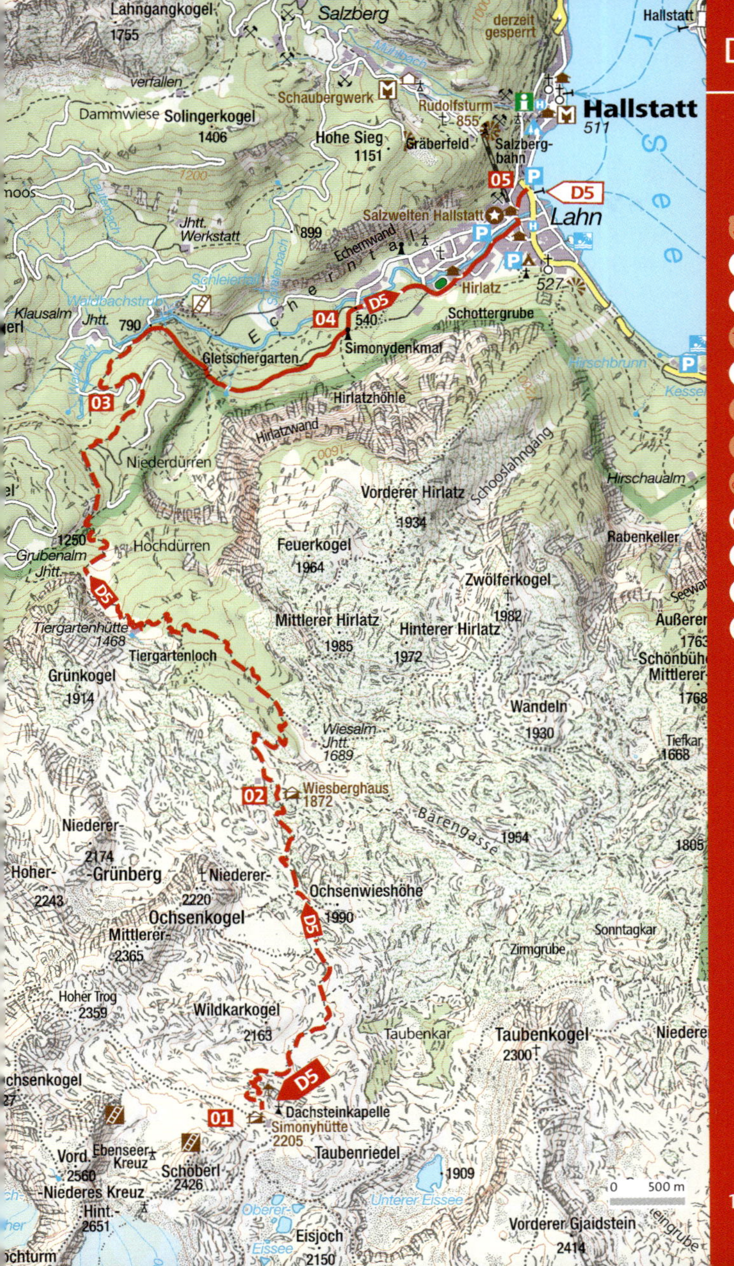
Lahngangkogel
1755
Salzberg
derzeit gesperrt
Hallstatt
Dammwiese
Solingerkogel
1406
Schaubergwerk
Rudolfsturm
855
Hallstatt
511
Hohe Sieg
1151
Gräberfeld
Salzberg-bahn
Jhtt. Werkstatt
899
Salzwelten Hallstatt
Lahn
Echernwand
Schleierfall
Waldbachstrub
Klausalm
Jhtt.
790
Echerntal
Hirlatz
527
540
Schottergrube
Simonydenkmal
Gletschergarten
Hirlatzhöhle
Hirschbrunn
Hirlatzwand
Niederdürren
Schooslahngang
Vorderer Hirlatz
1934
Hirschaualm
1250
Grubenalm
Jhtt.
Hochdürren
Feuerkogel
1964
Rabenkeller
Zwölferkogel
1982
Tiergartenhütte
1468
Tiergartenloch
Mittlerer Hirlatz
1985
Hinterer Hirlatz
1972
Grünkogel
1914
Wandeln
1930
Wiesalm
Jhtt.
1689
Tiefkar
1668
Wiesberghaus
1872
Bärengasse
1954
1805
Niederer-
2174
Hoher-
2243
Grünberg
Niederer-
2220
Ochsenwieshöhe
1990
Ochsenkogel
Mittlerer-
2365
Sonntagkar
Zirmgrube
Hoher Trog
2359
Wildkarkogel
2163
Taubenkar
Taubenkogel
2300
Dachsteinkapelle
Simonyhütte
2205
Vord.
2560
Ebenseer Kreuz
Schöberl
2426
Taubenriedel
1909
Niederes Kreuz
Hint.-
2651
Oberer Eissee
Unterer Eissee
Eisjoch
2150
Vorderer Gjaidstein
2414
0 500 m
D5
01
02
03
04
05

S1

BAD ISCHL – ISCHLER HÜTTE

Alpine Variante Schönberg, 1. Teil – Der lange Auftakt

 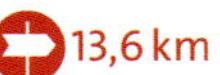 13,6 km  5:00 h  950 hm  50 hm  20

START | Bad Ischl, 470 m.
[GPS: UTM Zone 33 x: 396.734 m y: 5.285.155 m]
CHARAKTER | Eine 10 km lange Talwanderung, großteils auf der Forststraße, dann ein Hüttenaufstieg auf einem markierten Pfad.

Wer den westlichen Bereich des Toten Gebirges erkunden möchte, folge dieser alpinen Variante des Salzkammergut BergeSeen Trails. Dabei wandert man aus der „kaiserlichen Kurstadt“ in ein langes Tal, in dem man genug Muße zum Betrachten der Naturwunder am Rande der Forststraße findet. Zur „Halbzeit“ überschreiten Sie die Weiden der Rettenbachalm, von denen Sie schon den Schönberg, den westlichsten „Zweitausender“ des Toten Gebirges, aber auch die Felswände um den benachbarten Loser sehen. Der zweite Tourenteil führt dann steiler bergauf – doch am Ende erwartet Sie eine gemütliche Bergsteigerunterkunft.

salzkammergut S SCHÖNBERG

▶ In **Bad Ischl** 01 überqueren Sie die Traun auf dem Kreuzersteg und wandern am Ufer flussabwärts. Schließlich kommen Sie unter der Eisenbahnlinie hindurch bis zur Kochstraße. Auf dieser bergauf zur Dr.-Sterz-Straße und auf

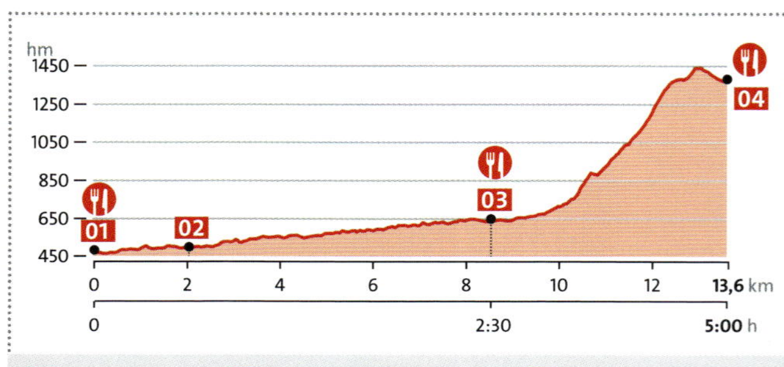

01 Bad Ischl, 470 m; 02 Rettenbachklamm, 483 m; 03 Rettenbachalm, 636 m; 04 Ischler Hütte, 1.368 m

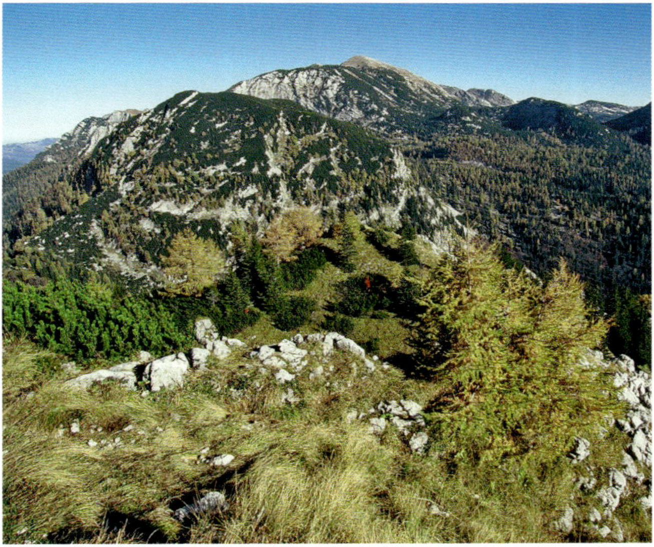

Der Schönberg ist der westlichste „Zweitausender“ des Toten Gebirges.

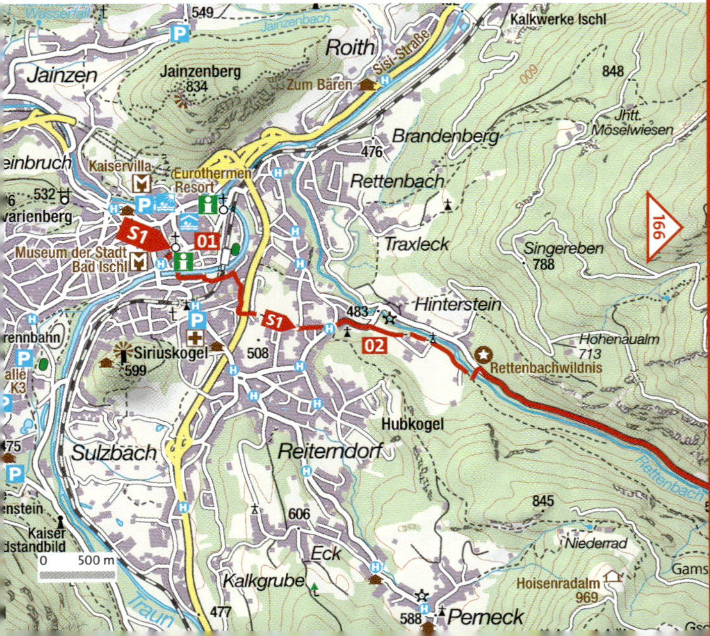

den Moränenhügel, auf dem sich das Naturdenkmal „Baumgruppe am Sterzens Abendsitz“ befindet. Absteigend gelangen Sie – stets geradeaus gehend – zur Rosenkranzgasse (Bushaltestelle). Links haltend folgen Sie nun kurz der rechten, breiteren Straße bis zu einer großen Tafel mit zahlreichen Wegweisern. Dort biegen Sie nach rechts ab und folgen der Zufahrtsstraße. Diese verlassen Sie noch vor den ersten Häusern nach links und betreten nach einer großen Wiese – geradeaus bleibend – einen Wald. Nach wenigen Metern führt der Weg links in die **Rettenbachklamm** 02 (483 m) hinab.

Auf einem Steg wird die Schlucht überschritten; in der Tiefe zwängt sich der Rettenbach tosend durch die Felsschlucht. Wieder ansteigend erreichen Sie die Straße zur Rettenbachalm, der Sie nach rechts folgen. Die flache Schotterstraße führt in das dicht bewaldete Rettenbachtal hinein. Nach ungefähr 7 km erreichen Sie die **Rettenbachalm** 03 (636 m). 2:30 h

Weiter wandern Sie taleinwärts bis zur alten Solestube am östlichen

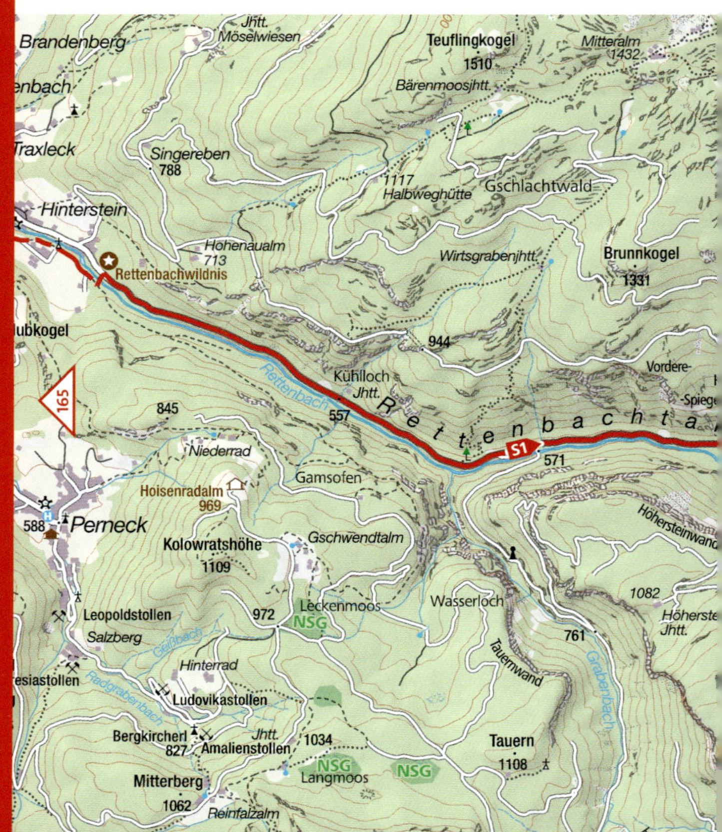

Ende der Alm. Dort biegen Sie – der Markierung Nr. 211 folgend – links ab und marschieren kurz ins bewaldete Karbachtal hinein. Dann biegen Sie rechts auf den markierten Pfad ab, der über einen steilen Waldrücken zu einer Wiese hinter dem Ahornkogel hinaufzieht.

Über den Beerensattel gelangen Sie zum großen Weideboden der Schwarzenbergalm, auf dem die bestens bewirtschaftete **Ischler Hütte** 04 (1.368 m) des Alpenvereins steht. 2:30 h

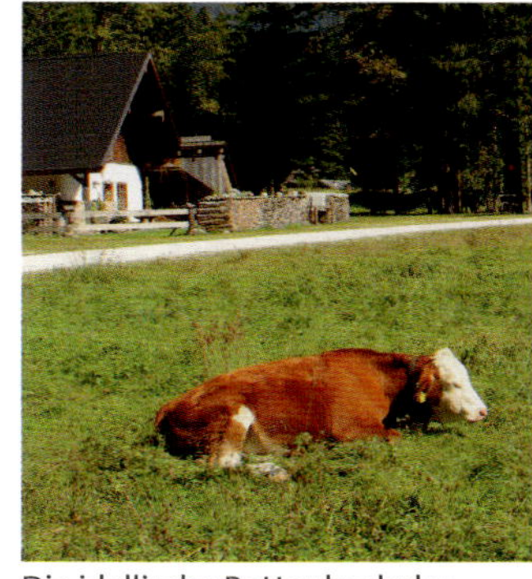
Die idyllische Rettenbachalm.

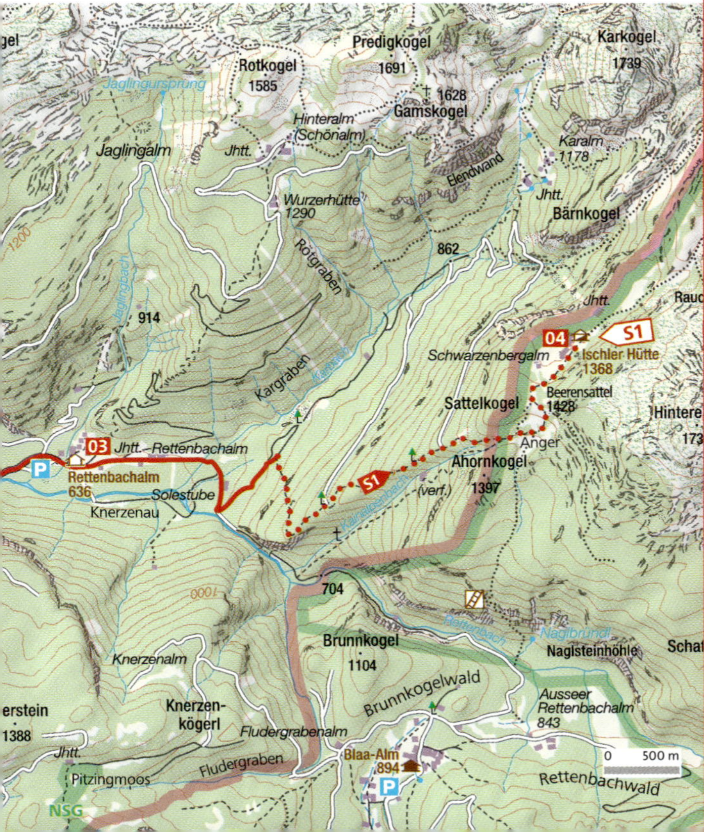

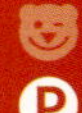

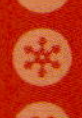

S2

ISCHLER HÜTTE – HOCHKOGELHAUS

Alpine Variante Schönberg, 2. Teil – Über den Schönberg

 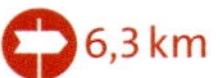 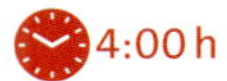  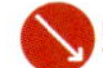 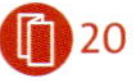

6,3 km | 4:00 h | 750 hm | 550 hm | 20

START | Ischler Hütte, 1.368 m.
[GPS: UTM Zone 33 x: 407.021 m y: 5.283.689 m]
CHARAKTER | Alpine Gipfelüberschreitung auf gut markierten, aber teils schmalen und felsigen Pfaden, die Trittsicherheit und Schwindelfreiheit erfordern. Nur bei stabilem Wetter!

Der zweite Abschnitt dieser alpinen Variante führt über einen der schönsten Aussichtsberge im Salzkammergut. Trotzdem gaben ihm die Ischler seinen Namen aus einem anderen Grund: Seine runde, grasbewachsene Gipfelhaube erinnert sie an die Form einer „Schölln", also einer Kuhglocke. Beim Abstieg zum Hochkogelhaus zeigt der Gipfel allerdings, warum ihn die Ebenseer, die seine felsige Nordseite sehen, den „Wildenkogel" nennen.

▶ Von der **Ischler Hütte** 01 gehen Sie zunächst auf dem Pfad Nr. 211 Richtung „Schönberg". Durch schütteren Waldbestand gelangen Sie zu einer Wegteilung. Dort nehmen Sie den rechten Weg – Nr. 226 – und wandern durch das unübersichtliche Latschen- und Karstgelände unter dem Feuchterkogel aufwärts. Oberhalb davon erhebt sich linker Hand das Altarkögerl (1.723 m). Noch weiter oben geht's schließlich durch die grasige Südwestflanke hinauf zum Gipfelkreuz auf den **Schönberg** 02 (2.090 m). Der höchste Punkt des Massivs – plus drei Meter! – befindet sich auf der westlich benachbarten Kuppe

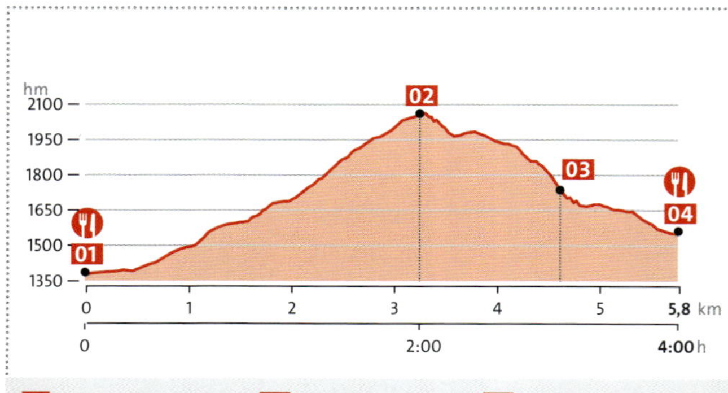

01 Ischler Hütte, 1.368 m; 02 Schönberg, 2.093 m; 03 Am Möselhorn, 1.657 m; 04 Hochkogelhaus, 1.558 m

und ist über eine kurze gesicherte Passage erreichbar. 2:00 h

Abstieg links über die Gipfelwiese und den felsigen, stellenweise auch mit Latschen bewachsenen Nordwestkamm (Markierung Nr. 227). Der Tiefblick nach Norden zu den Rauhen Kögeln ist eindrucksvoll, doch die jähen Wandabstürze rechts neben dem Pfad mahnen zur Vorsicht! Schließlich läuft der Kamm im Latschendickicht über einem mit einigen Tümpeln gezierten Sattel vor dem unscheinbaren **Möselhorn** 03 (1.657 m) aus.

Schon oberhalb davon wendet sich der Pfad nach rechts und trifft auf den Weg Nr. 211, der im Osten des Schönbergs von der Ischler Hütte zum Hochkogelhaus zieht. Auf diesem geht's nun rechts bergab und über einem Kar in die Senke unter dem Großen Rauhenkogel. Bei der dortigen Gabelung bleiben Sie links

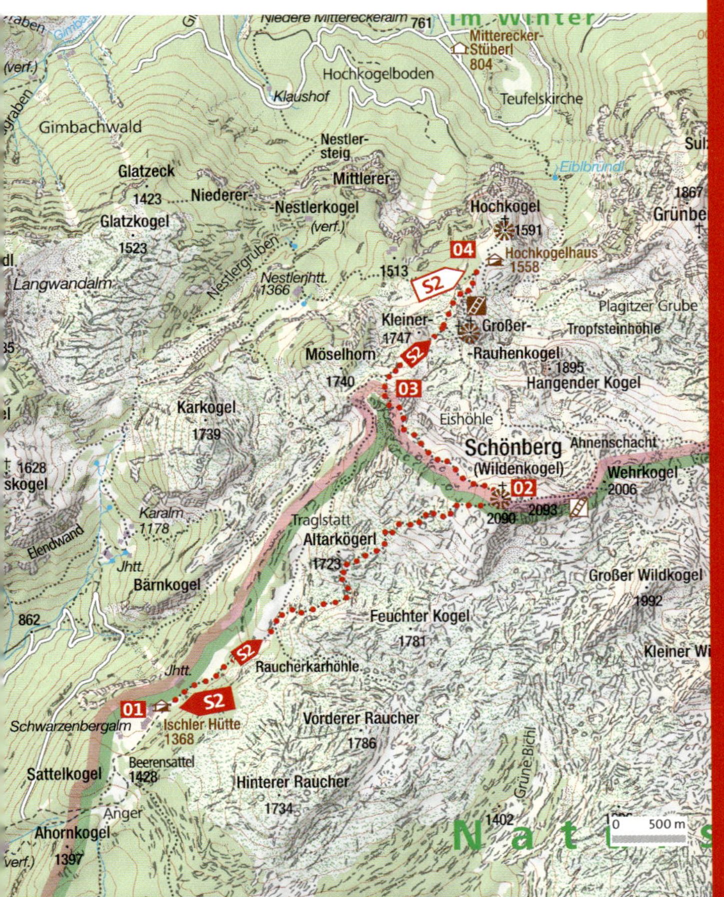

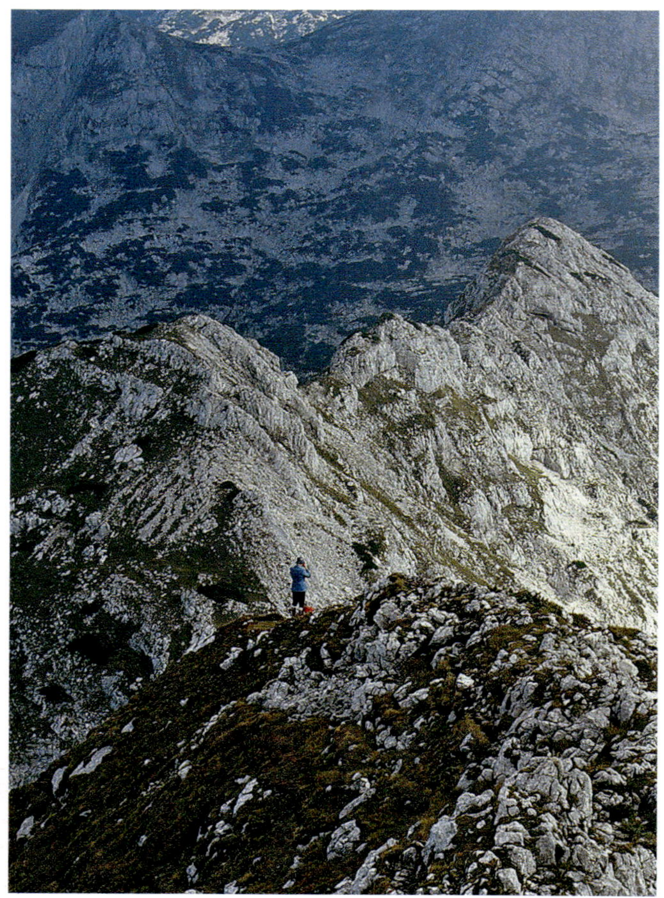

Der Blick vom (höheren) Ostgipfel des Schönbergs.

und wandern unter der schroffen Westwand des Großen und des Kleinen Rauhenkogels durch steiles Fels-, Latschen- und Schuttgelände weiter (rechts darüber gibt's einen Klettersteig). Zuletzt gelangen Sie über einen bewaldeten Kamm zum **Hochkogelhaus** 04 (1.558 m) der Ebenseer Naturfreunde. 2:00 h
Das 1924 eröffnete Schutzhaus steht auf einem besonders schönen Platz vor der wilden Kulisse eindrucksvoller Felsgipfel. Als kurze Draufgabe empfiehlt es sich, den nahen, mit einem Zaun abgesicherten Gipfel des Hochkogels (1.591 m) zu erklimmen, denn er verspricht einen tollen Blick nach Norden und zu den nahen Felstürmen der Rauhenkogel.

HOCHKOGELHAUS – RINNERHÜTTE

Alpine Variante Schönberg, 3. Teil – Übers Karstplateau

 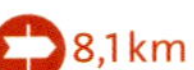 8,1 km 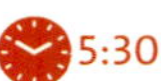 5:30 h  550 hm  650 hm  18

START | Hochkogelhaus, 1.558 m.
[GPS: UTM Zone 33 x: 409.181 m y: 5.286.645 m]
CHARAKTER | Anspruchsvolle Gebirgsüberquerung auf gut markierten, aber schmalen und steinig-felsigen Pfaden, die durch eine zerklüftete und entlegene Karstwüste führen. Trittsicherheit, Schwindelfreiheit und gute Kondition sind also Voraussetzungen für eine Begehung. Nur bei sicherem Wetter starten – bei Nebel, Schneetreiben oder Schneelage kann man sich in dem einförmigen Gelände leicht verirren.

Der dritte Abschnitt der alpinen Variante Schönberg beschert Ihnen – ähnlich wie die Variante über das Dachsteingebirge – das Erlebnis einer Mondlandschaft. Nur zerzauste Latschenbüschel und kleine Graspolster bringen ein wenig Grün ins vorherrschende Grau der zerklüfteten Kalkplatten, die wie versteinerte Wellen zwischen dem Schönberg und dem Wildensee übereinander geschichtet sind.

▶ Vom **Hochkogelhaus** 01 gehen Sie wieder auf dem Pfad Nr. 211 Richtung „Schönberg" zurück. Nach dem Aufstieg unter dem Vorderen Rauhenkogel zweigen Sie jedoch links auf den Pfad Nr. 230 ab. Er führt zwischen Latschen ins weite Kar des Feuertals, wo sich unter den Nordabstürzen des Schönbergs (Wildenkogels) eine große, auf einem Stein beschriftete und gut zugängliche Eishöhle verbirgt.

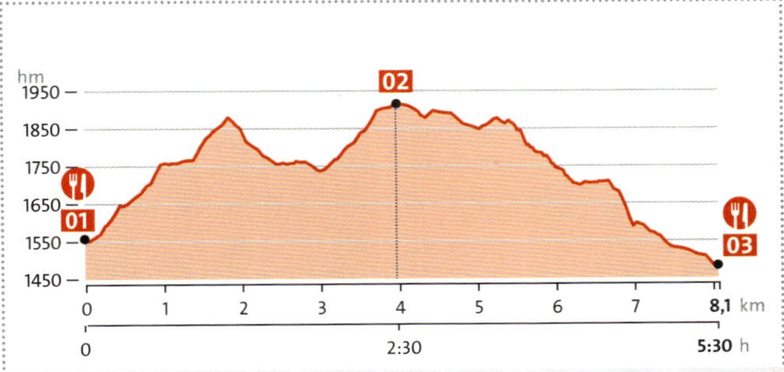

01 Hochkogelhaus, 1.558 m; 02 Großer Scheiblingkogel, 1.920 m;
03 Rinnerhütte, 1.470 m

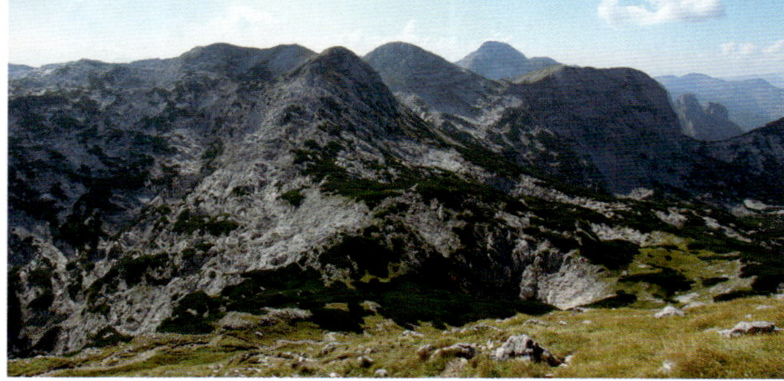
Das hoch gelegene Karstgelände östlich des Schönbergs (rechts hinten).

Eine Auswirkung der allgegenwärtigen Korrosion, die den steineren Untergrund wie einen Emmentaler Käse durchlöchert hat, sind auch die zahlreichen Dolinenschächte, die im Nahbereich des Weges klaffen. Bald mündet der Pfad vom Schönberg-Ostgrat her ein (er bildet eine sehr anspruchsvolle, aber mit Stahlseilen gesicherte Abstiegsmöglichkeit, über die sich diese Variante um einen Tag abkürzen lässt). Dort folgen Sie der Fels-Beschriftung „Wildensee, Rinner" weiter nach Osten. Während Sie unterhalb des Wehrkogels absteigen, beeindruckt links die seltsame Gipfelform des Hangenden Kogels (1.895 m). Dann gelangen Sie zwischen mit Latschen bewachsenen Kalkplatten auf eine Anhöhe unter dem **Großen Scheiblingkogel** 02 (1.920 m), der sich links ohne Markierung, aber problemlos über einen Grashang ersteigen lässt. Von seinem kleinen Gipfelkreuz aus genießt man eine unglaubliche Rundsicht über die Karstwüste zwischen dem Schönberg und dem Rinnerkogel bis zum fernen Dachstein. 2:30 h

Von der Anhöhe zieht der markierte Pfad zwischen der felsigen Ostseite des Berges und dem Kleinen Rinner (2.003 m) weiter. Die Route führt über flache und von Karren zerfressene Kalkplatten und an Dolinen vorbei – durch eine wahre Mondlandschaft. Dann geht's abwärts, bis Sie auf einer ebenen Wiese neben einem gewaltigen Dolinenkessel (1.803 m) vor dem Rinnerkogel vor der nächsten Abzweigung stehen.

Gipfelabstecher auf den Rinnerkogel (2.012 m) – siehe Tour G9, Seite 257.

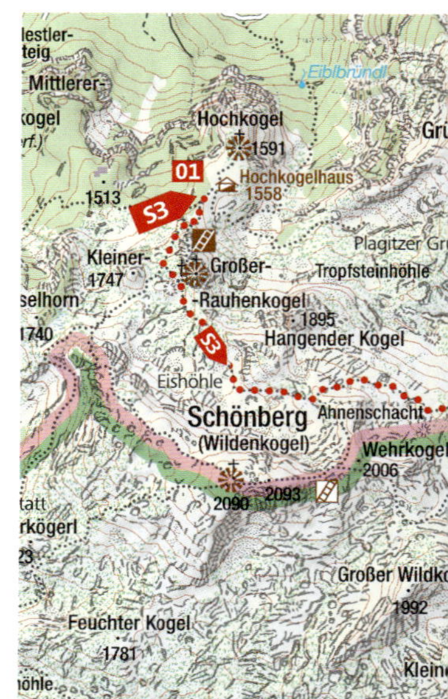

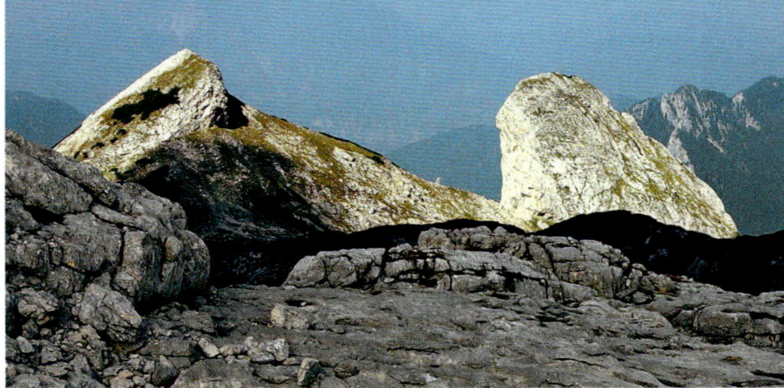

Der Hangende Kogel (rechts) ist ein alpiner Blickfang am Weg.

Rechts geht's nach dem Schild „Rinnerhütte“ weiter und im Auf und Ab über Felsstufen und durch Karstgassen, bevor Sie durch die südseitigen Karren- und Latschenhänge unter dem Berg abwärtswandern. Nach weiteren kurzen An- und Abstiegen zieht der Pfad in die Ostseite des Rinnerkogels hinüber, wo er eine letzte Gabelung erreicht. Rechts führt ein felsiger Pfad zum Wildensee (1.535 m) hinunter – diese Route wählen Sie, wenn Sie zum Appelhaus oder zur Loserhütte weiterwandern möchten. Links zeigt der Wegweiser dagegen das Ziel dieser Etappe, die **Rinnerhütte** 03 (1.470 m), an. Nach einer kurzen Hangquerung treffen Sie auf die Route der 21. Etappe des Salzkammergut BergeSeen Trails, die links durch ein kleines Hochtal zur Unterkunft des Bergsteigerbundes Ebensee führt. 3:00 h

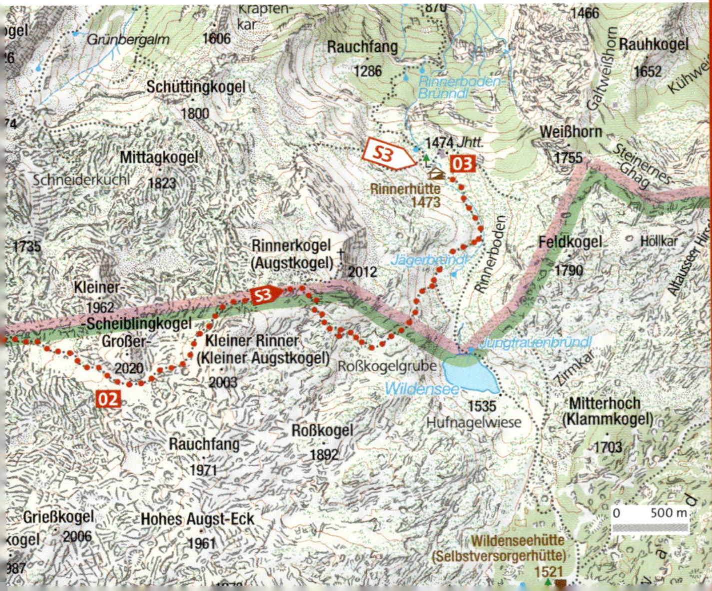

BAD AUSSEE – LOSERHÜTTE

Alpine Variante Loser, 1. Teil – Über Altaussee zum Loser

  9,1 km 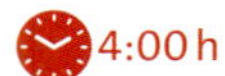 4:00 h 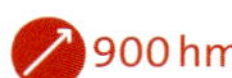 900 hm  50 hm 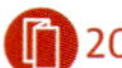 20

START | Bad Aussee, 659 m.
[GPS: UTM Zone 33 x: 408.554 m y: 5.273.622 m]
CHARAKTER | Zunächst eine Straßenwanderung von Ort zu Ort, dann ein Hüttenaufstieg auf einem gut markiertem, aber stellenweise steilen Pfad.

Die alpine Variante Loser bietet eine gute Möglichkeit, das Tote Gebirge vom Zentrum des Ausseerlandes – ja sogar vom geografischen Mittelpunkt Österreichs aus – zu erkunden. Für einen Stopp in Altaussee sollten Sie sich dabei zusätzlich Zeit nehmen. Der Ort ist in vielfacher Hinsicht eine Besonderheit – man denke nur an die Künstler und Literaten, die hier Inspiration fanden. Und es gibt nicht viele Stellen, die so schön sind wie das Ufer des Altausseer Sees, über dem die wuchtige Trisselwand aufragt.

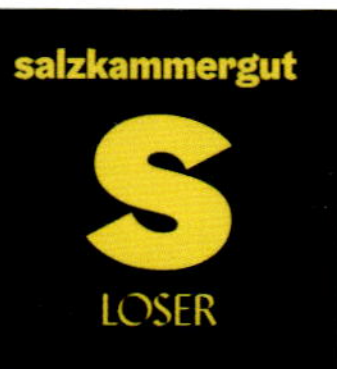

▶ Vom Tourismusbüro am Kurhausplatz in **Bad Aussee** 01 schwenken Sie rechts auf die Hauptstraße ein. Schon nach wenigen Schritten biegen Sie links ab, gehen durch die Kammerhofgasse und über den Chlumeckyplatz, bevor Sie links durch die Bäckergasse ansteigen. Geradeaus auf der Haslauergasse

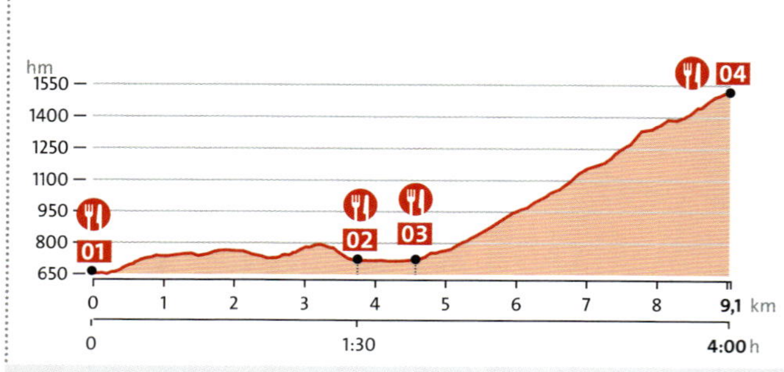

01 Bad Aussee, 659 m; 02 Altausseer See, 712 m; 03 Altaussee (Fischerndorf), 719m; 04 Loserhütte, 1.540 m

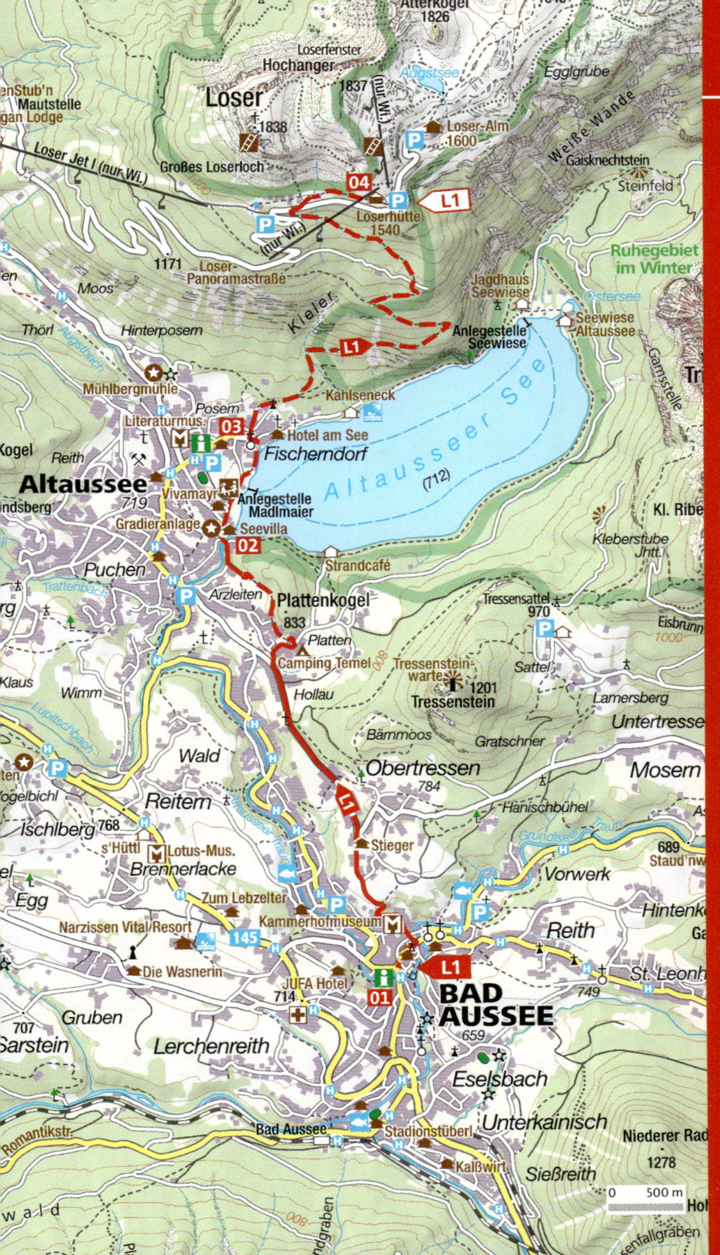
Atterkogel
1826
Loser
Hochanger
Loserfenster
Augstsee
Egglgrube
Mautstelle
Loser-Alm
1600
Weiße Wände
Gaisknechtstein
Steinfeld
Loser Jet I (nur Wi.)
Großes Loserloch
04
L1
Loserhütte
1540
Loser-
Panoramastraße
Ruhegebiet
im Winter
Jagdhaus
Seewiese
Ostersee
Seewiese
Altaussee
Moos
Kieler
Thörl
Hinterposern
Anlegestelle
Seewiese
L1
Mühlbergmühle
Kahlseneck
Posern
Literaturmus.
03
Hotel am See
Fischerndorf
Altaussee
Altausseer See
(712)
Vivamayr
Anlegestelle
Madlmaier
Kl. Ribe
Gradieranlage
Seevilla
02
Kleberstube
Jhtt.
Puchen
Strandcafé
Arzleiten
Plattenkogel
833
Tressensattel
970
Eisbrunn
Platten
Camping Temel
Tressenstein-
warte
1201
Tressenstein
Sattel
Klaus
Wimm
Hollau
Lamersberg
Untertresse
Bämmoos
Gratschner
Wald
Obertressen
784
Mosern
Reitern
Hanischbühel
Ischlberg
768
s'Hüttl
Lotus-Mus.
Stieger
689
Brennerlacke
Vorwerk
Egg
Zum Lebzelter
Narzissen Vital Resort
145
Kammerhofmuseum
Reith
Die Wasnerin
L1
JUFA Hotel
714
01
BAD
AUSSEE
659
749
St. Leonh
707
Gruben
Sarstein
Lerchenreith
Eselsbach
Unterkainisch
Niederer Rad
1278
Bad Aussee
Stadionstüberl
Romantikstr.
Kalßwirt
Sießreith
0 500 m

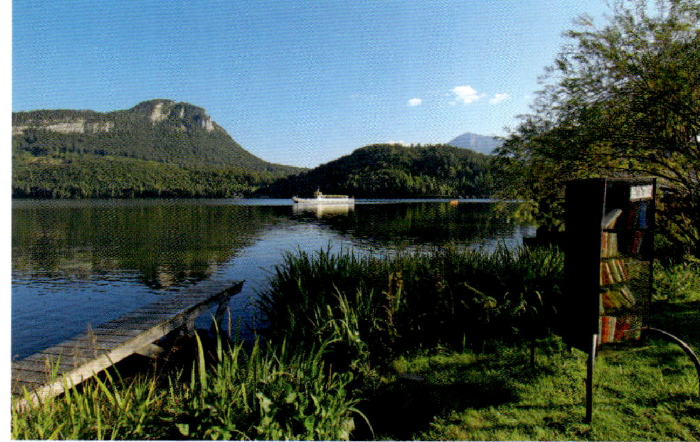

Rechts vom Tressenstein führt der Weg zum Altausseer See.

weiter, dann zweigen Sie rechts in die Frank-Thieß-Gasse ab. Diese führt steil zum spätbarocken Klosterhof und der Blutschwitzkapelle und in den Ortsteil Obertressen (784 m). Auf der anschließenden Sigmund-Freud-Straße unter dem Tressenstein dahin. Ihre Fortsetzung bildet die Mößernstraße, von der Sie nach der Brücke über den Kroissenbach rechts auf der Bartlhofstraße in die Ortschaft Platten (Campingplatz Temel) kommen. Dort zweigt links der Plattenkogelweg ab, auf dem Sie zur Altausseer Traun hinüberspazieren. Rechts gehts zur Villa Seeklause am **Altausseer Sees** 02 (712 m).

Links über den Fluss, am Hotel Seevilla vorbei und – rechts auf den Brahmsweg einschwenkend – nach Fischerndorf, das Ortszentrum von **Altaussee** 03 (719 m). 1:30 h

Hinweis: Busverbindung (Linie 955) von Bad Aussee nach Altaussee. Mit dem Solarschiff über den Altausseer See: www.altausseeschifffahrt.at

Bei der Pfarrkirche links auf der Fischerndorfstraße weiter. Nach 70 m biegen Sie rechts ab (das Schild „Loserhütte, Loser" hängt hinter der Hausecke). Nun geht's auf der Altengasse zur Kalvarienbergkapelle hinauf. Geradeaus auf dem Arneth-Weg weiter. Bald zweigt links der Kielerweg ab – das ist die beschilderte Aufstiegsroute zur Loserhütte. Er führt in weiten Kehren durch die bewaldeten Hänge über dem Altausseer See aufwärts; unterwegs genießt man immer wieder schöne Ausblicke zur mächtigen Trisselwand (1.754 m).

Nach der Querung der Forststraße geht's weiter zur Loser-Mautstraße, der Sie ein paar Schritte nach rechts folgen. Dann wandern Sie auf dem bergseitig abzweigenden Fahrweg zur Augstalm und rechts zur herrlich gelegenen und dementsprechend gut besuchten **Loserhütte** 04 (1.540 m) des Alpenvereins hinauf. 2:30 h

Gipfelabstecher auf den **Loser** (1.837 m) – siehe Tour G12, Seite 266.

LOSERHÜTTE – APPELHAUS

Alpine Variante Loser, 2. Teil – In den Henarwald

 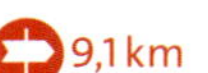 9,1 km 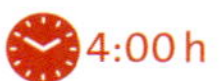 4:00 h 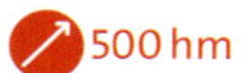 500 hm 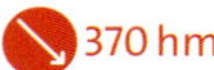 370 hm  18

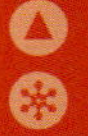

START | Loserhütte, 1.540 m.
[GPS: UTM Zone 33 x: 408.523 m y: 5.278.820 m]
CHARAKTER | Gebirgsüberquerung auf gut markierten, aber schmalen und steinig-felsigen Pfaden, die durch zerklüftetes Karstgelände führen und Trittsicherheit erfordern. Nur bei sicherem Wetter starten – bei Nebel kann man sich leicht verirren.

„Jeder Gedanke an die große Welt, jeder Kummer schwindet hier. Seinem Schöpfer näher erfüllt uns die Anschauung der Natur im Großen mit himmlischer Empfindung ...“ Diese Worte findet man in den Tagebüchern des Erzherzogs Johann (1782–1859), der das Tote Gebirge mehrmals überschritten hat. Auf dieser Etappe wird man sie bestätigt finden.

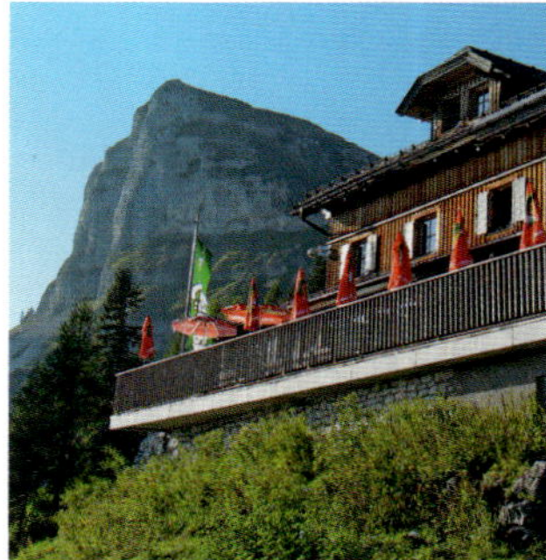
Die Loserhütte und ihr Berg.

▶ Von der **Loserhütte** 01 gehen Sie auf dem breiten Weg neben der Mautstraße zum obersten Park-

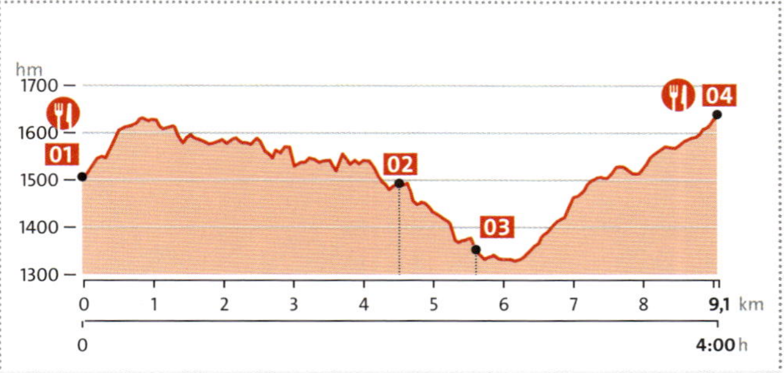

01 Loserhütte, 1.540 m; 02 Hochklapfsattel, 1.487 m; 03 Augstwiesen, 1.345 m; 04 Appelhaus, 1.660 m

platz bei der Loser-Alm. Von seinem hinteren Rand wandern Sie auf dem Karl-Stöger-Steig (Nr. 201) mit der Beschilderung „Augstwiese – Appelhaus“ weiter. Bei der folgenden Gabelung bleiben Sie auf dem rechten Pfad, der bald felsiges Gelände und ausgedehnte Latschenfelder quert.
Durch die Südostflanke des Vorderen Schwarzmooskogels gelangen Sie im stetigen Auf und Ab zum **Hochklapfsattel** 02 (1.487 m).

Dort mündet von rechts der Pfad Nr. 212 ein, der von Altaussee heraufzieht. Auf diesem marschieren Sie links weiter und gelangen oberhalb des winzigen Augstwiesensees zum unteren Rand der weiten Grasmulde der **Augstwiesen** 03 (1.345 m).

Von der dortigen Abzweigung gehen Sie rechts (Markierung Nr. 201) Richtung „Appelhaus“ zu den Almhütten und dann durch den

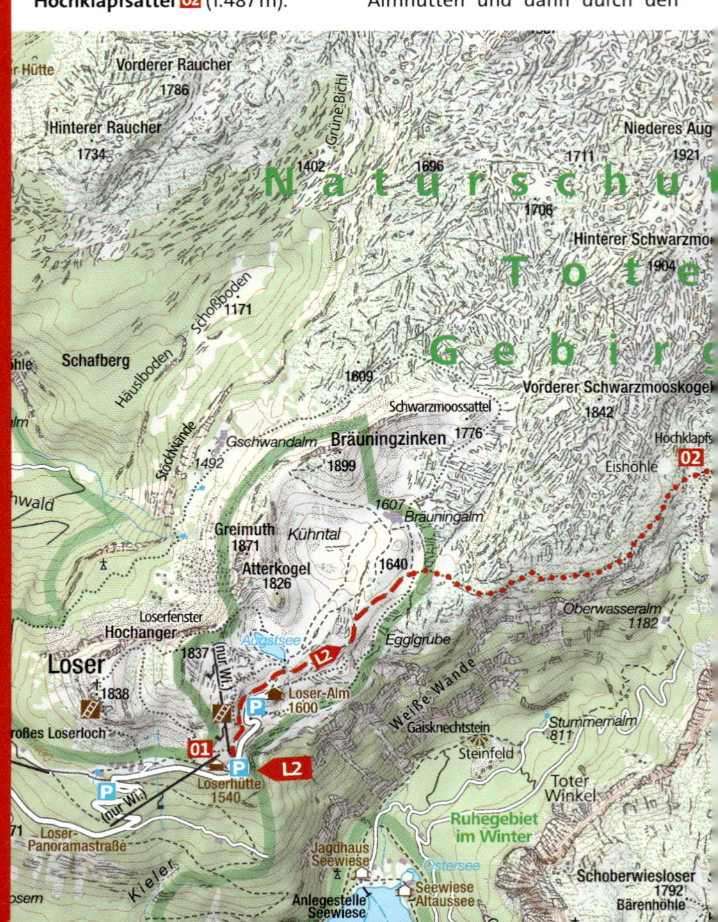

Henarwald aufwärts. Nach etwa 3,5 km erreichen Sie das **Albert-Appel-Haus** 04 (1.660 m) und damit auch den Anschluss an die Etappe 21 des Salzkammergut BergeSeen Trails. 4:00 h

Hinweis: Wer von der Abzweigung auf der Augstwiesenalm dem linken Pfad (212) folgt, gelangt – vorbei am Jagdhaus „Füchsleins Not" – in 45 Minuten zu den Hütten der Wildenseealm (1.521 m).

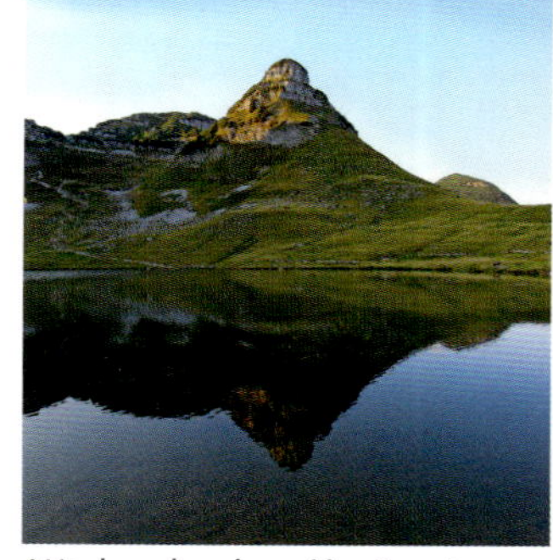

Atterkogel mal zwei im Augstsee.

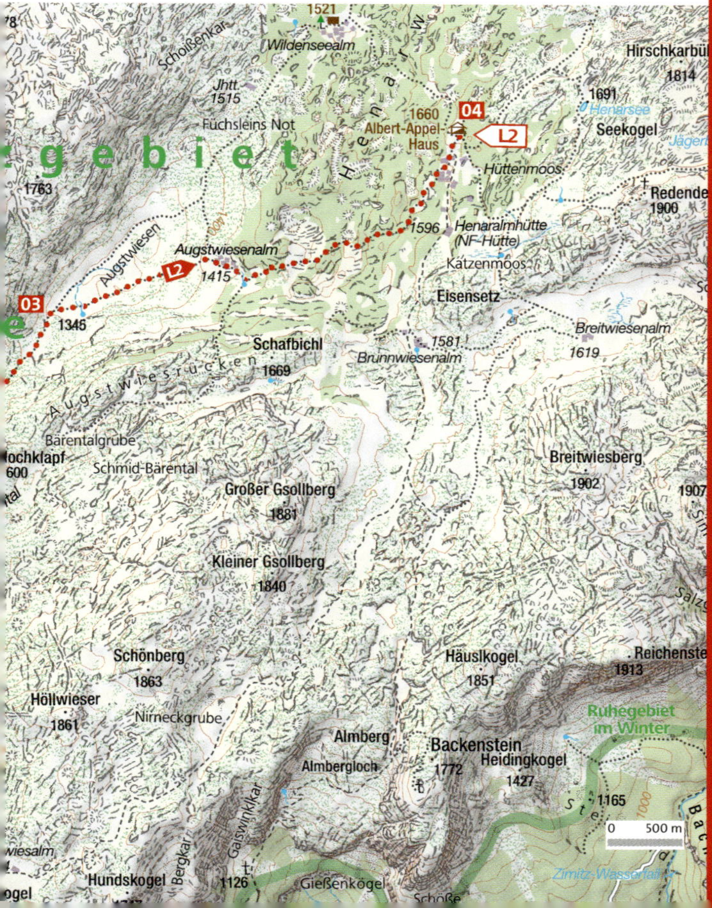

GÖSSL AM GRUNDLSEE – PÜHRINGERHÜTTE

Alpine Variante Großer Priel, 1. Teil – Von See zu See

  9 km 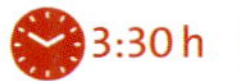 3:30 h 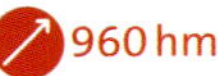 960 hm 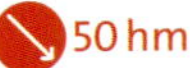 50 hm  20

START | Gößl am Grundlsee, 720 m.
[GPS: UTM Zone 33 x: 417.572 m y: 5.276.635 m]
CHARAKTER | Langer Hüttenzustieg auf einem gut markierten, aber stellenweise steinigen und etwas ausgesetzten Pfad, der Trittsicherheit erfordert (eine kurze Stelle ist gesichert).

Diese alpine Variante des Salzkammergut BergeSeen Trails führt Sie ins steinerne Zentrum des Toten Gebirges. Dort, rund um den gewaltigen Felsklotz des Großen Priels (2.515 m), den wuchtigen Schermberg (2.396 m) und den zugespitzten Temlberg (2.331 m), scheint diese riesige Gebirgsgruppe wirklich tot zu sein. Dennoch verläuft der Weg dorthin durch eine der schönsten Landschaftsszenerien des Salzkammerguts – und, man möchte es kaum glauben, auch durch üppiges Grün.

▶ Von **Gößl** 01 wandern Sie wie bei Etappe 20 auf dem Weg Nr. 214 hinauf bis zum **Vorderen Lahngangsee** 02 (1.494 m) und weiter bis zu den Holzhütten in der **Elmgrube** 03 (1.622 m). 2:45h

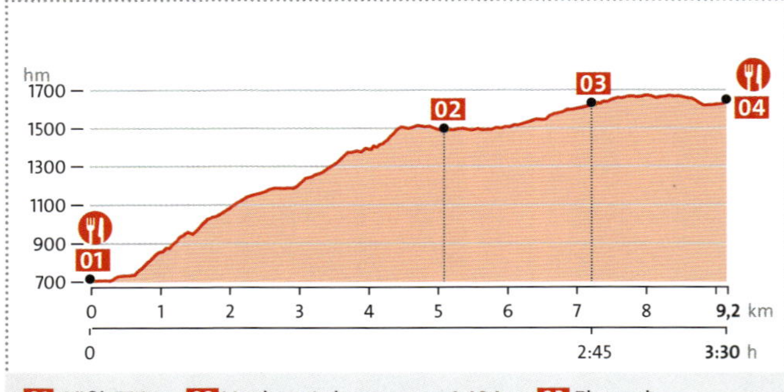

01 Gößl, 720 m; 02 Vorderer Lahngangsee, 1.494 m; 03 Elmgrube, 1.622 m; 04 Pühringerhütte, 1.638 m

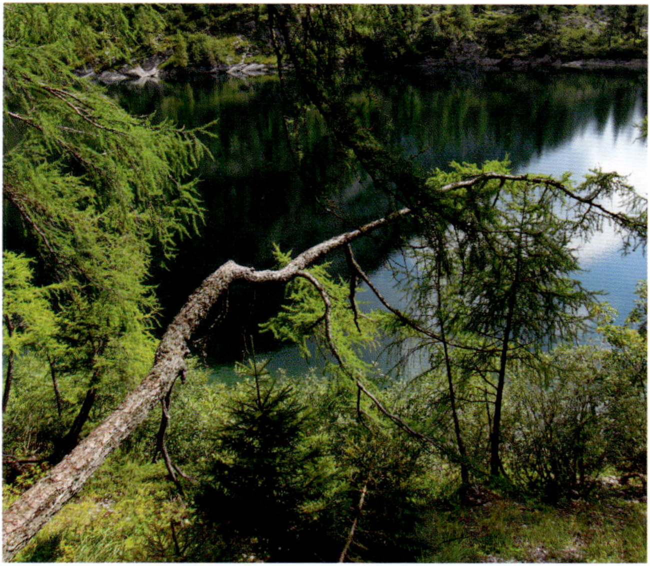

Blickpunkte im Toten Gebirge: Lahngangsee (o.) und Pühringerhütte(u.).

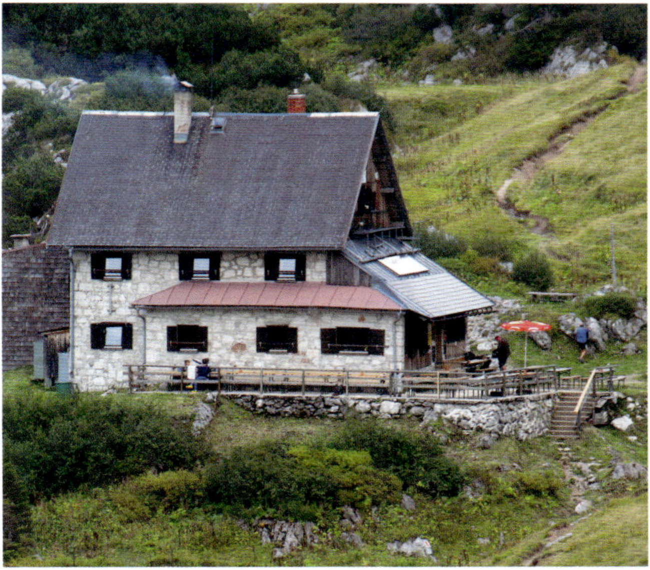

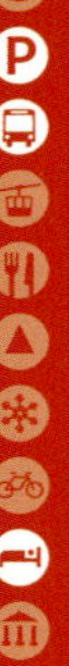

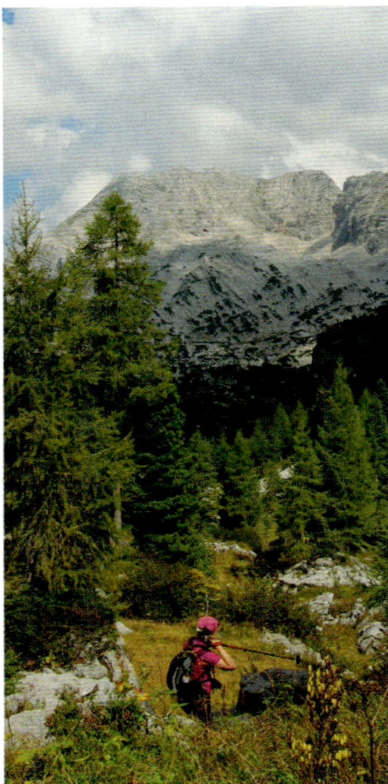

Grün und Grau am Hüttenweg.

Dort folgen Sie jedoch dem Schild „Zur Pühringerhütte“ nach rechts und steigen auf der stellenweise aus Steinen aufgeschichteten Trasse des Ausseerweges durch bewaldete Karsthänge an. Zwischen dem Hochkogel (2.091 m) und dem schroffen Felsfundament des Elms (2.128 m) kommen Sie im Auf und Ab am Kleinen und am Großen Windloch vorbei – aus diesen beiden Dolinenschächten strömt eiskalte Luft nach oben. Auf „Emils Tränenhügel“ sehen Sie zum ersen Mal die nahe **Pühringerhütte** 04 (1.638 m). Die gemütliche Alpenvereinsherberge steht direkt über dem Ufer des kleinen Elmsees. 45 Minuten

Gipfelabstecher auf das **Rotgschirr** (2.261 m) – siehe Tour G13, Seite 268.

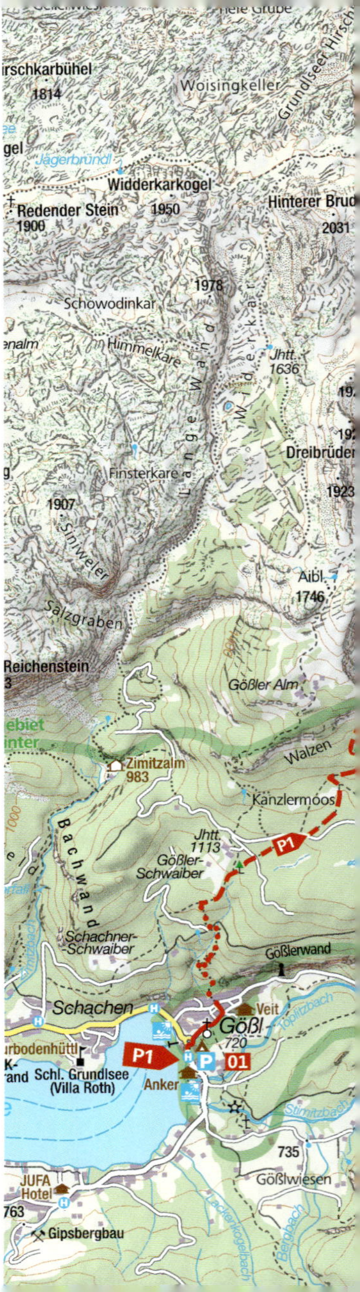

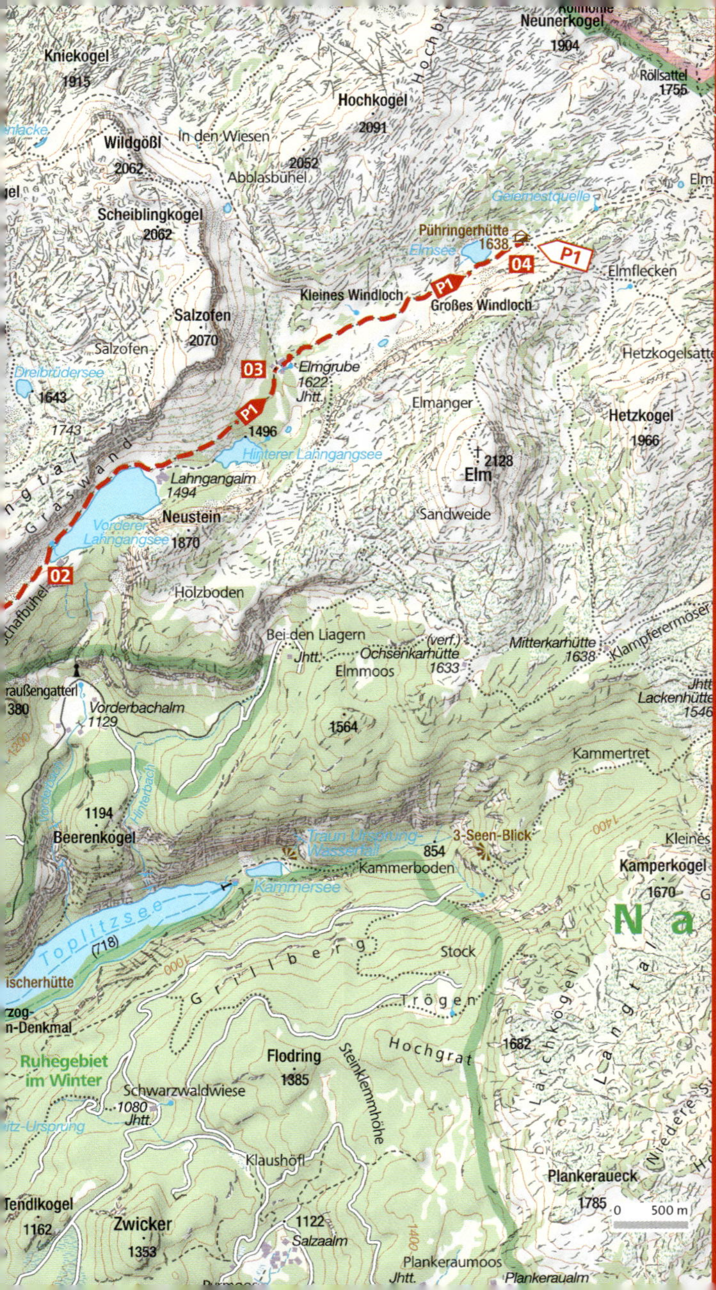

Neunerkogel
1904
Kniekogel
1915
Röllsattel
1755
Hochkogel
2091
Wildgößl
2062
In den Wiesen
2052
Abblasbühel
Scheiblingkogel
2062
Gelenestquelle
Pühringerhütte
1638
Elmsee
P1
04
Elmflecken
Kleines Windloch
P1
Großes Windloch
Salzofen
2070
Salzofen
03
Elmgrube
1622
Jhtt.
Hetzkogelsatte
Dreibrüdersee
1643
Elmanger
P1
Hetzkogel
1966
1743
1496
Hinterer Lahngangsee
2128
Elm
Graswand
Lahngangalm
1494
Sandweide
Neustein
Vorderer Lahngangsee
1870
02
Hölzboden
Bei den Liagern
Jhtt.
(verf.)
Ochsenkarhütte
1633
Mitterkarhütte
1638
Klampferermöser
Elmmoos
Vorderbachalm
1129
Lackenhütte
1546
1564
Kammertret
1194
Beerenkogel
Hinterbach
Traun Ursprung-Wasserfall
3-Seen-Blick
854
Kammerboden
Kleines
Kamperkogel
1670
Kammersee
Toplitzsee
(718)
Stock
Grillberg
Trögen
Ruhegebiet im Winter
Flodring
1385
Steinklemmhöhe
Hochgrat
1682
Lärchkogel
Langtal
Schwarzwaldwiese
1080
Jhtt.
Klaushöfl
Plankeraueck
1785
0 500 m
Tendlkogel
1162
Zwicker
1353
1122
Salzaalm
Plankeraumoos
Jhtt.
Plankeraualm

PÜHRINGERHÜTTE – WELSER HÜTTE

Alpine Variante Großer Priel, 2. Teil – In Kalk und Karst

  8,8 km 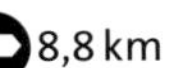 4:30 h 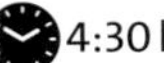 700 hm 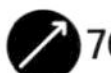 600 hm  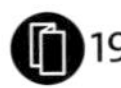 19

START | Pühringerhütte, 1.638 m.
[GPS: UTM Zone 33 x: 422.469 m y: 5.282.050 m]
CHARAKTER | Anspruchsvolle Überschreitung in einer hochalpinen Karstlandschaft auf steinig-felsigen, stellenweise auch ausgesetzten und gesicherten Pfaden, die absolute Trittsicherheit, Schwindelfreiheit, gute Kondition und alpine Erfahrung erfordern. Vorsicht vor hart gefrorenen Schneefeldern – Absturzgefahr! Nur bei sicherem Wetter starten – bei Nebel und Schneetreiben kann man sich im einförmigen Gelände leicht verirren.

Diese Etappe zählt zu den eindrucksvollsten, aber auch zu den alpinsten Wegstrecken im Verlauf des Salzkammergut BergeSeen Trails. Sie darf daher nur bei trockenen und schneefreien Bodenverhältnissen und stabiler Schönwetterlage angegangen werden. Unter Nebelschwaden wird die schier endlose große und einförmige Hochfläche rasch zum gefährlichen Orientierungslabyrinth. Und bei Schneelage, wenn die Markierungen am Boden – und andere gibt es über weite Strecken keine! – unsichtbar werden, sind hier erfahrene Bergsteiger auch schon im Sonnenschein tagelang im Kreis gegangen. Wenn die Rahmenbedingungen (und die körperliche Kondition) jedoch passen, dann erwartet Sie hier ein ganz besonderes Berg- und Naturerlebnis im Randbereich der größten Steinwüste Europas.

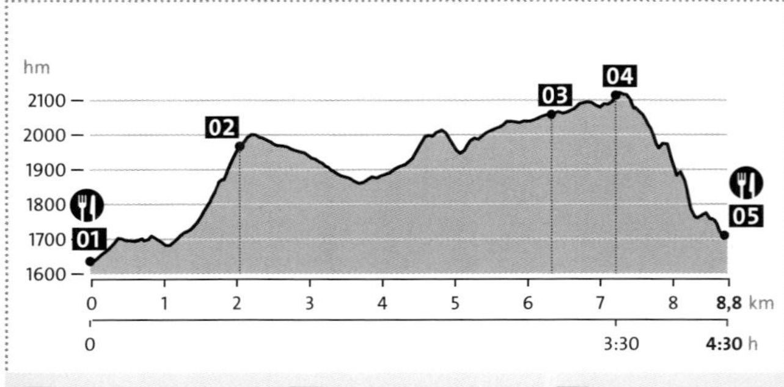

01 Pühringerhütte, 1.638 m; **02** Rotkögelsattel, 2.000 m; **03** Wegkreuzung, 2.100 m; **04** Fleischbanksattel, 2.123 m; **05** Welser Hütte, 1.740 m

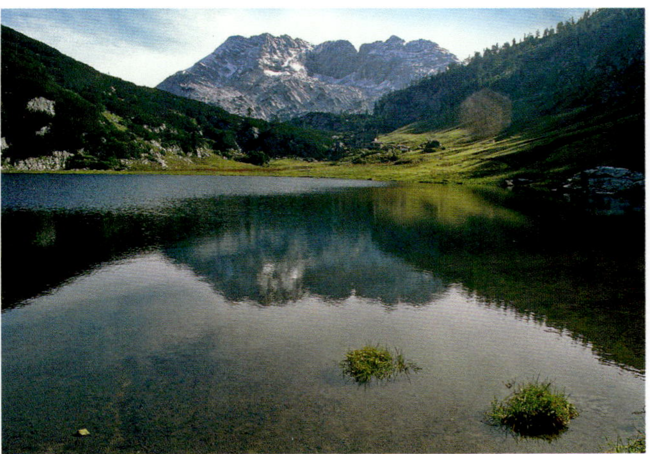

Der Elmsee unter der Felskulisse des Rotgschirrs.

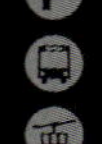
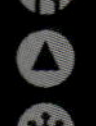

▶ Von der **Pühringerhütte** 01 folgen Sie weiterhin dem Ausseerweg (Nr. 201) nach Osten. Neben der rechts dahinziehenden Schrofenwand des Rauhen Elms wandern Sie dem Rotgschirr entgegen, vorbei an der Geiernestquelle. Die Abzweigung des (mit Stahlseilen und Leitern gesicherten) Sepp-Huber-Steigs zum Almsee bleibt ebenso unbeachtet wie kurz darauf der Gipfelzustieg auf das Rotgschirr. Aus einer kleinen Grasmulde unter dem mächtigen Berg geht's etwas nach rechts zum **Rotkögelsattel** 02 (2.000 m) hinauf.

Dahinter führt der gut angelegte Ausseerweg wieder etwas bergab und nach Nordosten durch das „Aufg'hackert", das wild zerklüftete und mit riesigen Gesteinsbrocken übersäte Felskar zwischen dem Rotgschirr und dem Massiv des Feuertalberges, das rechter Hand aufragt. Auf den „Ochsenweiden" mildern noch einige Latschenflecken und Grasinseln die Strenge der ansonsten nahezu vegetationslosen Karstwüste. Beim weiteren Anstieg zum Sattel über dem nordseitig eingetieften Hetzaugraben durchstreifen Sie jedoch endgültig die knochentrockene Mondlandschaft des Karstplateaus. Sich wieder rechts haltend geht's weiter sanft bergauf, bis Sie zwischen der Pfaffenschneide (links) und den kaum ausgeprägten Hohen Kögeln (2.059 m) wieder flacheres, teils sogar etwas grasiges Felsgelände erreichen. Von der dortigen Abzweigung bleiben Sie links auf dem Ausseer Weg, der nach etwa 1 km zwischen dem Schermberg (links) und dem Temlberg (rechts) eine **Wegkreuzung** 03 (2.100 m) erreicht.

Hier geradeaus weiter zum ca. 800 m entfernten und von mehreren Dolinen umgebenen **Fleischbanksattel** 04 (2.123 m). Links baut sich der dem Schermberg vorgelagerte Sauzahn auf, rechts die weiter entfernte, elegant geformte Spitzmauer (2.446 m) – und vor Ihnen zeigt sich der mit Schutt bedeckte Südwesthang des Großen Priels. 3:30 h

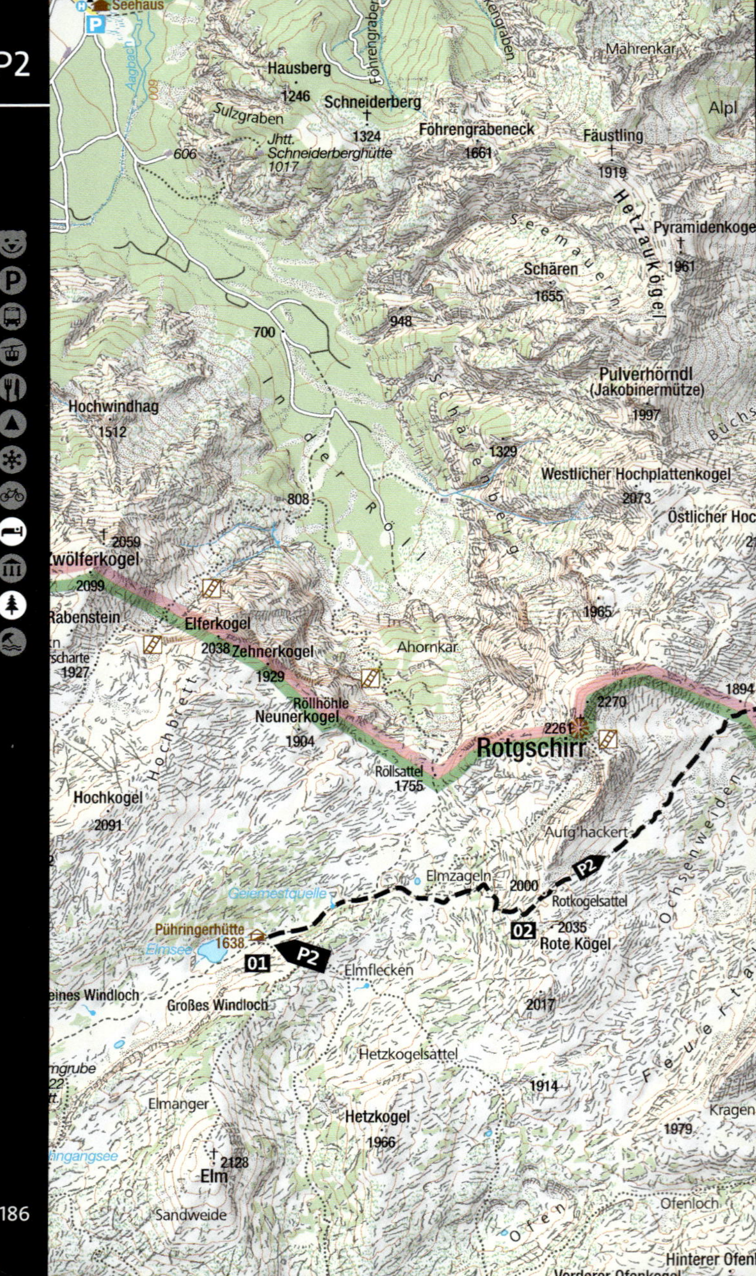
Seehaus
Hausberg
1246
Schneiderberg
1324
Föhrengrabeneck
1661
Fäustling
1919
Mährenkar
Alpl
Sulzgraben
Jhtt. Schneiderberghütte
1017
606
Hetzaukögel
Pyramidenkogel
1961
Seemauern
Schären
1655
948
700
Pulverhörndl
(Jakobinermütze)
1997
Hochwindhag
1512
In der Röll
Schärenberg
1329
Westlicher Hochplattenkogel
2073
Östlicher Hoc
808
2059
Zwölferkogel
2099
Rabenstein
Elferkogel
2038
Zehnerkogel
1929
1927
Ahornkar
1965
Röllhöhle
Neunerkogel
1904
2270
1894
2261
Rotgschirr
Röllsattel
1755
Hochbrett
Hochkogel
2091
Aufg'hackert
Ochsenweiden
P2
Elmzageln
2000
Geiemestquelle
Rotkogelsattel
Pühringerhütte
1638
Elmsee
01
02
2035
Rote Kögel
Elmflecken
Großes Windloch
2017
Hetzkogelsattel
1914
Feuertal
Elmanger
Hetzkogel
1966
Kragen
1979
2128
Elm
Sandweide
Ofen
Ofenloch
Hinterer Ofenk
Vorderer Ofenkogel

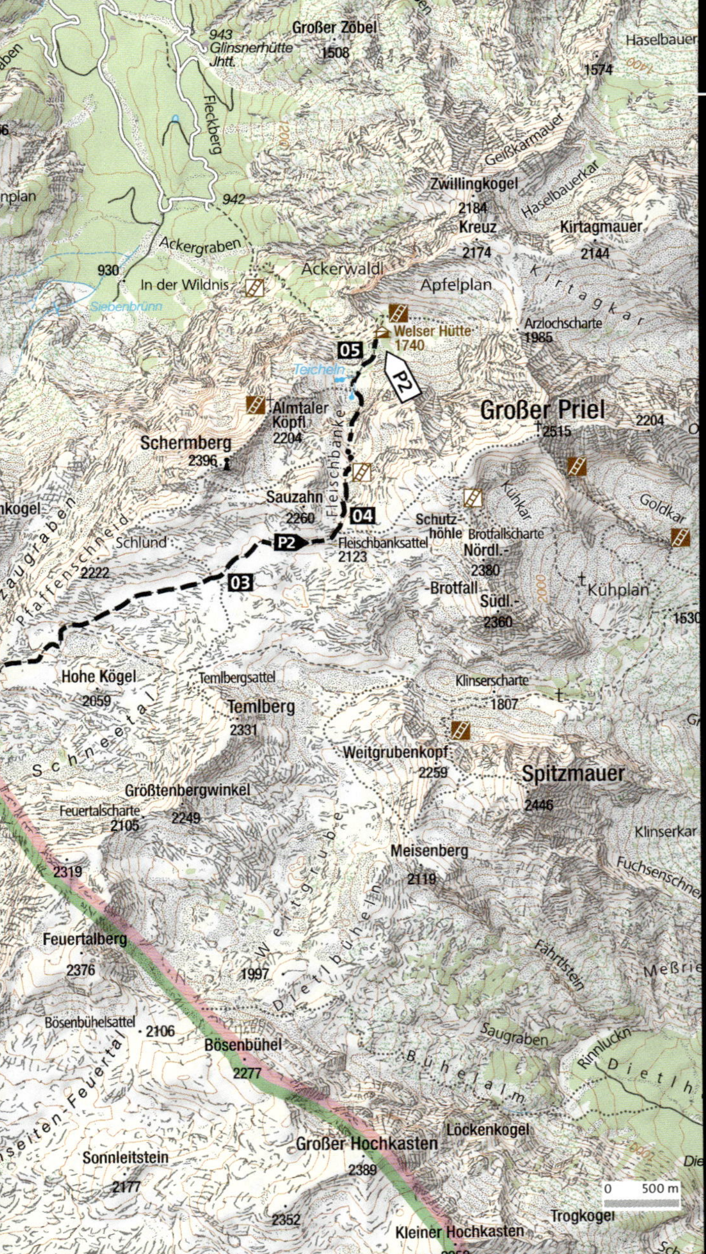
Großer Zöbel
1508
943
Glinsnerhütte
Jhtt.
Haselbauer
1574
Fleckberg
Geißkarmauer
Zwillingkogel
2184
Haselbauerkar
Kreuz
2174
Kirtagmauer
2144
942
Ackergraben
930
In der Wildnis
Ackerwaldl
Apfelplan
Kirtagkar
Siebenbrünn
Welser Hütte
1740
Arzlochscharte
1985
05
P2
Teicheln
Almtaler
Köpfl
2204
Großer Priel
2515
2204
Schermberg
2396
Fleischbanke
Sauzahn
2260
04
Kuhkar
Goldkar
Schutz-
höhle
Brotfallscharte
Schlund
P2
Fleischbanksattel
2123
Nördl.-
2380
2222
Pfaffenschneid
03
Brotfall
Südl.-
2360
Kühplan
1530
Hohe Kögel
2059
Temlbergsattel
Temlberg
2331
Klinserscharte
1807
Schneetal
Weitgrubenkopf
2259
Spitzmauer
2446
Größtenbergwinkel
Feuertalscharte
2105
2249
Klinserkar
Meisenberg
2119
Fuchsenschneid
2319
Weitgrube
Dietlbühel
Feuertalberg
2376
1997
Fährtlstein
Meßrie
Bösenbühelsattel
2106
Saugraben
Bösenbühel
2277
Bühelalm
Rinnluckn
Dietlh
Feuertal
Löckenkogel
Großer Hochkasten
2389
Sonnleitstein
2177
0
500 m
2352
Trogkogel
Kleiner Hochkasten
2352

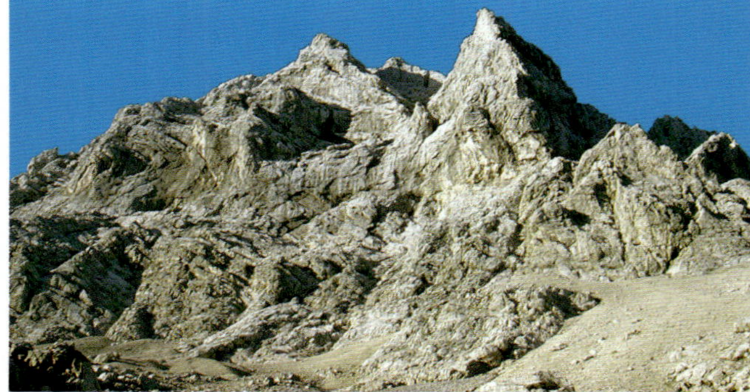

Felstürme über der Karstwüste – der Sauzahn vor dem Schermberg.

Gipfelabstecher auf den **Schermberg** (2.396 m) und auf den **Großen Priel** (2.515 m) – Touren G14, Seite 270 und G15, seite 274.

Nun zweigen Sie links auf den Pfad Nr. 215 Richtung „Welser Hütte" ab. Im wilden, tief eingeschnittenen Schuttkar zwischen dem Schermberg und dem Großen Priel mündet links der Hermann-Wöhs-Steig ein. Kurz darauf bricht es mit den geschichteten Felsflanken der „Fleischbänke" ab. Diese werden über das mit Stahlseilen gesicherte „Hansbauerband" und zwei kurze Leitern überwunden. Weiter unten liegt oft steiler Altschnee. Zwischen Blöcken und über eine rötliche Felsrampe (Stahlseil) geht's zum Grasfleck mit der Lacke der „Teicheln" hinunter. Über eine weitere Leiter (Stahlseil) erreichen Sie die **Welser Hütte** 05 (1.740 m). Diese Alpenvereinsherberge steht an einem höchst eindrucksvollen Platz inmitten riesiger Felsberge. 1:00 h

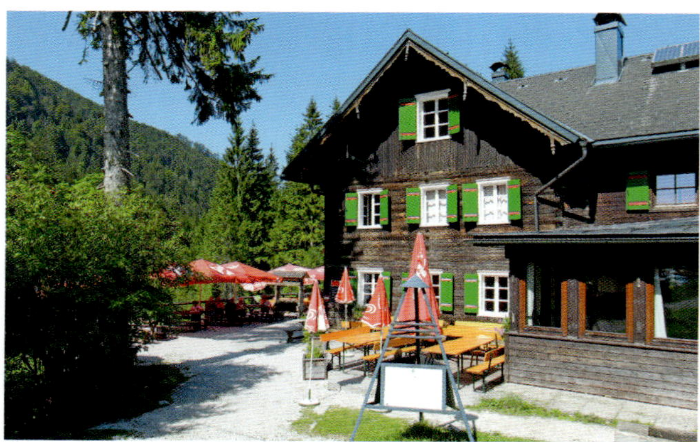

Aus der Mondlandschaft in die Waldidylle beim Almtaler Haus.

WELSER HÜTTE – ALMTALER HAUS – JAGERSIMMERL

P3

Alpine Variante Großer Priel, 3. Teil – Abschied im Almtal

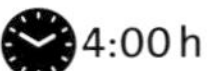

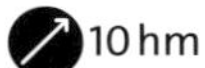

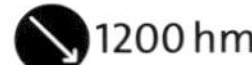

START | Welser Hütte, 1.740 m.
[GPS: UTM Zone 33 x: 428.693 m y: 5.286.005 m]
CHARAKTER | Alpine und landschaftlich sehr eindrucksvolle Bergab-Tour auf einem stellenweise ausgesetzten und gesicherten Pfad, der absolute Trittsicherheit und Schwindelfreiheit erfordert. Zuletzt geht's ca. 6 km auf einer Asphaltstraße talauswärts.

Bei dieser Bergab-Etappe sollten Sie immer wieder einmal stehenbleiben und zurückblicken: Während des Abstiegs von der Welser Hütte scheint der Schermberg geradezu über sich hinauszuwachsen.

▶ Von der **Welser Hütte** 01 steigen Sie auf dem Pfad Nr. 215 weiter talwärts. Unter der Materialseilbahn durch und über einen steilen Hang (Stufen) gelangen Sie zu einem gesicherten Felsband, von dem Sie über eine kurze Leiter hinunterturnen. Durch steile Schutt-, Schrofen- und Waldhänge weiter im Zickzack abwärts. Dann müssen die „Grundmauern", die untersten Bastionen im gewaltigen Felszirkus zwischen dem Großen Priel und dem Schermberg, überwunden werden, und zwar mit Hilfe von Stahlseilen und der langen Metalltreppe am Wiesinger Eck. Über das gesicherte Hans-Pumberger-Band und einige Serpentinen gelangen Sie zuletzt

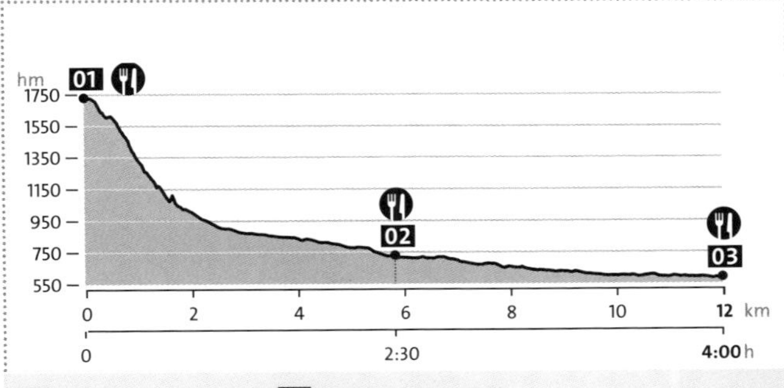

01 Welser Hütte, 1.740 m; 02 Almtaler Haus, 714 m;
03 Gasthof Jagersimmerl, 577 m

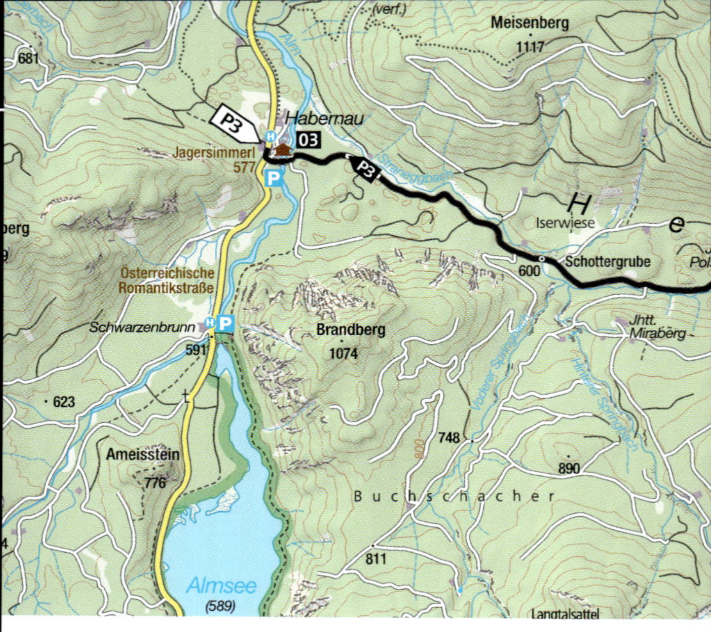

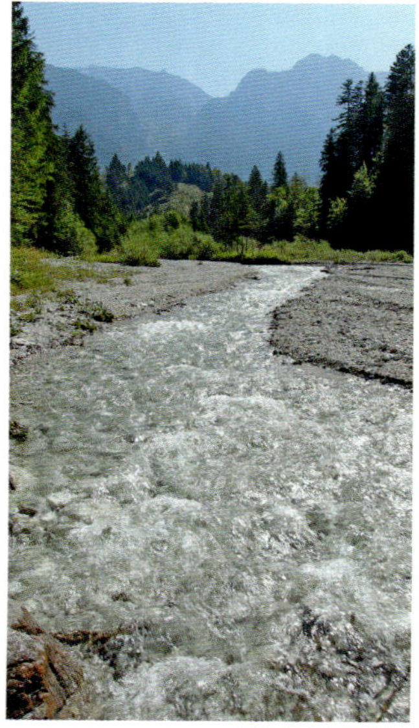
Rückblick zu Priel und Schermberg.

in den Ackergraben. Nach der Querung des Bachbetts passieren Sie die Talstation der Materialseilbahn und wandern auf einer Forststraße durch die hintere Hetzau dem **Almtaler Haus** 02 (714 m) entgegen. Diese gemütliche Alpenvereins-Unterkunft bildet auch den Schnittpunkt zur alpinen Variante Kasberg (Tour K1, Seite 192). 2:30 h

Neben dem Hetzaubach marschieren Sie zuletzt noch ungefähr 6 km bis ins Almtal hinaus. Nach der Brücke über die Alm finden Sie rechts den **Jagersimmerl** 03 (577 m), bei dem auch die Etappe 21 des Salzkammergut BergeSeen Trails endet. 1:30 h

Hinweis: Traunstein Taxi, Route 60 vom Bahnhof Grünau im Almtal zum Almtalerhaus – mind. 1 Stunde vorab bestellen (Tel. 050/4221691 oder O-Taxi App).

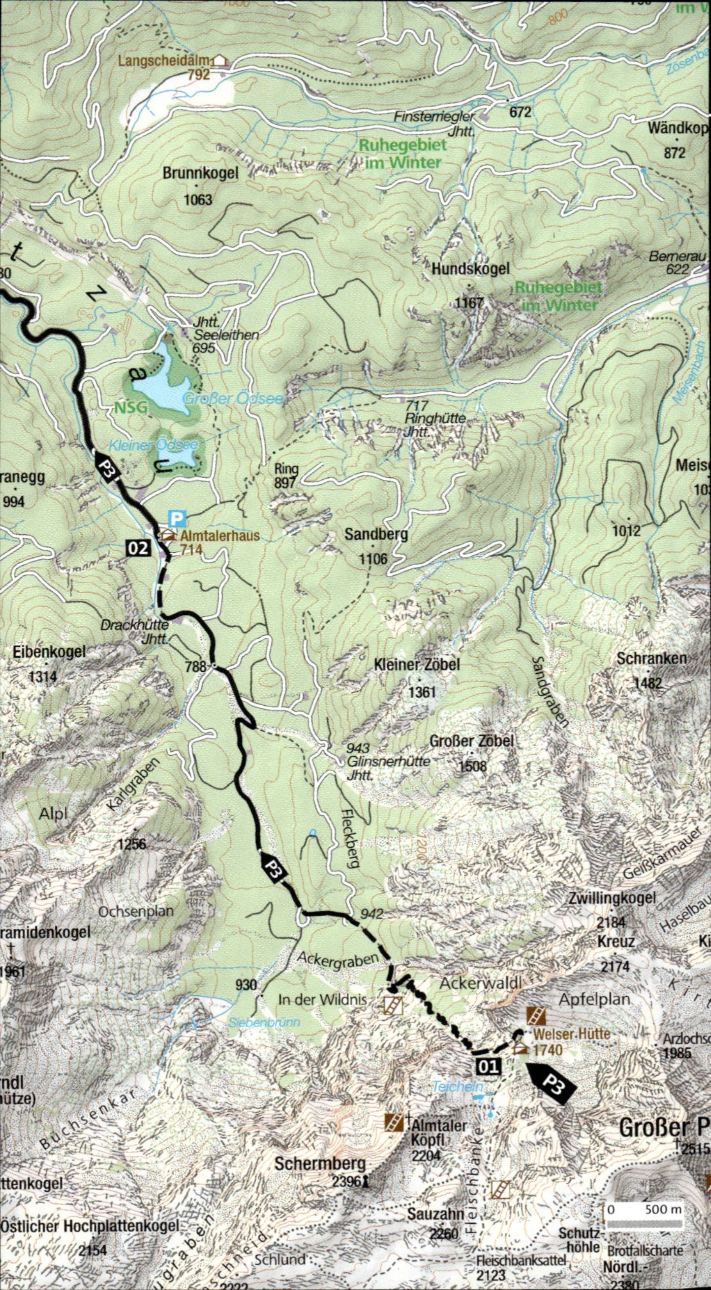

Langscheidalm 792
Finsterriegler Jhtt. 672
Wändkop 872
Ruhegebiet im Winter
Brunnkogel 1063
Hundskogel 1167
Bernerau 622
Ruhegebiet im Winter
Jhtt. Seeleithen 695
Großer Ödsee
NSG
Kleiner Ödsee
717 Ringhütte Jhtt.
Meisenbach
ranegg 994
Ring 897
P3
Almtalerhaus 714
02
Sandberg 1106
1012
Drackhütte Jhtt.
Eibenkogel 1314
788
Kleiner Zöbel 1361
Sandgraben
Schranken 1482
943 Glinsnerhütte Jhtt.
Großer Zöbel 1508
Alpl
Karlgraben
1256
Fleckberg
P3
Geißkarmauer
Zwillingkogel 2184
Ochsenplan
942
Kreuz 2174
ramidenkogel 1961
Ackergraben
Ackerwaldl
Apfelplan
930
In der Wildnis
Siebenbrünn
Welser Hütte 1740
01
Arzlochsc 1985
Teicheln
P3
Büchsenkar
Almtaler Köpfl 2204
Großer P 2515
Schermberg 2396
Fleischbanke
ttenkogel
Sauzahn 2260
0 500 m
Östlicher Hochplattenkogel 2154
Schutzhöhle
Brotfallscharte
Schlund
Fleischbanksattel 2123
Nördl. 2380

ALMTALER HAUS – STEYRERHÜTTE

Alpine Variante Kasberg, 1. Teil – Durchs Brunnental

 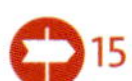 15 km  5:30 h 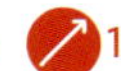 1050 hm 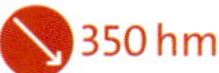 350 hm  19

START | Almtaler Haus, 714 m.
[GPS: UTM Zone 33 x: 426.486 m y: 5.289.572 m]
CHARAKTER | Langer, aber landschaftlich sehr reizvoller Übergang von Tal zu Tal mit anschließendem Hüttenzustieg; Sie wandern auf markierten Forststraßen und Waldpfaden.

Die alpine Variante über den Kasberg ist eine attraktive Alternative für alle, die nach der 21. Etappe des Salzkammergut BergeSeen Trails eine Gipfelüberschreitung „anhängen" möchten (und dafür einen zusätzlichen Tag einplanen). In diesem Fall wandern Sie vom Jagersimmerl in 1:30 h auf der ca. 6 km langen Asphaltstraße zum Almtaler Haus. Man kann den Kasberg aber im Anschluss an die alpine Priel-Variante erklimmen, denn es gibt kaum eine bessere Aussichtsloge vor den Nordabstürzen des Toten Gebirges.

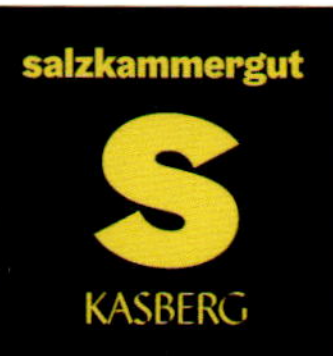

Vom **Almtaler Haus** 01 wandern Sie, den Wegweisern „Herrentisch, Ringsattel, Bernerau" folgend, auf dem breiten Waldweg Nr. 430/404 nach Osten. Bei der Abzweigung zum Kleinen und zum Großen Ödsee bleiben Sie geradeaus (der sehr lohnende See-Abstecher nimmt zusätzlich 30 Minuten

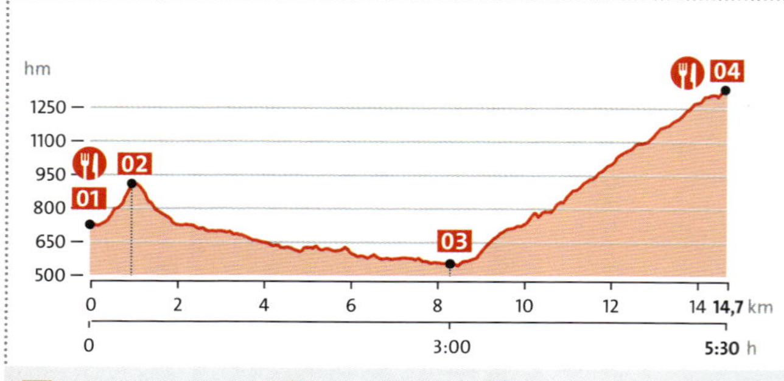

01 Almtaler Haus, 714 m; 02 Ringsattel, 897 m; 03 Brunnental, 540 m; 04 Steyrerhütte, 1.400 m

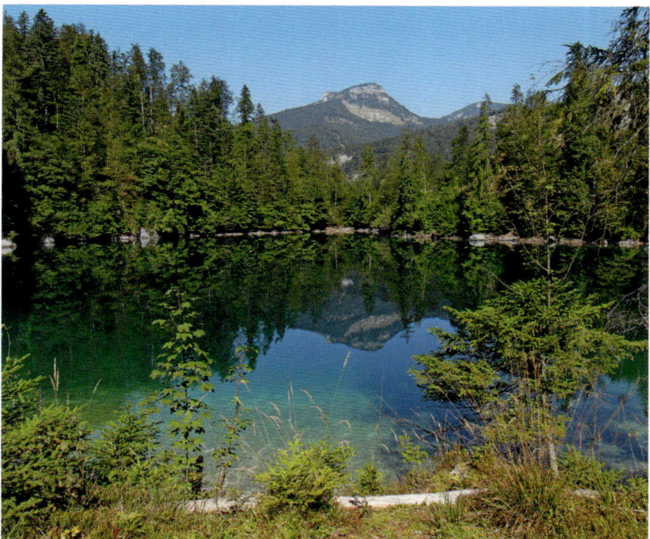

Über dem Kleinen Ödsee erhebt sich das Kasberg-Massiv.

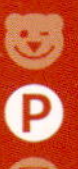

bzw. 1:00 h in Anspruch) und steigen bald steiler zum Herrentisch (Traumblick vom Priel bis zum Traunstein!) und zum **Ringsattel** 02 (897 m) an.

Dahinter geht's ins Quellgebiet der Steyrling hinunter. Bei der Ringhütte (717 m) treffen Sie auf eine Forststraße, auf der Sie 2 km zum schönen alten Forsthaus in der Bernerau (622 m) hinausmarschieren. Bei der Abzweigung nach der Brücke über die Steyrling bleiben Sie geradeaus und wandern noch etwa 4 km durch den stellenweise felsgesäumten Graben hinaus ins **Brunnental** 03 (540 m). In dieser kleinen Ansiedlung um ein stattliches Jagdhaus, die zur Steyrtaler Gemeinde Klaus an der Pyhrnbahn gehört, hat es schon Kaiserin Elisabeth gefallen – sie ist im Jahre 1883 samt Hofdame, Diener und zwei Führern vom Almtal herübergewandert. 3:00 h

Links, beim Parkplatz vor dem Forsthaus, beginnt die beschilderte Aufstiegsroute zur Steyrerhütte am Kasberg. Sie wandern auf der Forststraße (Nr. 433) durch den bewaldeten (und meist wasserlosen) Katzengraben bergauf. Von einer Rechtskehre geht's geradeaus auf einem steilen, steinigen Ziehweg weiter, bis Sie weiter oben wieder auf den Fahrweg treffen. Auf diesem weiter aufwärts und bei einer Gabelung nach links, bis nach etwa 150 m der Wanderweg Nr. 433 rechts abzweigt. Es führt durch (Jung-)Wald und Schläge in ungefähr 45 Minuten zur **Steyrerhütte** 04 (1.400 m). Das gemütliche Schutzhaus der Naturfreunde steht unter dem Südhang der Schwalbenmauer und bietet von seiner Terrasse einen traumhaften Blick zu den Nordabstürzen des Toten Gebirges um den Großen und den Kleinen Priel. 2:30 h

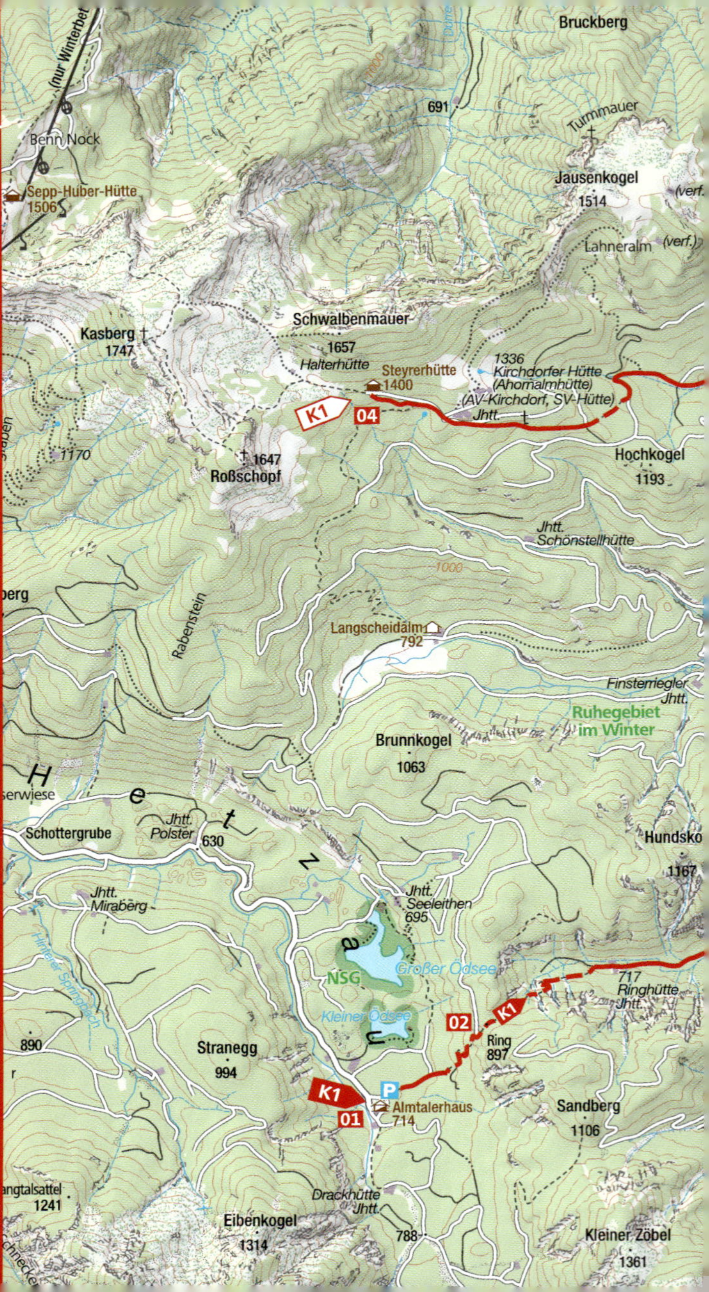

(nur Winterbet
Bruckberg
691
Turmmauer
Benn Nock
Jausenkogel
1514
(verf.
Sepp-Huber-Hütte
1506
Lahneralm (verf.)
Schwalbenmauer
Kasberg
1747
1657
Halterhütte
Steyrerhütte
1400
1336
Kirchdorfer Hütte
(Ahornalmhütte)
(AV-Kirchdorf, SV-Hütte)
Jhtt.
K1
04
1170
1647
Roßschopf
Hochkogel
1193
Jhtt.
Schönstellhütte
1000
berg
Rabenstein
Langscheidalm
792
Finsterriegler
Jhtt.
Ruhegebiet
im Winter
Brunnkogel
1063
H e t z a u
serwiese
Schottergrube
Jhtt.
Polster
630
Hundsko
1167
Jhtt.
Miraberg
Jhtt.
Seeleithen
695
Hinterer Springbach
NSG
Großer Ödsee
717
Ringhütte
Jhtt.
Kleiner Ödsee
02
K1
890
Stranegg
994
Ring
897
K1
P
Almtalerhaus
714
01
Sandberg
1106
angtalsattel
1241
Drackhütte
Jhtt.
Eibenkogel
1314
788
Kleiner Zöbel
1361
chnecke

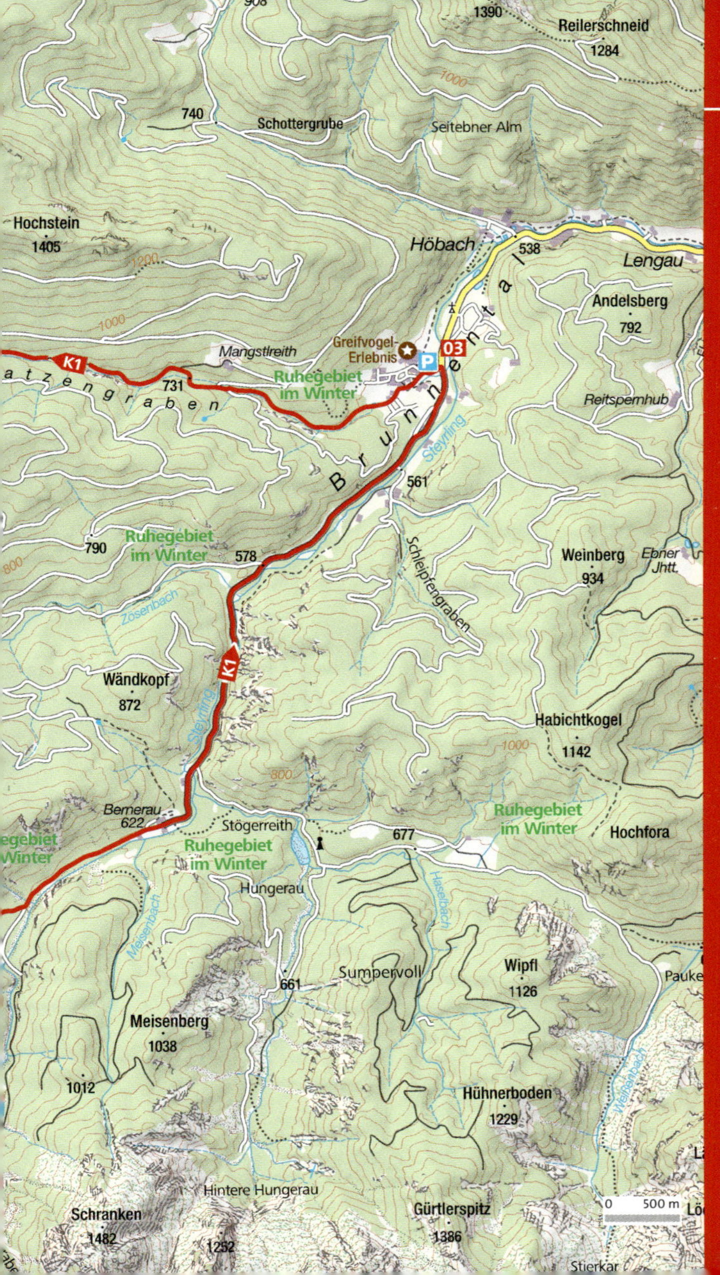

908
1390
Reilerschneid
1284
1000
740
Schottergrube
Seitebner Alm
Hochstein
1405
1200
Höbach
538
Lengau
Andelsberg
792
1000
Mangstlreith
Greifvogel-
Erlebnis
03
K1
atzengraben
731
Ruhegebiet
im Winter
Brunnental
Reitspernhub
Steyrling
561
Schleipfengraben
790
Ruhegebiet
im Winter
578
Weinberg
934
Ebner
Jhtt.
800
Zosenbach
K1
Wändkopf
872
Habichtkogel
1142
1000
Steyrling
800
Bernerau
622
Stögerreith
677
Ruhegebiet
im Winter
Hochfora
Ruhegebiet
im Winter
Hungerau
Haselbach
Meisenbach
Sumpervoll
Wipfl
1126
661
Pauke
Meisenberg
1038
1012
Hühnerboden
1229
Weißenbach
Hintere Hungerau
Schranken
1482
1252
Gürtlerspitz
1386
0
500 m
Stierkar

K1

STEYRERHÜTTE – GRÜNAU IM ALMTAL

Alpine Variante Kasberg, 2. Teil – Über den Kasberg

  12 km  5:30 h  400 hm 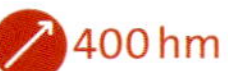 1220 hm  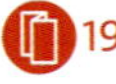 19

START | Steyrerhütte, 1.400 m.
[GPS: UTM Zone 33 x: 426.468 m y: 5.294.331 m]
CHARAKTER | Lohnende Überschreitung eines aussichtsreichen Voralpenberges auf gut markierten Pfaden. Eine kurze gesicherte Stelle erfordert jedoch Trittsicherheit und Schwindelfreiheit.

Ein kurzer Aufstieg und eine lange Bergab-Wanderung, die noch einmal alle Vielfalt der Salzkammergutberge zeigt.

▶ Von der **Steyrerhütte** 01 wandern Sie auf dem Pfad Nr. 433 in die große Almmulde unter dem Kasberg und der Schwalbenmauer hinauf. Links ansteigend erreichen Sie die Anhöhe vor dem Roßschopf (1.647 m), dem südlichen Vorgipfel des Massivs (toller Blick zum direkt gegenüber aufragenden Großen Priel). Rechts über den grünen Kamm zum großen Metallkreuz, das den **Kasberg** 02 (1.747 m) krönt. 1:00 h

Abstieg auf dem Pfad Nr. 431 über den sanft abdachenden und mit Latschen bewachsenen Nordostrücken zu einer Abzweigung. Links zwischen Dolinenmulden und zerklüfteten Karrenplatten weiter abwärts. Durch eine Latschengasse gelangen Sie links zur nicht besonders schwierigen „Schlüsselstelle" (Stahlseile). Unter dem Westrücken geht's weiter und rechts ins Liftgebiet um die **Sepp-Huber-Hütte** 03 (1.506 m).

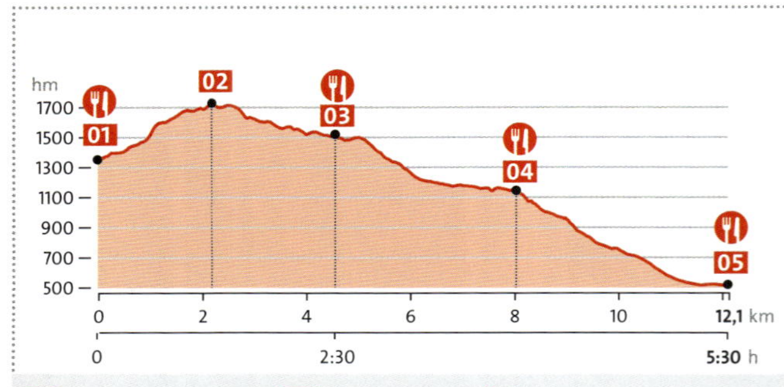

01 Steyrerhütte, 1.400 m; 02 Kasberg, 1.747 m; 03 Sepp-Huber-Hütte, 1.506 m; 04 Hochberghaus, 1.132 m; 05 Grünau im Almtal, 528 m

Der Weiterweg zum Hochberghaus führt zur nahen Mulde mit dem Speichersee, dann auf einem Wanderpfad über den Hügel des Benn Nocks (1.500 m) und dann auf einer Schotterstraße (Skipiste) im Nahbereich der Seilbahn zur Jagdhütte Farrenau (1.180 m) hinab. Links an einem weiteren Speichersee vorbei, durch die Ostseite des Farrenaubühels (1.287 m) und zum einladenden **Hochberghaus** 04 (1.132 m) hinunter. 2:30 h

Der Abstiegsweg Nr. 431 Richtung Grünau kürzt nun eine Kurve der Bergstraße Farrenau ab, folgt ihr rechts hinab und zieht dann links über einen Waldrücken talwärts. Bald geht's rechts durch die steilen Hänge unter dem Scheiterwiedberg – einige Forstwege querend

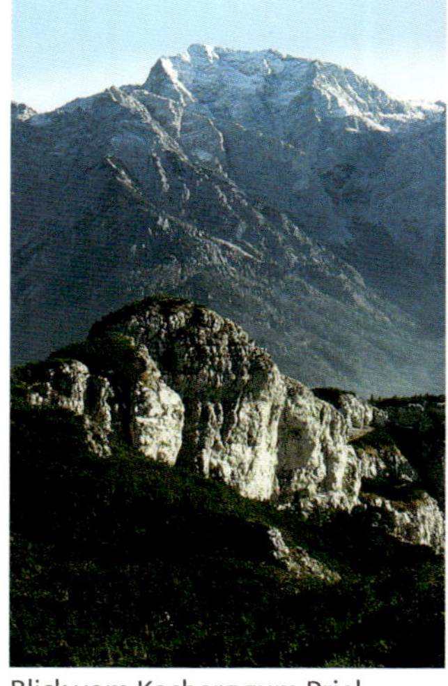

Blick vom Kasberg zum Priel.

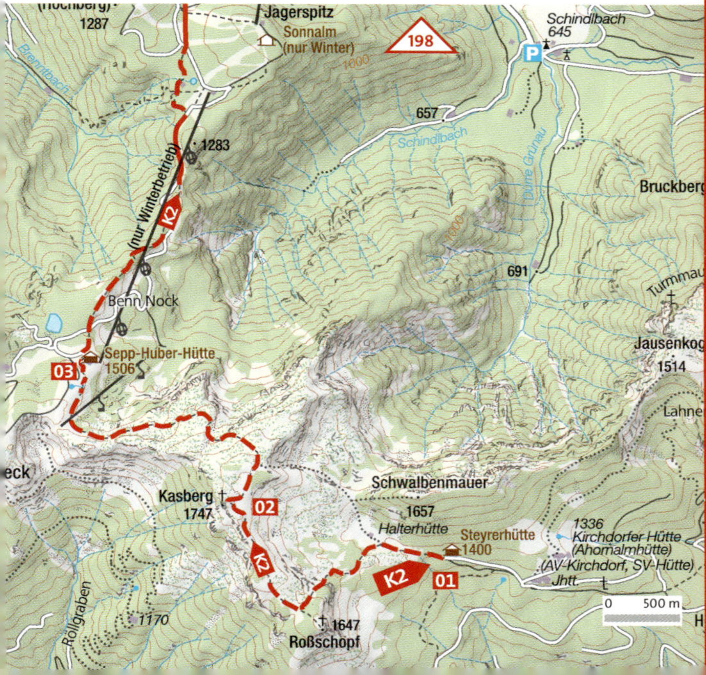

(Hochberg) 1287
Jagerspitz
Sonnalm (nur Winter)
198
Schindlbach 645
Brennbach
657
Schindlbach
1283
(nur Winterbetrieb)
K2
Dürre Grünau
Bruckberg
691
Benn Nock
Turmmau
Sepp-Huber-Hütte 1506
03
Jausenkog
1514
Lahner
Schwalbenmauer
Kasberg 1747
02
1657
Halterhütte
Steyrerhütte 1400
1336 Kirchdorfer Hütte (Ahornalmhütte) (AV-Kirchdorf, SV-Hütte)
Jhtt.
K2
01
0 500 m
1170
Röllgraben
1647
Roßschopf

– zu einer Wiese (780 m) hinunter. Dort nach links abbiegen und nahe der Skiabfahrt bergab bis zur Waldwegstraße, auf der Sie zur Schindlbachstraße im Tal gelangen. Links zur Pfarrkirche von **Grünau im Almtal** 05 (528 m), wo die Etappe 22 des Salzkammergut BergeSeen Trails endet und die 23. Etappe beginnt. 2:00 h

Hinweis: Busverbindung (Linie 535) zwischen Grünau im Almtal und dem Jagersimmerl.

Traunstein Taxi, Route 60 vom Bahnhof Grünau im Almtal zum Almtalerhaus oder Hochberghaus – mindestens 1 Stunde vorab bestellen (Tel. 050/4221691 oder O-Taxi App).

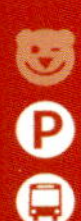
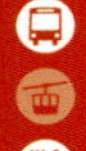
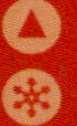

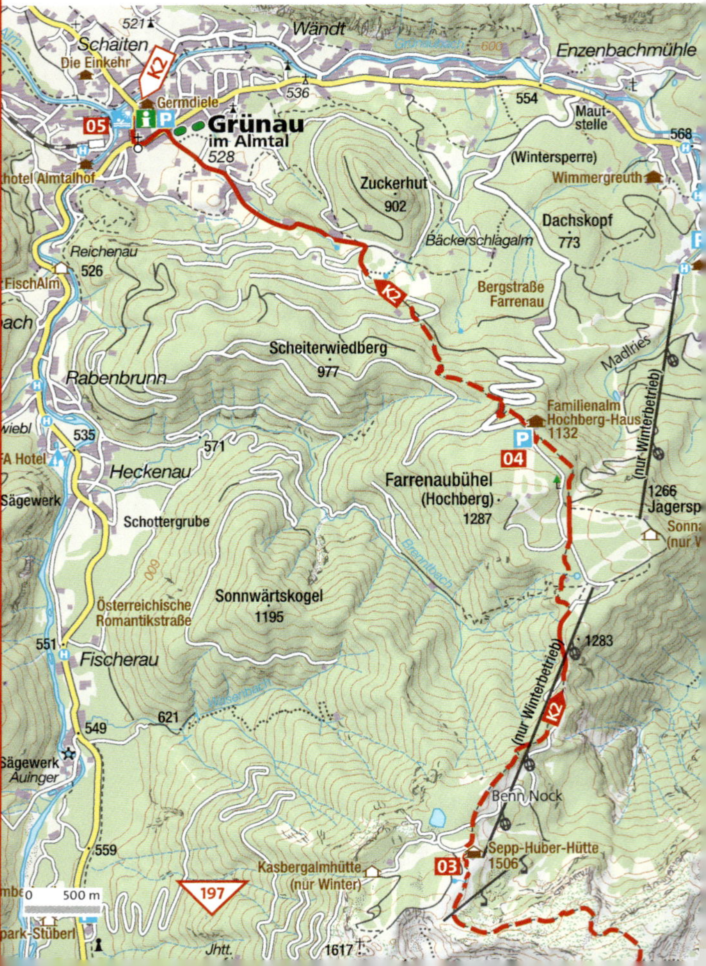

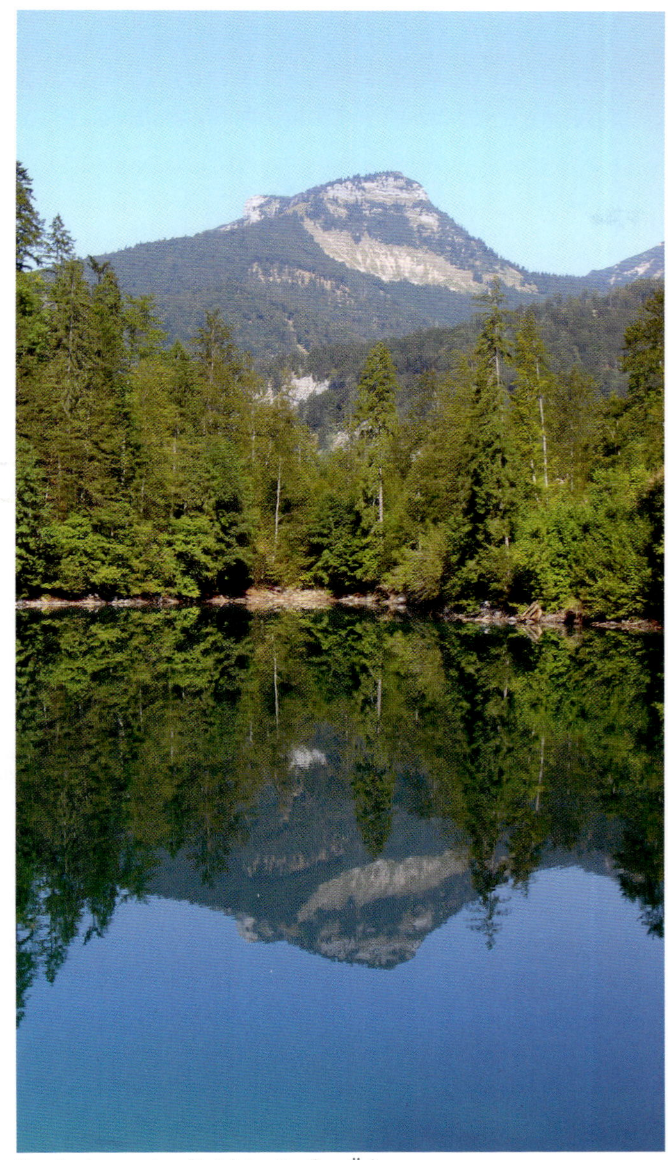

Der Kasberg spiegelt sich im Großen Ödsee.

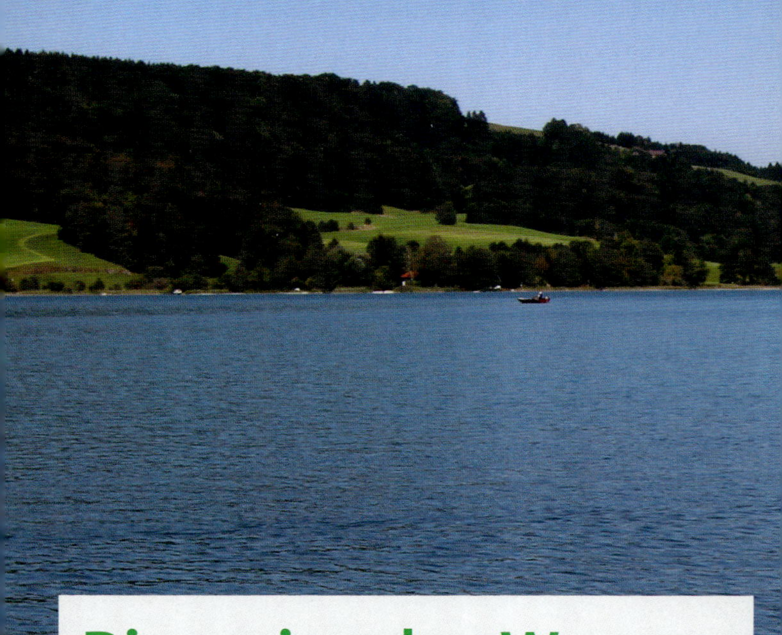

Die regionalen Wege

des Salzkammergut BergeSeen Trails

Die drei Rundrouten, die auf den folgenden Seiten vorgestellt werden, bringen Sie zu weiteren wunderschönen Plätzen im Nahbereich des Salzkammergut BergeSeen Trails. Sie führen rund um den gesamten Attersee und durch den Attergau, zum stillen Irrsee und um die wilde Strubklamm bei Faistenau. Im Gegensatz zu den alpinen Varianten verlaufen die regionalen Wege hauptsächlich auf Forststraßen und einfach begehbaren Pfaden, auf denen die ganze Familie ihr Wandervergnügen findet.

Die Wanderung auf dem regionalen Weg rund um den Attersee kann man in jedem beliebigen Ort am See beginnen oder beenden; dank der guten öffentlichen Verkehrsverbindungen, der Attersee-Schifffahrt und dem Attersee-Wassertaxi lassen sich ganz individuelle Routenabschnitte planen. Für die beiden anderen regionalen Wege kann man alternativ Zell am Moos bzw. Ebenau als Startpunkt wählen.

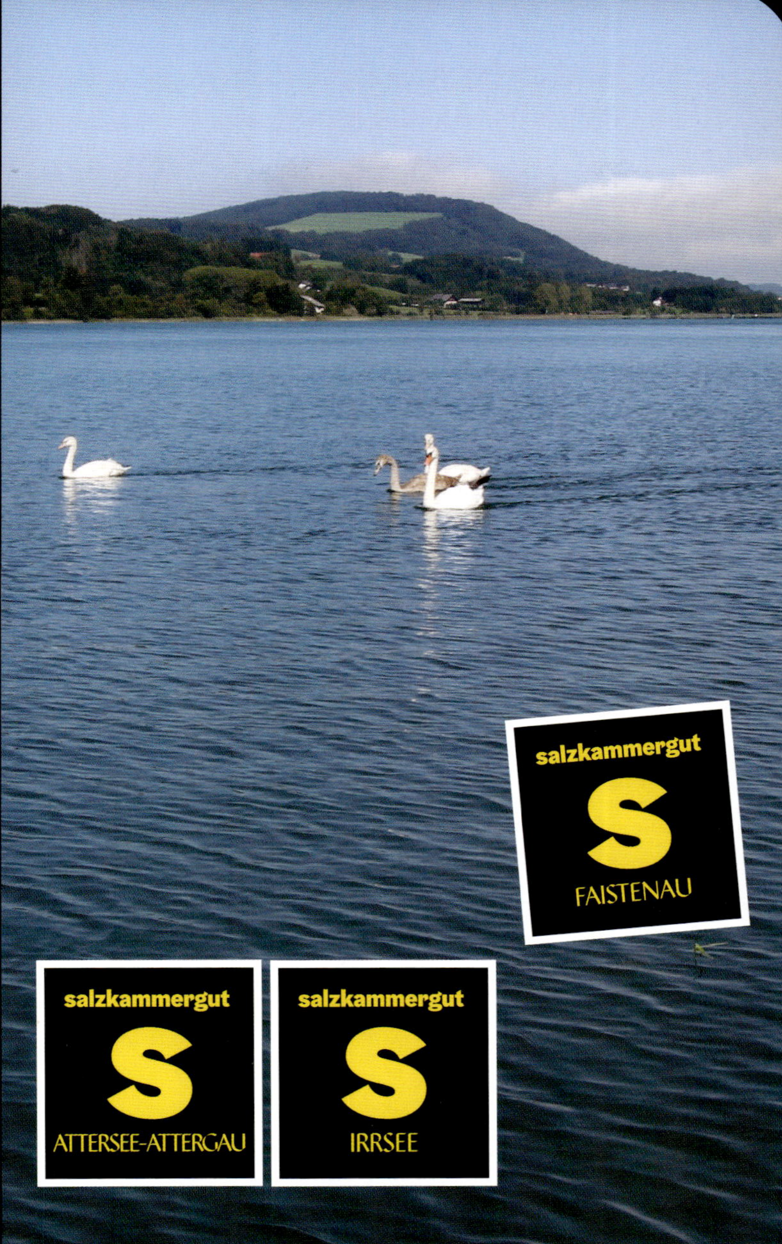
salzkammergut
S
FAISTENAU
salzkammergut
S
ATTERSEE-ATTERGAU
salzkammergut
S
IRRSEE

SEEWALCHEN AM ATTERSEE – NUSSDORF AM ATTERSEE

Regionaler Weg Attersee, 1. Teil – Durch den Attergau

 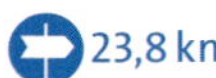 23,8 km 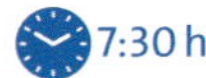 7:30 h 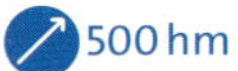 500 hm 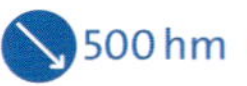 500 hm 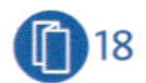 18

START | Seewalchen am Attersee, 498 m.
[GPS: UTM Zone 33 x: 394.480 m y: 5.311.906 m]
CHARAKTER | Lange und landschaftlich abwechslungsreiche Wanderung auf kaum befahrenen Nebenstraßen und gut markierten Wanderwegen.

Prominente Orte und stille Wälder, stattliche Bauernhöfe und alte Kirchen, herrliche Aussichtsplätze und eine nostalgische Eisenbahn – all das erleben Sie bei einer Wanderung auf der 1. Etappe des regionalen Weges um den Attersee. Unterwegs können Sie nicht nur gut einkehren, sondern auch die eine oder andere Badepause einlegen.

▶ Vom Parkplatz oberhalb des Strandbades in **Seewalchen am Attersee** 01 spazieren Sie zur Pfarrkirche und dahinter auf dem Schulweg nach Westen, an der Musikschule und am Schulzentrum vorbei. So erreichen Sie die Dr.-Rudolf-Schuh-Straße, der Sie nach rechts folgen. Am Waldrand zweigen Sie links auf den Waldweg ab, der zum Ginzkeyweg führt. Auf

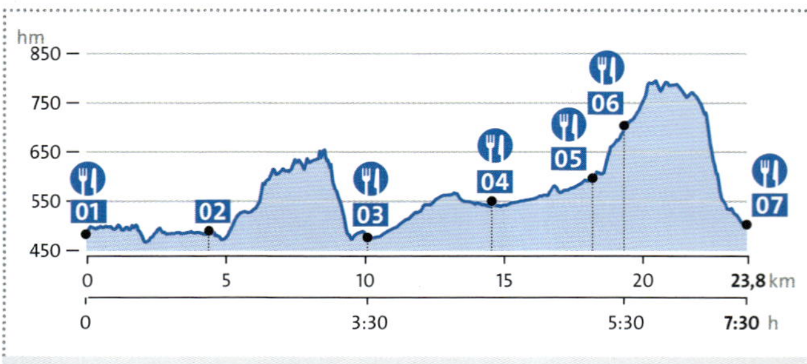

01 Seewalchen, 498 m; 02 Buchberg, 487 m; 03 Attersee, 496 m; 04 St. Georgen im Attergau, 540m; 05 Wildenhag, 593 m; 06 Kronberg, 705m; 07 Nußdorf am Attersee, 500 m

diesem rechts weiter und – bald rechts abzweigend – durch Wald und am Ginzkey-Denkmal vorbei. Nun folgen Sie stets der Beschilderung des Attersee-Westwanderweges, der hinter dem Litzlberger Keller vorbeiführt und dann – teils auf Nebenstraßen, teils auf Feldwegen, Wald- und Wiesenwegen – westlich von Litzlberg am Attersee dahinzieht. So erreichen Sie die aus dem 16. Jh. stammende Filialkirche der kleinen Ortschaft **Buchberg** 02 (487 m).

Dort folgen Sie der Bundesstraße 350 m nach rechts, bis Sie wieder rechts auf den Westwanderweg einschwenken. Achtung! In diesem Bereich wird der Weg umgeleitet! Vorbei an der Siedlung am Weinberg gelangen Sie in den Weiler Haining. Dort links, an der Reithalle vorbei zum Rand der Ortschaft Berg und links auf etwa 800 m Seehöhe

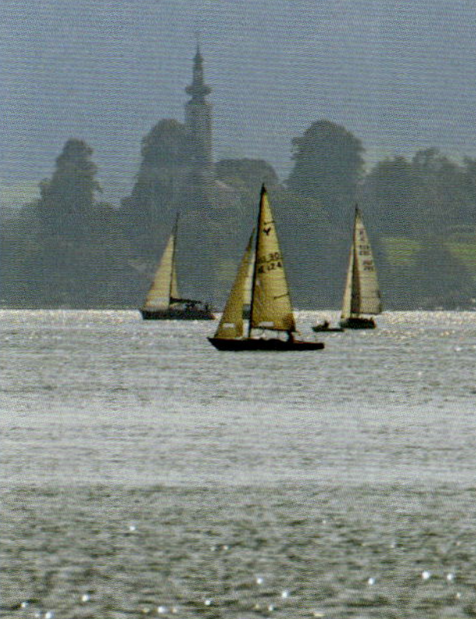

Atterseeblick von Seewalchen.

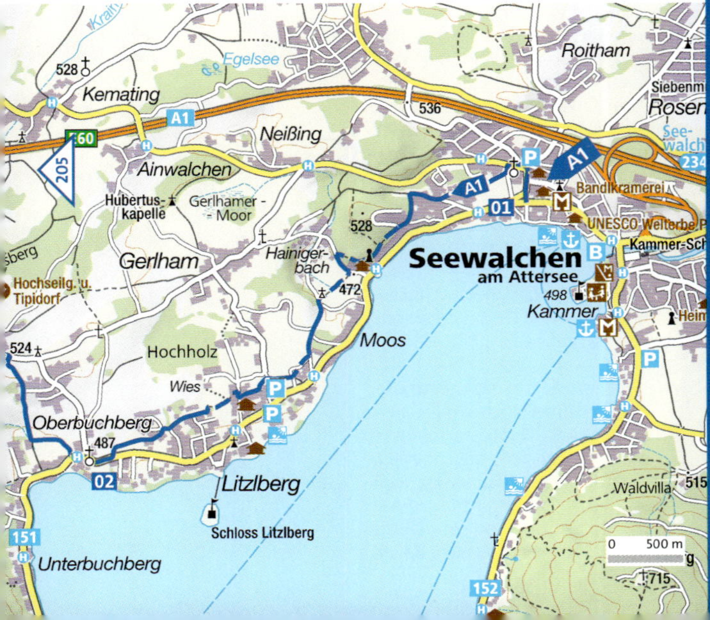

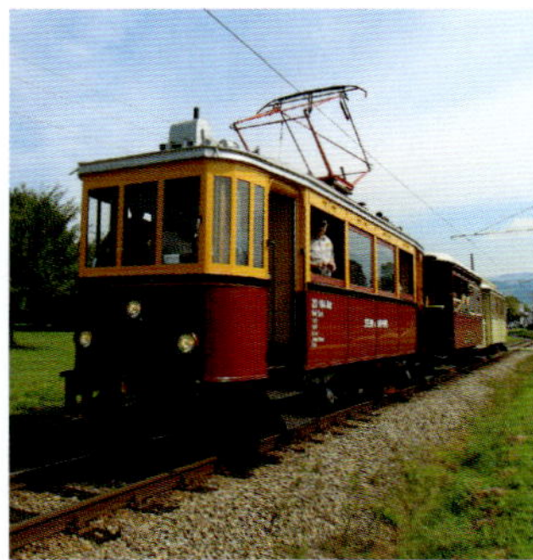

Nostalgie mit der Atterseebahn.

durch die Waldhänge des Buchbergs. Vom sogenannten Schlossberg geht's dann hinunter nach **Attersee am Attersee** 03 (496 m). 2:30 h

Hinweis: Mit dem Schiff von Seewalchen nach Attersee – Rundkurs Nord, www.atterseeschifffahrt.at

Von dort gehen Sie zum Bahnhof der schmalspurigen Atterseebahn, deren Geleise ein schmaler Weg bis nach Palmsdorf begleitet. Hinter dem Ort neben der Bahnlinie weiter zur Autobahnbrücke. Gleich dahinter nach links und durch die Siedlung Lohen. Zuletzt rechts auf der Wildenhager und der Römerstraße ins Zentrum von **St. Georgen im Attergau** 04 (540 m). 1:00 h

Hinweis: Fahrplan der Atterseebahn unter www.stern-verkehr.at/portfolio/atterseebahn

Wieder zurück zur Römerstraße, auf der Sie nun jedoch weiter zum Ortsrand gehen. Dann marschieren Sie ca. 2 km auf dem anschließenden, asphaltierten Güterweg weiter und noch einmal unter der Autobahn durch. Dahinter, im Weiler Buch, müssen Sie aufpassen: Bei ei-

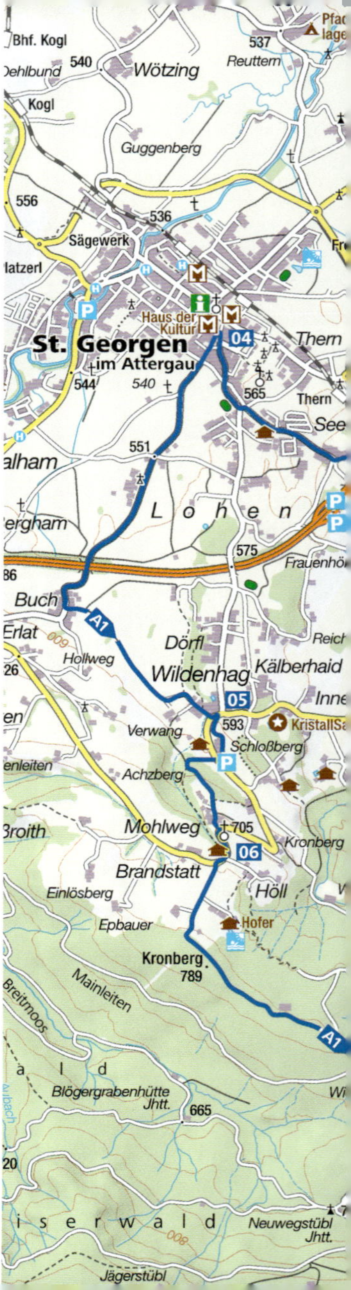

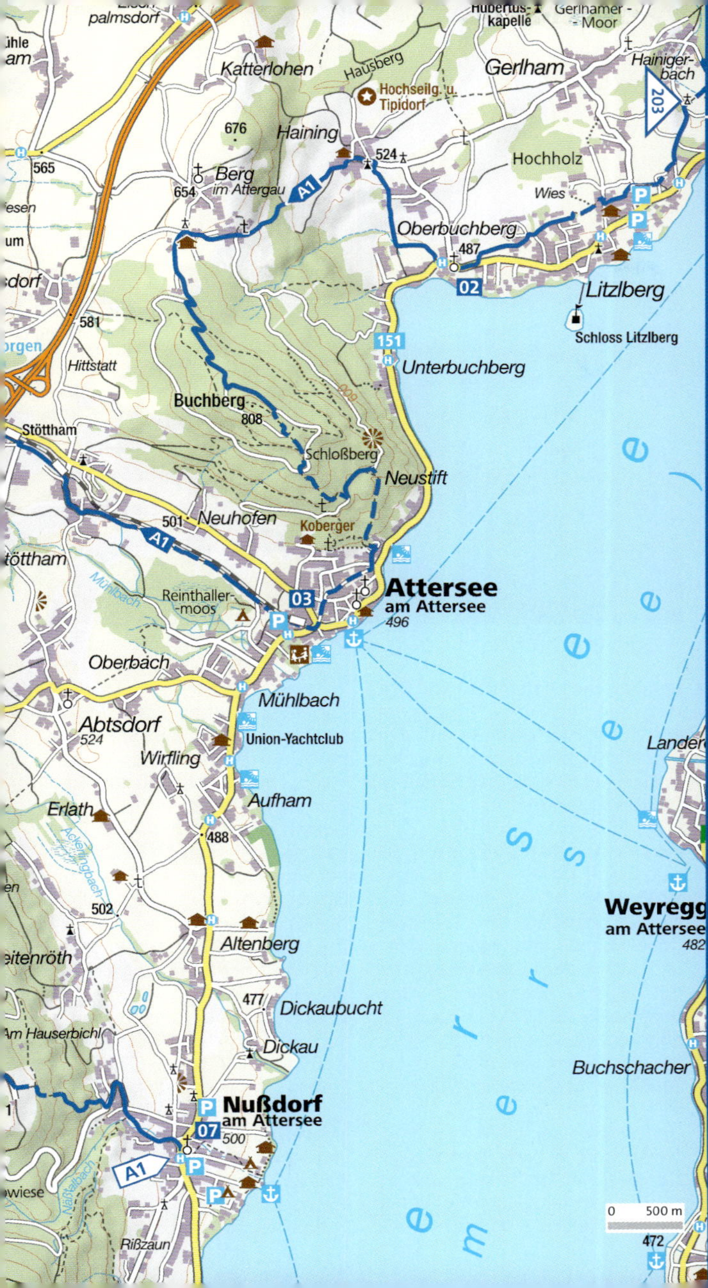

palmsdorf
Hubertus-kapelle
Gerlhamer -Moor
Katterlohen
Hausberg
Gerlham
Hainiger-bach
Hochseilg. u. Tipidorf
203
676
Haining
565
524
Hochholz
Berg im Attergau
654
A1
Wies
Oberbuchberg
487
02
Litzlberg
Schloss Litzlberg
581
151
Hittstatt
Unterbuchberg
Buchberg
808
Stöttham
Schloßberg
Neustift
501
Neuhofen
Koberger
A1
Attersee
am Attersee
496
03
Reinthaller-moos
Oberbach
Mühlbach
Abtsdorf
524
Union-Yachtclub
Wirfling
Lander
Aufham
Erlath
488
Weyregg
am Attersee
482
502
Altenberg
477
Dickaubucht
Am Hauserbichl
Dickau
Buchschacher
Nußdorf
am Attersee
07
500
A1
0 500 m
472
Rißzaun

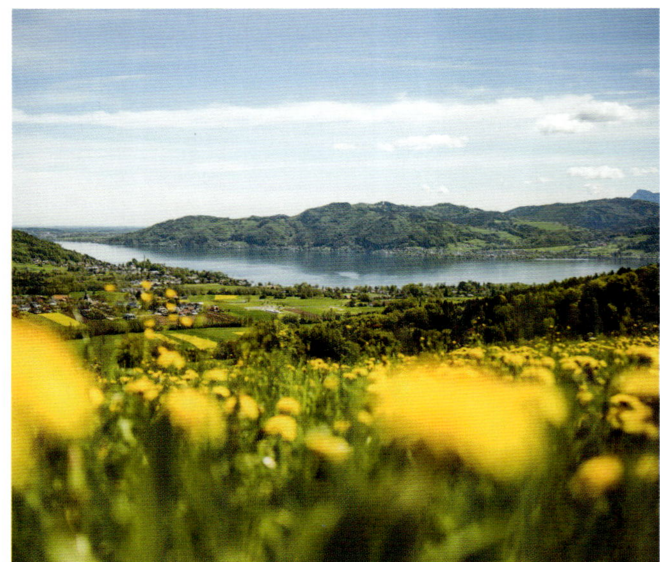
Vom Kronbergplatzl überblickt man den Attergau bis zum Attersee.

nem unscheinbaren Rad- und Reitweg-Pfeil zweigen Sie links ab, um auf einer Schotterstraße und dem anschließenden Feldweg zwischen Wiesen nach **Wildenhag** 05 (593 m) hinüberzuwandern.

Dort rechts neben der Kronberg-Bezirksstraße weiter und am Hotel Waldmühle vorbei. Danach biegen Sie rechts auf den Glücksweg (Mahlweg) ab und wandern durch den Wald zum „Kronbergplatzl“ mit der teils geschindelten **Kronbergkapelle** 06 (705 m) hinauf. Von dort genießen Sie einen traumhaften Blick über den Attergau und zum Attersee (Fernrohr). 2:00 h

Der Wegweiser „RW Kronberg“ zweigt dort in zwei Richtungen – Sie folgen der Straße kurz aufwärts zur Jausenstation Hollerweger und zweigen danach in der Rechtskurve links auf die zweite Seitenstraße zum südlich aufragenden Kronberg ab. Nach einem kurzem Anstieg geht's auf der Forststraße nach rechts, durch Schläge und unter dem Gipfel (789 m) vorbei und über seinen bewaldeten Südostrücken zur freien Wienerroith (771 m, schöner Blick zum Attersee). Dort einige Schritte auf der Zufahrtsstraße zu den Gebäuden nach links, bis links der beschilderte Wanderweg nach Nußdorf beginnt. Er zieht am Rand der Wiese und durch steiles Waldgelände abwärts. Zuletzt gelangen Sie auf dem Wildholzweg nach **Nußdorf am Attersee** 07 (500 m). 2:00 h

Hinweis: Busverbindung (Linie 561) von Seewalchen über Attersee nach Nußdorf. Mit dem Schiff von Attersee nach Nußdorf – Rundkurs Süd, www.atterseeschifffahrt.at

NUSSDORF AM ATTERSEE – UNTERACH AM ATTERSEE

Regionaler Weg Attersee, 2. Teil – Am Egelsee vorbei

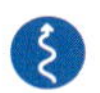 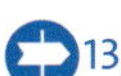 13,1 km 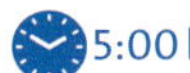 5:00 h  320 hm 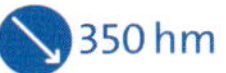 350 hm  18

START | Nußdorf am Attersee, 500 m.
[GPS: UTM Zone 33 x: 389.577 m y: 5.304.234 m]
CHARAKTER | Lange und landschaftlich abwechslungsreiche Wanderung mit einigem Auf und Ab; Sie wandern auf kaum befahrenen Nebenstraßen und gut markierten Wegen.

Dass es auf dieser Etappe des regionalen Weges Attersee stets nach Süden geht, bestätigt auch ein kleines Naturwunder kurz vor dem Ziel: Der Edelkastanienwald von Unterach – der einzige nördlich der Alpen, wo die stacheligen Kugeln ihre volle Reife erlangen. Grund dafür ist das milde Klima im Süden des Attersees, das auch für viele angenehme Wandertage sorgt. Naturerlebnisse gibt's auf dieser Route aber noch weitere, etwa am Egelsee, der nach dem Ende der letzten Eiszeit als „Toteisloch" entstanden ist.

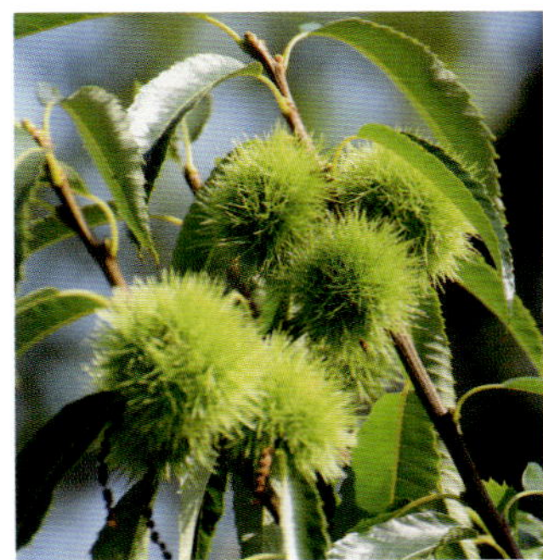
Edelkastanien am Attersee.

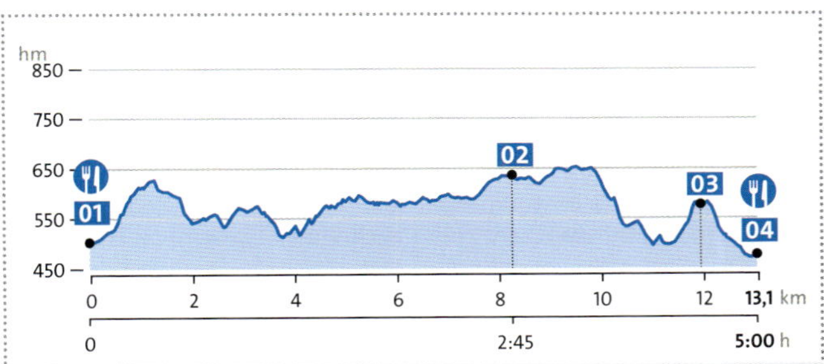

01 Nußdorf am Attersee, 500 m; **02** Egelsee, 624 m; **03** Edelkastanienwald, 520 m; **04** Unterach am Attersee, 477 m

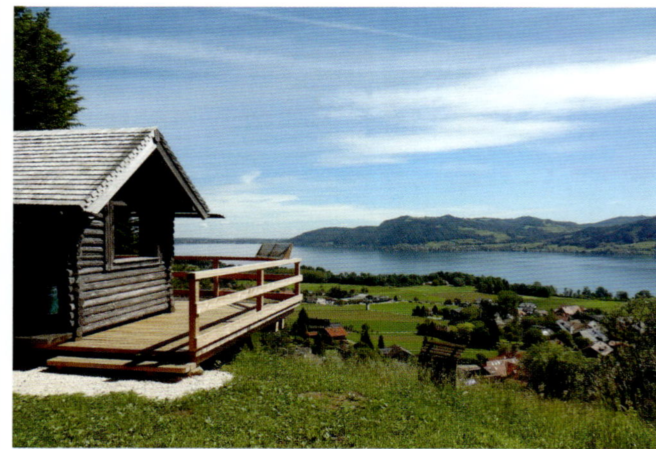

Unterwegs auf dem Attersee-Westwanderweg über Nußdorf.

▶ Vom Tourismusbüro an der Dorfstraße in **Nußdorf am Attersee** 01 gehen Sie auf dem Wildholzweg wieder über den Anger und das Oberdorf zurück, dann aber links zum Pfarrer-Salettl hinauf (wunderbare Aussicht über den Ort und den See bis zum Höllengebirge). Weiter auf dem beschilderten Attersee-Westwanderweg, der durch die Waldhänge unter dem Reiter Gupf (881 m) unter der Jausenstation Dachsteinblick (771 m) vorbeiführt – bei klarer Sicht macht dieser Platz seinem Namen alle Ehre. 1:00 h

Links absteigend erreichen Sie die asphaltierte Limbergstraße, der Sie rechts etwa 200 m weit bergauf folgen. Unterhalb des Gehöfts Limberg geht's neuerlich links hinunter und neben dem Dexelbach zum Waldrand über dem Weiler Zell. Rechts im Auf und Ab oberhalb des Attersees weiter, über den wilden Parschallenbach zu den verstreuten Höfen von Ramsau oberhalb von Stockwinkl. Dort führt ein kurzer Abstecher zum sagenhaften „Berimandl Stoa", bei dem ca. 100 verschiedene Nussbaumarten gepflanzt wurden. Auf dem Westwanderweg gelangen Sie in Kürze zu einer Asphaltstraße und damit der Abzeigung zur Reiserbauernmühle, die aus dem 17. Jh. stammt (lohnender Abstecher, zusätzlich 45 Minuten hin und retour).

Sie gehen nun auf der Straße 150 m Richtung Attersee hinunter und zweigen dann neben einer kleinen Schottergrube rechts auf die Forststraße Promberg ab (Wegweiser „Egelsee, Unterach"). Am nahen Waldrand links, dann gleich wieder rechts auf einem Weg in den Graben des Urfangbaches und jenseits hinauf zum Gehöft Modlinger. Auf der asphaltierten Zufahrt abwärts, rechts zum Bauernhof Hausmann und oberhalb davon auf dem links abzweigenden Wanderweg zum **Egelsee** 02 (624 m). 1:45 h

Vom Südufer des streng geschützten Moorgewässers auf einem Schotterfahrweg über einen Wie-

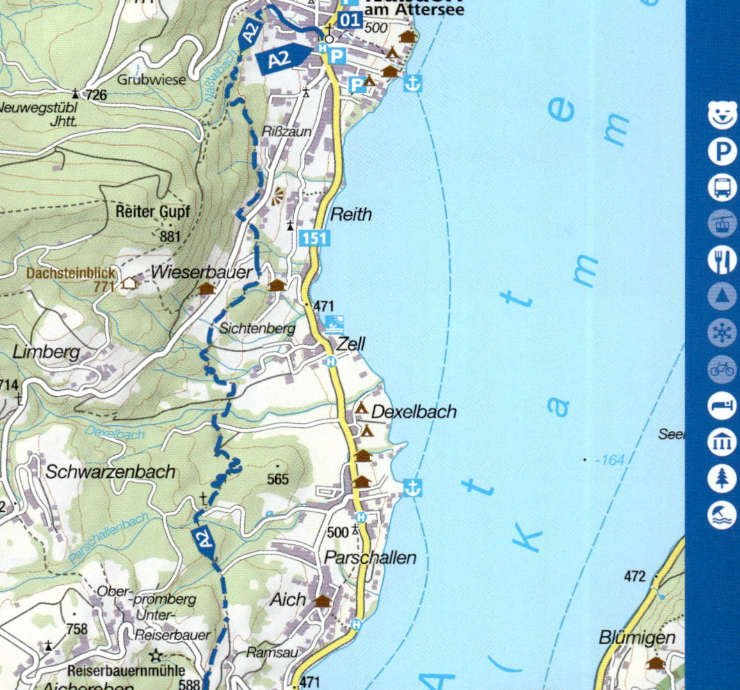
Dickaubucht
Dickau
Nußdorf am Attersee
500
Am Hauserbichl
Wienerroith
771
Grubwiese
Neuwegstübl Jhtt.
726
Rißzaun
Reiter Gupf
881
Reith
151
Dachsteinblick
771
Wieserbauer
471
Sichtenberg
Zell
Limberg
714
Dexelbach
Schwarzenbach
565
722
-164
Attersee
Kammer
Parschallenbach
500
Parschallen
472
Ober-promberg
Unter-
Aich
758
Reiserbauer
Ramsau
Blümigen
Reiserbauernmühle
Aichereben
588
471
Stockwinkl
Hotel Föttinger
Gustav Mahler Komponierhäuschen
Seefeld
Wiedmais
Urfangbach
Modlinger
Schwend
Kienbach
Hausmann
Kratzersberg
624
Egelsee
Grub
Misling
Holzberg
Steinbach am Attersee
509
471
653
Oberöd
Unteröd
Druckerhof
Sonnhof
Buchenort
Zettelmühle
Rotth
473
210
Kohlbauer
Haslach
Dorf
Fasching
Menerweg
Forstamt
0
500 m

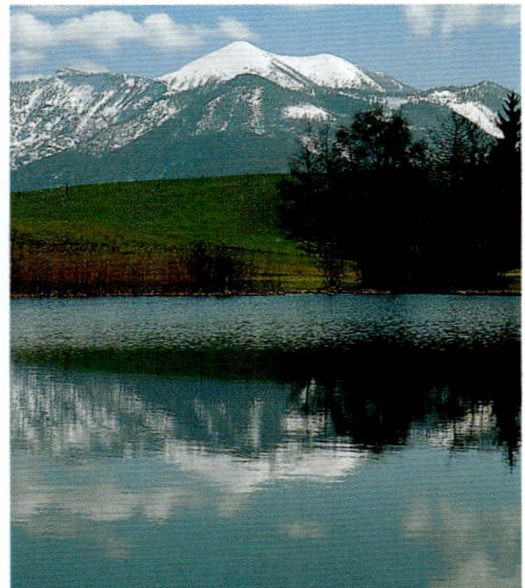

Leonsberg-Spiegelung im Egelsee.

sensattel zum Hof Holzberg. Dort biegen Sie zweimal rechts ab, danach geht's links auf dem Wanderweg zum Hotel-Panoramagasthof Druckerhof (653 m) hinüber. Auf einem Feldweg in den bewaldeten Osthang der Hochplettspitze, durch den Sie nun zum Kohlbauern und in die Siedlung Menerweg hinunterwandern. Nach einem kurzen „Rechtsschlenker" über einen Graben treffen Sie schließlich auf die Atterseestraße, der Sie 170 m nach rechts (Richtung Unterach) folgen. Nach der Straßenbrücke über den Schneiderbach weist Sie die Beschilderung „Waldlehrpfad" rechts in den **Unteracher Edelkastanienwald** 03 (520 m) hinauf.

Vom vorderen Bereich des Waldlehrpfades gehen Sie links zur Umfahrungsstraße hinab. Nach ihrer Querung gelangen Sie durch die Leitnergasse ins Ortszentrum von **Unterach am Attersee** 04 (477 m). 2:15 h

Hinweis: Busverbindung (Linie 561) von Nußdorf nach Unterach. Mit dem Schiff von Nußdorf über Parschallen und Stockwinkl nach Unterach – Rundkurs Süd, www.atterseeschifffahrt.at

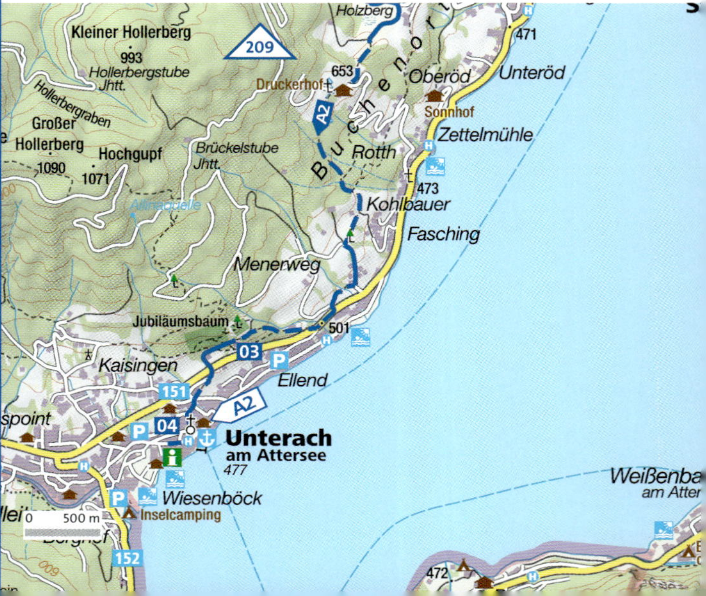

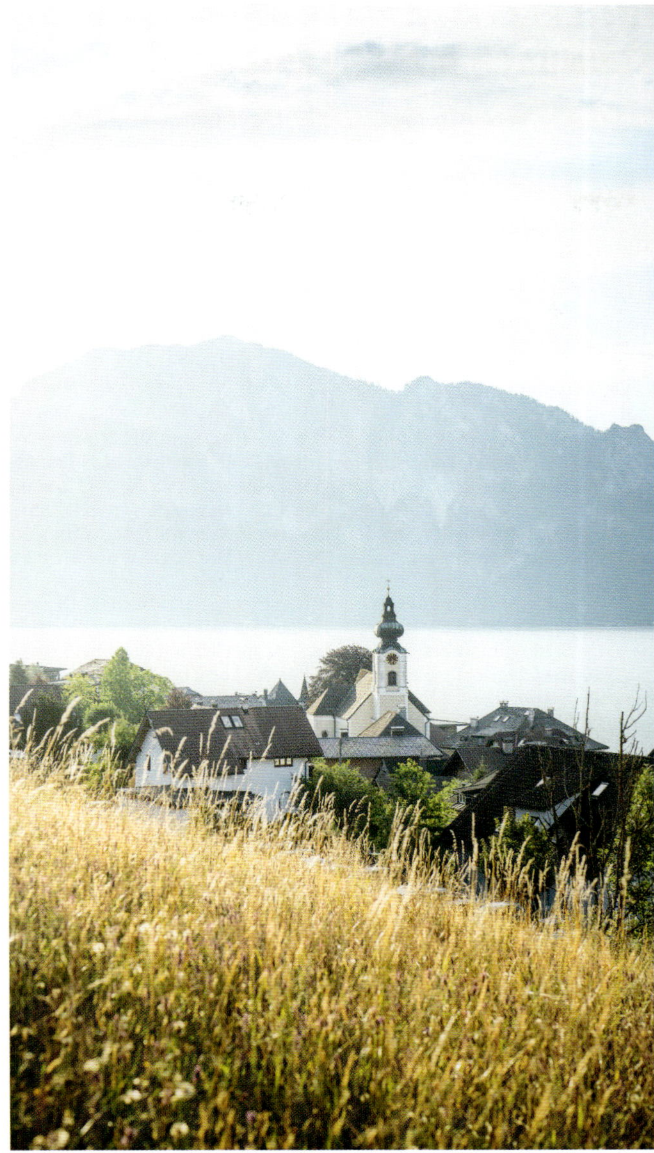

Unterach am Attersee, das Ziel dieser Etappe.

A3

UNTERACH AM ATTERSEE – STEINBACH AM ATTERSEE

Regionaler Weg Attersee, 3. Teil – Über die Eisenauer Alm

 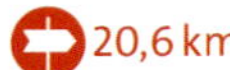 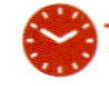 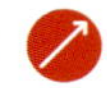 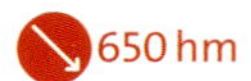 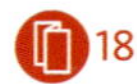

START | Unterach am Attersee, 477 m.
[GPS: UTM Zone 33 x: 386.733 m y: 5.295.659 m]
CHARAKTER | Landschaftlich sehr abwechslungsreiche Alm- und Seenwanderung auf Forststraßen und gut markierten Wegen; eine gesicherte Passage.

Über dem Südufer des Attersees erheben sich die felsigen Ausläufer des Schafberg-Massivs, die Sie auf dieser Etappe mit einiger Anstiegsleistung durchstreifen. Den ersten, auch kulinarisch höchst erfreulichen Zielpunkt bilden die beiden Hütten auf der Eisenauer Alm, über denen der Parade-Aussichtsberg des Salzkammerguts sein wildes Nordwandgesicht zeigt. Weitere landschaftliche Höhepunkte verspricht der Nikoloweg unter dem benachbarten, nicht weniger schroffen Höllengebirge.

▶ Vom Tourismusbüro beim Gemeindeamt von **Unterach am Attersee** 01 (Hauptstraße 9) spazieren Sie nach Westen zum Freizeitgelände, wo sich beim Denkmal des Erfinders Viktor Kaplan die zentrale Infostation eines ihm gewidmeten Themenweges befindet. Diesem folgen Sie in umgekehrter Richtung durch die Elisabethallee zur Brücke über die Seeache (Station 11, Turbinenlaufrad). Danach unterqueren Sie die Seeleitenstraße, wandern flussaufwärts an der Arzneimittel-Fabrik vorbei (Station 10, Klein-

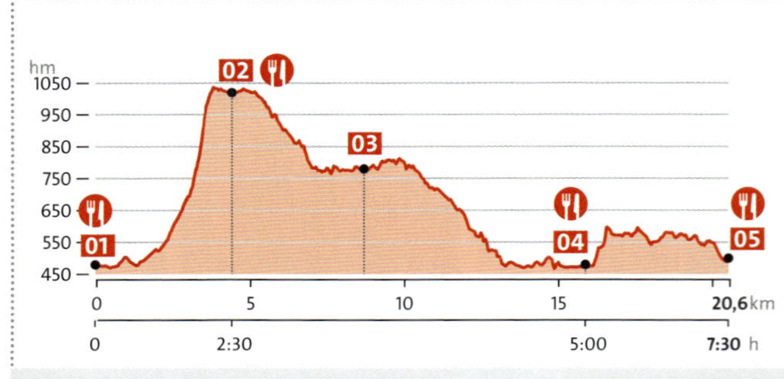

01 Unterach am Attersee, 477 m; 02 Eisenauer Alm, 1.015 m; 03 Moosalm, 772 m; 04 Weißenbach, 470 m; 05 Steinbach am Attersee, 503 m

kraftwerk) und schwenken dann nach 1 km links auf eine Straße ein. Von dieser zweigt etwas weiter oben links die beschilderte Route Nr. 17 zur Eisenauer Alm ab. Kurz noch auf dem Forstweg weiter, dann geht's auf einem guten, aber langsam immer steiler werdenden Waldpfad empor (immer wieder schöne Ausblicke zum Atter- und zum Mondsee). Zuletzt unter der Stromleitung durch und auf steiniger Trasse (Stufen) zum kleinen Sattel am Rand der **Eisenauer Alm** 02 (1.015 m) hinauf. Rechts auf der Almstraße kurz zur Buchberghütte und der dahinter gelegenen Kienbergerhütte. 2:30 h

Zurück auf der Schotterstraße, die nach der Einmündung der Aufstiegsroute links zu einem Sender führt – davor zweigen Sie rechts auf den Wanderweg Nr. 16 ab, der neuerlich unter der Stromleitung durch und im Wald zur Hütte der Oberackeralm (930 m) hinabzieht. Auf dem Forstweg weiter zur Unterackeralm (840 m), von der Sie rechts auf dem schmalen Ackerweg in den Ackergraben absteigen. Jenseits auf einem Forstweg zur Einmündung des Valerieweges, der von Unterburgau am Südufer des Attersees heraufzieht. Auf diesem wandern Sie rechts zur nahen Wiese der **Moosalm** 03 (772 m).

Dort stoßen Sie auf die 3. Etappe des Salzkammergut BergeSeen Trails, der Sie nach links – also in umgekehrter Richtung – folgen. Die Forststraße mit der Markierung Nr. 804 führt über einen Waldsattel zum Lasseralmbach und – unterhalb der einstigen Lasseralm links abzweigend – hinunter nach Unterburgau am Attersee (472 m), wo Sie die Bundesstraße überqueren. Drüber schwenken Sie rechts auf den

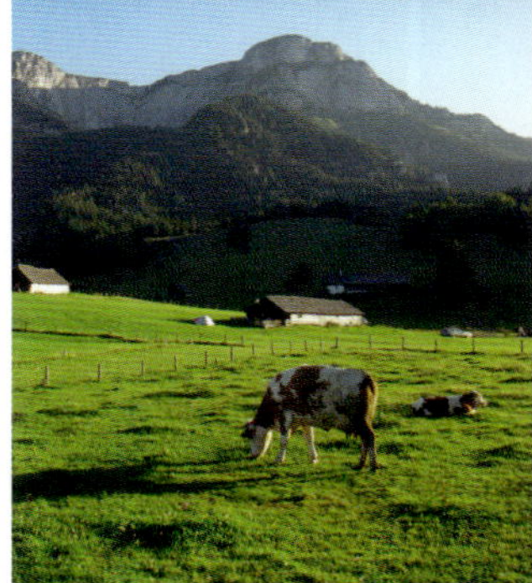

Auf der Eisenauer Alm.

Rad- und Gehweg ein, der neben der Fahrbahn nach Burgau führt, wo Sie die Straße links ein Stück weit umgehen können. Schließlich geht's wieder neben der Fahrbahn und über die Weißenbachbrücke nach **Weißenbach am Attersee** 04 (470 m). 2:30 h

Der letzte Abschnitt verläuft – wie die Etappe 3 des Salzkammergut BergeSeen Trails – auf dem Nikoloweg, der gleich nach dem Hotel Post rechts abzweigt (Tafel „Künstlerweg am Attersee", Wegweiser „Steinbach"). Links abzweigend führt er durch die steilen, felsigen Schutzwaldhänge am Fuße des Höllengebirges nach Norden – über eine Metalltreppe und stellenweise gesichert. Vorbei an der Abzweigung des Attersee-Klettersteiges Mahdlgupf kommen Sie zum Brennerriesensteig (Nr. 821) , auf den Sie rechts einschwenken. Kurz darauf wieder links weg, ins Gebiet oberhalb des Forstamts am Attersee und hinüber nach **Steinbach am Attersee** 05 (509 m). 2:30 h

Hinweis: Busverbindung (Linie 562) von Weißenbach nach Steinbach. Mit dem Schiff von Weißenbach nach Steinbach – Rundkurs Süd, www.atterseeschifffahrt.at

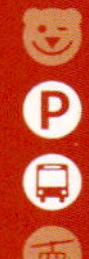
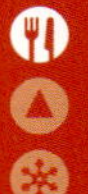

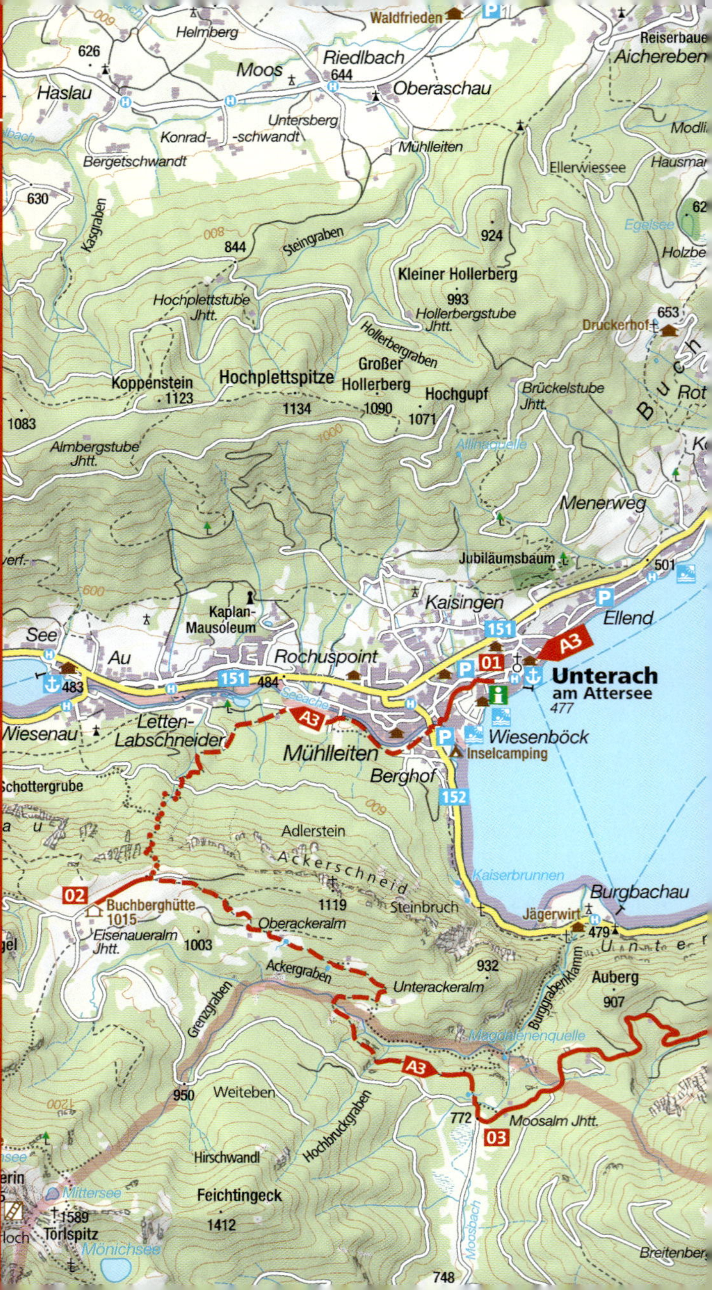

Waldfrieden
Helmberg
Reiserbaue
626
Riedlbach
Aicherebe
Moos
644
Haslau
Oberaschau
Untersberg
Konrad- -schwandt
Modl
Mühlleiten
Bergetschwandt
Ellerwiessee
Hausma
630
62
Kasgraben
Egelsee
008
924
844
Steingraben
Holzbe
Kleiner Hollerberg
993
Hochplettstube Jhtt.
Hollerbergstube Jhtt.
653
Druckerhof
Hollerberggraben
Großer
Buch
Koppenstein
Hochplettspitze
Hollerberg
Hochgupf
Brückelstube Jhtt.
Rot
1123
1134
1090
1071
1083
1000
Allingquelle
Almbergstube Jhtt.
Menerweg
Jubiläumsbaum
501
600
Kaisingen
Kaplan-Mausoleum
Ellend
See
151
Au
Rochuspoint
A3
01
Unterach am Attersee
477
483
151
484
Seeache
Wiesenau
Letten-Labschneider
A3
Wiesenböck
Inselcamping
Mühlleiten
Berghof
Schottergrube
152
009
Adlerstein
Ackerschneid
Kaiserbrunnen
Burgbachau
02
Buchberghütte 1015
1119
Steinbruch
Jägerwirt
479
Eisenaueralm Jhtt.
1003
Oberackeralm
Unter
932
Auberg
Ackergraben
Unterackeralm
907
Grenzgraben
Burggrabenklamm
Magdalenenquelle
A3
950
Weiteben
772
Moosalm Jhtt.
03
1200
Hochbruckgraben
Hirschwandl
Mittersee
Feichtingeck
1589
1412
Törlspitz
Mönichsee
Moosbach
Breitenberg
748

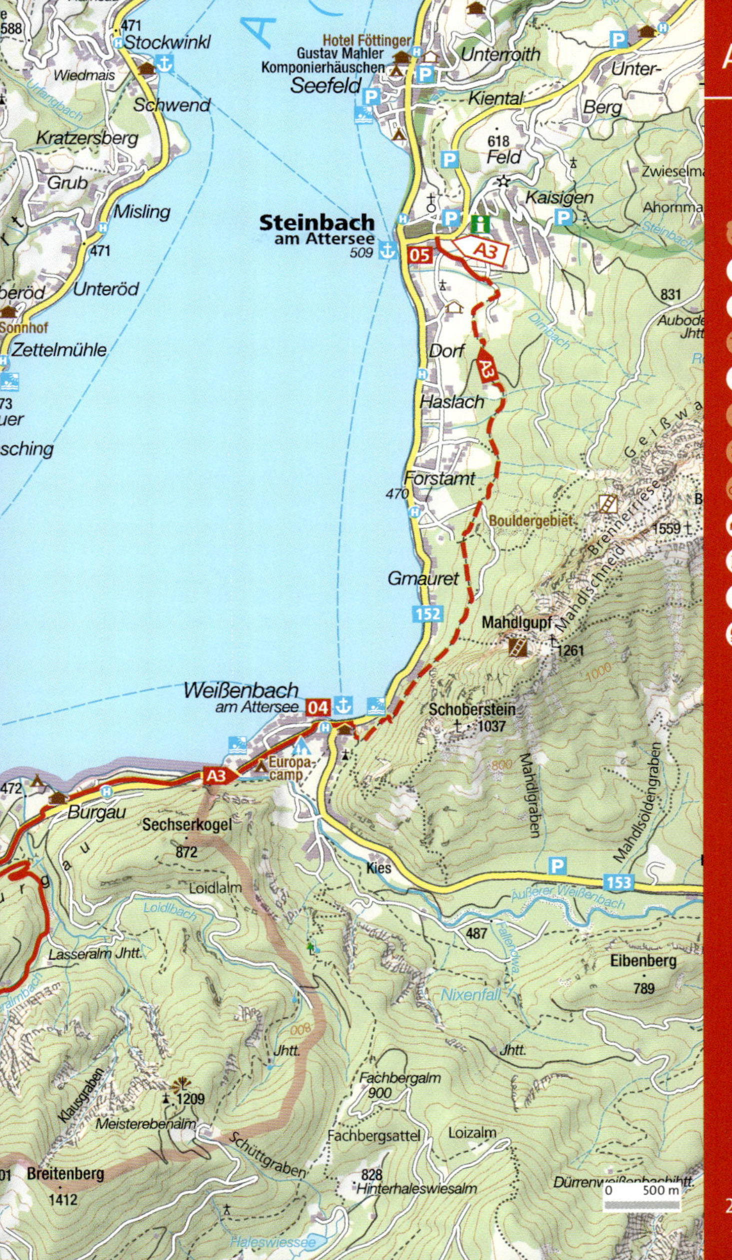
Ramsau
Stockwinkl
471
Wiedmais
Schwend
Kratzersberg
Grub
Misling
471
Unteröd
Sonnhof
Zettelmühle
Hotel Föttinger
Gustav Mahler
Komponierhäuschen
Seefeld
Unterroith
Unter-
Kiental
Berg
618
Feld
Kaisigen
Steinbach
am Attersee
509
05
A3
831
Dorf
Haslach
Forstamt
470
Bouldergebiet
1559
Brennerriese
Gmauret
152
Mahdlgupf
1261
Mahdlschneid
Weißenbach
am Attersee
04
Schoberstein
1037
Europa-
camp
472
Burgau
Sechserkogel
872
Mahdlgraben
Mahdlsöldengraben
Kies
153
Loidlalm
Loidlbach
Äußerer Weißenbach
487
Lasseralm Jhtt.
Eibenberg
789
Nixenfall
Jhtt.
Fachbergalm
900
Klausgraben
1209
Meisterebenalm
Fachbergsattel
Loizalm
Breitenberg
1412
Schüttgraben
828
Hinterhaleswiesalm
0 500 m
Haleswiessee

STEINBACH AM ATTERSEE – WEYREGG AM ATTERSEE

Regionaler Weg Attersee, 4. Teil – Kurs Nord

 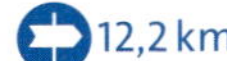 12,2 km  4:30 h 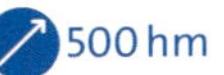 500 hm  500 hm 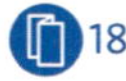 18

START | Steinbach am Attersee, 509 m.
[GPS: UTM Zone 33 x: 391.425 m y: 5.298.430 m]
CHARAKTER | Wanderung auf kaum befahrenen Nebenstraßen, Forstwegen und gut markierten Pfaden.

Auf dem vorletzten Abschnitt des regionalen Weges um den Attersee erleben Sie die ganze Schönheit der Region im Osten des großen Gewässers, die nicht ohne Grund zum Naturpark Attersee-Traunsee erklärt wurde.

Vom Tourismusbüro in **Steinbach am Attersee** 01 spazieren Sie zur nahen Pfarrkirche. Vom dahintergelegenen Pfarrhof (Nr. 1) rechts über die Wiese und gleich wieder links weiter. So gelangen Sie in den Steinbacher Ortsteil Seefeld (472 m), wo Sie rechts zur Sporthalle bzw. zur Bierschmiede am Kienbach gehen. Von dort auf der Großalm-Landesstraße etwa 120 m taleinwärts, bis Sie links auf den asphaltierten Güterweg in die Ortschaft Blümigen abzweigen – damit folgen Sie dem Attersee-Ostwanderweg bergauf. Von den obersten Wiesen wandern Sie auf Forstwegen rechts auf dem Weg Nr. 1 unter dem Kamp (877 m) vorbei und dann über den Waldrücken zu einer Weggabelung

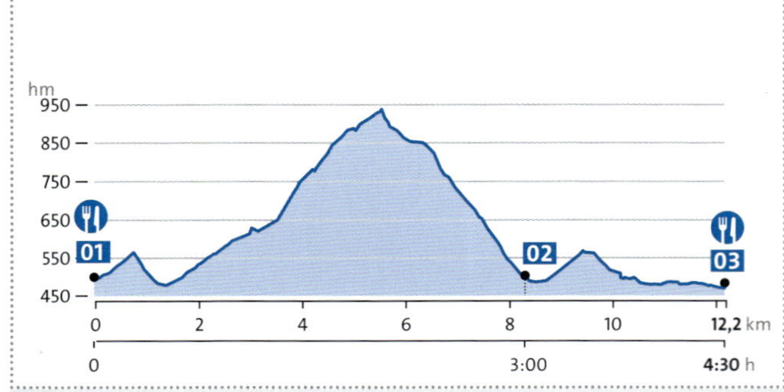

01 Steinbach am Attersee, 509 m; 02 Alexenau, 472 m;
03 Weyregg am Attersee, 482 m

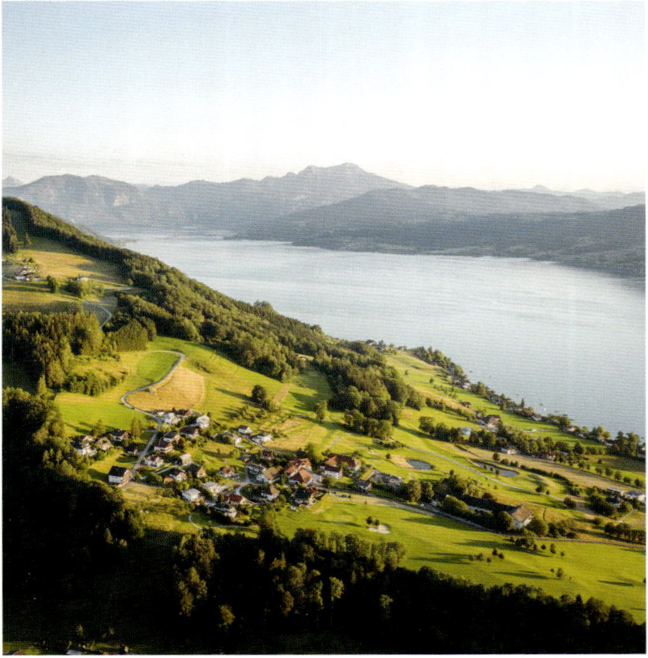

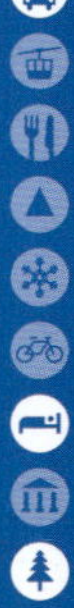

Über die Umgebung von Weyregg schweift der Blick bis zum Schafberg.

hinauf. Rechts ist es nur ein kurzer Abstecher zu einem Holzschild, das mitten im Tann den Gipfel mit dem Namen Bramhosen (960 m) anzeigt (auf manchen Karten heißt der Berg „Bramosen"). Der linke Weg führt dagegen nach Nordwesten in die Waldsenke mit dem Seeleitenstüberl hinab. Von dort steigen Sie auf dem Pfad, der weiter unten eine Forststraße abkürzt, in die **Alexenau** 02 (472 m) ab. Links der kleinen Siedlung verläuft die Bundesstraße, an der sich eine Bushaltestelle befindet; am nahen Seeufer legt auch das Linienschiff an. 3:00 h

Nun folgt ein flacher Wegabschnitt, der auf dem rechts abzweigenden, etwa 3 km langen Dr.-Gleißner-Weg nach Norden verläuft. Zunächst auf Schotterbelag, dann auf Asphalt geht's oberhalb der Bundesstraße durch Wiesen- und Waldhänge unter dem Wachtberg (823 m) dahin; unterwegs genießt man immer wieder herrliche Ausblicke zum Attersee und über das Hügelland bis zum Höllengebirge. In **Weyregg** 03 (482 m) haben Sie entlang des Sees die Möglichkeit, sich ganzjährig beim Kaisergasthof und in der „Sonne" sowie während der Sommermonate im „Katamaran", dem „Seebuffet" oder im „Badehaus" zu stärken.
1:00 h

Hinweis: Busverbindung (Linie 562) von Steinbach nach Weyregg.

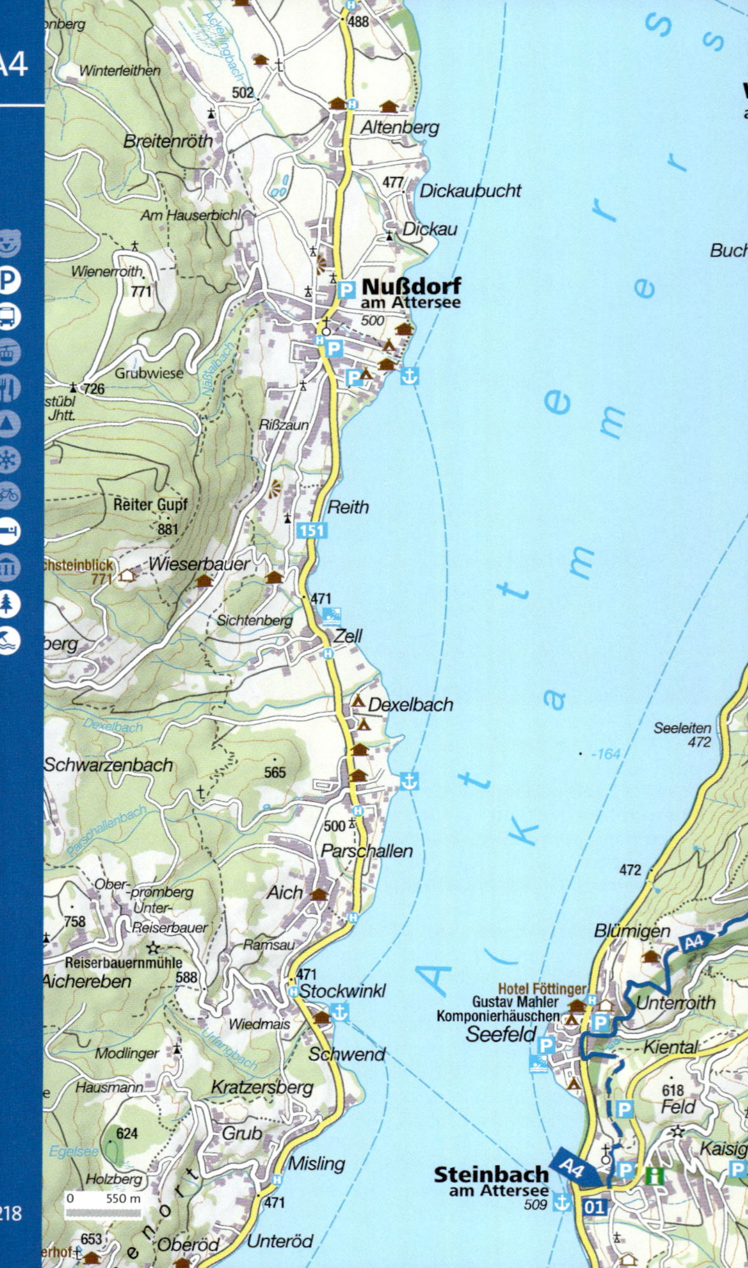
Winterleithen
Breitenröth
Altenberg
Dickaubucht
Dickau
Am Hauserbichl
Wienerroith
771
Nußdorf
am Attersee
500
Grubwiese
726
Rißzaun
Reith
151
Reiter Gupf
881
Wieserbauer
471
Sichtenberg
Zell
Dexelbach
Schwarzenbach
565
Seeleiten
472
-164
Attersee (Kammersee)
500
Parschallen
Aich
Ober-promberg
Unter-Reiserbauer
758
Ramsau
Reiserbauernmühle
Aichereben
588
471
Stockwinkl
472
Blümigen
Hotel Föttinger
Gustav Mahler
Komponierhäuschen
Seefeld
Unterroith
Kiental
Wiedmais
Schwend
Modlinger
Hausmann
Kratzersberg
618
Feld
Grub
624
Egelsee
Misling
Holzberg
Steinbach
am Attersee
509
01
0 550 m
471
653
Oberöd
Unteröd
A4

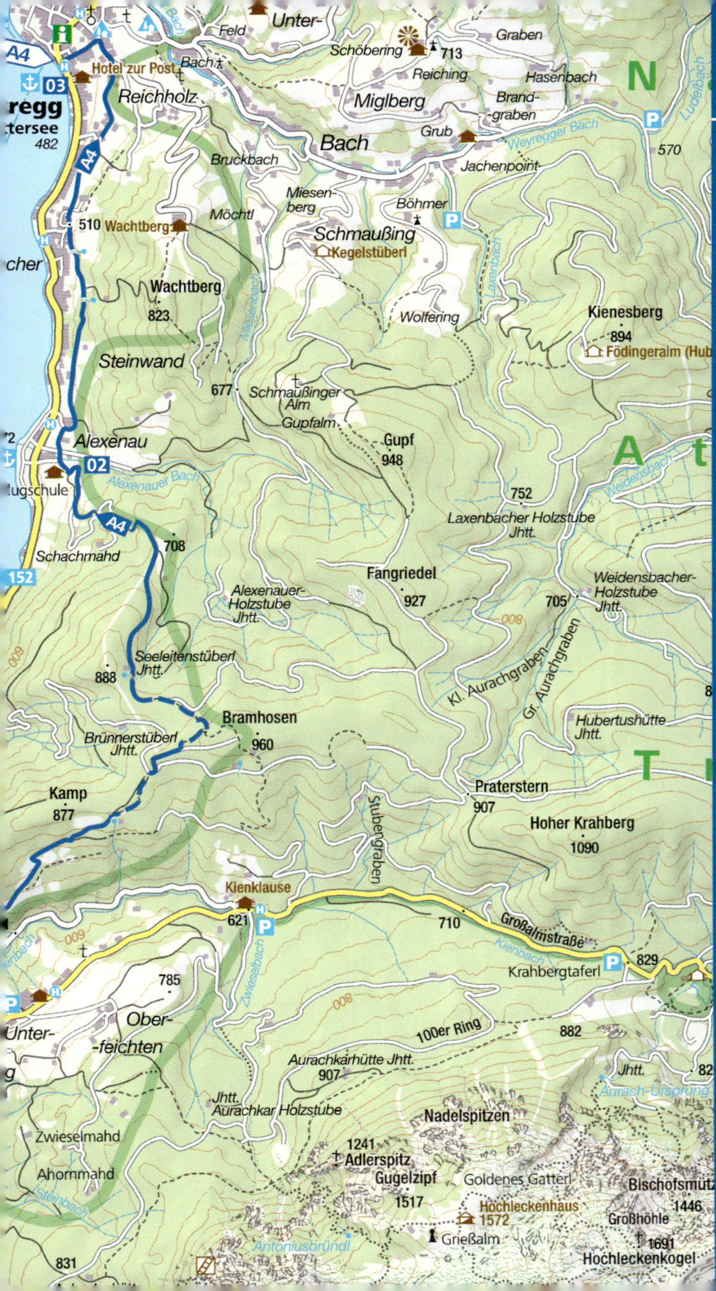

Unter-
Feld
Schöbering
713
Graben
Reiching
Hasenbach
Hotel zur Post
Bach
03
Reichholz
Miglberg
Brand-
graben
Grub
Bach
Weyregger Bach
570
Ludelbach
Bruckbach
Jachenpoint
Miesen-
berg
Böhmer
510
Wachtberg
Möchtl
Schmaußing
Kegelstüberl
Laxenbach
Wachtberg
823
Miesenbach
Wolfering
Kienesberg
894
Födingeralm (Hub
Steinwand
677
Schmaußinger
Alm
Gupfalm
Gupf
948
Alexenau
02
Alexenauer Bach
752
Weidensbach
Laxenbacher Holzstube
Jhtt.
A4
708
Schachmahd
152
Fangriedel
927
Alexenauer-
Holzstube
Jhtt.
705
Weidensbacher-
Holzstube
Jhtt.
008
Kl. Aurachgraben
Gr. Aurachgraben
Seeleitenstüberl
Jhtt.
888
Bramhosen
960
Brünnerstüberl
Jhtt.
Hubertushütte
Jhtt.
Kamp
877
Praterstern
907
Hoher Krahberg
1090
Stubengraben
Kienklause
621
710
Großalmstraße
Kienbach
Krahbergtaferl
829
009
785
Zwieselbach
Ober-
-feichten
008
100er Ring
882
Aurachkarhütte Jhtt.
907
Jhtt.
Aurach-Ursprung
Jhtt.
Aurachkar Holzstube
Nadelspitzen
Zwieselmahd
1241
Adlerspitz
Ahornmahd
Gugelzipf
1517
Goldenes Gatterl
Bischofsmütz
Steinbach
Hochleckenhaus
1572
1446
Großhöhle
Grießalm
1691
Hochleckenkogel
Antoniusbründl
831

A5

WEYREGG AM ATTERSEE – SEEWALCHEN AM ATTERSEE

Regionaler Weg Attersee, 5. Teil – Kurs Nord

 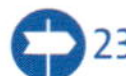 23,6 km  7:30 h 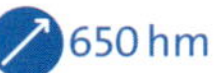 650 hm  650 hm  18

START | Weyregg am Attersee, 482 m.
[GPS: UTM Zone 33 x: 391.425 m y: 5.298.430 m]
CHARAKTER | Wanderung auf kaum befahrenen Nebenstraßen, Forstwegen und gut markierten Pfaden.

Der letzte Abschnitt des regionalen Weges um den Attersee führt noch einmal kräftig bergauf, bietet jedoch dafür ein prachtvolles Atterseepanorama und zwei gute Einkehrstationen, bevor Sie zum Atterse-Nordufer zurückkommen.

▶ In **Weyregg am Attersee** 01 spazieren Sie nach der Überquerung der Straße in der Nähe des Seeufers zum Strandbad, durch die Jubiläumsallee (Parkplatz) zur Brücke über den Weyregger Bach und geradeaus auf einem Fußweg zum nördlichen Ortsrand. Vor dem Gästehaus Staudinger (beim Gasthof Landeroith) rechts wieder zur Weyregger Straße, der Sie 350 m nach rechts zur Gärtnerei Hemetsberger folgen. Dort zweigen Sie links auf den Plötzingerweg ab. Bei einer Stromleitung beginnt links der Brandsteig, der beschilderte Wanderweg (Nr. 5) auf den Gahberg. Er schlängelt sich durch Waldhänge und neben den Wiesen um den Brandnerhof auf den Rücken des **Gahbergs** 02 (864 m) empor. Herrlicher Blick über den Attersee bis zum Schafberg!

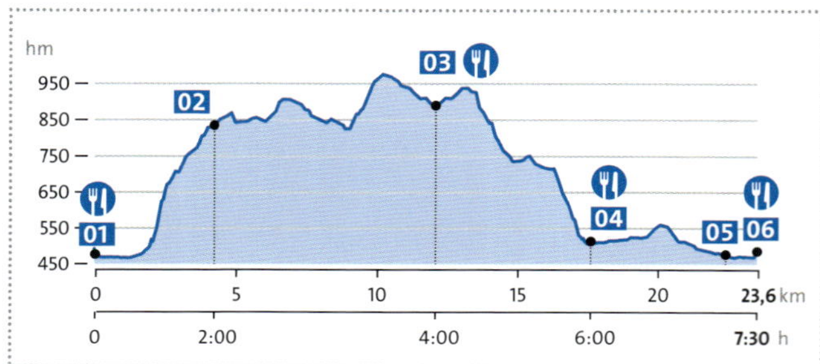

01 Weyregg, 482 m; 02 Gahberg, 864 m; 03 Almgasthof Schwarz, 884 m; 04 Erlath, 500 m; 05 Schörfling, 514 m; 06 Seewalchen am Attersee, 472 m

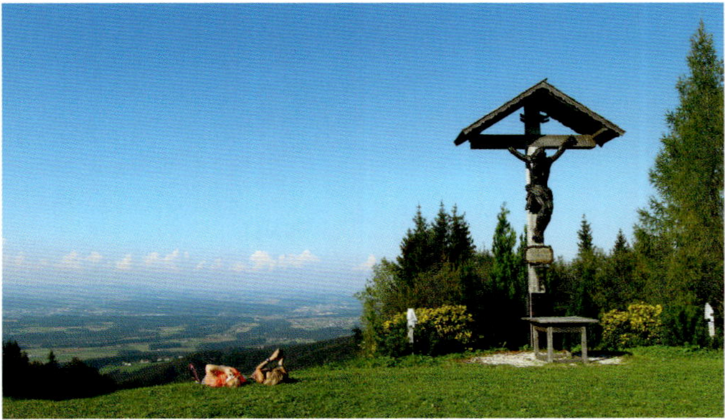

Ausblick vom „Hongarkreuz" beim Gasthof Schwarz nach Norden.

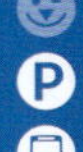
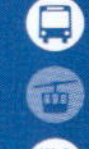
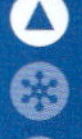

Rechts zu einem Bauernhof und auf dem asphaltierten Zufahrtsweg zur nahen Gahbergstraße, der Sie links über den gesamten Rücken folgen. Nach einem Waldstück passieren Sie am Hintergahberg die Sternwarte und die mit Schindeln verkleidete Gahbergkapelle. Kurz danach zweigen Sie links auf den beschilderten Wanderweg zur Kreuzingalm ab. Er führt oberhalb davon (kurzer, lohnender Abstecher) über den Kamm zur Schickermahd weiter.

Circa. 3 km nach der Alm überschreiten Sie den bewaldeten Alpenberg (973 m) und erreichen nach einem kurzen Abstieg eine Gabelung, bei der ein Marienbild an einen Bombenangriff im Jahr 1945 erinnert. Geradeaus gelangen Sie (Beschilderung „Hongar") über den Kamm weiter bis zum **Almgasthof Schwarz** 03 (884 m). 4:00 h

Über den Waldrücken wieder zurück bis zur erwähnten Weggabelung mit dem Marienbild. Nun rechts nach dem Wegweiser „Looh, Halbmoos" hinab und auf zerfurchten Forstwegen (Nr. 6) durch die bewaldete Nordseite des Alpenbergs zur idyllisch gelegenen Loitzenwiese (724 m, Jagdhaus). Dort biegen Sie links ab und überschreiten auf dem Forstweg Nr. 3 den Waldrücken des Schörflinger Trattbergs (702 m) bis zur Ortschaft **Erlath** 04 (500 m) am Sickingbach, wo Sie sich rechts im Landgasthof Schneiderwirt stärken können.

Links auf der asphaltierten Sickinger Straße taleinwärts, vorbei an der Feuerwehr und dem renovierten Poinerhaus. Von der nächsten Kreuzung rechts auf der Bachbauern- und der anschließenden Marktwalderstraße über einen bewaldeten Sattel (560 m). Wo Sie wieder freie Wiesen erreichen, biegen Sie links zur Waldvilla ab. Dort schwenken Sie rechts auf die Karl-Hausjell-Allee ein. Auf einer Brücke über die Umfahrungsstraße und nach **Kammer-Schörfling** 05 (514 m). Rechts gehts über die Agerbrücke und links nach **Seewalchen am Attersee** 06 (472 m). 3:30 h

Hinweis: Busverbindung (Linie 562) von Weyregg über Kammer nach Seewalchen – Kurs Nord; www.atterseeschifffahrt.at

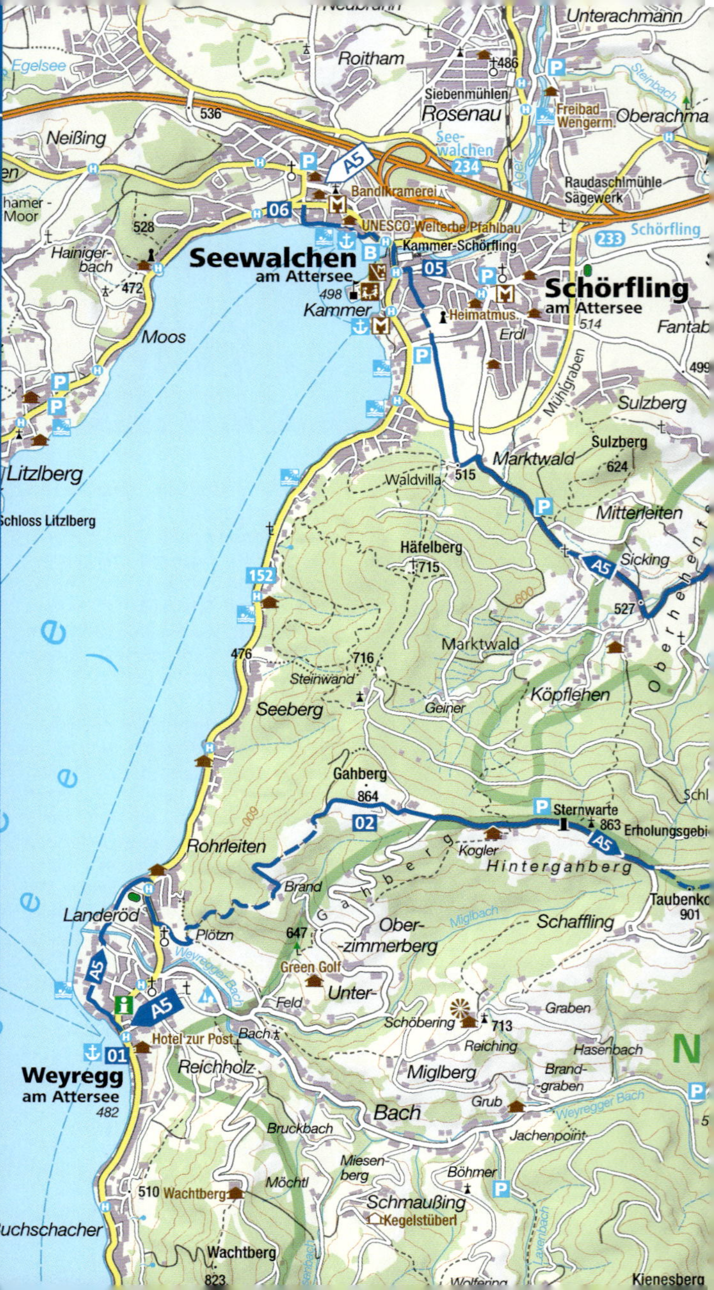

Unterachmann
Roitham
486
Egelsee
Siebenmühlen
Rosenau
Freibad Wengerm.
Oberachma
536
Neißing
Seewalchen
234
A5
Bandlkramerei
Raudaschlmühle Sägewerk
Ager
Steinbach
06
hamer - Moor
528
UNESCO-Welterbe Pfahlbau
Kammer-Schörfling
233
Schörfling
Hainiger-bach
Seewalchen am Attersee
05
Schörfling am Attersee
472
498
Kammer
Heimatmus.
514
Fantab
Erdl
Moos
499
Mühlgraben
Sulzberg
Sulzberg
624
Litzlberg
Marktwald
Waldvilla
515
Mitterleiten
Schloss Litzlberg
Häfelberg
715
Sicking
A5
152
527
600
Oberhehenfeld
Marktwald
476
716
Steinwand
Köpflehen
Seeberg
Geiner
Gahberg
864
Sterwarte
863
Erholungsgebi
Schl
02
600
A5
Rohrleiten
Kogler
Hintergahberg
Brand
Gahberg
Taubenkc
901
Landeröd
Ober-zimmerberg
Miglbach
Schaffling
Plötzn
647
Weyregger Bach
Green Golf
Unter-
A5
Feld
Graben
A5
Schöbering
713
Hotel zur Post
Bach
Reiching
Hasenbach
01
Reichholz
Brand-graben
Weyregg am Attersee
482
Miglberg
Grub
Bach
Weyregger Bach
Bruckbach
Jachenpoint
Miesen-berg
Möchtl
Böhmer
510 Wachtberg
Schmaußing
Kegelstüberl
Buchschacher
Laxenbach
Wachtberg
823
Wolfering
Kienesberg

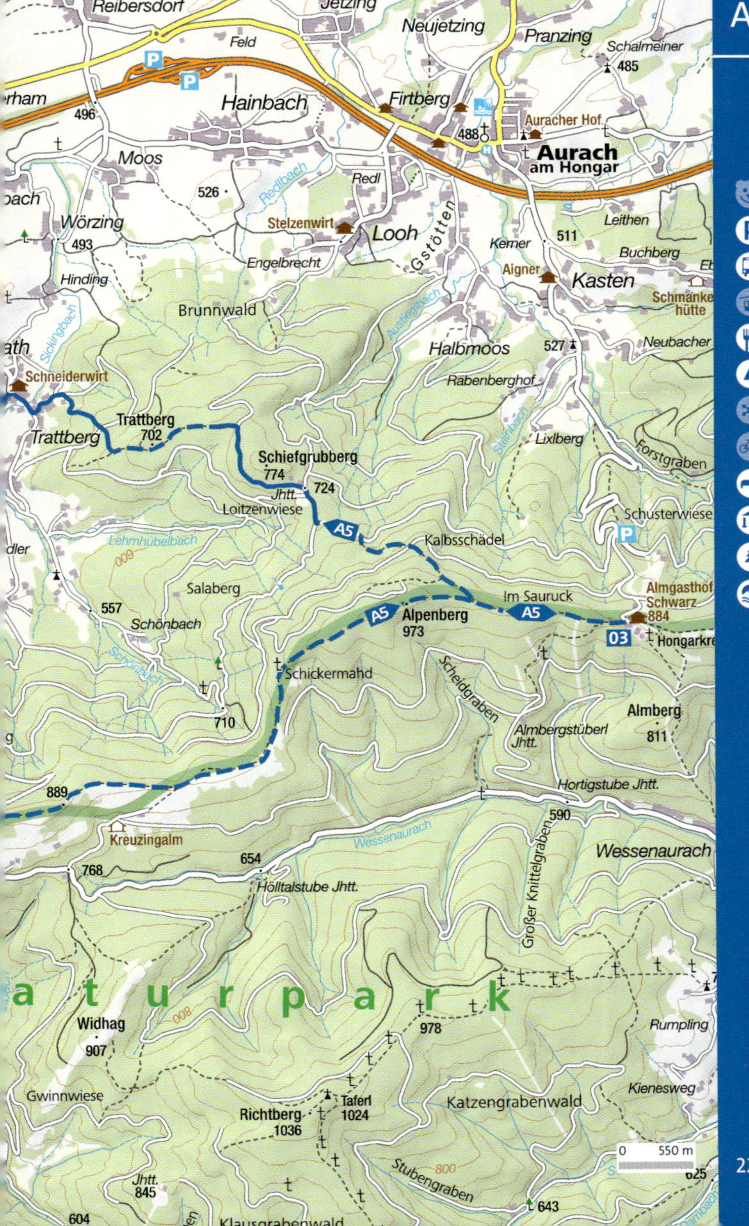
Neuhausen
Reibersdorf
Jetzing
Neujetzing
Pranzing
Schalmeiner
485
Feld
Hainbach
Firtberg
Moos
Auracher Hof
Aurach am Hongar
488
Redl
Wörzing
493
Stelzenwirt
Looh
Gstötten
Leithen
Kerner
511
Buchberg
Engelbrecht
Aigner
Kasten
Schmanke hütte
Hinding
Brunnwald
Halbmoos
527
Neubacher
Schneiderwirt
Rabenberghof
Trattberg
702
Lixlberg
Forstgraben
Schiefgrubberg
774
724
Jhtt.
Loitzenwiese
Schusterwiese
A5
Kalbsschädel
Lehmhübelbach
Salaberg
Im Sauruck
Almgasthof Schwarz
884
557
Schönbach
Alpenberg
973
03
Schickermahd
Scheidgraben
Almberg
811
710
Almbergstüberl Jhtt.
Hortigstube Jhtt.
889
590
Kreuzingalm
Wessenaurach
654
768
Hölltalstube Jhtt.
Großer Knittelgraben
Naturpark
Widhag
907
978
Rumpling
Gwinnwiese
Kienesweg
Tafer
1024
Richtberg
1036
Katzengrabenwald
0 550 m
Jhtt.
845
Stubengraben
625
643
604
Klausgrabenwald
480
457
496
526
Redlbach
Sickingbach
Austieglbach
Steinbach
Schönbach
Than

MONDSEE – ZELL AM MOOS

Regionaler Weg Irrsee, 1. Teil – Bauernland und Badeplatz

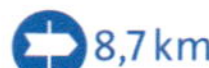

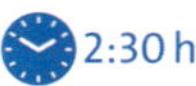

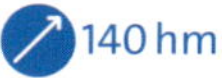

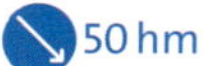

START | Mondsee, 483 m.
[GPS: UTM Zone 33 x: 376.613 m y: 5.301.537 m]
CHARAKTER | Landschaftlich abwechslungsreiche Wanderung auf kaum befahrenen Nebenstraßen und markierten Pfaden.

Vom Salzkammergut BergeSeen Trail zweigt in Mondsee eine landschaftlich ganz besondere Route ab: Der regionale Weg zum Irrsee. Dieses freundliche Gewässer liegt in einer flachen Senke zwischen den nördlichsten Ausläufern der Voralpen; sein Ufer weist unberührte Moore und Schilfbestände, aber auch sehr schöne Badeplätze auf.

▶ Vom Tourismusbüro in **Mondsee** 01 spazieren Sie zum Marktplatz und an der Basilika St. Michael vorbei. Auf der Herzog-Odilo-Straße durch das historische Ortszentrum und auf der anschließenden Südtiroler Straße bis zum Kreisverkehr an der Mondsee-Bundesstraße, wo zwei Unterführungen zum Kaufpark Mondsee hinüberführen. Rechts über den Parkplatz und auf der Prielhofstraße ca. 300 m parallel zur Hauptstraße weiter, dann nach links, an der Kletterhalle des Alpenvereins vorbei und durch eine Allee zum Prielhof. Danach unter der Autobahnbrücke durch ins Gewerbegebiet, wo Sie die Gewerbestraße überqueren. Neben der Eissporthalle zweigen Sie von der

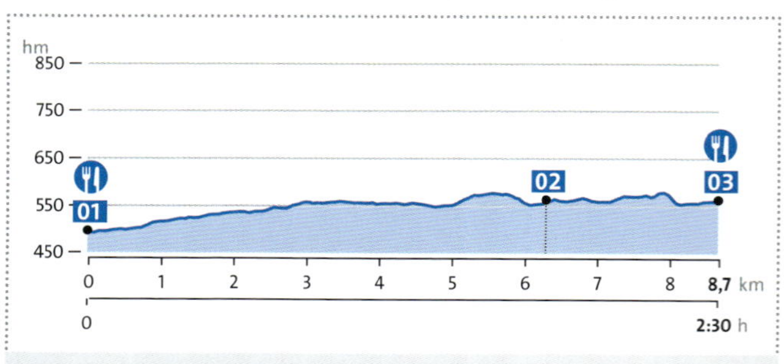

01 Mondsee, 483 m; 02 Kasten, 560 m; 03 Zell am Moos, 573 m

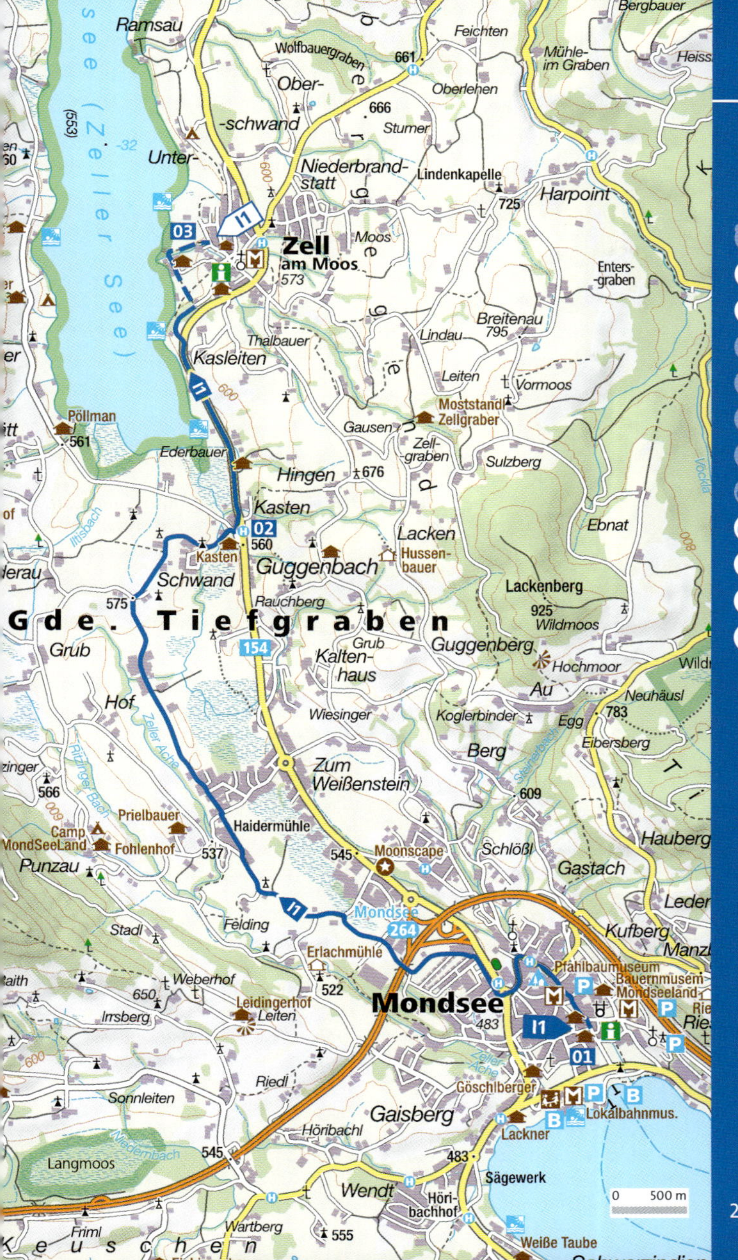
Ramsau
Ober-
-schwand
Unter-
Niederbrand-
statt
Zell
am Moos
573
Kasleiten
Thalbauer
Pöllman
561
Ederbauer
Hingen
Kasten
Schwand
Guggenbach
Gde. Tiefgraben
Grub
Hof
Kalten-
haus
Lacken
Hussen-
bauer
Lackenberg
925
Wildmoos
Guggenberg
Hochmoor
Zum
Weißenstein
Haidermühle
Moonscape
Mondsee
Erlachmühle
Felding
Prielbauer
Camp
MondSeeLand
Fohlenhof
Punzau
Leidingerhof
Leiten
Sonnleiten
Gaisberg
Höribachl
Langmoos
Wendt
Höri-
bachhof
Sägewerk
Weiße Taube
Pfahlbaumuseum
Bauernmusem
Mondseeland
Göschlberger
Lokalbahnmus.
Lackner
Zellgraber
Moststandl
Harpoint
Breitenau
795
Vormoos
Leiten
Lindau
Sulzberg
Ebnat
Neuhäusl
Eibersberg
Berg
Schlößl
Gastach
Hauberg
Kufberg
Staller
Feichten
Oberlehen
Stumer
Lindenkapelle
Mühle-
im Graben
Bergbauer
Enters-
graben
Wolfbauergraben
Moos
Gausen
Zell-
graben
Rauchberg
Wiesinger
Koglerbinder
Egg
783
609
545
537
575
560
676
725
661
666
522
650
Irrsberg
Weberhof
Stadl
Riedl
Wartberg
555
Friml
Keuschen
Fichingerbauer
Hüttl
Schwarzindien
0 500 m
154
264
03
02
01
I1
I7
Zeller Ache
Ritzinger Bach
Iltisbach
Wiedernbach
Steinerbach
Vöckla
Irrsee (Zeller See)
(553)
I1

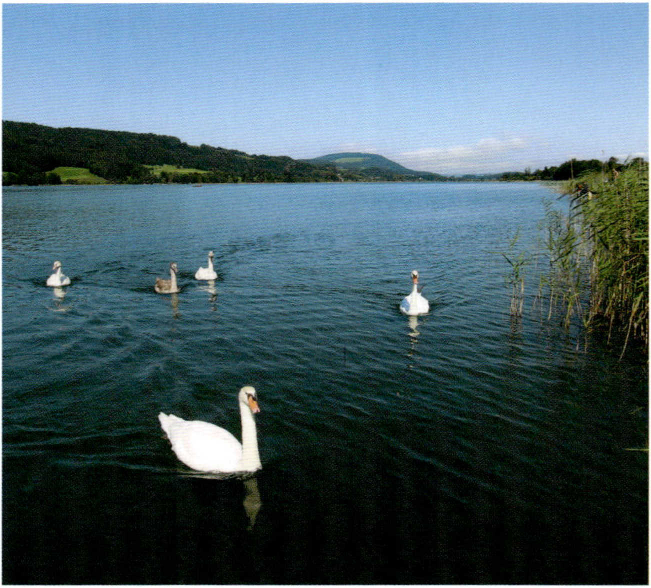

Der stille Irrsee ist ein kleines Naturparadies.

Prielhofstraße rechts auf einen Schotterweg ab und wandern zwischen Felder – zuletzt wieder auf Asphalt – zur Vogelsangstraße. Auf dieser nach links und von der nächsten Abzweigung rechts Richtung „Camp MondSeeLand“ zum Rand der Siedlung Haidermühle. Geradeaus zur Brücke über die Zeller Ache, davor rechts hinauf und nach 250 m links auf der Mühldorfstraße weiter (Wegweiser „Buchschartner“). Bald wandern Sie zwischen Wiesen und Felder dahin, vorbei am Reitzentrum Mondseeland und an einer Kompostieranlage. Bei der Straßengabelung im Weiler Schwand erreichen Sie den beschilderten Irrseeweg, dem Sie nach rechts folgen. Durch eine Allee und eine kleine Siedlung kommen Sie zum Bauhof der Gemeinde Tiefgraben. Nach der Brücke geht's über die Zeller Ache rechts in die Ortschaft **Kasten** 02 (560 m) an der Bundesstraße 154.

Gegenüber dem Parkplatz vor dem leider geschlossenen Kastenwirt biegen Sie links auf den beschilderten Irrseeweg ab. Seine schmale Asphalttrasse (auch Radweg) Richtung „Zell am Moos“ führt nun gut 1 km neben der Bundesstraße 154 dahin (dazwischen befindet sich links der schöne Badeplatz der Gemeinde Tiefgraben am Südufer des Irrsees). Dann folgen Sie links der Zufahrt nach **Zell am Moos** 03 (573 m). 2:30 h

Hinweis: Busverbindung (Linie 594) von Mondsee (Busterminal in der Franz-Kreutzberger-Straße) nach Zell am Moos.

ZELL AM MOOS – MONDSEE

Regionaler Weg Irrsee, 2. Teil – Westufer und Helenental

 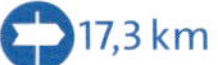 17,3 km  4:30 h 150 hm  240 hm  17

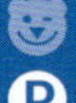
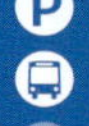

START | Zell am Moos, 573 m.
[GPS: UTM Zone 33 x: 374.181 m y: 5.306.908 m]
CHARAKTER | Lange, aber landschaftlich sehr abwechslungsreiche Wanderung über dem Seeufer, durch Bauernland und eine kleine Waldschlucht; Sie sind auf kaum befahrenen Nebenstraßen und markierten Wegen unterwegs.

Die Umrundung des Irrsees ist eine wunderschöne Tour. Der fast durchgehend asphaltierte Weg (der sich auch gut mit dem Rad „erfahren" lässt) verläuft im sanften Auf und Ab durch Wiesen und Felder, vorbei am berühmten Nordmoor, über das der Blick bis zum fernen Dachstein schweift ... Dann folgt die Wanderung zur Erlachmühle, bei der das romantische Helenental beginnt – ein besserer „Schlussakkord" ist kaum denkbar!

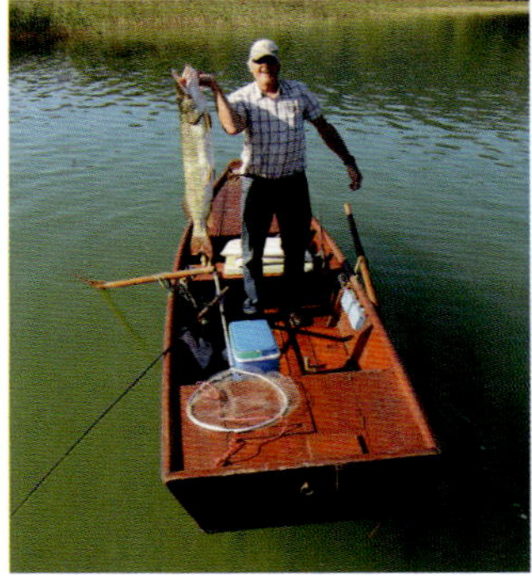

Petri Heil am Irrsee!

▶ Vom Kirchenplatz in **Zell am Moos** 01 wandern Sie auf der Dorf-

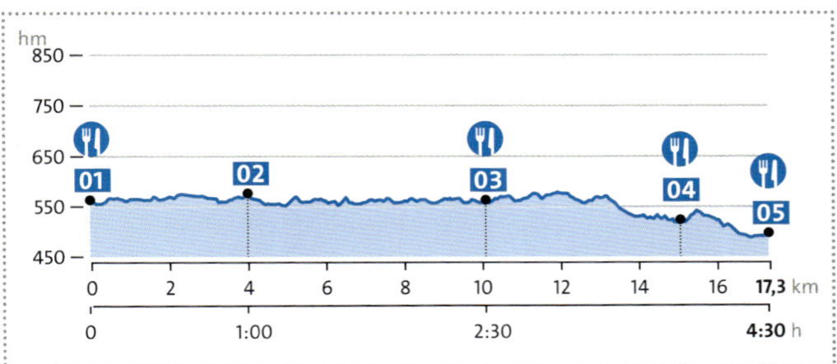

01 Zell am Moos, 573 m; 02 Laiter, 578 m; 03 Irrsee-Südufer, 561 m; 04 Erlachmühle, 522 m; 05 Mondsee, 483 m

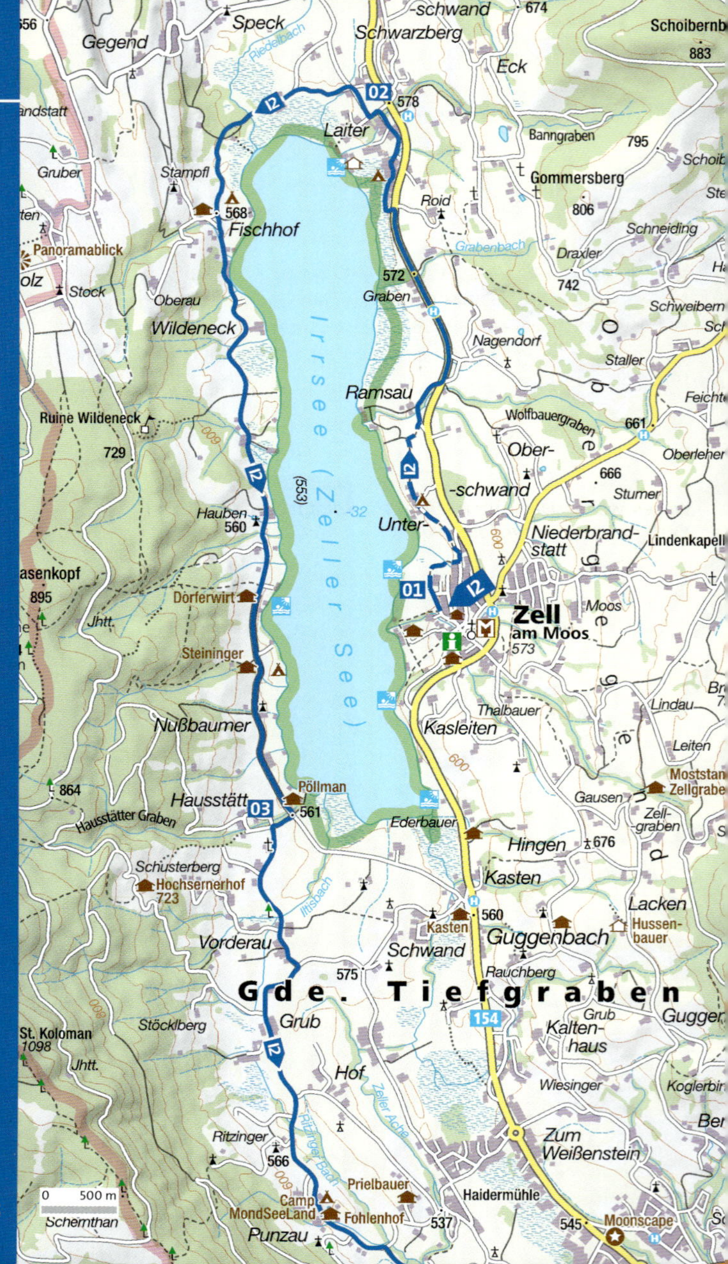
Speck
Gegend
Ober-
-schwand
674
Schoibernb
883
Schwarzberg
Eck
02
578
12
Laiter
Banngraben
795
Gruber
Stampfl
Gommersberg
806
568
Fischhof
Roid
Schneiding
Panoramablick
Draxler
742
Stock
Oberau
572
Graben
Wildeneck
Irrsee (Zeller See)
Nagendorf
Staller
Ramsau
Ruine Wildeneck
Wolfbauergraben
661
729
Ober-
-schwand
666
Oberleher
Sturner
(553)
-32
Hauben
560
Unter-
Niederbrand-
statt
Lindenkapell
asenkopf
895
01
12
Zell
am Moos
573
Moos
Dorferwirt
Jhtt.
Steininger
Thalbauer
Lindau
Nußbaumer
Kasleiten
Leiten
Moststan
Zellgrabe
864
Pöllman
Gausen
Hausstätt
03
561
Zell-
-graben
Hausstätter Graben
Ederbauer
Hingen
676
Kasten
Schusterberg
Hochsernerhof
723
Lacken
Kasten
560
Hussen-
bauer
Vorderau
Schwand
Guggenbach
575
Rauchberg
Gde. Tiefgraben
154
Grub
Stöcklberg
Grub
Kalten-
haus
St. Koloman
1098
Jhtt.
12
Hof
Wiesinger
Koglerbir
Zeller Ache
Ritzinger
Zum
Weißenstein
566
Ritzinger Bach
Camp
MondSeeLand
Prielbauer
Haidermühle
Fohlenhof
537
545
Moonscape
0 500 m
Schemthan
Punzau

straße zum nördlichen Ortsrand, wo der Irrseeweg links zu den Bauernhöfen von Unterschwand abzweigt. Vorbei am Campingplatz Maier geht's auf einem Feldweg weiter. Rechts nach der Beschilderung der Via Nova abzweigend gelangen Sie wieder zum asphaltierten Rad- und Gehweg, dem Sie links in den Weiler Ramsau folgen. Danach führt der Asphaltweg etwa 2 km neben der Bundesstraße nach Norden, bis er links in die Ortschaft **Laiter** 02 (578 m) abzweigt. 1:00 h

Vorbei an einem schönen alten Holzhaus und über eine Brücke, dann links abzweigen und stets nach der Beschilderung des Irrseeweges weiter. Der Güterweg passiert nun das ausgedehnte Moor am Nordufer des Irrsees und führt dann durch ein Waldstück zum Fischhof (Campingplatz). Oberhalb des Irrsees wandern Sie nun 4 km nach Süden, stets mit herrlichem Blick über den Irrsee zum Schafberg (und bei klarer Sicht bis zum Dachstein). Vorbei am Bauernhof Serner beim See, am Hotel-Restaurant Dorferwirt (Badeplatz) und am Campingplatz beim Steiningerhof erreichen Sie eine Kreuzung über dem verschilften **Südufer des Irrsees** 03 (561 m). 1:30 h

Dort biegen Sie rechts auf den Güterweg Hof ab. Von der folgenden Gabelung führt rechts ein kurzer Abstecher zur Hausstättermühle (Besichtigung im Sommer jeden Mittwoch 10–11 Uhr); nach Mondsee geht's jedoch nach links. Nach dem Feuerwehrhaus biegen Sie rechts auf die Kolomansbergstraße ab (Wegweiser „Gh. Hochsern, Kolomansberg", Nr. 7); zwischen den schönen Höfen des Grubdorfes folgen Sie stets der Beschilderung „Mondsee". Ca. 2 km ab dem Irrsee-Südufer folgen Sie dem Güterweg Punzau nach rechts zum Fohlenhof (Camp MondSeeLand). Danach erreichen Sie eine Brü-

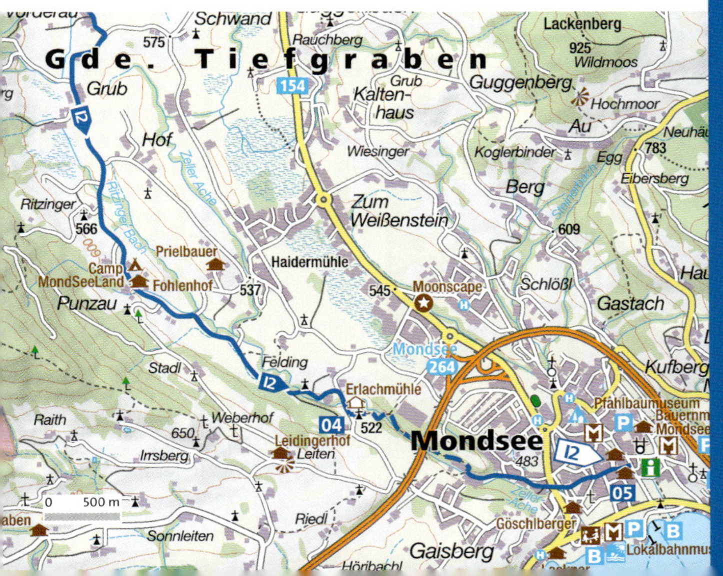

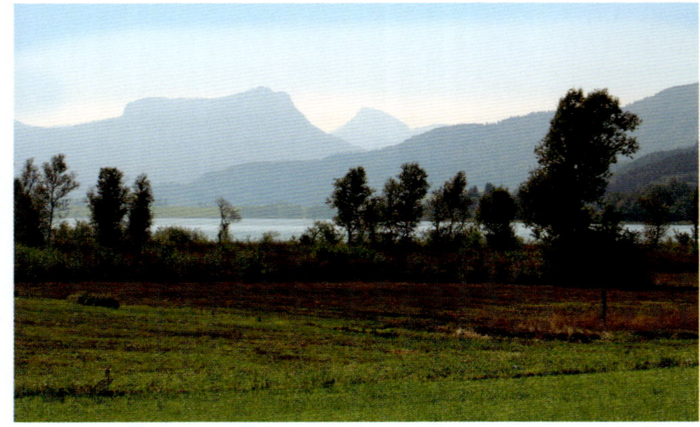

Das Irrsee-Nordmoor mit dem Schober und dem Faistenauer Schafberg.

cke über die Zeller Ache, vor der Sie rechts abzweigen. Bald geht's rechts auf einem unbeschilderten Schotterweg durch die Wiesen neben dem Flüsschen weiter. Über eine Brücke kommen Sie zu einer Holzkapelle mit einem bemoosten Dach und zu einem nahen Bauernhof. Rechts auf der Asphaltstraße wieder über die Ache zur wunderbar gelegenen **Jausenstation Erlachmühle** **04** (522 m). 1:00 h

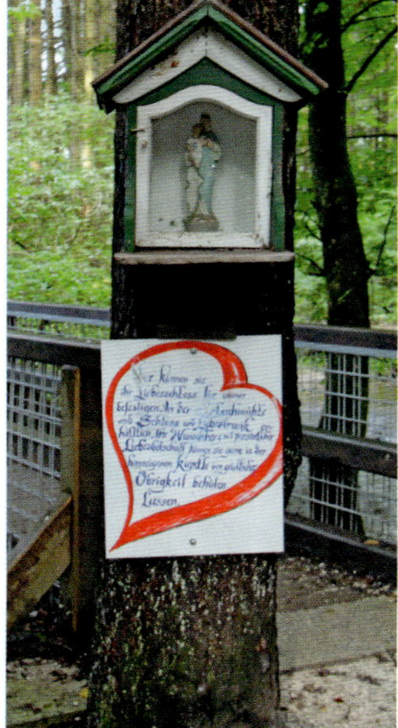

Am zauberhaften Helenenweg.

Zuletzt wandern Sie auf dem romantischen Helenenweg über einen Steg in die kleine Waldschlucht der Zeller Ache. Das muntere Wasser umspült dort einen Felsblock mit einem Kreuz, plätschert kurz danach unter der Autobahnbrücke durch und spendet schließlich Energie für einige Fabriksgebäude (schmaler Durchgang). Dort erreichen Sie die Hierzenberger Straße, die ins Ortsgebiet von **Mondsee** **05** (483 m) führt. Links auf der Ludwig-Angerer-Gasse zur Rainerstraße und auf dieser zum Marktplatz. 30 Minuten

Hinweis: Busverbindung (Linie 594) von Mondsee (Busterminal in der Franz-Kreutzberger-Straße) nach Zell am Moos.

FAISTENAU – EBENAU

F1

Regionaler Weg Faistenau, 1. Teil – Naturwunder Plötz

 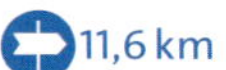 11,6 km 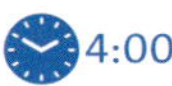 4:00 h 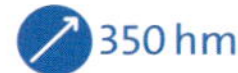 350 hm 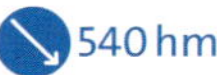 540 hm  17

START | Faistenau, 786 m.
[GPS: UTM Zone 33 x: 367.694 m y: 5.293.119 m]
CHARAKTER | Abwechslungsreiche Berg- und Talwanderung auf kaum befahrenen Nebenstraßen und gut markierten Wegen.

Der regionale Weg um die Strubklamm, eine Traumtour im Salzburger Bereich des Salzkammerguts, führt zu mehreren Naturwundern. Das vielleicht schönste davon ist die „Plötz", eine zauberhafte Schlucht mit liebevoll renovierten Mühlen, einem imposanten Wasserfall und einem Naturbadeplatz. Aber auch das erste Etappenziel bietet Sehenswertes: Ebenau war im 17. Jh. ein kleines Zentrum der Eisenverarbeitung, an die etliche historische Gebäude erinnern.

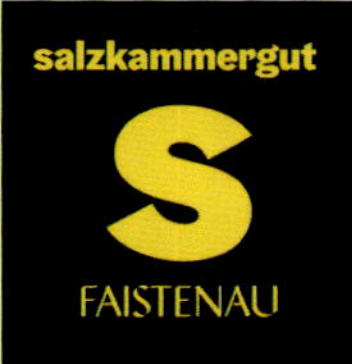

▶ Von der Pfarrkirche in **Faistenau** 01 folgen Sie der Straße Richtung Ebenau zum Sportplatz, zweigen davor rechts ab und wandern zum Waldkletterweg. Links an der Anlage, im Wald zum Schmiedbach hinab und nach dem Wiederaufstieg zwischen Felder zu einem asphaltierten Güterweg, den Sie beim Weiler Lidaun erreichen. Auf diesem nach rechts zu einer Abzweigung am Waldrand, von der Sie nach links zur nahen Kreuzung mit der **Lidaunstraße** 02 (771 m) ansteigen.

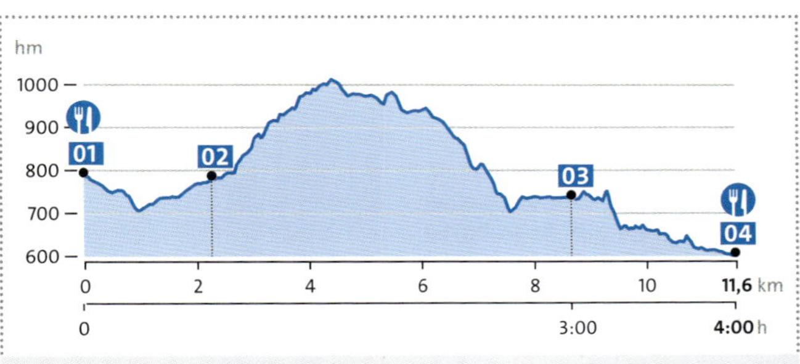

01 Faistenau, 786 m; 02 Lidaunstraße, 771 m; 03 Hinterschroffenau, 750 m; 04 Ebenau, 623 m

Auf dieser scharf nach rechts, bis Sie nach 150 m ebenso scharf nach links auf eine Forststraße abbiegen (Wegweiser „Lidaungipfel, Bärenhöhle“, Nr. 44). Sie zieht durch die bewaldeten Südwesthänge des Lidaunbergs empor. Auf ungefähr 1.000 m Seehöhe zweigt rechts der mit fünf Schautafeln ausgestattete Pfad zur Bärenhöhle und zum Gipfelkreuz auf dem 1.223 m hohen Lidaun-Gipfel ab (lohnender Abstecher, aber gut 1:00 h zusätzliche Gehzeit).

Die Wanderroute Richtung Ebenau führt jedoch nach links durch die Waldhänge. Von einer Jagdhütte geht's auf einer Forststraße zum Sattel (932 m) und noch ca. 500 m weiter, bis links ein Wanderweg zur Gängstraße (790 m) zwischen Faistenau und Hof hinunterzieht. Nach ihrer Querung gehen Sie zwischen Felder zum nahen Waldrand und steigen zur Wiestal-Landesstraße ab. Auch diese wird überschritten. Vom Parkplatz auf der anderen Seite wandern Sie auf der nach Süden abzweigenden Schroffenaustraße am Weiler Schlag vorbei und zu den beiden Bauernhöfen in der **Hinterschroffenau** 03 (750 m), die auch „Lodagei“ genannt wird. 3:00 h

Dort zweigen Sie links Richtung Ebenau in die Plötz ab. Auf diesem Weg, der rechts um den Waldhügel herum in die Schlucht des Rettenbachs führt, wurde einst das Getreide zur Schroffenaumühle getragen. Diesen kleinen Holzbau aus dem 16. Jh. erreichen Sie, indem Sie geradeaus an einer Abzweigung vorbeigehen – er steht direkt über dem 25 m hohen Wasserfall der „Plötz“. Der etwas ausgesetzte Weg führt im Zickzack zur Edermühle hinunter (rechts Wasserfall-Abstecher) und weiter zur „doppelten“ Pertiller-Mühle. Dort rechts abzweigen (links wären noch die Schildauer- und die Hofbauermühle zu besichtigen) und auf einem Steg über den Rettenbach. Danach auf dem Arnoweg etwa 1 km im Auf und Ab nach Westen, bis Sie links auf dem Waldweg in den Weiler Unterberg und – nochmals links abbiegend – nach **Ebenau** 04 (623 m) gelangen.

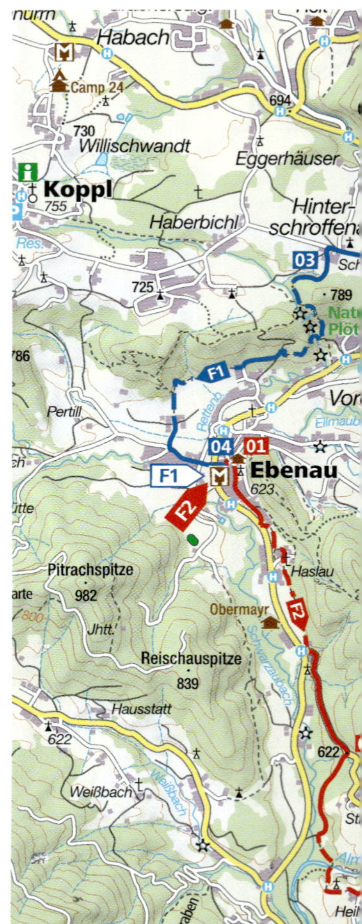

Von der Volksschule führt links ein kurzer Abstecher zur historischen Waschlmühle; geradeaus gelangen Sie unter der Umfahrungsstraße durch ins Dorfzentrum mit dem historischen Fürstenstöckl (Tourismusbüro). 1:00 h

Hinweis: Busverbindung Faistenau – Hof (Linie 155) und Hof – Ebenau (Linie 154).

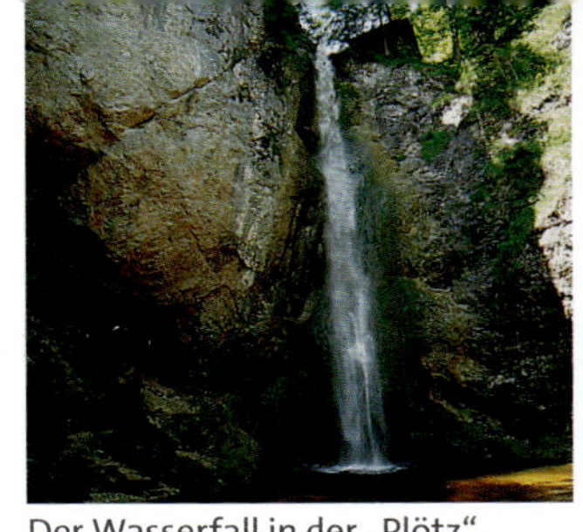

Der Wasserfall in der „Plötz".

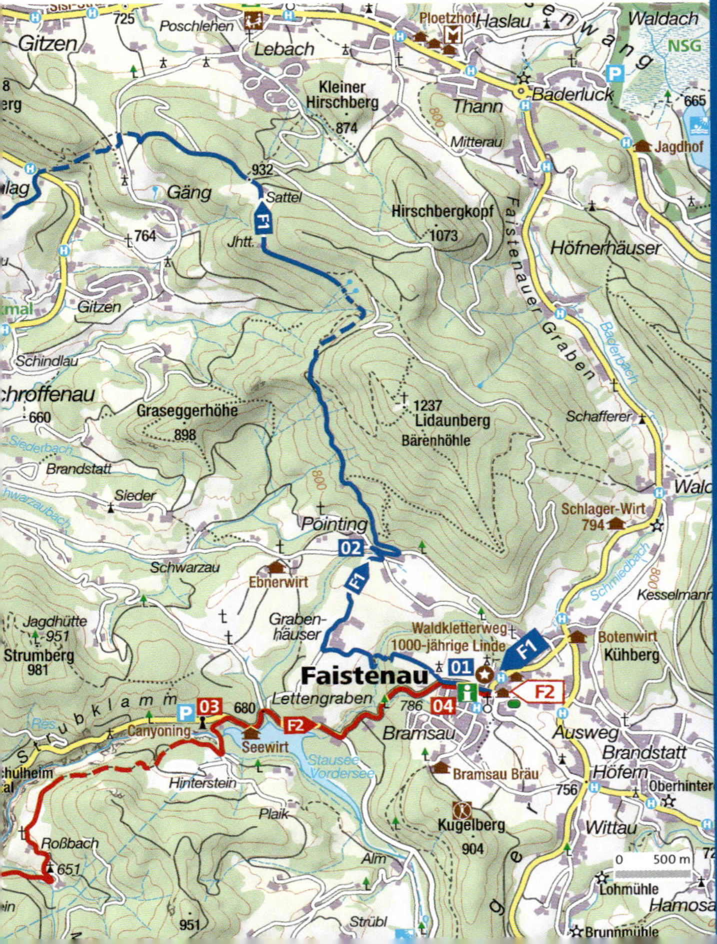

EBENAU – FAISTENAU

Regionaler Weg Faistenau, 2. Teil – Hoch über der Klamm

  8,8 km  3:00 h 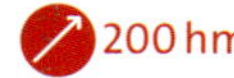 200 hm 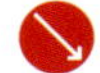 250 hm  19

START | Ebenau, 623 m.
[GPS: UTM Zone 33 x: 363.290 m y: 5.294.781 m]
CHARAKTER | Abwechslungsreiche Voralpenwanderung auf kaum befahrenen Nebenstraßen und markierten Pfaden. Der schmale Metzgersteig verläuft an einer Stelle direkt an der Abbruchkante über der Strubklamm – bei Nässe rutschig und gefährlich! Kartenausschnitt auf Seite 232/233.

Der zweite Abschnitt dieses regionalen Weges führt hoch über der wilden Strubklamm dahin, und zwar auf dem Metzgersteig. Dieser Name soll darauf zurückgehen, dass man auf diesem luftigen Pfad einst Rinder aus Hintersee und Faistenau ihrer kulinarischen Bestimmung entgegentrieb – es gibt aber auch die schaurige Sage um einen Metzger, der hier – ausgerechnet auf der Wallfahrt nach St. Wolfgang – seine schwangere Geliebte in die Tiefe stürzte.

▶ In **Ebenau** 01 sollten Sie zunächst neben dem Fürstenstöckl einen Blick in die kleine Klamm des Schwarzaubachs werfen – eine Schlucht mitten im Ort, das ist einzigartig, außerdem befindet sich dort ein historischer Wasserstollen (Führungen). Dann verlassen Sie Ebenau auf der Messingstraße nach Süden, bleiben bei der Einmündung in die Wiestal-Landesstraße links und wandern auf der Wiestalpromenade (Nr. 804, Arnoweg) nach Haslau. Dort nach links und gleich wieder rechts auf dem

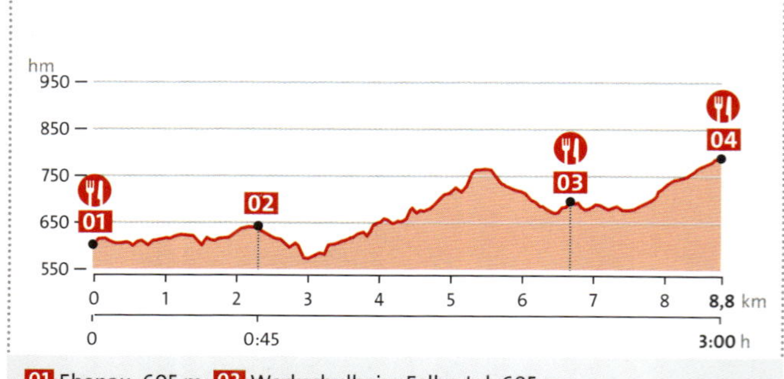

01 Ebenau, 605 m; 02 Werkschulheim Felbertal, 605 m;
03 Staumauer, 680 m; 04 Faistenau, 786 m

Wanderweg am Waldrand weiter bis zu einer quer verlaufenden Straße. Auf dieser links aufwärts, bis Sie nach 1 km – vor dem **Werkschulheim Felbertal** 02 (650 m) – rechts auf eine Forststraße abzweigen.

Nach der Beschilderung „Anfang Strubklamm, Staumauer Vordersee (Metzgersteig)" gelangen Sie nach ca. 15 Minuten zur Brücke über den Schwarzaubach (570 m). Davor biegen Sie links auf den Wanderweg ab, der zu einem nahen Metallsteg über den Almbach an der Mündung der wilden Strubklamm führt. Jenseits steil zu einer Wiese empor, links nach Heiligenstein und nochmals links auf der Asphaltstraße weiter zum Rossbach-Bauernhof (651 m), der links unter der Stromleitung umgangen wird. Dann wandern Sie auf dem Metzgersteig durch die Waldhänge über der Strubklamm bergauf. An seiner höchsten Stelle (770 m) führt der schmale Pfad direkt an der Abbruchkante der Schluchtwände dahin – Vorsicht!

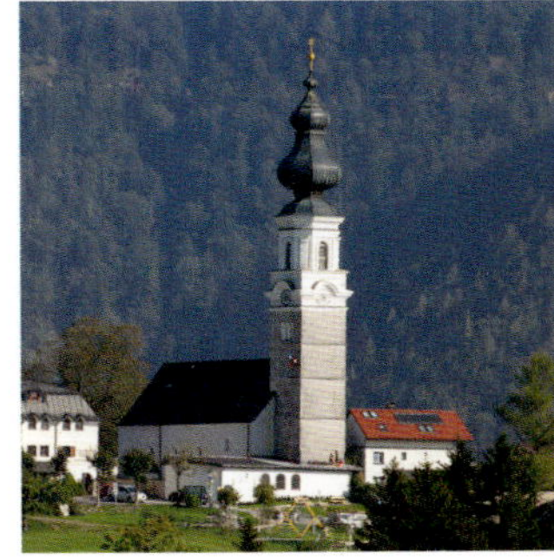

Blick nach Faistenau.

Absteigend erreichen Sie einen Forstweg, der zu einer 1909 erbauten **Staumauer** 03 (680 m) führt. Der dahintergelegene Vordersee verliert allerdings viel Wasser in unterirdischen Klüften.

Links hinüber und kurz hinauf zur Almbachstraße, auf der Sie rechts zum Gasthof Zur Strubklamm „Seewirt" gelangen. Weiter taleinwärts und links auf der Stegleitenstraße nach **Faistenau** 04 (786 m) hinauf.

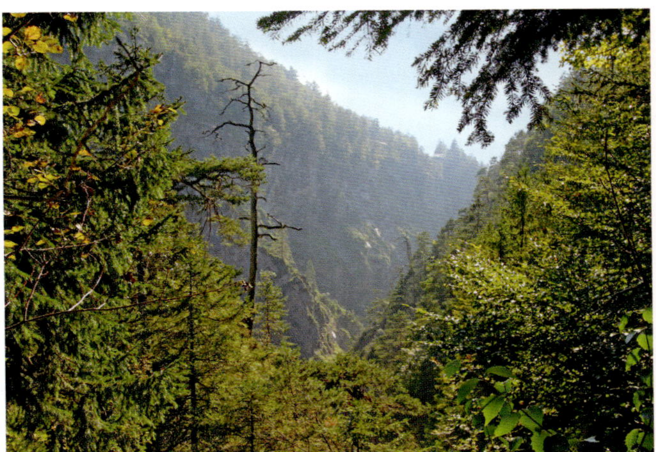

Der Metzgersteig führt durch eine wilde Voralpenlandschaft.

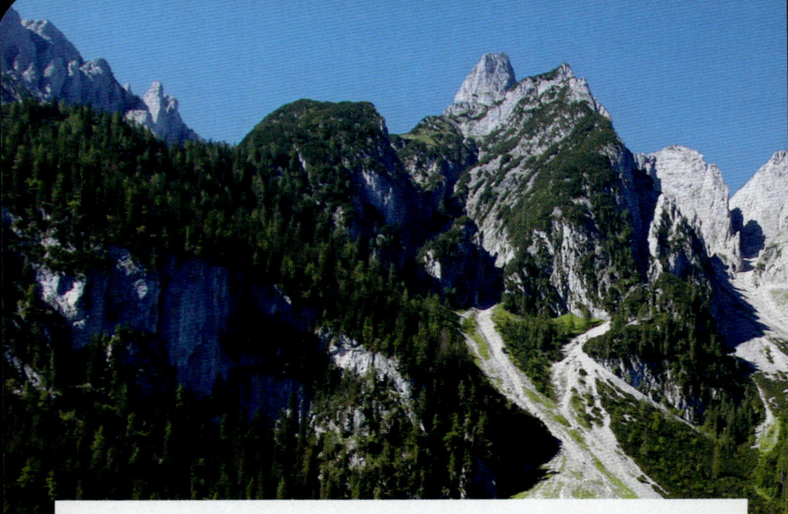

Gipfel

am Salzkammergut BergeSeen Trail

Der Salzkammergut BergeSeen Trail verläuft durch eine der schönsten Gebirgslandschaften Europas. Im Zuge seiner Begehung kommt man an vielen Bergen vorbei, die unterschiedlicher nicht sein könnten – an kleinen Grashügeln und stillen Waldhöhen ebenso wie an gewaltigen Felszinnen und vergletscherten Hochgipfeln. Manche davon sind wohl nur den Einheimischen bekannt, andere tragen so prominente Namen wie „Dachstein“, „Loser“ oder „Großer Priel“, mit denen sich auch die alpinen Varianten des Weitwanderweges schmücken.

Nicht jeder dieser Berge lässt sich ganz einfach erklimmen. Auf den folgenden Seiten finden Sie jedoch eine Auswahl attraktiver Gipfelziele, die sich im Nahbereich des Salzkammergut BergeSeen Trails für einen Abstecher empfehlen. Das erfordert zusätzliche Kraftanstrengungen und mehr Gehzeit, in einigen Fällen auch Klettergewandtheit und alpine Erfahrung; meist muss man auch eine weitere Übernachtung einplanen. Aber es lohnt sich, das Gebiet auch einmal ganz von oben zu betrachten und den Salzkammergut BergeSeen Trail aus der Vogelperspektive zu genießen!

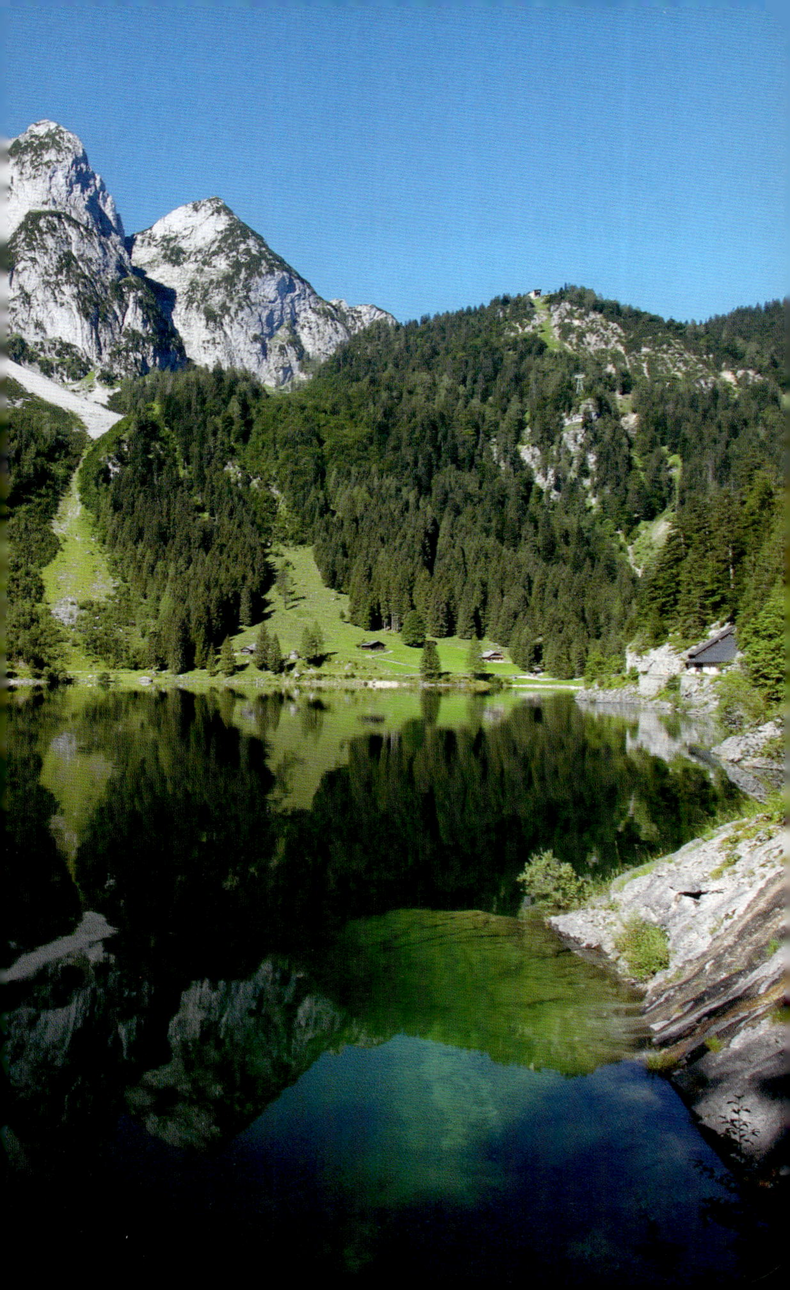

LÄRLKOGEL • 1.072 m

Ein Gipfelabstecher zwischen Traun- und Langbathsee

  5,6 km  2:15 h 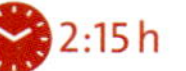 260 hm 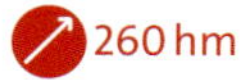 470 hm 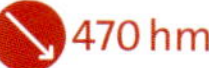  18

START | Almgasthof Windlegern, 816 m, siehe Etappe 1 und 2. [GPS: UTM Zone 33 x: 403.244 m y: 5.300.835 m]
CHARAKTER | Erlebnisreiche Wanderung auf gut markierten Pfaden, die beim kurzen Gipfelanstieg und beim Abstieg ins Langbathtal (2. Etappe) Trittsicherheit und Schwindelfreiheit erfordern.

Schon die 1. Etappe des Salzkammergut BergeSeen Trails lädt zu einer attraktiven Verlängerung ein, die allerdings eine sehr gute Kondition verlangt – oder zu einem zusätzlichen Tourentag, der dann natürlich wesentlich gemütlicher verläuft.

▶ Vom **Almgasthof Windlegern** 01 gehen Sie zur Kapelle und weiter zur Forststraße, der Sie bei der Abzweigung geradeaus in Richtung Hochsteinalm folgen. Von der Abzweigung in der rund 1,5 km entfernten Erzgrube gehen Sie geradeaus und nach wenigen Schritten – bei der Einmündung der Forststraße vom Mühlbachberg – rechts weiter. Nach einem kurzen Anstieg zweigen Sie links auf einen schmalen Waldpfad ab (roter Pfeil). Über eine Anhöhe und durch eine Mulde kommt man zu den Gipfelfelsen des **Lärlkogels** 02 (1.072 m). Nachdem Sie diese erklommen und einen kurzen, aber scharfen Grat überschritten haben, genießen Sie von seinem Gipfelkreuz eine überraschend weite Aussicht.

Wieder hinunter zur Forststraße, diese überqueren und dann wei-

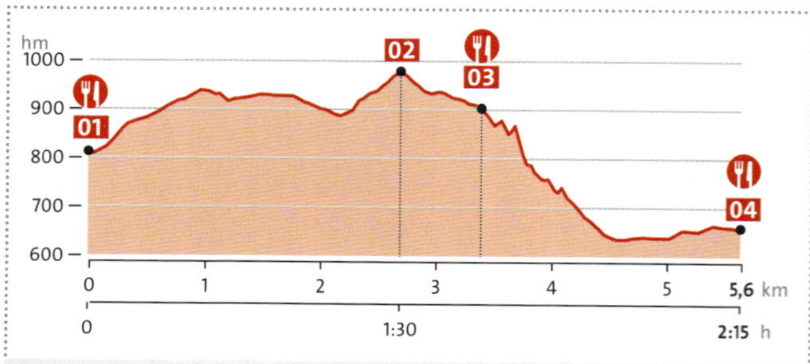

01 Almgasthof Windlegern, 816 m; 02 Lärlkogel, 1.072 m;
03 Hochsteinalm, 907 m; 04 Parkplatz Kreh, 647 m

ter auf dem Waldpfad zur nahen **Hochsteinalm** 03 (907 m). 1:30 h

Nach der Einkehr in dieser weitum sehr beliebten Gaststätte lockt links die interessante Abstiegvariante auf dem Falmbachsteig. Dieser landschaftlich recht eindrucksvolle Pfad führt neben einem kleinen Wildbach und seinen Wasserfällen bergab; Stahlseile und Holztreppen erleichtern den steilen Abstieg. Unten im Langbathtal folgen Sie der Asphaltstraße ca. 1 km links, also taleinwärts, bis zum **Parkplatz Kreh** 04 (647 m). 0:45 h

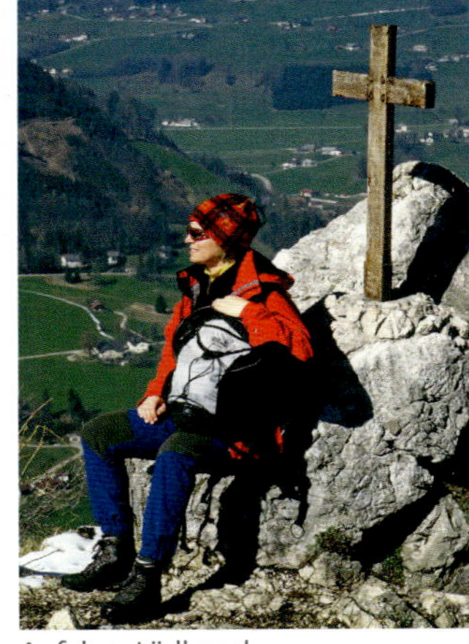

Auf dem Lärlkogel.

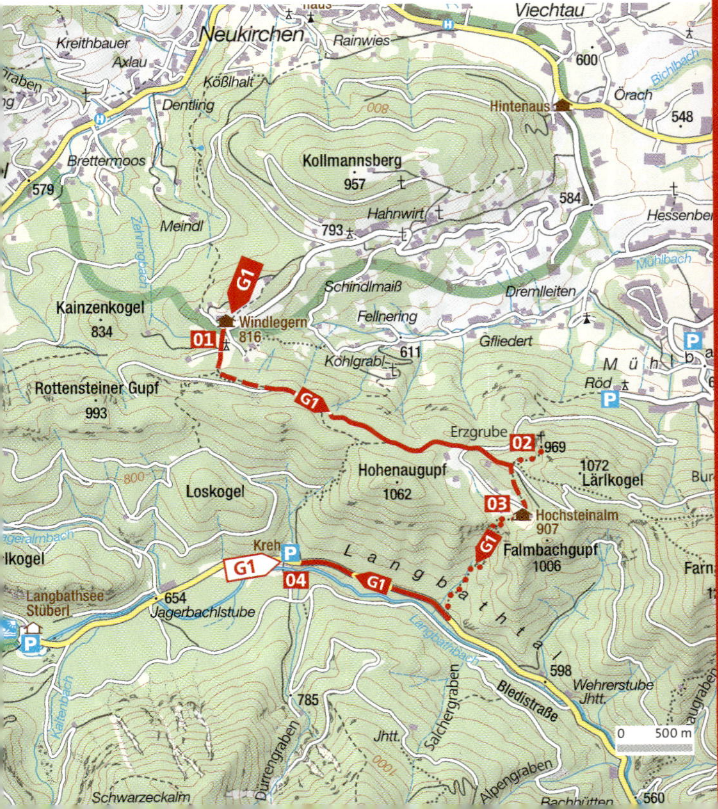

G2

GROSSER SCHOBERSTEIN • 1.037 m

Ein kleiner, aber feiner Höllengebirgsgipfel

  4,6 km  2:30 h 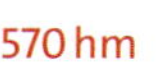 570 hm 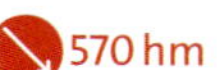 570 hm  18

START | Weißenbach am Attersee, 470 m, siehe Etappe 3.
[GPS: UTM Zone 33 x: 390.803 m y: 5.295.140 m]
CHARAKTER | Beliebte Halbtages-Bergwanderung auf einen sehr aussichtsreichen Felsgipfel. Der nicht allzu steil angelegte Weg ist im oberen Teil ausgesetzt und mit Stahlseilen gesichert.

Kaum ein Gipfel entspricht dem Motto „BergeSeen" besser als dieser: Über der 3. Etappe des Weitwanderweges erhebt sich der felsige Schoberstein, der über die Mahdlschneid mit dem Kalkstock des Höllengebirges verbunden ist. Dieser Grat hat übrigens nichts mit einem Mädchen zu tun, sondern wurde nach einer einst von den Bauern gemähten Bergwiese benannt. Der Große Schoberstein erhielt schon im 19. Jahrhundert kaiserlichen Jagdbesuch. Seit damals erleichtert ein kunstvoll aus Steinen aufgeschichteter Reitsteig ein sorgloses Dahinstapfen, und nach ein paar felsigen Passagen genießt man zuletzt einen wirklich großartigen Ausblick über die gesamte Attersee-Region.

▶ In **Weißenbach am Attersee** 01 führt Sie neben dem Hotel Post der Wegweiser „Gr. Schoberstein, Dachsteinblick, Hochleckenhaus" nach rechts. Dies ist der „Künstlerweg am Attersee", der neben dem Wolterhaus über eine Treppe zu einer Wiese mit einer großen Rotbuche hinaufführt. Zu einem schlossartigen Gebäude und links in den Wald zur nahen Nikolokapelle. Dort gehen Sie nach links und auf dem Nikoloweg Richtung Steinbach

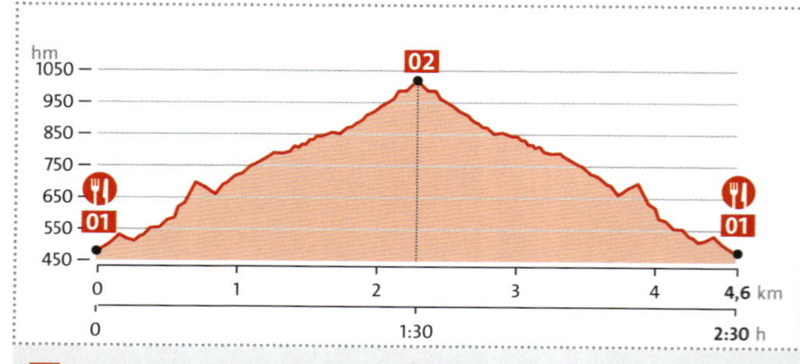

01 Weißenbach am Attersee, 470 m; 02 Großer Schoberstein, 1.037 m

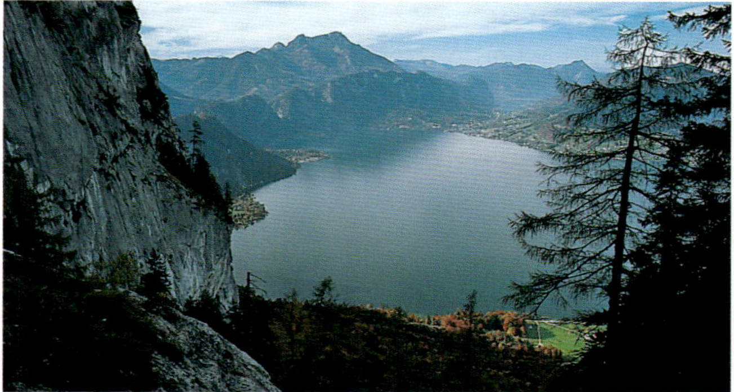

Über den Attersee schweift der Blick bis zum Schafberg.

am Attersee, bis Sie nach wenigen Schritten scharf rechts auf den Zustiegsweg zum Großen Schoberstein einschwenken. In weiten Serpentinen geht's – vorbei an einigen Rastplätzen und über eine kurze Leiter – durch den steilen, felsigen Waldhang zum Kamm hinauf. Nach dem obersten Rastplatz unterhalb der Gipfelscharte wird der Steig schmal und ausgesetzt. Es geht durch eine Schutthalde und über eine nicht sehr schwierige Felsstufe (Stahlseil) in der Südseite des Bergmassivs zum Grat hinauf. Zum Gipfelkreuz auf dem **Großen Schoberstein** 02 (1.037 m) gelangt man scharf nach links über einige Schrofenstufen. Dort genießen Sie einen traumhaften Blick auf den Attersee und über den Mondsee zum Schafberg und weiter bis zur Drachenwand. 1:30 h

Abstieg auf der gleichen Route. 1:00 h

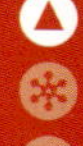

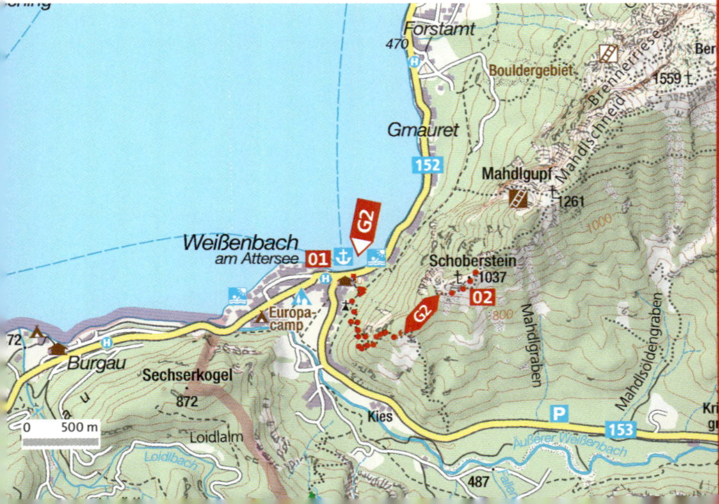

SCHAFBERG • 1.782 m

Bergab vom berühmtesten Salzkammergutberg

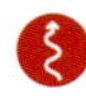 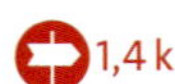 1,4 km  1:00 h 20 hm 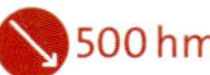 500 hm  18

START | St. Wolfgang am Wolfgangsee, 548 m; Auffahrt mit der Schafbergbahn bis zur Bergstation am Schafberg, 1.760 m. [GPS: UTM Zone 33 x: 382.682 m y: 5.292.573 m]
CHARAKTER | Bergab-Wanderung auf einem gut markierten, aber steilen und stellenweise felsigen Pfad, der Trittsicherheit erfordert.

Seit 1893 rattert und prustet die Schafbergbahn Sommer für Sommer über die 5,85 km lange Strecke zwischen St. Wolfgang und dem Schafberggipfel hinauf und hinunter – über zahlreiche Steinbrücken, einen Viadukt und durch zwei Tunnels. Immerhin trennen fast 1200 Höhenmeter die Tal- von der Bergstation. Bei einer durchschnittlichen Geschwindigkeit von sieben Kilometern in der Stunde bleibt viel Zeit, während der Fahrt die immer prächtiger werdende Aussicht zu genießen. Den Rundblick über sieben Salzkammergutseen und Hunderte Gipfel gibt's aber erst ganz oben, beim 1862 erbauten Gipfelhotel, das direkt an der geländergesicherten Oberkante der Schafberg-Nordwand klebt. Daher lohnt es sich sehr, die 4. Etappe des Salzkammergut BergeSeen Trails mit Hilfe der Schafbergbahn zu beginnen und bis zur Bergstation hinaufzufahren, danach kurz zum Hotel zu wandern, der nahen Himmelspforte einen Besuch abzustatten und dann den Abstieg zur Schafberg Alpe (Schafbergalm) zu genießen.

Von der **Bergstation der Schafbergbahn** 01 spazieren Sie zunächst auf einem kurzen, breiten Weg zum Haus Schafbergspitze

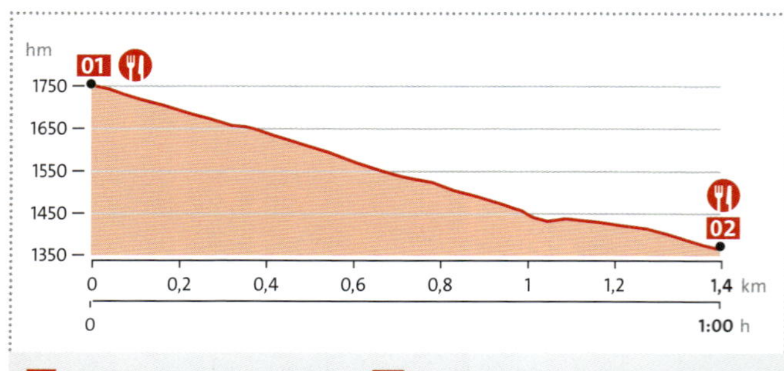

01 Schafberg, Bergstation, 1.760 m; 02 Schafberg Alpe, 1.304 m

St. Wolfgang ist der ideale Startpunkt für eine Schafberg-Tour.

(1.782 m) hinauf. Hinter dem Gebäude bricht der Berg mit senkrechten und teils überhängenden Felswänden nach Norden hin ab – solide Geländer begrenzen den Weg am Abgrund. Nach Westen sind es dann nur ein paar Schritte zur Himmelspfortehütte. Dahinter klafft ein Felsspalt in den Gratfelsen: Die „Himmelspforte" öffnet geübten Bergsteigern eine abenteuerliche Abstiegsroute nach Norden. Gleich daneben steht ein Gipfelkreuz, von dem man einen atemberaubenden Tiefblick zum Mondsee und zum Wolfgangsee genießt. Dann geht's wieder zur Bahnstation hinab und weiter auf dem schmalen Pfad Nr. 20, der sich südwärts über die große, steile Gipfelwiese hinunterschlängelt. Zwischen Latschen, aber auch über kleine Felsen und viele Stufen erreicht man ihren westlichen Rand – Vorsicht, rechts Felsabbrüche! Über einen Rücken, dann nach links zur Schienentrasse und über den Bahnübergang zur Einmündung des Purtschellersteigs. Links weiter und über eine Brücke bei der Station der Schafbergbahn zur **Schafberg Alpe** 02 (1.304 m). 1:00 h

Noch etwas weiter vorne treffen Sie auf die Wanderstrecke der Etappe 4 des Salzkammergut BergeSeen Trails, auf der Sie Richtung St. Gilgen absteigen können.

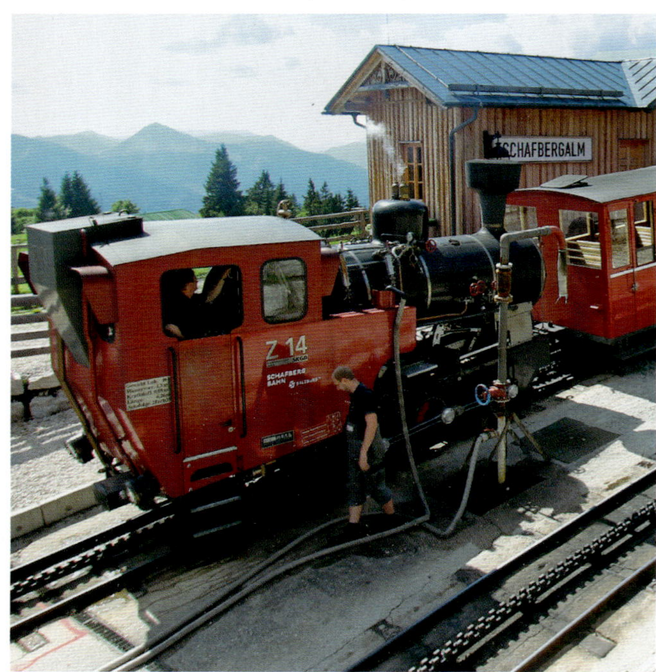

Weit- und Gipfelwandern mit Dampfkraft-Hilfe – die Schafbergbahn.

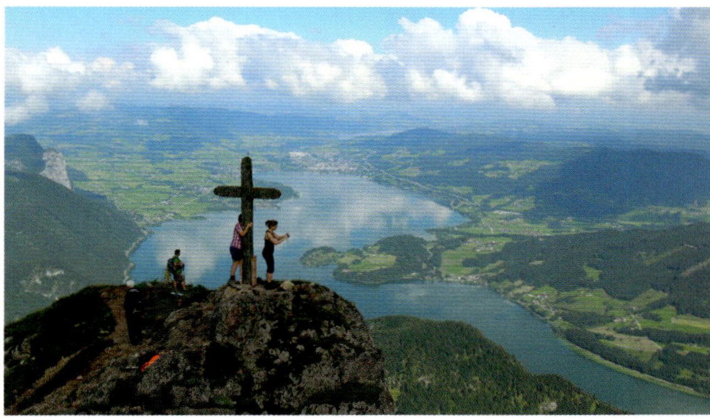

Mondseeblick mit Magenkribbeln.

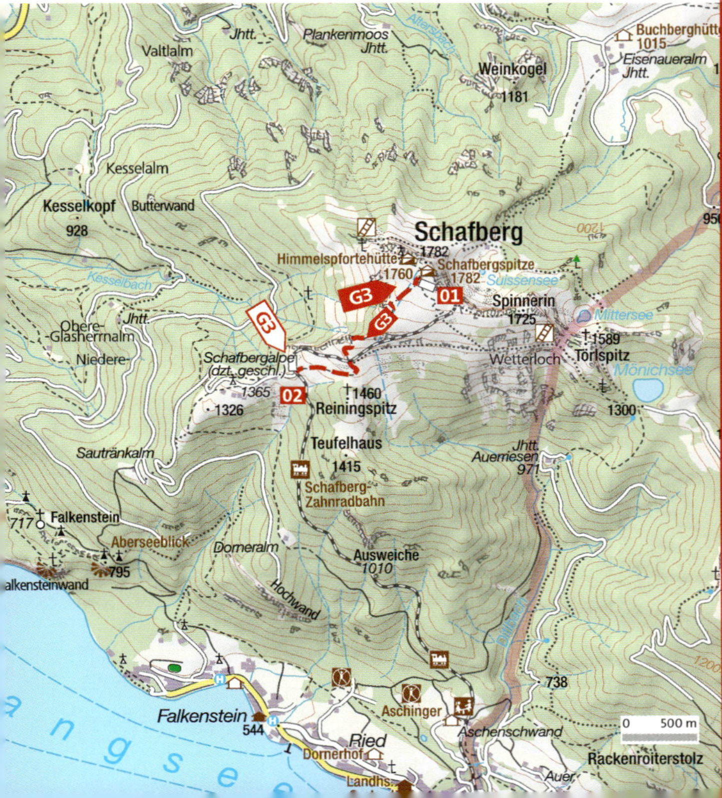

Jhtt.
Plankenmoos Jhtt.
Altersbach
Buchberghütte 1015
Eisenaueralm Jhtt.
Valtlalm
Weinkogel 1181
Kesselalm
Kesselkopf 928
Butterwand
Schafberg
1782
Himmelspfortehütte
1760
Schafbergspitze 1782
Suissensee
Kesselbach
G3
01
Spinnerin 1725
Mittersee
950
Obere-Glasherrnalm
Jhtt.
Niedere-
Schafbergalpe (dzt. geschl.)
1365
1326
02
1460 Reiningspitz
Wetterloch
1589 Törlspitz
Mönichsee
1300
Teufelhaus
1415
Schafberg-Zahnradbahn
Jhtt. Auerriesen 971
Sauträнkalm
717 Falkenstein
Aberseeblick
795
alkensteinwand
Dorneralm
Hochwand
Ausweiche 1010
Dittlbach
738
Falkenstein 544
Aschinger
Aschenschwand
Ried
Dornerhof
Landhs.
0 500 m
Rackenroiterstolz
Auer

G4

SCHOBER • 1.328 m

Der „Ritter-Klettersteig“ über der Burgruine Wartenfels

  2,9 km  2:00 h 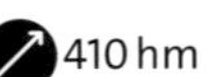 410 hm 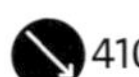 410 hm 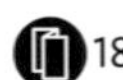 18

START | Forsthaus Wartenfels, 924 m, siehe Etappe 6.
[GPS: UTM Zone 33 x: 373.038 m y: 5.297.197 m]
CHARAKTER | Anspruchsvolle Überschreitung eines felsigen Voralpengipfels. Die stellenweise gesicherte Anstiegsroute erfordert absolute Trittsicherheit und Schwindelfreiheit. Nicht bei Schneelage gehen!

Ein „sprechender“ Name: Der Schober, das felsige Fuschler Bergwahrzeichen, ähnelt tatsächlich einem kantigen Heustadel. Mit dieser markanten Form beherrscht er auch die 6. Etappe des Salzkammergut BergeSeen Trails zwischen Mondsee und Fuschl am See. Da diese Strecke nicht allzu lang ist, kann man ihn – Bergerfahrung und Schwindelfreiheit vorausgesetzt – leicht „mitnehmen“. Schon beim luftigen Aufstieg genießt man eine weite Fernsicht vom Innviertel bis zu den Berchtesgadener Alpen. Der Übergang auf den 1.303 m hohen Frauenkopf verspricht eine genussvolle Zugabe, die schließlich mit dem Studium zweier Speisekarten ausklingt: Die eine präsentiert die Kletterrouten in der Frauenkopf-Wand, die andere das kulinarische Angebot im gemütlichen Forsthaus Wartenfels.

▶ Vom **Forsthaus Wartenfels** 01 wandern Sie zunächst durch den Wald zur nahen Ruine Wartenfels hinauf. Im Sattel davor beginnt rechts der beschilderte Pfad, der sich durch steiles Waldgelände und zwischen einigen Felsgruppen (Stahlseile, Eisenstifte, ausge-

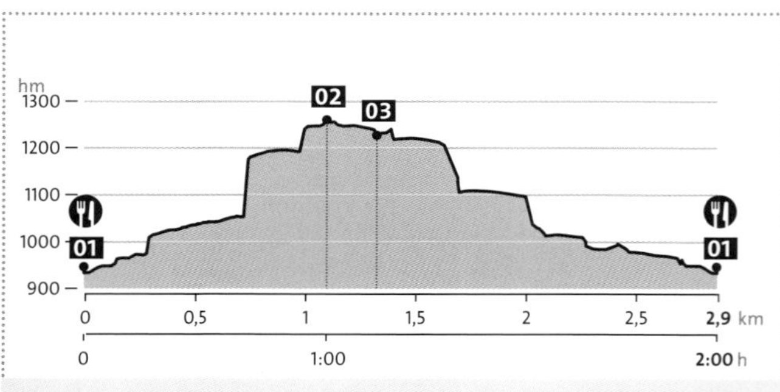

01 Forsthaus Wartenfels, 924 m; 02 Schober, 1.328 m; 03 Frauenkopf, 1.303 m

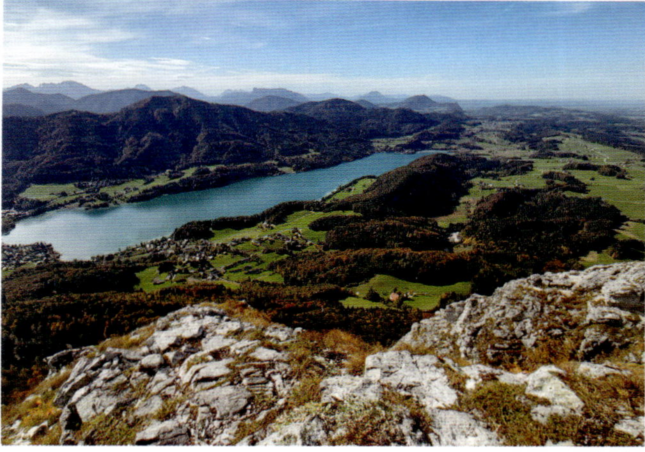

Blick vom Schober zum Fuschlsee.

sprengte Stufen) zum Gipfelkreuz auf dem **Schober** 02 (1.328 m) emporwindet. 1:00 h

Die offene Unterstandshütte, zu der man auf Eisenklammern absteigt, weist den Weiterweg. Nach einer Leiter zieht der schmale Steig durch die steile Waldflanke (zuletzt kurzer Gegenanstieg) zum nahen **Frauenkopf** 03 (1.303 m) hinüber.

Weiter geht's auf dem felsigen Südgrat hinab, bis der Steig durch den Waldhang und neben einer Schutthalde am Fuße der Felswände zum **Forsthaus Wartenfels** 01 zurückführt. 1:00 h

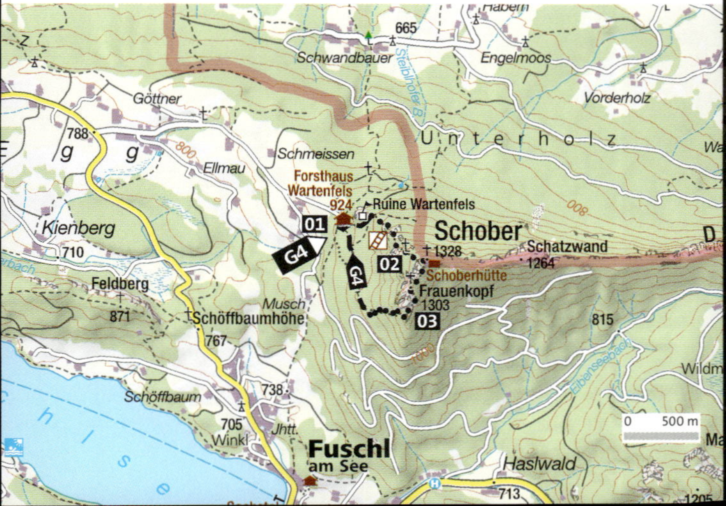

G5

BLECKWAND • 1.541 m

Das Felsfenster über dem Wolfgangsee

 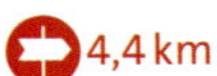 4,4 km  2:00 h 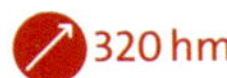 320 hm 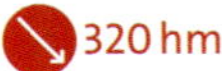 320 hm  18

START | Parkplatz Wetzlerhütte/Niedergadenalm, 1.228 m, siehe Etappe 10.
[GPS: UTM Zone 33 x: 381.352 m y: 5.279.791 m]
CHARAKTER | Lohnende Überschreitung eines aussichtsreichen Voralpengipfels auf gut markierten Alm- und Waldpfaden, die jedoch Trittsicherheit erfordern.

Auf dem Weg von der Postalm zum Wolfgangsee, dem auch die zehnte Etappe des Salzkammergut BergeSeen Trails folgt, wölbt sich ein eher unscheinbarer, bis hoch hinauf bewaldeter Voralpenberg empor: Die 1.541 m hohe Bleckwand. Der seltsame Name und ein näheres Hinsehen decken die raueren Seiten dieses Massivs auf. Einige Plaiken – Hangrutschungen – durchfurchen ihre steilen und felsdurchsetzten Nordosthänge. Dort liegen Kalkplatten auf Flysch- und Mergelschichten – 20 km vom Alpennordrand entfernt haben Sie also ein sogenanntes „Flyschfenster“ vor sich. Den Gipfel bildet ein kleines, mit zerzausten Wetterfichten bewachsenes Wiesenplateau. An seiner Abbruchkante öffnet sich ein ovales Felsloch, das einen kuriosen Tiefblick zum Wolfgangsee freigibt. Das Lärchenkreuz, das zur besseren Sichtbarkeit nicht auf dem höchsten Punkt des Berges, sondern etwas unterhalb davon an der Hangkante steht, haben Heimkehrer aus russischer Kriegsgefangenschaft im Jahre 1947 aufgestellt. Heute zählt die Bleckwand zu den bekanntesten Wanderzielen rund um den Wolfgangsee.

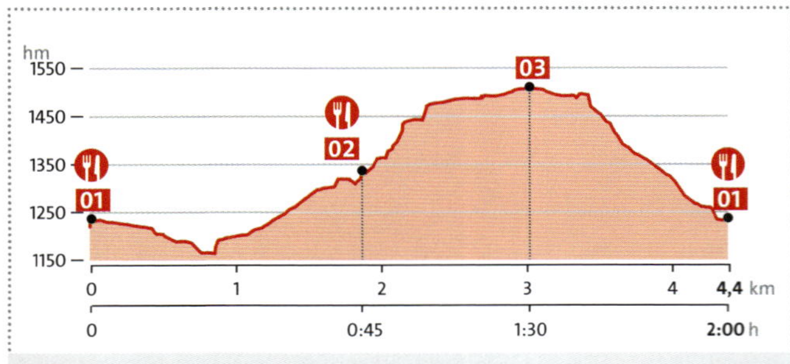

01 Niedergadenalm, 1228; 02 Bleckwandhütte, 1.340 m;
03 Bleckwand, 1.541 m

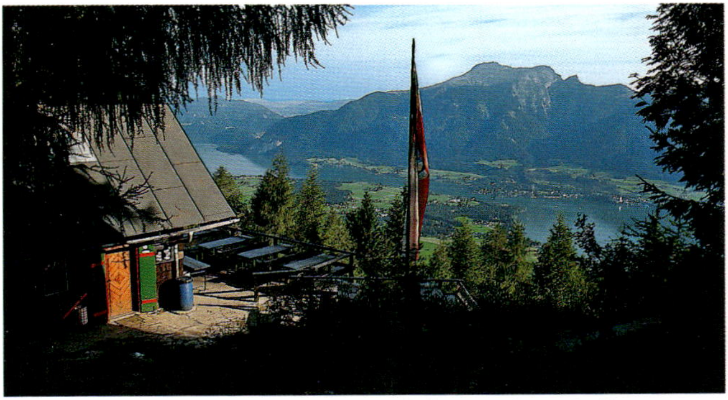

Schon von der Bleckwandhütte aus erblickt man den Schafberg.

▶ Vom Parkplatz Wetzlerhütte auf der **Niedergadenalm** 01 wandern Sie zunächst links auf der Asphaltstraße, die von Gschwendt am Wolfgangse heraufzieht, sanft bergab. Nach ca. 15 Minuten erreichen Sie den Parkplatz der Bleckwandhütte, bei dem Sie rechts auf den Zustiegspfad Nr. 32 abzweigen. Auf diesem gelangen Sie in 30 Minuten zur **Bleckwandhütte** 02 (1.329 m) hinauf. 0:45 h

Auf dem Gipfelpfad Nr. 876 nach rechts und über den bewaldeten Kamm zum erwähnten Felsloch. Weiter zum Gipfelkreuz und noch 10 Minuten weiter nach Osten auf den höchsten Punkt der **Bleckwand** 03 (1.516 m). 0:45 h

Rechts auf dem Pfad Nr. 31 durch schütteren Wald und über einen steilen Weidehang zur **Niedergadenalm** 01 hinab. 0:30 h

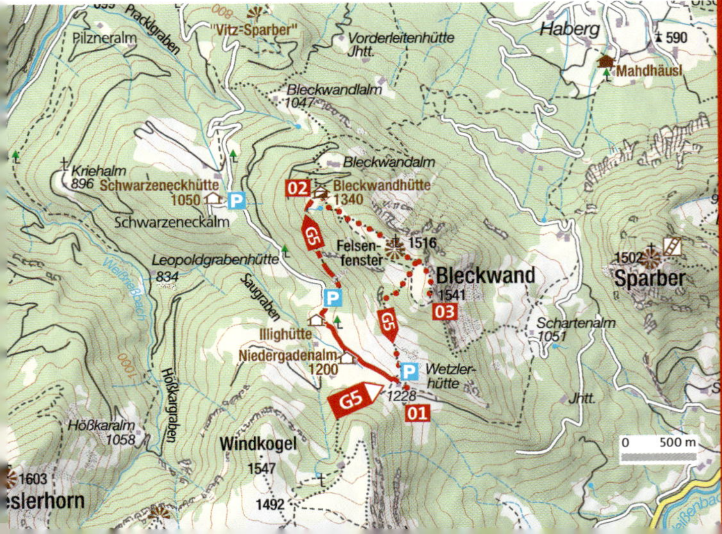

KATRIN • 1.542 m

Die Sieben-Seenblick-Wanderung

  3,7 km  2:00 h 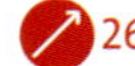 260 hm  260 hm 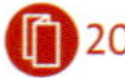 20

START | Bad Ischl, 470 m, Talstation der Katrin-Seilbahn. Auffahrt zur Bergstation, 1.413 m.
[GPS: UTM Zone 33 x: 396.734 m y: 5.285.155 m]
CHARAKTER | Aussichtsreiche Bergwanderung auf gut markierten, aber stellenweise felsigen Pfaden, die Trittsicherheit erfordern.

Die Katrin, der „Hausberg“ von Bad Ischl, ist ein Zwischenziel der zwölften Etappe des Salzkammergut BergeSeen Trails. Ihren Gipfel ziert ein 8 m hohes Stahlkreuz, das anno 1910 anlässlich des 80. Geburtstags Kaiser Franz Josephs errichtet wurde. 1959 wurde die Seilbahn auf den Berg eröffnet. Das Katergebirge, wie der ganze Gebirgszug zwischen Bad Ischl, Bad Goisern und dem Wolfgangsee heißt, ist sehr ursprünglich geblieben. Es bietet traumhafte Ausblicke zum Höllengebirge und zum Dachstein. Die Besonderheit dieser Tour ist jedoch, dass man dabei sieben ganz unterschiedliche Seen erblickt: Den Hallstätter und natürlich den Wolfgangsee, den Fuschl- und den Nussensee, den Schwarzen- und den Traunsee, aber auch den 70 km entfernten, schon in Bayern gelegenen Tachinger See (den Sie knapp südlich des Fuschlsees anvisieren).

▶ Hinter der **Bergstation der Katrin-Seilbahn** 01 steigen Sie rechts auf dem Pfad Nr. 895 in vielen Kehren durch steile, felsdurchsetzte Latschenhänge und flacheres Dolinengelände an. Von einer Abzweigung geht's dann

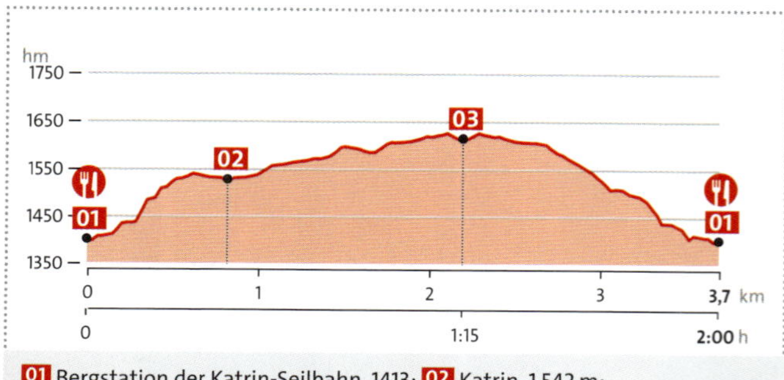

01 Bergstation der Katrin-Seilbahn, 1413; 02 Katrin, 1.542 m; 03 Hainzen, 1.638 m

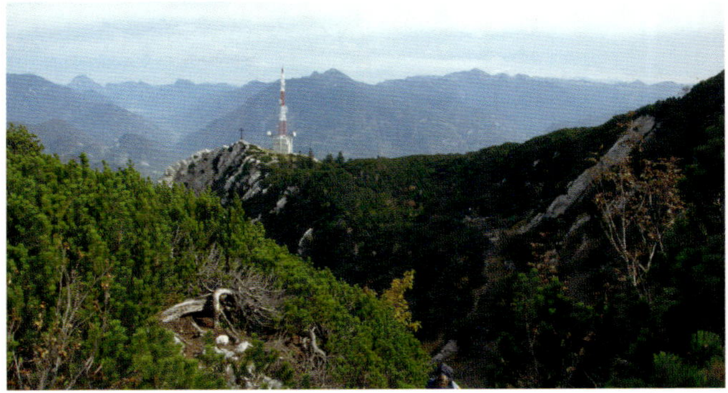

Blick über den Katrin-Gipfel zum Traunstein und zum Toten Gebirge.

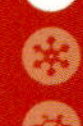
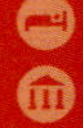

rechts zum Sendemasten und zum Gipfelkreuz auf der **Katrin** **02** (1.542 m) hinüber.

Kurz zurück und rechts auf einem schmaleren Weg auf den Elfer- oder Katererkogel (1.603 m, Kreuz) hinauf. Danach wandern Sie auf dem steinigen Pfad Nr. 895 westwärts über die hügelige Hochfläche zum Kreuz auf dem **Hainzen** **03** (1.638 m). 1:15 h

Dort kehren Sie um und gelangen auf dem rechts abzweigenden, etwas exponierten „Südweg" (Nr. 898) zurück zur **Bergstation der Katrin-Seilbahn** **01**. 0:45 h

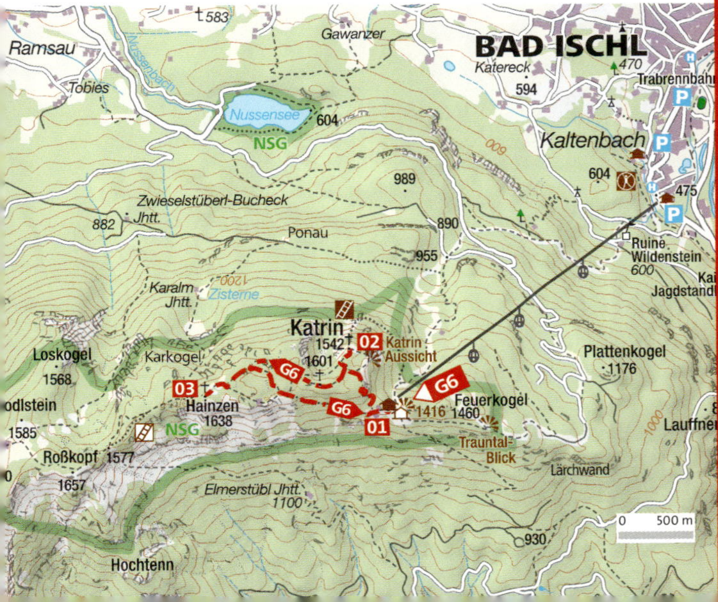

G7

HOHER KALMBERG • 1.833 m

Goiserer Gipfelerlebnis

  2,6 km  1:45 h 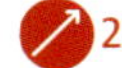 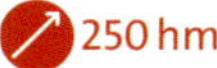 250 hm  250 hm 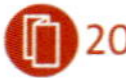 20

START | Goiserer Hütte, 1.592 m, siehe Etappe 13.
[GPS: UTM Zone 33 x: 391.932 m y: 5.275.091 m]
CHARAKTER | Kurzer und sehr lohnender Gipfelabstecher auf einem gut markierten, aber stellenweise steinigen Bergpfad.

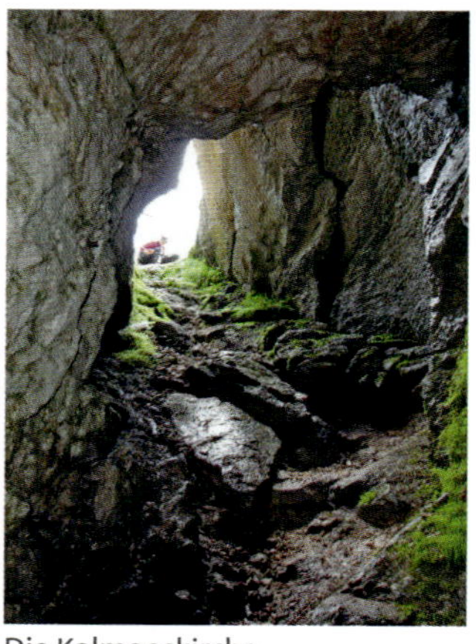

Die Kalmooskirche ...

Das mächtige und stellenweise von zerfurchten Felsen gegliederte Kalmberg-Massiv, das sich zwischen dem Bad Goiserer Talbecken, dem Hallstätter See und dem Gosautal erhebt, wird im Verlauf der 10. und der 13. Etappe des Salzkammergut BergeSeen Trails überschritten. Dabei lohnt sich der Abstecher von der Goiserer Hütte auf seinen Hauptgipfel, denn der 1.833 m hohe Kalmberg ist eine der schönsten Aussichtswarten weit und breit. Und er birgt einen ganz besonderen geologischen Clou: Sein felsiger Gipfelblock erscheint wie das Gesicht eines Indianers, der sinnend über das Gebiet um Bad Goisern blickt.

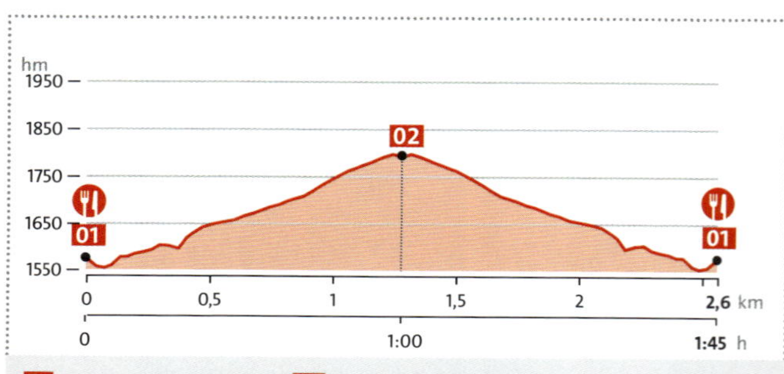

01 Goiserer Hütte, 1.592 m; 02 Hoher Kalmberg, 1.833 m

Von der **Goiserer Hütte** 01 gehen Sie in den unterhalb gelegenen Sattel und biegen links auf den Gipfelpfad Nr. 888 ab. Auf diesem wandern Sie nach Süden aufwärts und durchqueren den Hang vor der Kalmooskirche. Diese mit einem Kreuz geschmückte Felshöhle war einst eine Gebetsstätte der „Geheimprotestanten", die in der Zeit der Gegenreformation von der katholischen Obrigkeit verfolgt wurden – sie nahmen den stundenlangen Aufstieg aus dem Tal auf sich, um hier Gottesdienste zu feiern. In der Folge wandern Sie über einen Latschenkamm bergwärts; unter dem höchsten Punkt des Berges erblicken Sie den „Kalmbegindianer". Vom Kreuz auf dem **Hohen Kalmberg** 02 (1.833 m) genießt man einen großartigen Rundblick, den der Dachstein mit seinen Gletschern dominiert. 1:00 h

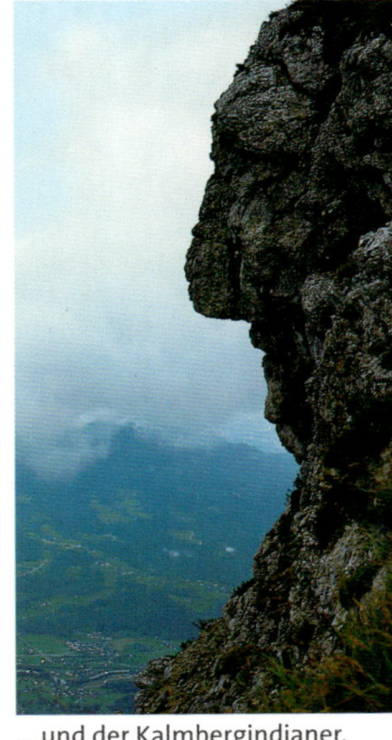

... und der Kalmbergindianer.

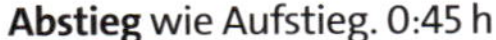

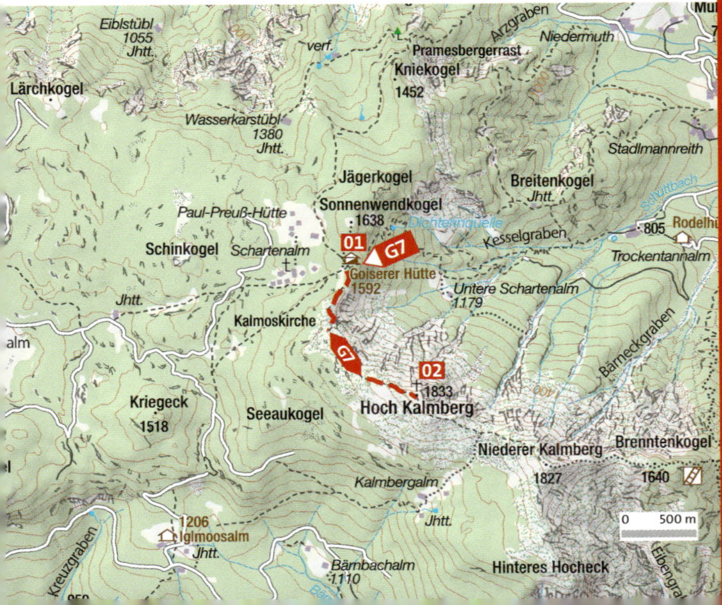

Abstieg wie Aufstieg. 0:45 h

G8

TRAWENG • 1.981 m

Felsabenteuer und Wüstenpanorama über der Tauplitzalm

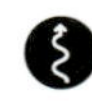 3 km 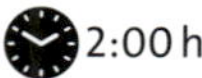 2:00 h 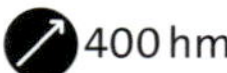 400 hm 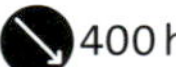 400 hm  19

START | Bergstation Tauplitzalm, 1.645 m, siehe Etappe 18 und 19.
[GPS: UTM Zone 33 x: 425.618 m y: 5.271.904 m]
CHARAKTER | Kurze, aber anspruchsvolle Bergtour auf stellenweise steilen, felsigen und ausgesetzten Pfaden, die im rutschigen Geröll und im zerküfteten Felsgelände absolute Trittsicherheit und Schwindelfreiheit erfordern. Bei Nebel oder Schneelage gefährlich!

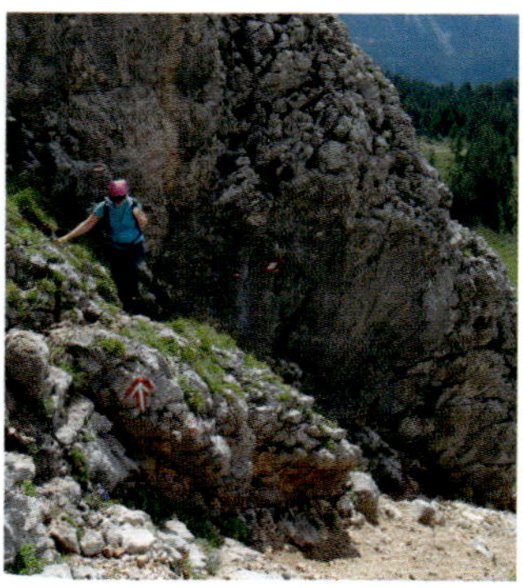
Hier ist Felsgewandtheit gefragt.

Am Ende der 18. Etappe des Salzkammergut BergeSeen Trails erreichen Sie das kleine Landschaftsparadies der Tauplitzalm, das im Norden von einigen mächtigen Felsbergen begrenzt wird. Einer davon ist der Traweng, dessen Name auf einen mittelhochdeutschen Begriff für „Wiese" zurückgeht. Die gibt es da oben tatsächlich, man muss aber auf einem sehr steilen Felspfad zu ihr hinaufkraxeln. Wer sich diese alpine Route zutraut, wird mit einer weiten Rundsicht und spannenden Einblicken in die größte Steinwüste Europas belohnt.

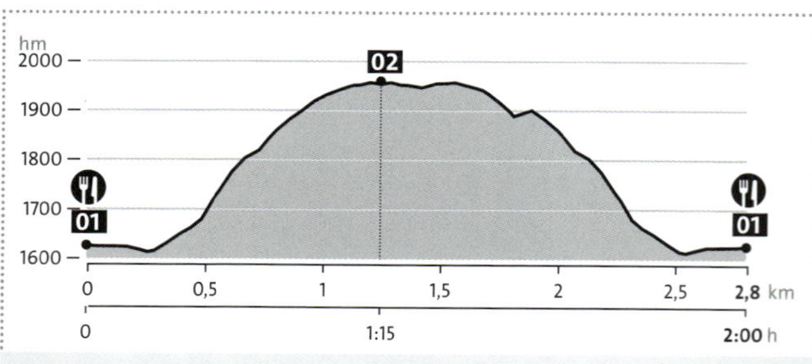

01 Bergstation Tauplitzalm, 1.645 m; 02 Traweng, 1.981 m

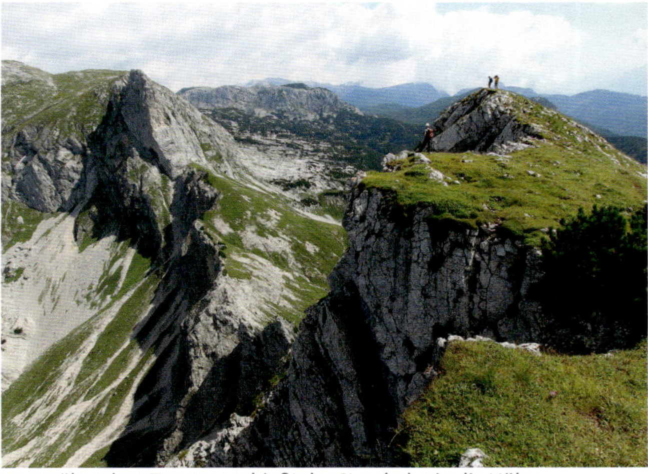

Gegenüber dem Traweng schießt der Sturzhahn in die Höhe.

▶ Der beschilderte Pfad auf den Traweng (Markierung Nr. 72) beginnt am Sattel zwischen der Marburger Hütte und dem Linzer Tauplitzhaus auf der **Bergstation Tauplitzalm** **01**. Erreichbar ist er vom Parkplatz am Ende der Mautstraße, die von Bad Mitterndorf auf die Tauplitzalm führt, bzw. von der Bergstation der 4er-Sesselbahn, die von Tauplitz herauffährt, auf der asphaltierten Straße über die Almhochfläche in 45 bzw. 30 Minuten. Vom Sattel wandern Sie zunächst zwischen Latschen dem Berg entgegen, doch bald windet sich der Pfad durch steile Hänge zu den Felsen hinauf. Dort geht's über eine schma-

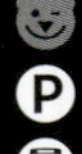
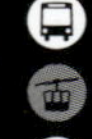
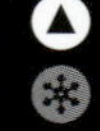
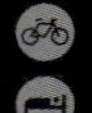

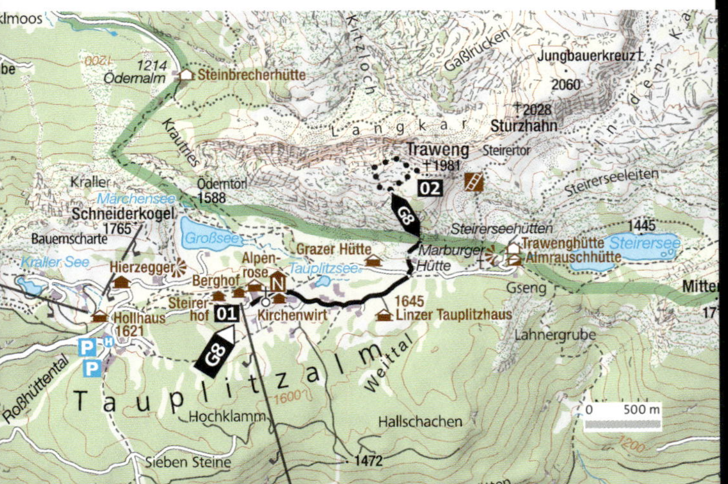

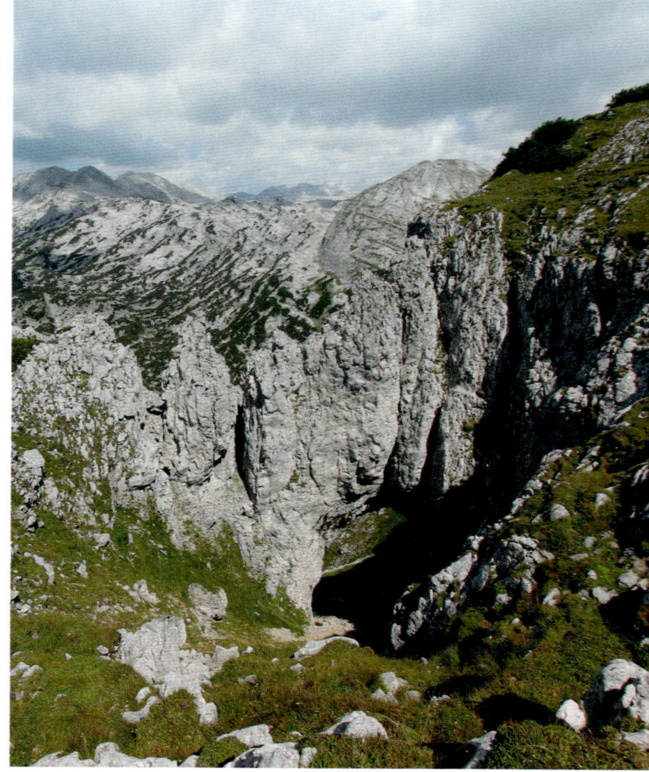

Ein Felsloch unter dem Traweng-Ostgipfel mit Blick zum Karstplateau.

le, mit rutschigem Geröll bedeckte Rampe aufwärts und an einer Höhle vorbei (Steinschlaggefahr!). Zuletzt steigen Sie vorsichtig durch eine sehr steile Schuttrinne zum Rand der kleinen Gipfelhochfläche an. Dort oben gelangen Sie – zweimal rechts abzweigend – rechts durch Grasmulden und über kleine Felsstufen zum Gipfelkreuz des **Traweng** **02** (1.981 m). Großartiges Panorama mit der gesamten Tauplitzalm, dem Grimming und dem Dachstein; einzigartig ist jedoch der Tiefblick ins Öderntal und die Sicht nach Norden über das wüstenhafte Karstplateau des Toten Gebirges bis zum Großen Priel. 1:15 h

Kurz zur oberen Abzweigung zurück, dort nun rechts weiter und über einen felsdurchsetzten Rücken zum Westgipfel hinüber. Von dort nach links und durch zerklüftetes Felsgelände (mit tiefen Dolinenschächten) hinunter, bis Sie die Aufstiegsroute wieder erreichen. Auf dieser gelangen Sie wieder zu den Wiesen der **Bergstation Tauplitzalm** **01** hinunter. 0:45 h

RINNERKOGEL • 2.012 m

Hochflächen-Panorama mit Seeblick

 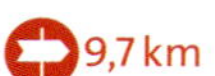 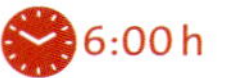 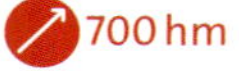 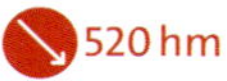 

START | Hochkogelhaus, 1.558 m, siehe Etappe 21.
[GPS: UTM Zone 33 x: 409.181 m y: 5.286.645 m]
CHARAKTER | Ein sehr lohnender Gipfel- und ein Seeabstecher auf gut markierten, aber stellenweise felsigen Bergpfaden, die Trittsicherheit erfordern. Nur bei sicherem Wetter ratsam.

Die 21. Etappe des Salzkammergut BergeSeen Trails, die vom Albert-Appel-Haus über die Rinnerhütte zum Offensee und weiter ins Almtal führt, lässt sich mit der zusätzlichen Ersteigung des Rinnerkogels erweitern. Das erweitert das Panorama zwar beträchtlich, wird sich jedoch wohl nur mit einer zusätzlichen Nächtigung in der Rinnerhütte ausgehen. Nur ein kurzer Abstecher ist der Gipfelanstieg dagegen vom dritten Teil der der alpinen Variante Schönberg (S3), von der man außerdem einen kleinen Umweg zum idyllisch gelegenen Wildensee einschieben könnte.

▶ Vom **Hochkogelhaus** 01 wandern Sie wie bei Tour S3 durch das Feuertal und über die Anhöhe unter dem **Großen Scheiblingkogel** 02 (1.920 m) bis zur erwähnten Wiese neben dem großen Dolinenkessel (1.803 m), die im Westen des Rinnerkogels liegt. Dort beginnt links der beschilderte Gipfelpfad, der sich zwischen Latschenfelder und über einen steilen Wiesenhang zur breiten Graskuppe des **Rinnerkogels** 03 (2.012 m) emporwindet. Neben dem Gipfelkreuz steht eine Vorrichtung, mit der sich 55 Gipfel im 360°-Panorama lokalisieren lassen. 4:00 h

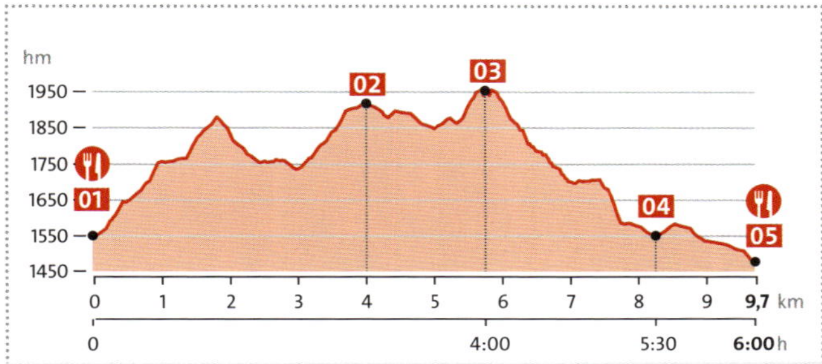

01 Hochkogelhaus, 1.558 m; 02 Großer Scheiblingkogel, 1.920 m; 03 Rinnerkogel, 2.012 m; 04 Wildensee, 1.535 m; 05 Rinnerhütte, 1.470 m

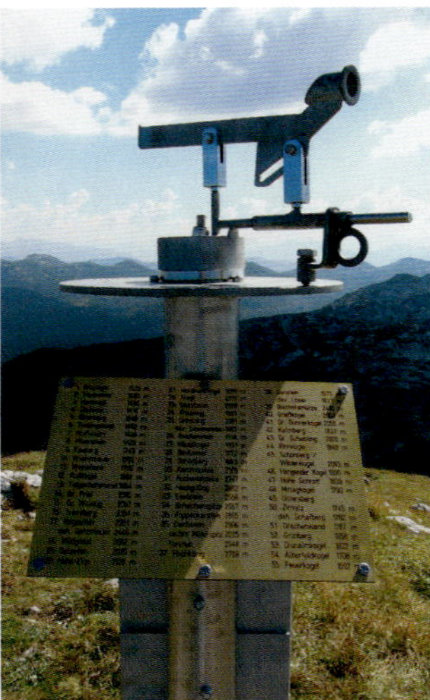
Ganz ohne App – am Rinnerkogel.

Der Abstieg erfolgt auf derselben Route bis zur Abzweigung beim Dolinenkessel. Dort geht's nach links und wie bei Tour S3 auf dem Pfad Nr. 230 Richtung „Rinnerhütte“ weiter. Bei der folgenden Gabelung auf der Ostseite des Rinnerkogels biegen Sie rechts nach der Beschilderung „Wildensee – Appelhaus“ ab und steigen ins Hochtal des Rinnerbodens ab. Dort treffen Sie auf den Pfad Nr. 212, auf dem Sie rechts durch einen steilen Schrofenhang kurz zum Nordufer des **Wildensees** 04 (1.535 m) absteigen können. 1:30 h

Zur **Rinnerhütte** 05 (1.470 m) wandern Sie wie bei Etappe 21 des Salzkammergut BergeSeen Trails – wieder über den Schrofenhang hinauf und dann über den romantischen Rinnerboden. 0:30 h

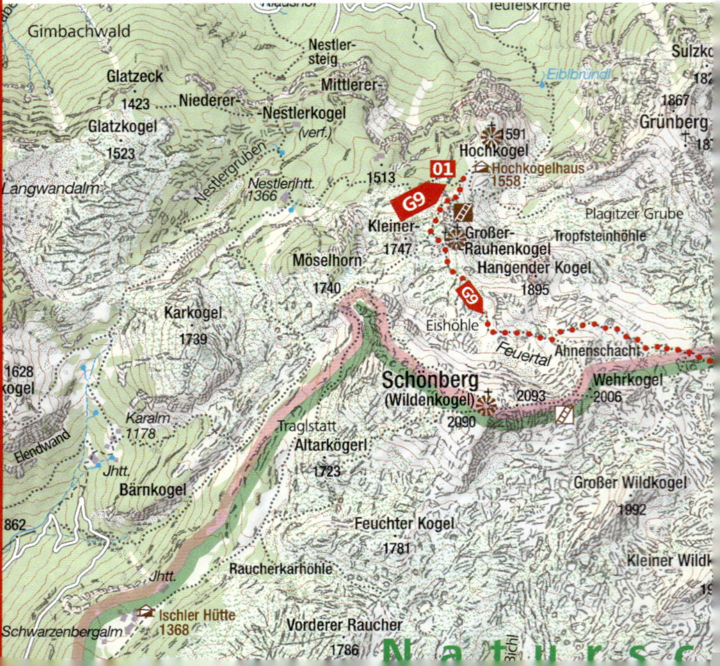

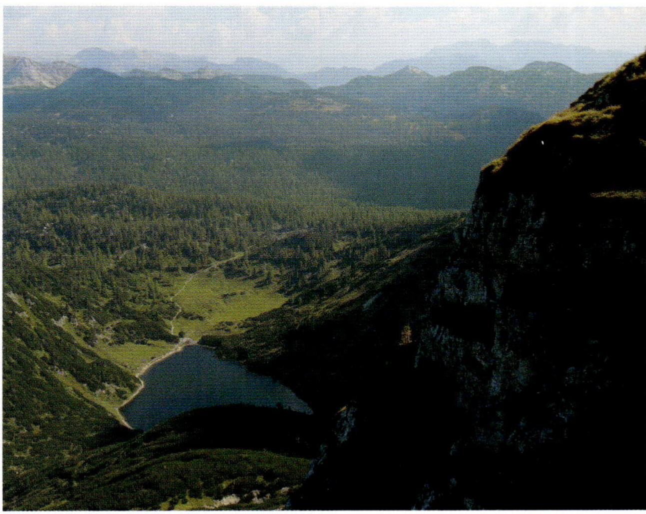

Wo das Karstplateau grün ist – Tiefblick zu Wildensee und Henarwald.

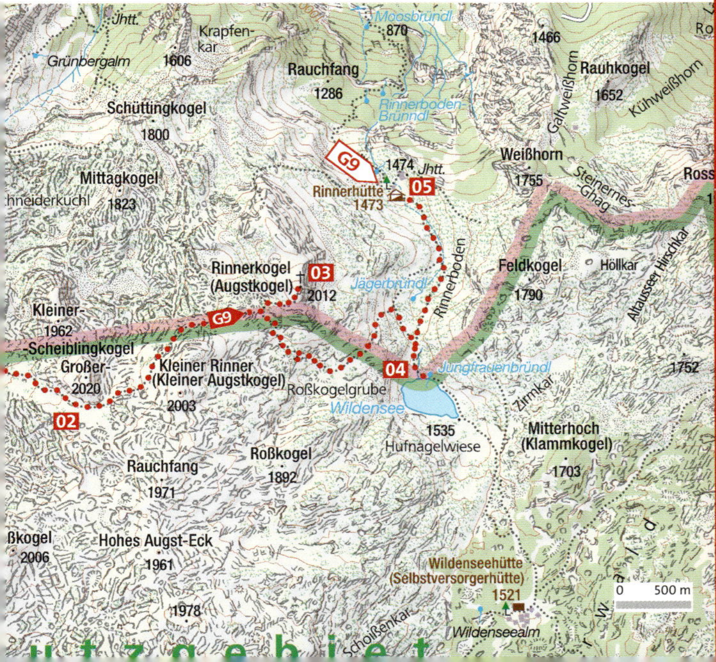

G10

BRUNNKOGEL • 1.708 m

Ein Gipfelabstecher im westlichen Höllengebirge

  5,3 km  2:20 h 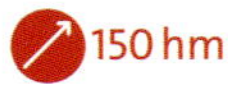 150 hm  150 hm  18

START | Hochleckenhaus, 1.572 m, siehe alpine Variante H2. [GPS: UTM Zone 32 x: 395.646 m y: 5.298.239 m]
CHARAKTER | Kurzer, aber sehr lohnender Gipfelabstecher auf einem gut markierten Bergpfad.

Es ist unglaublich, welch entlegene Gebiete einst als Hochweiden genützt wurden! Zur Schafalm unter dem Brunnkogel im westlichen Höllengebirge hat man sogar einen exponierten Weg für die Tiere gebaut – vom Hinteren Langbathsee mitten durch die 400 m hohe, fast senkrechte Felsflanke der Schaflucken. Sehr viel einfacher ist der vielbegangene „Hüttenweg" vom Hochleckenhaus zum Brunnkogel zu begehen. Wegen seiner großartigen Rundsicht wird der Berg gerne auch im Verlauf der alpinen Variante Höllengebirge des Salzkammergut BergeSeen Trails „mitgenommen wird.

▶ Vom **Hochleckenhaus** 01 wandern Sie erst einmal 30 Minuten auf dem Pfad Nr. 823/804 Richtung „Rieder Hütte", bis Sie bei der erwähnten Wegteilung beim Jagerköpfl links nach dem Wegweiser „Hint. Langbathsee, Brunnkogel" abzweigen (Nr. 829). Wer auf der Route der alpinen Variante Höllengebirge von der Rieder Hütte herüberkommt, biegt hier rechts ab. Unterhalb des Hochleckenkogels geht's zwischen Latschenfeldern zu einer weiteren Abzweigung, von der Sie links weitergehen. Nach kurzem Aufstieg passieren Sie das Kreuz auf dem Mathiaskogel, das ein Bergsteiger für sein Enkel-

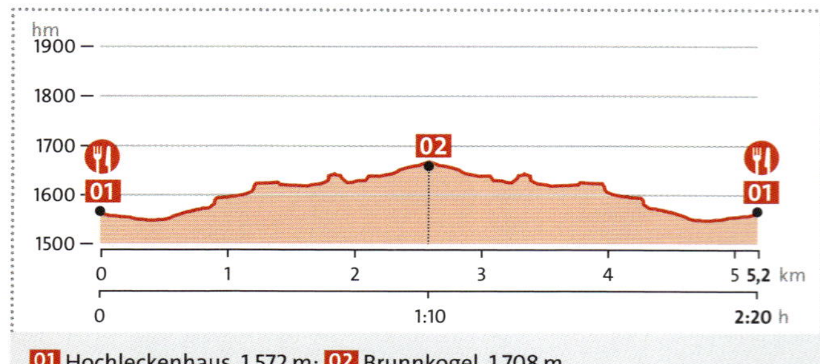

01 Hochleckenhaus, 1.572 m; 02 Brunnkogel, 1.708 m

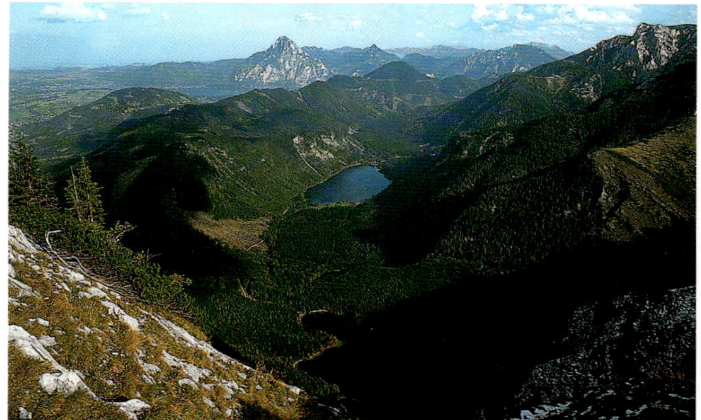

Brunnkogel-Panorama mit den Langbathseen und dem Traunstein.

kind aufgestellt hat. Kurz über den flachen Rücken hinüber zum 14 m hohen, mit Darstellungen verschiedener Berufsgruppen gestalteten Gipfelkreuz auf dem **Brunnkogel** 02 (1.708 m). Tiefblick zu den Langbathseen, hinter denen auch der Traunsee und der Traunstein zu sehen sind. 1:10 h

Rückweg auf derselben Route zum **Hochleckenhaus** 01. 1:10 h

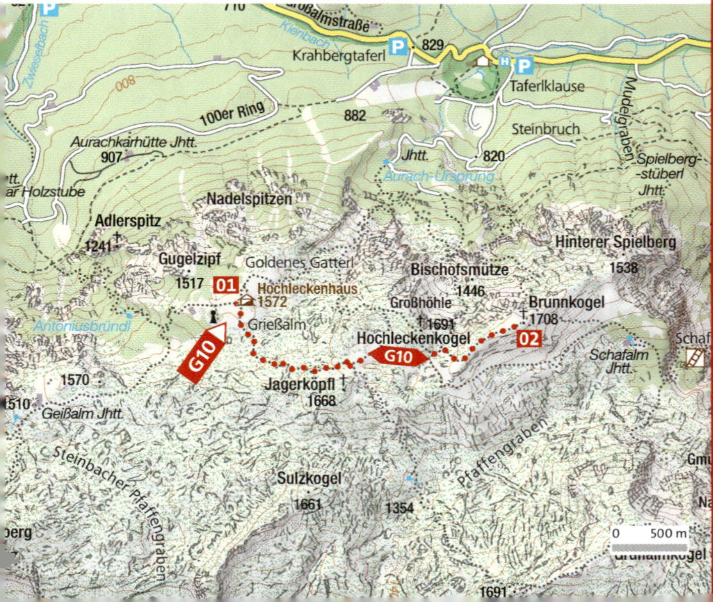

TAUBENKOGEL • 2.300 m

Der Hallstätter Gletscher aus der Vogelperspektive

 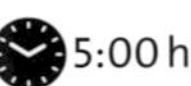 9,5 km  5:00 h 400 hm 750 hm 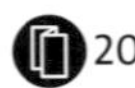 20

START | Simonyhütte, 2.205 m, siehe alpine Varianten D3 und D4. [GPS: UTM Zone 33 x: 388.429 m y: 5.259.839 m]
CHARAKTER | Hochalpiner Übergang im Gletschervorfeld und durch zerklüftetes Karstgelände. Der „Trägerweg" erfordert Trittsicherheit, der steile Gipfelabstecher auch Schwindelfreiheit und Klettergewandtheit. Nur bei sicherem Wetter ratsam; bei Nebel bzw. Schneelage gefährlich!

Als Alternative zum letzten Teil D4 der alpinen Dachstein-Variante des Salzkammergut BergeSeen Trails empfiehlt sich der Übergang von der Simonyhütte zur Gjaidalm, und zwar auf dem historischen „Trägerweg", auf dem einst die Lasten zum Schutzhaus geschleppt wurden. Bewacht wird diese Route vom Taubenkogel, der sich wie ein Wall zwischen dem Hallstätter Gletscher und der Karsthochfläche „Auf dem Stein" erhebt. Der Tiefblick zum „ewigen Eis" und zu den kleinen Seen, die es durch sein Abschmelzen hinterlassen hat, belohnt die Aufstiegsmühen auf jeden Fall. Die Gehzeit, die dieser Abstecher in Anspruch nimmt, lässt sich mit der Dachstein Krippenstein – Seilbahn wieder hereinholen. Sie führt über den Krippenstein und dann an den berühmten Dachsteinhöhlen vorbei nach Obertraun.

▶ Von der **Simonyhütte** 01 folgen Sie den Wegweisern „Zum Glet-

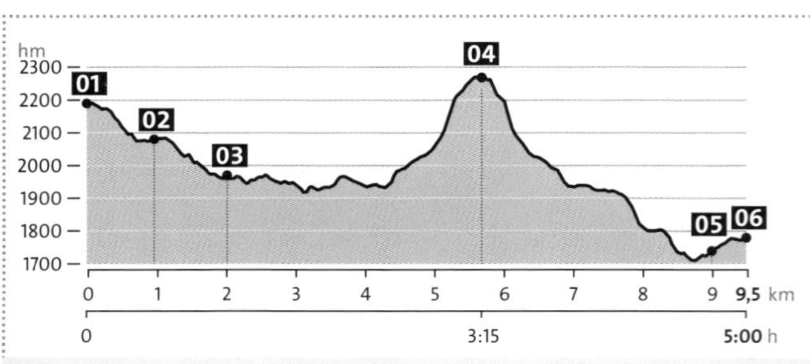

01 Simonyhütte, 2.205 m; 02 Obere Eisseen, 2.018 m; 03 Unterer Eissee, 1.909 m; 04 Taubenkogel, 2.300 m; 05 Gjaidalm, 1.738 m; 06 Station Gjaidalm der Dachstein-Krippenstein-Seilbahn, 1.788 m

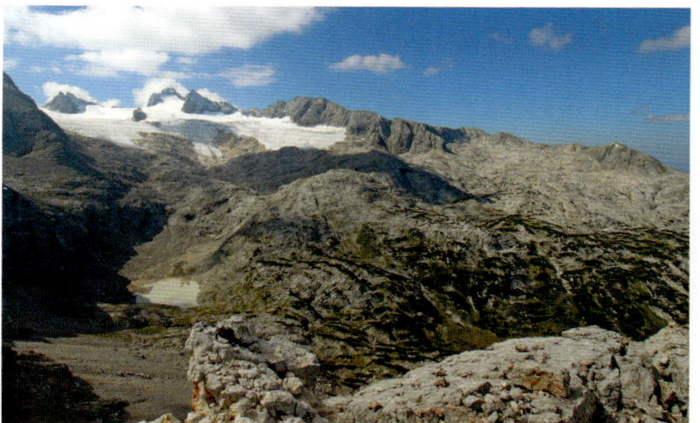

Der Hohe Dachstein und der Untere Eissee, gesehen vom Taubenkogel.

scher, Eissee, Oberfeld über Trägerweg" in die von Geröll erfüllte Mulde mit den **Oberen Eisseen** **02** (2.080 m) hinunter. Als der Urbau des Schutzhauses 1877 eröffnet wurde, lag dieses Gebiet noch bis zum oberen Rand des Moränenschutts unter Eis; bis heute ist die Zunge des Hallstätter Gletschers schon so weit abgeschmolzen, dass man gut 1 km zu ihr hinaufgehen müsste. Im Nahbereich der kleinen Gewässer, die der vom Eis abgeriebene Gesteinsstaub milchig eingetrübt hat, zweigen Sie links auf den Trägerweg (Nr. 657) ab. Er führt durch Schutt und die zerklüftete Ostflanke des Taubenriedels bergab. Rechts liegt der **Untere Eissee** **03** (1.909 m) in einer tiefen Grube, die einst ebenfalls vom Gletscher ausgefräst wurde.

Auf der Geländeschwelle, die sie im Norden begrenzt, ist auf einem Stein noch eine Eis-Messmarke aus dem 19. Jahrhundert zu sehen. Von dort wandern Sie rechts zu den Schutthalden unter den Wänden des Taubenkogels, wo Sie zwischen riesigen Steinbrocken durchgehen. Links unten liegt das grüne Taubenkar. Ein kurzer Anstieg führt auf eine Kuppe unter dem Taubenkogel, auf der zwei Eisenstangen und das verrostete „Praderseil" an ein nie realisiertes Seilbahnprojekt erinnern – dort wendet sich der Trägerweg nach rechts. Durch das Geröll unter den Nordabstürzen des Berges erreichen Sie flacheres, mit Latschen bewachsenes Gelände. Zwischen zerklüfteten Karrenfelsen treffen Sie schließlich auf eine Wegteilung vor dem Karsthügel des Niederen Rumplers (1.979 m), bei der Sie rechts nach der Beschilderung „Hoher Gjaidstein" auf den Pfad Nr. 615 abzweigen.

Nun folgt der Abstecher auf den Taubenkogel, den Sie durch seine Ostflanke erklimmen. Der ansteigende Pfad schlängelt sich zwischen Latschen, Grasinseln und Karrenplatten in das Kar, das unterhalb davon liegt, und rechts zum Fuß der steilen Felsen empor. Während man diese im Zickzack auf schmalen Bändern und über einige ausgesetzte Gesteinsstufen erklettert, wird der Blick über die östliche Dachsteinhochfläche „Auf dem Stein" immer imposanter. Auf etwa 2.200 m Seehöhe erreichen Sie eine grasig-steinige Karmulde, aus der Sie rechts auf den Gipfelgrat des **Taubenkogels** **04** (2.300 m) hinaufwandern. Der Blick über die zerborstenen Felsen zum Hohen Dachstein, auf den Hallstätter Gletscher und über das Karstplateau des Dachsteingebirges ist einzigartig schön; tief unten liegt der Untere Eissee. An klaren Tagen sieht man zudem das Tote Gebirge und fast alle Salzkammergutberge. 3:15 h

Abstieg auf der Aufstiegsroute bis zur Wegteilung vor dem Niederen Rumpler. Dort rechts weiter und im Auf und Ab durch das latschenbewachsene Karstgelände (die gelben Farbzeichen, die rechts in einen Graben weisen, bleiben unbeachtet). Bei den nächsten beiden Abzweigungen bleiben Sie links Richtung „Gjaidalm". Absteigend (und nochmals das „Praderseil" überschreitend) erreichen Sie den Weg vom Wiesberghaus zur Gjaidalm. Auf diesem rechts zum Wiesenboden, der links umgangen wird, und zum Schutzhaus auf der **Gjaidalm** **05** (1.738 m). 1:30 h

Auf der geschotterten Zufahrtsstraße zu einer Gabelung hinauf, dort links und gleich darauf rechts zur **Station Gjaidalm der Dachstein Krippenstein – Seilbahn** **06** (1.788 m). 0:15 h

Variante für Geübte: Man kann bei den Oberen Eisseen auch rechts abzweigen, oberhalb einer Felsflanke ins Gjaidkar ansteigen und gelangt dann links über den breiten Rücken des Vorderen Gjaidsteins (2.414 m) zum **Taubenkogel** **04**. 2:00 h

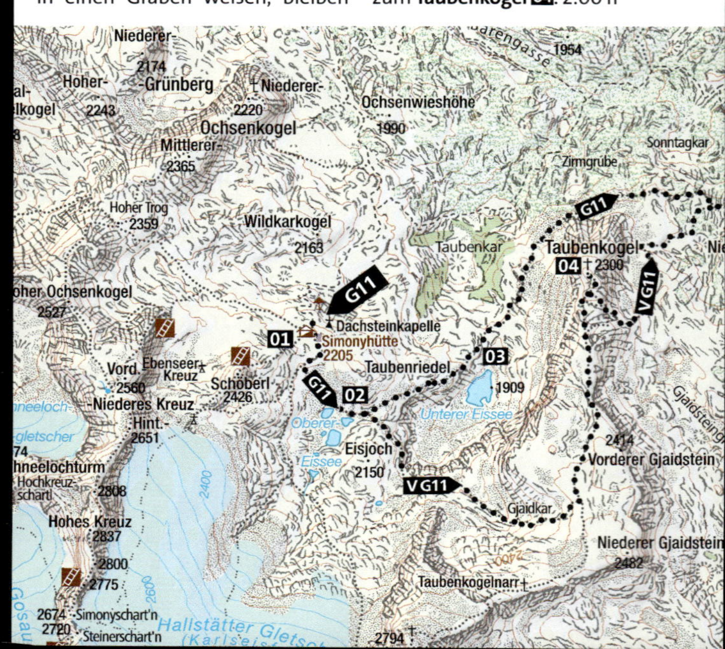

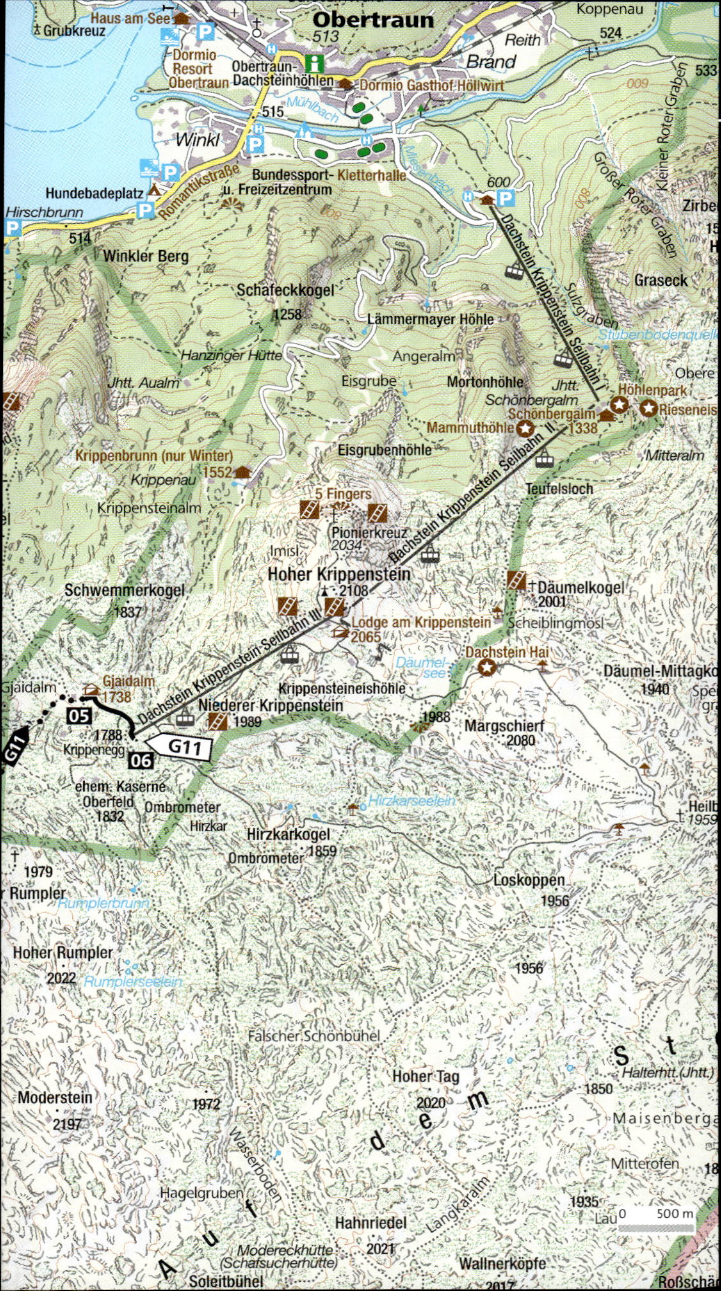

Obertraun 513
Koppenau
Haus am See
Grubkreuz
Dormio Resort Obertraun
Obertraun-Dachsteinhöhlen
Dormio Gasthof Höllwirt
Reith
Brand
524
533
Mühlbach
515
Winkl
Hundebadeplatz
Romantikstraße
Hirschbrunn
514
Bundessport- u. Freizeitzentrum
Kletterhalle
Miesenbach
600
Großer Roter Graben
Kleiner Roter Graben
Winkler Berg
Schafeckkogel 1258
Dachstein Krippenstein Seilbahn I
Graseck
Sulzgraben
Lämmermayer Höhle
Stubenbodenquelle
Hanzinger Hütte
Angeralm
Jhtt. Aualm
Eisgrube
Mortonhöhle
Jhtt. Schönbergalm
Höhlenpark
Schönbergalm 1338
Rieseneis
Mammuthöhle
Krippenbrunn (nur Winter) 1552
Eisgrubenhöhle
Mitteralm
Krippenau
Dachstein Krippenstein Seilbahn II
Teufelsloch
Krippensteinalm
5 Fingers
Pionierkreuz 2034
Imisl
Hoher Krippenstein 2108
Däumelkogel 2001
Schwemmerkogel 1837
Lodge am Krippenstein 2065
Scheiblingmösl
Dachstein Krippenstein-Seilbahn III
Dachstein Hai
Däumelsee
Däumel-Mittagkogel 1940
Gjaidalm 1738
Krippensteineishöhle
Niederer Krippenstein 1989
05
1988
Margschierf 2080
1788 Krippenegg
06
G11
ehem. Kaserne Oberfeld 1832
Ombrometer
Hirzkar
Hirzkarseelein
Hirzkarkogel 1859
Ombrometer
Heilb 1959
1979
Rumpler
Rumplerbrunn
Loskoppen 1956
Hoher Rumpler 2022
Rumplerseelein
1956
Falscher Schönbühel
Hoher Tag 2020
Halterhtt. (Jhtt.)
1850
Moderstein 2197
1972
Maisenberg
Mitterofen
Wasserboden
Hagelgruben
1935
Langkaralm
Hahnriedel
Moderreckhütte (Schafsucherhütte)
2021
Wallnerköpfe 2017
Soleitbühel
Roßschäd
Auf dem St
0 500 m

G12

LOSER • 1.838 m

Dolomitenfeeling im Ausseerland

  3,5 km  3:00 h  350 hm  350 hm  20

START | Loserhütte, 1.504 m, siehe alpine Varianten L1 und L2.
[GPS: UTM Zone 33 x: 408.472 m y: 5.278.812 m]
CHARAKTER | Anspruchsvolle Überschreitung eines felsigen Aussichtsgipfels. Die stellenweise gesicherte Anstiegsroute erfordert Trittsicherheit und Schwindelfreiheit. Nicht bei Nässe oder Schneelage gehen!

Der Loser, das alpine Wahrzeichen von Altaussee, zieht alle Blicke auf sich. Wie ein Dolomitenberg markiert er den südwestlichen Eckpunkt des Toten Gebirges. Wer sich die Begehung der alpinen Variante Loser des Salzkammergut Berge-Seen Trails vorgenommen hat, kann einen zusätzlichen Tourentag einplanen und ihn im Rahmen einer Rundtour erklimmen. Wer die kurzen Kraxelpassagen der beiden Loser-Zustiege meistert, darf sich über eine ganz wesentliche Steigerung des Panoramagenusses freuen.

▶ Von der **Loserhütte** 01 wandern Sie wie beim zweiten Teil der alpinen Variante Loser auf dem breiten Weg oberhalb der Loser-Mautstraße bis zu ihrem obersten Parkplatz bei der Loser-Alm hinauf. Der Weg Nr. 256 weist die Richtung nach links zum nur 10 Minuten entfernten **Augstsee** 02 (1.643 m) empor.

Von dort gehen Sie links in die Karmulde unter dem kleinen, aber markanten Atterkogel, überwinden einige Felsstufen und kraxeln durch eine Rinne nahe

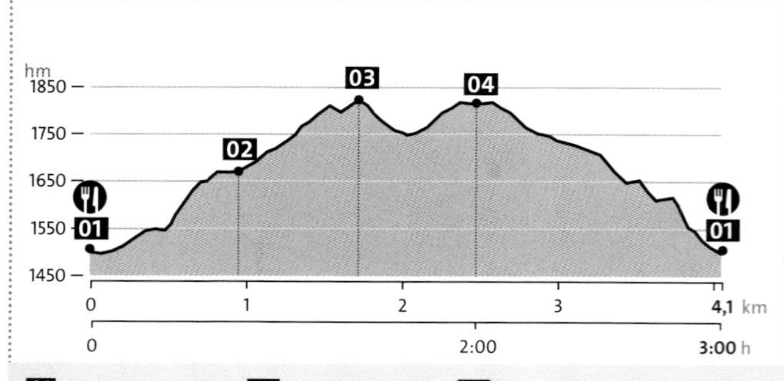

01 Loserhütte, 1.504 m; 02 Augstsee, 1.643 m; 03 Hochanger, 1.838 m; 04 Loser, 1.837 m

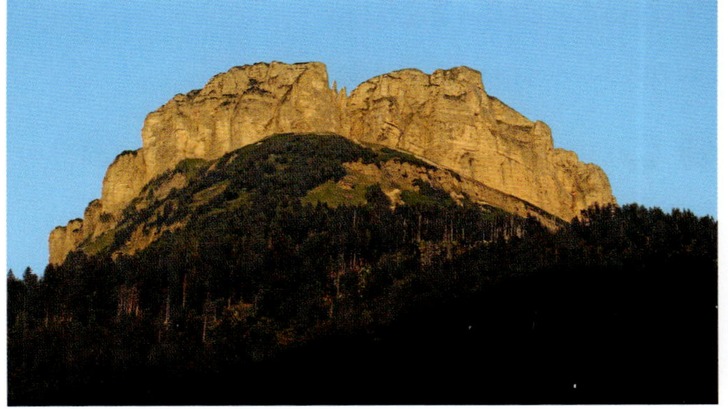

Der Loser – ein überaus lohnender Gipfelabstecher hoch über Altaussee.

der Liftstation zum Felsloch des „Loserfensters“ hinauf. Blick zum Schönberg! Auf dem mit Latschen bewachsenen Kamm geht's weiter zum Sender auf dem **Hochanger** **03** (1.838 m). Nach dem Abstieg über den Hang in einen Latschensattel wandern Sie zuletzt geradeaus auf dem sanft ansteigenden Pfad Nr. 255 zum großen Kreuz auf dem **Loser** **04** (1.838 m). 2:00 h

Im Abstieg kehren Sie in den Latschensattel zurück und gehen dann rechts durch das Hochtal des Loserbodens zwischen Loser und Hochanger, in dem sich zahlreiche Dolinen öffnen. Schließlich durchqueren Sie die sehr steile, mit Gras durchsetzte Südflanke des Hochangers auf schmalen Felsabsätzen (Vorsicht!) zur **Loserhütte** **01** hinunter. 1:00 h

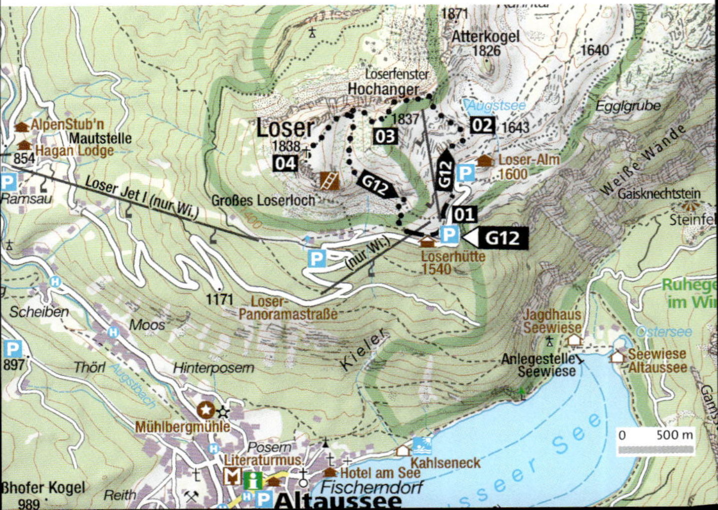

G13

ROTGSCHIRR • 2.261 m

Die Felsmauer über dem Karstplateau

 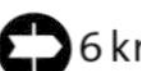 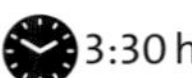 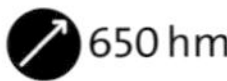 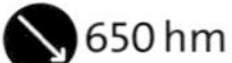 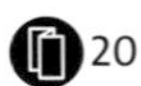

START | Pühringerhütte, 1.638 m, siehe alpine Varianten P1 und P2. [GPS: UTM Zone 33 x: 422.469 m y: 5.282.050 m]
CHARAKTER | Die felsige, ausgesetzte und stellenweise gesicherte Route erfordert absolute Trittsicherheit und Schwindelfreiheit. Nicht bei Nässe oder Schneelage gehen!

Am Ende des ersten Teils der alpinen Variante Großer Priel des Salzkammergut BergeSeen Trails staunt man über eine breite und wild zerfurchte Felsmauer: Das Rotgschirr erhebt sich dominant über dem gemütlichen, einst vom Welser Apotheker Emil Pühringer gestifteten Schutzhaus am Elmsee – und es verlockt zu einem Gipfelabstecher, der allerdings alpine Erfahrung und einen standhaften Blick in die Tiefe voraussetzt.

▶ Von der **Pühringerhütte** 01 folgen Sie zunächst wie bei Tour P2 dem Nordalpenweg 02 Richtung Prielschutzhaus, vorbei an der Geiernestquelle und der Einmündung des Sepp-Huber-Steiges. In der dahinter eingetieften Mulde zweigen Sie links auf den Pfad Nr. 266 ab. Vorbei an den „Zageln", zwischen Karrenplatten und Latschen und über zwei Felsrippen, geht's zum Schutthang unter dem Gipfelaufbau des Rotgschirrs empor. Die Route führt mitten durch diese sehr steile, aber gestufte Felsflanke empor; die schwierigsten Passagen sind mit Stahlseilen gesichert. Schließlich erreichen Sie eine kleine Scharte, von der Sie links über den Schutthang zum großen

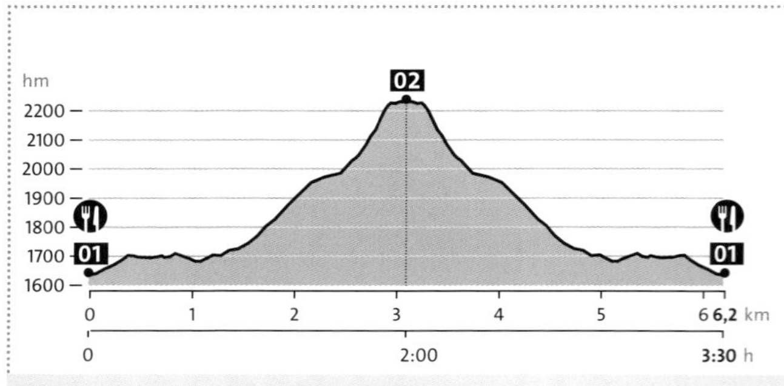

01 Pühringerhütte, 1.638 m; 02 Rotgschirr, 2.261 m

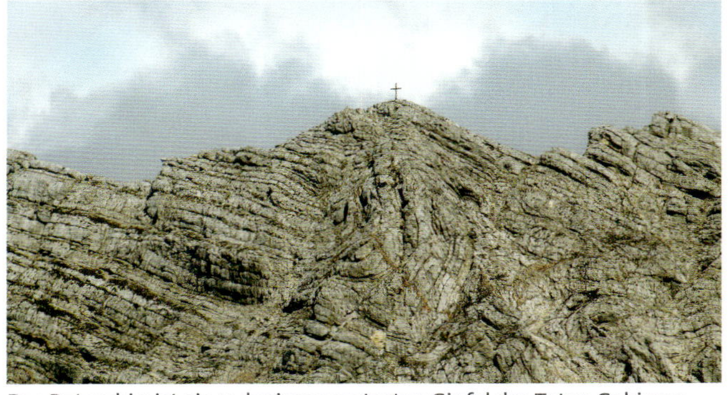

Das Rotgschirr ist einer der imposantesten Gipfel des Toten Gebirges.

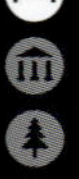

Gipfelkreuz des **Rotgschirrs** **02** (2.261 m) ansteigen. Das Panorama umfasst nicht nur die wilde Karsthochfläche, den Schermberg und den Großen Priel, sondern auch die Sicht zur Pühringerhütte und den atemberaubenden Tiefblick zum mehr als 1,5 km tiefer gelegenen Almsee. 2:00 h

Abstieg auf der gleichen Route zur **Pühringerhütte** **01**. 1:30 h

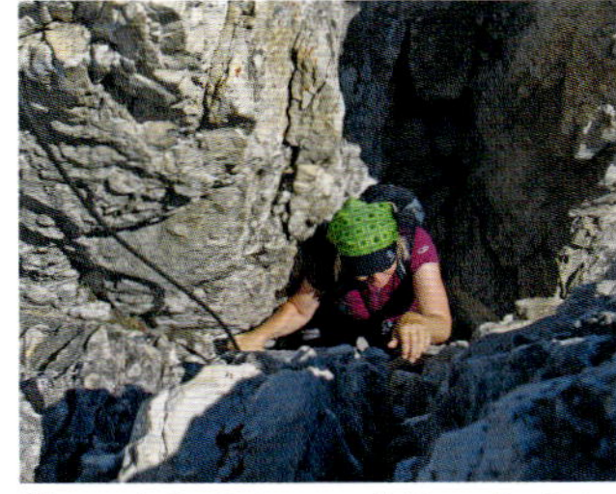

Über steile Felsen geht's aufwärts.

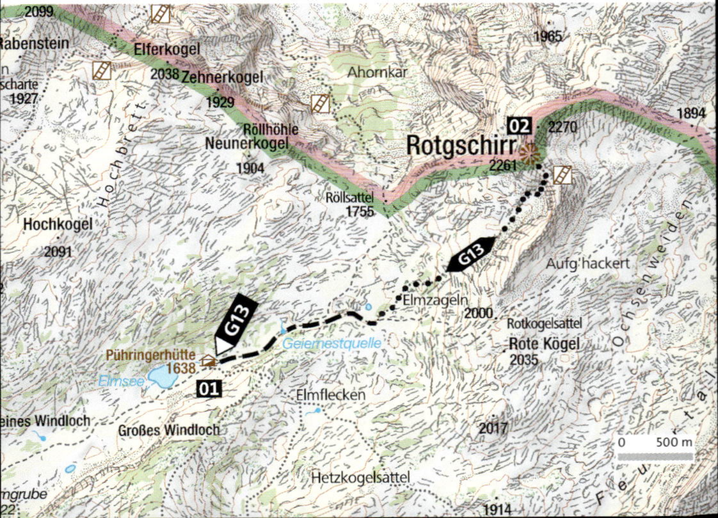

G14

SCHERMBERG • 2.396 m

Ein Bergriese mit zwei Gesichtern

 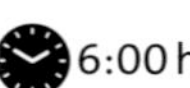 9,7 km 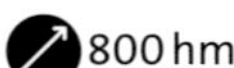 6:00 h 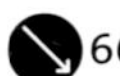 800 hm 660 hm 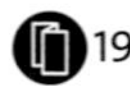 19

START | Pühringerhütte, 1.638 m, siehe alpine Varianten P1-P3. [GPS: UTM Zone 33 x: 422.469 m y: 5.282.050 m]
CHARAKTER | Anspruchsvolle Überschreitung eines hochalpinen Gipfels. Diese felsige Route verlangt absolute Trittsicherheit, Schwindelfreiheit und Klettergewandtheit. Nur bei sicherem Wetter und trockenen Verhältnissen ratsam. Bei Schneelage sind die Markierungen nicht mehr sichtbar und viele Felsklüfte verdeckt; auch bei Nebel kann man sich leicht verirren.

Schermberg – was für ein Name! Doch früher betrachtete man den Berg tatsächlich als Schutzschirm über dem Hetzautal, das er mit seiner 1.400 m hohen Nordwand überragt. Vor einigen Jahren wurde der Schermberg auch mit einem Klettersteig erschlossen. Bei sicheren Verhältnissen können ihn geübte Bergsteiger verhältnismäßig leicht über seine Südseite erreichen – eine verlockende Option im Verlauf der alpinen Variante Großer Priel.

Von der **Pühringerhütte** **01** wandern Sie wie bei Tour P2 auf dem Ausseer Weg über den **Rotkögelsattel** **02** (2.000 m) und das Karstplateau zur **Wegkreuzung** **03** (2.100 m) zwischen dem Schermberg und dem Temlberg. 3:00 h

Dort biegen Sie dann links ab und steigen durch den weiten, gestuften Felshang auf die Pfaffenschneide empor. Auf diesem stellenweise schmalen Felsgrat gelangen Sie

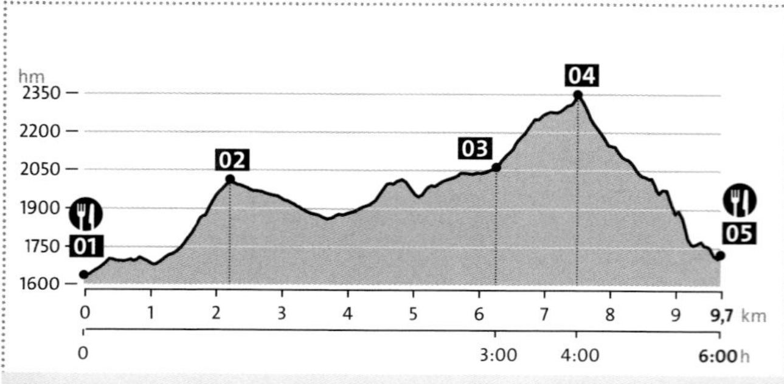

01 Pühringerhütte, 1.638 m; **02** Rotkögelsattel, 2.000 m; **03** Wegkreuzung, 2.100 m; **04** Schermberg, 2.396 m; **05** Welser Hütte, 1.740 m

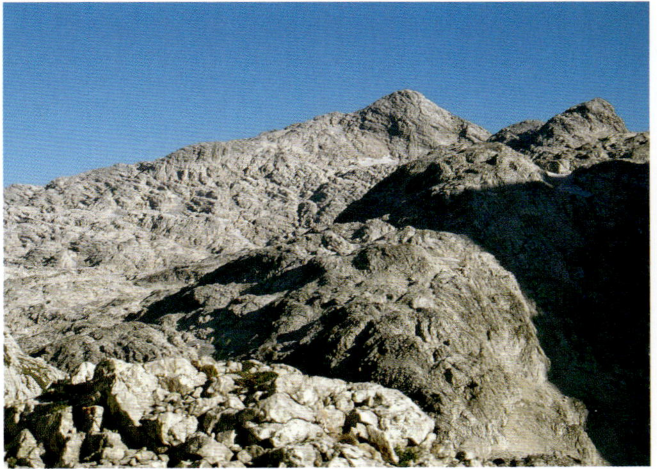
Der Schermberg (links) und der Sauzahn über dem Karstplateau.

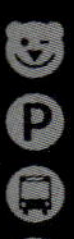

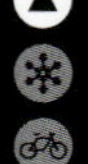
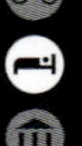
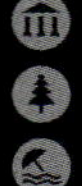

rechts zum eigenwillig-dreibeinigen Gipfelzeichen auf dem **Schermberg 04** (2.396 m). Die Sicht über das wüstenhafte Plateau des Toten Gebirges mit dem benachbarten Großen Priel, der Spitzmauer und dem Temlberg ist großartig, der haltlose Tiefblick über die Nordwand ins Tal der Hetzau schier atemberaubend! 1:00 h

Wieder kurz über den Grat zurück. Dann zweigen Sie links auf den Hermann-Wöhs-Steig ab, der über steile Gesteinsstufen und zerklüftete Felsplatten gegen den Sattel vor dem Sauzahn hinunterführt. Dort nach links, weiter über Bänder und Rampen absteigend ins Kar und auf einem felsigen Pfad ins wilde Hochtal zwischen dem Schermberg und dem Großen Priel hinunter. Dort treffen Sie auf den Pfad Nr. 215, der vom Fleischbanksattel herabzieht. Auf diesem links wie bei Tour P2 über die gesicherte Felsflanke der Fleischbänke zur **Welser Hütte 05** (1.740 m). 2:00 h

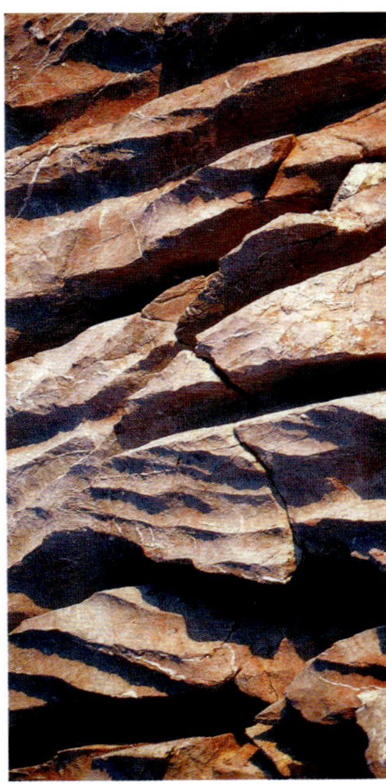
Felsige Fußangeln im Karst.

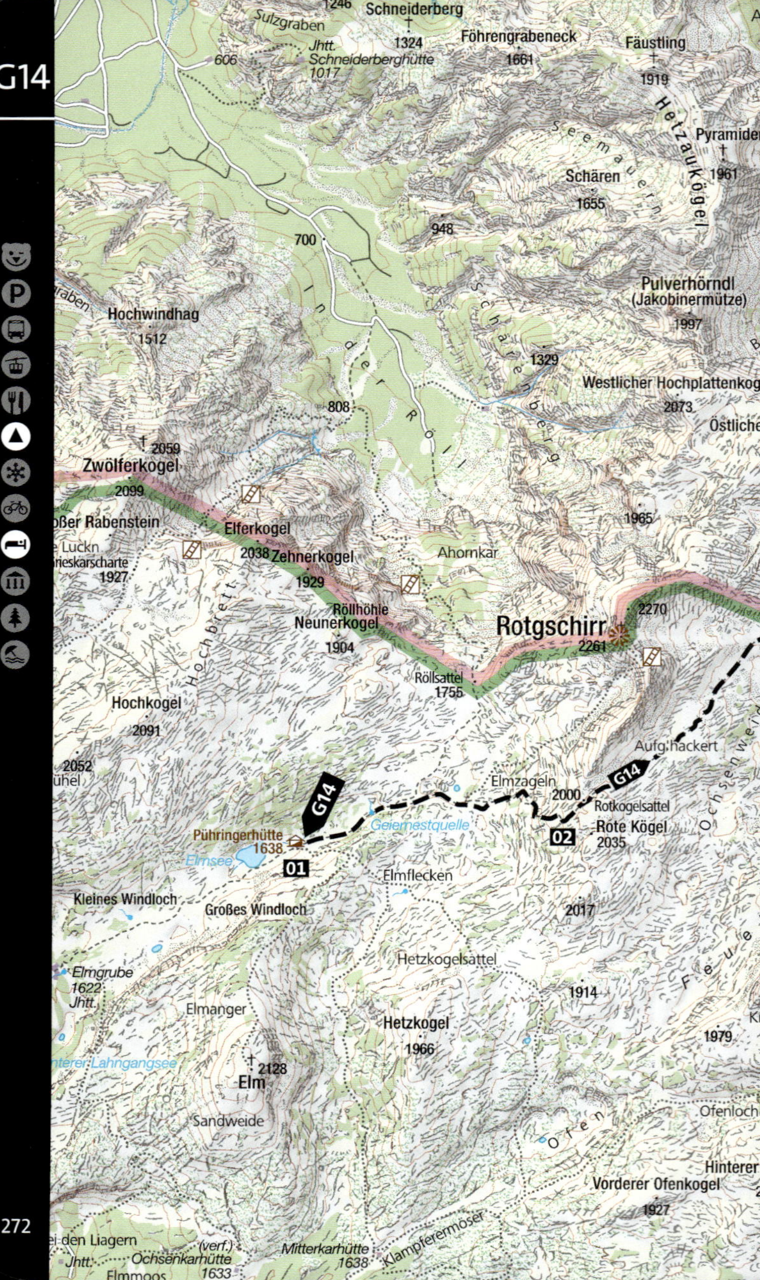
Schneiderberg
1324
Föhrengrabeneck
1661
Fäustling
1919
Sulzgraben
Jhtt.
Schneiderberghütte
1017
606
Pyramiden
1961
Hetzaukögel
Seemauern
Schären
1655
948
700
Pulverhörndl
(Jakobinermütze)
1997
Hochwindhag
1512
In der Röll
Schärenberg
1329
Westlicher Hochplattenkoge
2073
Östlicher
808
2059
Zwölferkogel
2099
Großer Rabenstein
Elferkogel
2038
Zehnerkogel
1929
Ahornkar
1965
Brieskarscharte
1927
Röllhöhle
Neunerkogel
1904
Rotgschirr
2261
2270
Röllsattel
1755
Hochkogel
2091
Hochbrett
2052
Aufg.hackert
Elmzageln
2000
G14
Rotkogelsattel
Rote Kögel
2035
02
Pühringerhütte
1638
Elmsee
01
Geiernestquelle
Elmflecken
Kleines Windloch
Großes Windloch
2017
Hetzkogelsattel
Elmgrube
1622
Jhtt.
Elmanger
1914
Hetzkogel
1966
1979
Hinterer Lahngangsee
2128
Elm
Sandweide
Ofen
Ofenloch
Vorderer Ofenkogel
1927
Hinterer
(verf.)
Ochsenkarhütte
1633
Mitterkarhütte
1638
Klampferermöser
Elmmoos
Ochsenweid

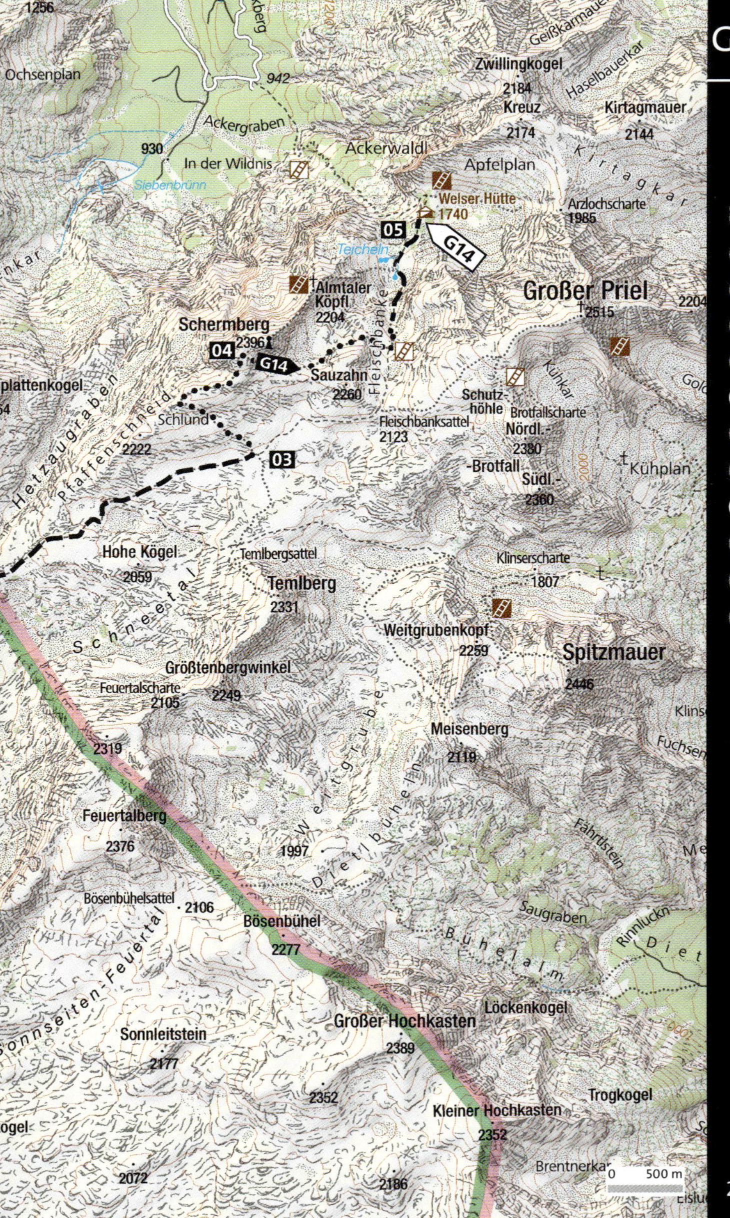

Ochsenplan
Fleckberg
942
Ackergraben
930
In der Wildnis
Siebenbrünn
Ackerwaldl
Apfelplan
Welser-Hütte 1740
05
G14
Teicheln
Zwillingkogel
2184
Kreuz
2174
Geißkarmauer
Haselbauerkar
Kirtagmauer
2144
Kirtagkar
Arzlochscharte
1985
Großer Priel
2515
Almtaler Köpfl
2204
Schermberg
2396
04
G14
Sauzahn
2260
Fleischbänke
Schutzhöhle
Kühkar
Brotfallscharte
Nördl.-
2380
-Brotfall
Südl.-
2360
Kühplan
Fleischbanksattel
2123
Schlund
2222
03
Hetzaugraben
Pfaffenschneid
Hohe Kögel
2059
Temlbergsattel
Temlberg
2331
Klinserscharte
1807
Weitgrubenkopf
2259
Spitzmauer
2446
Schneetal
Größtenbergwinkel
Feuertalscharte
2105
2249
2319
Meisenberg
2119
Weitgrube
Dietlbüheln
Feuertalberg
2376
1997
Fährtlstein
Bösenbühelsattel
2106
Bösenbühel
2277
Saugraben
Rinnluckn
Bühelalm
Sonnseiten-Feuertal
Löckenkogel
Großer Hochkasten
2389
Sonnleitstein
2177
2352
Trogkogel
Kleiner Hochkasten
2352
2072
2186
Brentnerkar
0 500 m
Brandleck
Talkogel

G15

GROSSER PRIEL • 2.515 m

Auf den höchsten Gipfel des Toten Gebirges

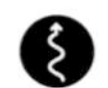 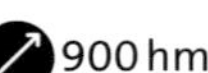 12 km 7:00 h 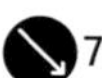 900 hm 780 hm 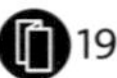 19

START | Pühringerhütte, 1.638 m, siehe alpine Varianten P1-P3. [GPS: UTM Zone 33 x: 422.469 m y: 5.282.050 m]
CHARAKTER | Anspruchsvolle und hochalpine Bergtour auf felsigen Pfaden, die absolute Trittsicherheit und Schwindelfreiheit erfordern. Nur bei sicherem Wetter und trockenen Verhältnissen ratsam. Bei Schneelage sind die Markierungen nicht mehr sichtbar und viele Felsklüfte verdeckt; auch bei Nebel kann man sich leicht verirren.

Die alpine Priel-Variante des Salzkammergut BergeSeen Trails führt am Fuße der höchsten Erhebung des Toten Gebirges vorbei. Von dort aus lässt sich der Große Priel relativ einfach ersteigen. Bei klarer Sicht lohnt sich der zusätzliche Kraft- und Zeitaufwand auf jeden Fall – immerhin erreichen Sie damit auch den höchsten Gipfel im Nahbereich des ganzen Weitwanderweges.

Von der **Pühringerhütte** 01 wandern Sie wie bei Tour P2 auf dem Ausseer Weg über den **Rotkögelsattel** 02 (2.000 m) und die **Wegkreuzung** 03 (2.100 m) zwischen dem Schermberg und dem Temlberg bis zum **Fleischbanksattel** 04 (2.123 m). 3:30 h

Von dort steigen Sie rechts auf der Route Nr. 262 über den gewaltigen,

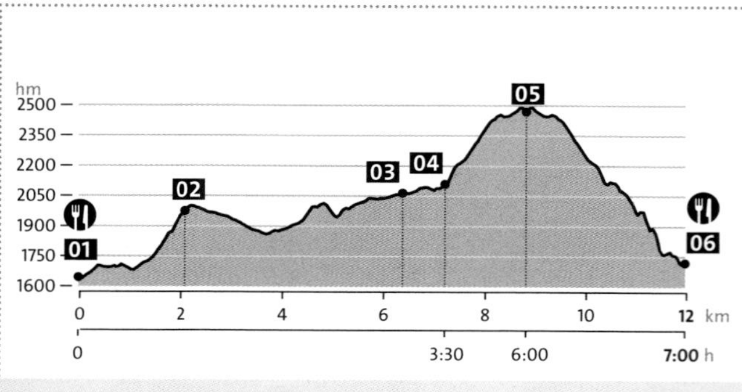

01 Pühringerhütte, 1.638 m; 02 Rotkögelsattel, 2.000 m; 03 Wegkreuzung, 2.100 m; 04 Fleischbanksattel, 2.123 m; 05 Großer Priel, 2.515 m; 06 Welser Hütte, 1.740 m

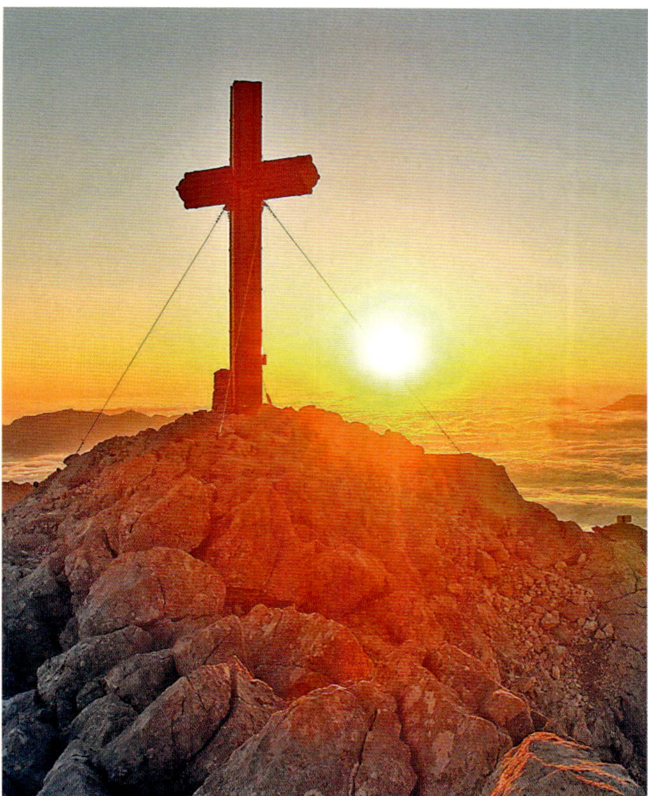

So erleben den Goßen Priel nur Frühaufsteher.

teils felsigen, teils gras- und schuttbedeckten Südwesthang des Großen Priels an. Auf 2.400 m Seehöhe mündet rechts der Zustiegspfad vom Prielschutzhaus ein. Darauf erreichen Sie den schmalen, ausgesetzten Grat, auf dem Sie zum noch gut 400 m entfernten Gipfel des **Großen Priels** 05 (2.515 m) gelangen. Unterwegs erblicken Sie links die 700 m tiefer gelegene Welser Hütte. Von seinem 8 m hohen, 2009 neu errichteten und knallrot gestrichenen Kreuz genießen Sie eine unglaublich weite Rundsicht über das Tote Gebirge bis zum Dachstein, zu den Tauern und ins Gesäuse, über den Prielgrat zum Kleinen Priel, zum Sengsengebirge und zu vielen Salzkammergutbergen; in der Tiefe sind die Ödseen zu erkennen. 1:30 h

Abstieg auf derselben Route zum **Fleischbanksattel** 04 und von dort rechts wie bei Tour P2 und G14 über die gesicherte Felsflanke der Fleischbänke zur **Welser Hütte** 06 (1.740 m).2:00 h

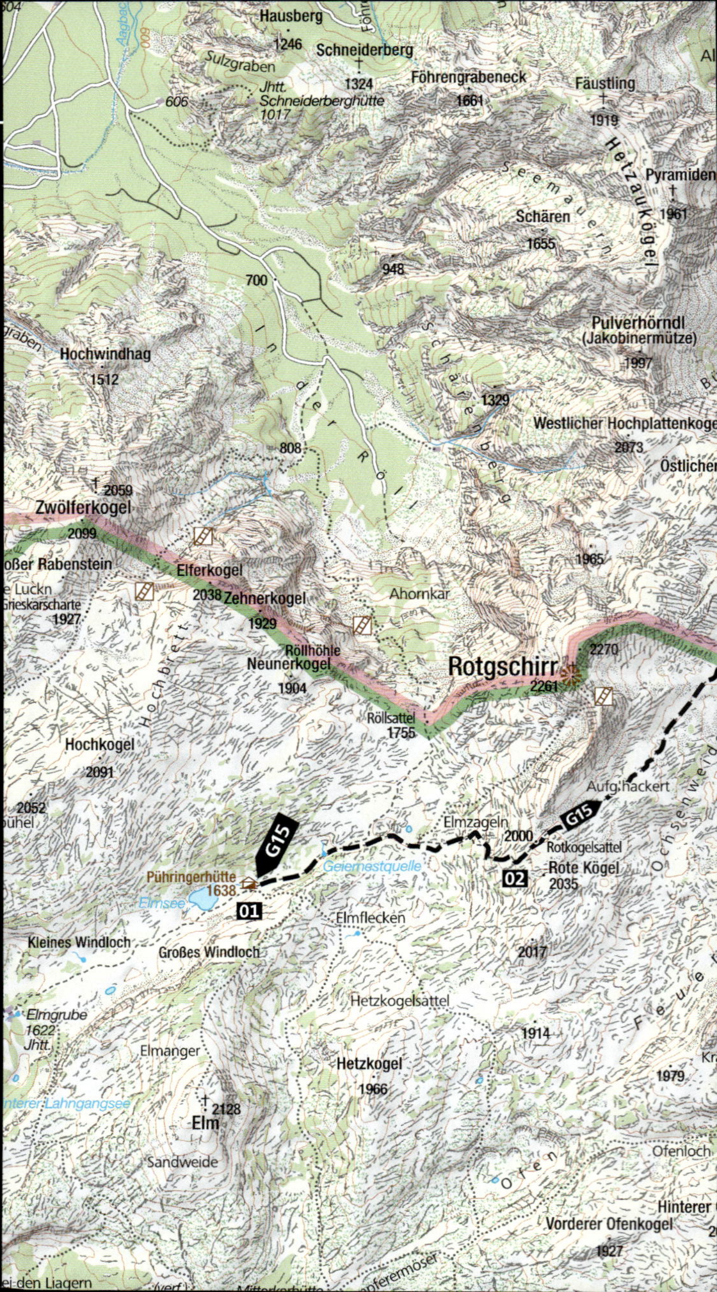

Hausberg
1246
Schneiderberg
1324
Föhrengrabeneck
1661
Fäustling
1919
Sulzgraben
606
Jhtt.
Schneiderberghütte
1017
Seemauern
Hetzaukögel
Pyramiden
1961
Schären
1655
948
700
In der Röll
Pulverhörndl
(Jakobinermütze)
1997
Hochwindhag
1512
Schärenberg
1329
Westlicher Hochplattenkoge
2073
Östlicher
808
2059
Zwölferkogel
2099
Großer Rabenstein
Elferkogel
2038
Zehnerkogel
1929
Luckn
Grieskarscharte
1927
Ahornkar
1965
Röllhöhle
Neunerkogel
1904
Rotgschirr
2261
2270
Hochbrett
Röllsattel
1755
Hochkogel
2091
2052
Aufg'hackert
Elmzageln
2000
G15
Rotkogelsattel
Rote Kögel
2035
Pühringerhütte
1638
Geiernestquelle
Elmsee
01
02
Elmflecken
Kleines Windloch
Großes Windloch
2017
Ochsenweid
Elmgrube
1622
Jhtt.
Hetzkogelsattel
1914
Feuer
Elmanger
Hetzkogel
1966
1979
Hinterer Lahngangsee
2128
Elm
Sandweide
Ofen
Ofenloch
Hinterer
Vorderer Ofenkogel
1927

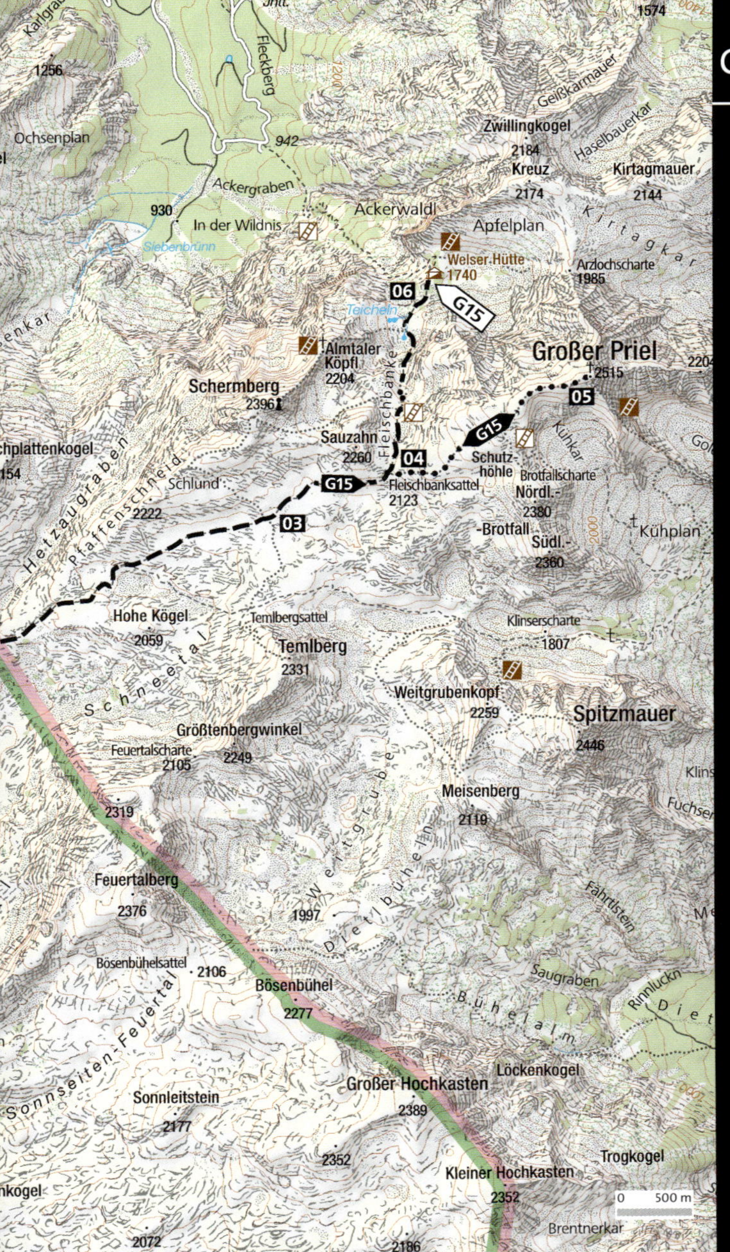

Glinsnerhütte
Jhtt.
1508
1574
Karlgraben
1256
Fleckberg
Geißkarmauer
Zwillingkogel
2184
Haselbauerkar
Ochsenplan
942
Kreuz
Kirtagmauer
Ackergraben
2174
2144
930
Ackerwaldl
In der Wildnis
Apfelplan
Kirtagkar
Siebenbrünn
Welser Hütte
1740
Arzlochscharte
1985
06
G15
Teicheln
Almtaler
Köpfl
2204
Großer Priel
2515
Schermberg
2396
Fleischbanke
05
Sauzahn
G15
Kühkar
2260
04
Schutz-
höhle
Brotfallscharte
chplattenkogel
2154
Schlund
G15
Fleischbanksattel
2123
Nördl.-
2380
Hetzaugraben
Pfaffenschneid
2222
03
-Brotfall
Südl.-
2360
Kühplan
2000
Hohe Kögel
2059
Temlbergsattel
Klinserscharte
1807
Temlberg
2331
Schneetal
Weitgrubenkopf
2259
Spitzmauer
2446
Größtenbergwinkel
Feuertalscharte
2105
2249
Meisenberg
2119
2319
Weitgrube
Feuertalberg
2376
Dietlbühel
1997
Fährtlstein
Bösenbühelsattel
2106
Saugraben
Bösenbühel
2277
Rinnluckn
Sonnseiten-Feuertal
Bühelalm
Löckenkogel
Großer Hochkasten
2389
Sonnleitstein
2177
2352
Trogkogel
Kleiner Hochkasten
2352
nkogel
0
500 m
Brentnerkar
2072
2186

ALLES AUSSER WANDERN

MEINE TIPPS

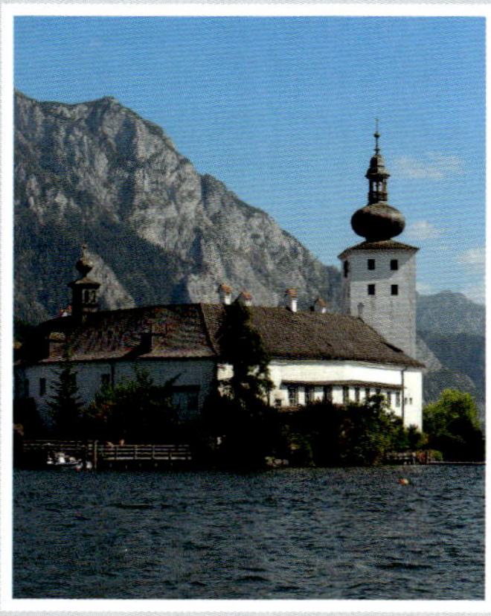

Das Seeschloss Ort am Traunsee.

FÜR KULTURINTERESSIERTE

Das berühmte **Seeschloss Ort** bei **Gmunden** ist das Wahrzeichen der Stadt Gmunden, der Originalschauplatz der erfolgreichen Fernsehserie „Schlosshotel Orth“ und bis heute auch heute ein beliebtes Heiratsdomizil. www.schloss-ort.at

Im Jahr 2011 wurden die historischen **Pfahlbauten** der Alpen in die Liste des UNESCO-Welterbes aufgenommen. In den architektonisch einzigartigen Räumlichkeiten des ehemaligen Benediktinerstifts **Mondsee** haben Sie die Möglichkeit, eine umfangreiche Sammlung von Originalfunden zu besichtigen. Darüber hinaus beherbergt das Museum Stücke aus der mehr als 1.000-jährigen Klosterzeit.
Österreichisches Pfahlbaumuseum und Museum MondSeeLand, www.museum-mondsee.at/

Die Wallfahrtskirche in **St. Wolfgang am Wolfgangsee** birgt mit dem **Michael-Pacher-Altar** von 1471 eines der berühmtesten Kunstwerke Österreichs. Sehenswert ist in der gotischen Hallenkirche aus dem 15. Jahrhundert auch der barocke Doppelaltar von Thomas Schwanthaler. Im Mittelalter war St. Wolfgang der viertgrößte Pilgerort der Christenheit
http://wolfgangsee.salzkammergut.at

Flair und glanzvolle Vergangenheit verspürt man in **Bad Ischl** beim Besuch der **Kaiservilla**, der ehemaligen Sommerresidenz von Kaiser Franz Joseph I. und Kaiserin Elisabeth (Sisi). Über viele Jahrzehnte bis ins 20. Jahrhundert wurde in der Kaiservilla europäische Geschichte geschrieben und damit Bad Ischl zur „geheimen Hauptstadt“ der mächtigen Donaumonarchie. www.kaiservilla.at

Im **Salzbergwerk Hallstatt (Salzwelten)** wird eine faszinierende Reise durch die Vergangenheit und die Geschichte des Salzabbaues geboten. Die Aussichtsplattform „Welterbeblick“ schwebt nahezu frei in 360 Metern Höhe und ermöglicht einen einzigartigen Blick auf den UNESCO-Welterbeort Hallstatt und die Wanderregion Dachstein Salzkammergut. www.salzwelten.at

Die **Trachtenhauptstadt Bad Aussee** bietet unter dem Motto „haftig & echt“ das Beste aus dem Ausseerland. Die „Selektion Ausseerland – Salzkammergut" verbindet außergewöhnliche Betriebe mit hervorragenden Produkten und Dienstleistungen aus der Mitte Österreichs. Mit dieser Auswahl werden innovative und traditionelle

Werte zusammengefasst und sollen für Gäste und Einheimische die Energie fürs Leben vermitteln, die wir alle im Ausseerland so schätzen. Hier finden Sie alles, was Sie im Ausseerland gesehen, gekostet, getan, gekauft, erlebt und probiert haben müssen, um das Beste aus dem Ausseerland erfahren zu haben. www.selektion-ausseerland.at

FÜR NATURFREUNDE

Das **Pfarrer Salettl** ist ein sensationeller Aussichtspunkt mit Blick über den tief türkisblauen Attersee und das Höllengebirge. Erreichbar ist dieser wunderbare Platz auf dem **Wildholzweg** in **Nußdorf am Attersee**, einem einzigartigen Lehrpfad für Groß und Klein. www.wildholzweg.com

Das **Kronbergplatzerl** neben der Kronbergkapelle in **Straß im Attergau** ist für seinen herrlichen Blick auf den Attersee, den größten Binnensee Österreichs, bekannt: ein wahrer Geheimtipp bei den Einheimischen zu Abendstunden und sehr geschätzt bei den Stammgästen. Der Aussichtsplatz liegt am Weitwanderweg Attersee-Attergau. Gegenüber befindet sich die Jausenstation der Familie Hollerweger, die zu einem Einkehrschwung einlädt.

Der rund 60 ha große **Cumberland Wildpark Grünau** liegt mitten in den Wäldern des idyllischen Almtals und bietet einen unvergesslichen Einblick in die Welt der einheimischen Wildtiere vor der gewaltigen Naturkulisse des Toten Gebirges. Steinbock, Rothirsch, Wisent oder auch Luchs, Braunbär und Wölfe sind hier hautnah zu erleben und zu beobachten. Als besonders beeindruckend gelten die frei lebenden Graugänse, Raben und Waldrappen. www.wildpark.at

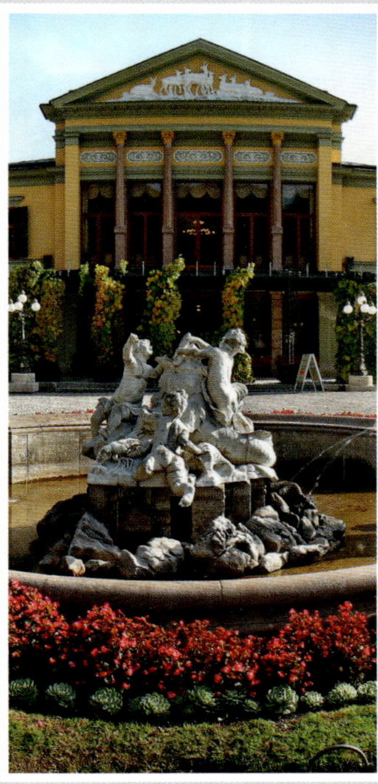

Die Kaiservilla in Bad Ischl lädt zu einer Zeitreise ein.

FÜR WASSERFANS

Mit der **Traunseeschifffahrt** bereisen Sie die Traunsee-Region auf eine sanfte Weise. Bei einer Schifffahrt am See erleben Sie die Region auf eine ganz besondere Weise und bekommen unvergessliche Einblicke vom Traunsee und seiner Umgebung. www.traunseeschifffahrt.at

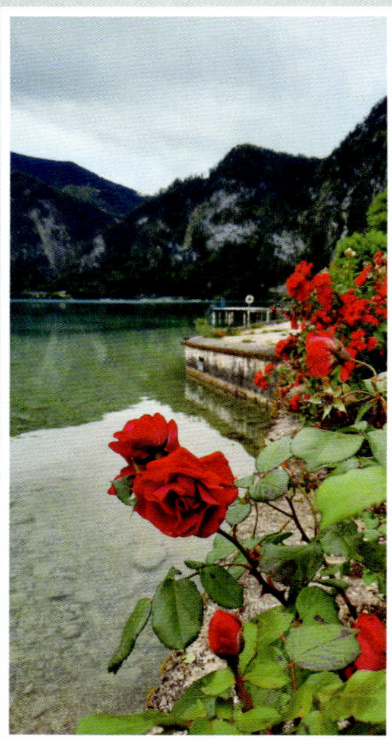

Am Attersee.

„Gschmå-Platzln“ – das sind acht der schönsten Aussichts- und Ruheplätze am **Wolfgangsee**, und jedes Jahr kommen neue dazu. Ein gutes Beispiel dafür ist der „Scheffelblick“ am malerischen Falkenstein. Vor über tausend Jahren suchte der heilige Wolfgang dort schon Ruhe. Der grandiose Ausblick und die unendliche Stille machen diesen Ort zu einem Kraftplatz.

Zillenschifffahrt Fuschl am See – von der Promenade in Fuschl am See bis zur Schlossfischerei (mehrmals täglich). www.ebners-waldhof.at/zillenschifffahrt-fuschlsee

FÜR GENIESSER

In **Wildenhag im Attergau** – bevor rechts der Weg auf den Kronberg führt – erwartet Sie eine Entspannungsoase der besonderen Art: die **KristallSalzWelt**. Das auffallende Bauwerk aus Zirbenholz in Form eines Kristalls bietet (auch im Hochsommer dank eines angenehm temperierten Salzstollens) Entspannung pur und lädt ein, in die Welt des Salzes einzutauchen. Bequem und ohne spezielle Kleidung kann man in der Salzoase entspannen. Eine Sitzung dauert rund eine Stunde. Abschließend lädt der Salzshop sowie das kleine integrierte Café zum Verweilen ein. Genießen Sie direkt im Salzkammergut ihren persönlichen „Kurzurlaub am Meer!“
KristallSalzWelt – Salz Spa & mehr, www.KristallSalzWelt.com

Ob ein Kaffee auf der Terrasse oder ein Räucherfisch direkt am **Fuschlsee** – das Ambiente der **Schlossfischerei** nahe dem Hotel Schloss Fuschl ist einzigartig.
www.schlossfuschlsalzburg.com

Wer sich nicht schon auf den ersten Blick in die Natur im Ausseerland-Salzkammergut verliebt hat, der tut es spätestens beim Essen und Trinken. Zwischen Altaussee und Tauplitz wissen die Gastronomen, dass die Liebe durch den Magen geht. Sie verwöhnen ihre Gäste mit regionalen Schmankerln und lokal hergestellten Produkte, beispielsweise mit dem **Ausseer Saibling**. Er vereint die zentralen Elemente der Tradition und der modernen Kulinarik wie kaum ein anderes Gericht - ein richtiger Ausseerland (Augen-)Schmaus.
www.ausseerland.at/kulinarik

TOURISTISCHE INFORMATIONEN

Tourismusverband Attersee-Attergau
Tourismusverband Attersee-Attergau Attergaustraße 63, 4880 St. Georgen im Attergau, Tel. +43 7666/7719, info@attersee.at, www.attersee-attergau.at

Tourismusverband Ausseerland-Salzkammergut
Bahnhofstraße 132, 8990 Bad Aussee, Tel. +43 3622/54040-0, info@ausseerland.at, www.ausseerland.at

Tourismusverband Bad Ischl
Auböckplatz 5 – Trinkhalle, 4820 Bad Ischl, Tel. +43 6132/277 570, office@badischl.at, www.badischl.at

Ferienregion Dachstein-Salzkammergut
Kirchengasse 4, 4822 Bad Goisern am Hallstättersee, Tel. +43 95095/8329, info@dachstein-salzkammergut.at, www.dachstein-salzkammergut.at

Tourismusverband Fuschlseeregion
Dorfplatz 1, 5330 Fuschl am See, Tel. +43 6226/8384, incoming@fuschlseeregion.com, www.fuschlseeregion.at www.4berge3seen.at

Tourismusverband Mondsee-Irrsee
Dr.-Franz-Müller-Straße 3, 5310 Mondsee, Tel. +43 6232/2270, info@mondsee.at, www.mondsee.at

Tourismusverband Traunsee-Almtal
Toscanapark 1, 4810 Gmunden, Tel. +43 7612/74451, info@traunsee-almtal.at, www.traunsee-almtal.at

Wolfgangsee Tourismus
Au 140, 5360 St. Wolfgang, Tel. +43 6138/ 8003, info@wolfgangsee.at, www.wolfgangsee.at

Salzkammergut Tourismus
Salinenplatz 1, 4820 Bad Ischl, Tel. +43 6132/26909, info@salzkammergut.at, www.salzkammergut.at

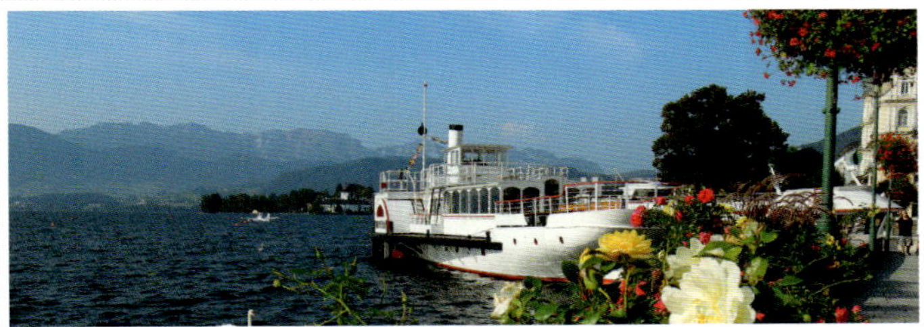

GASTHÖFE, ALMEN, SCHUTZHÜTTEN

Hier finden Sie Einkehrmöglichkeiten und Beherbergungsbetriebe, die außerhalb der größeren Orte **am Salzkammergut BergeSeen Trail** liegen. Bewirtschaftungszeiten und Telefonnummern können sich ändern – aktuelle Auskünfte und Informationen über Betriebe in den größeren Orten erhalten Sie in den Tourismusbüros. Achtung, in Schutzhütten brauchen Sie einen Hüttenschlafsack.

1. Etappe

Gasthof Reschenwirt
Grasberg 12, 4813 Altmünster,
Tel. +43(0)7618/8371,
www.reschenwirt.at

Almgasthof Windlegern
Kollmannsberg 122, 4814 Neukirchen,
Nächtigungsmöglichkeit,
Tel. +43(0)7617/2844,
www.windlegern.at

Hochsteinalm
4801 Traunkirchen,
Nächtigungsmöglichkeit,
Tel. +43(0)664/9875221,
www.hochsteinalm.at

2. Etappe

Langbathsee Stüberl
Langbathsee 3, 4802 Ebensee,
Tel. +43(0)6133/ 40181,
www.lb-stueberl.at

Jausenstation Taferlklause
Großalmstraße, 4814 Neukirchen,
Tel. +43(0)664/3256311

3. Etappe

Hotel Post
Ischler Straße 1,
4854 Weißenbach am Attersee,
Tel. +43 (0)7663/8141-0,
www.hotelpost-attersee.at

Almstadl
am Schwarzensee, Schwarzenbach 36, 5360 St. Wolfgang,
Tel. +43(0)664/ 2664498,
www.almstadl-schwarzensee.at

Zur Lore
am Schwarzensee, Schwarzenbach 29,
5360 St. Wolfgang,
Tel. +43(0)664/8762515,
https://lore.rest

4. Etappe

Hotel Gasthof Fürberg
Fürbergstraße 30, 5340 St. Gilgen,
Tel. +43(0)6227 2385,
www.fuerberg.com

5. Etappe

Gasthof Drachenwand
St. Lorenz 46, 5310 Mondsee,
Nächtigungsmöglichkeit,
Tel. +43(0)6232/33560,
www.drachenwand.at

6. Etappe

Forsthaus Wartenfels
Vordereggstraße 32, 5303 Thalgau,
Tel. +43(0)800/400171212,
www.forsthauswartenfels.at

Waldhof Alm
Schoberstr. 20, 5330 Fuschl am See
+43 6226 8264 35
www.ebners-waldhof.at

7. Etappe

Schlossfischerei
Schloss Str. 19, 5322 Hof bei Salzburg
+43 6229 2253 1533
www.schlossfuschlsalzburg.com

Hotel Gasthof Botenwirt
Hinterseestr. 55, 5324 Faistenau
+43 6228 2332
www.botenwirt.at

8. Etappe

DAS Hintersee
Hintersee 4, 5324 Hintersee,
Nächtigungsmöglichkeit,
Tel. +43(0)6224/89000,
www.hintersee.at

Naturhotel Fischerwirt
Hinterseestr. 101, 5324 Faistenau
+43 6228 2332
www.fischerwirt.net

9. Etappe

Reithütte
Genneralm, 5324 Hintersee,
Nächtigungsmöglichkeit, Tel. +43 (0)664/5947909, www.reithütte.at

Posch'n Hütte
Genneralm, Lämmerbach 17,
5324 Hintersee,
Nächtigungsmöglichkeit,
Tel. +43 (0)6224/ 302,
Tel. +43(0)664/9166341,
www.genneralm.at

Lienbachhof
Postalm, Seidegg 75, 5441 Abtenau,
Tel. +43(0)6137/6061,
www.lienbachhof.at

Blonde Hütte
Postalm, Seidegg 81, 5441 Abtenau,
Nächtigungsmöglichkeit,
Tel. +43(0)664/4635797,
www.blonde-huette.at

Stroblerhütte
Postalm, Seydegg 69, 5441 Abtenau,
Tel. +43 (0)6137/6161,
www.stroblerhuette.at

Huberhütte
Postalm, Seidegg 70, 5441 Abtenau,
Nächtigungsmöglichkeit,
Tel. +43(0)664/9314465,
www.huberhuette-postalm.at

Schafbergblickhütte
Postalm, Weißenbach,
5441 Abtenau, Tel. +43 (0)6137/6107,
www.schafbergblick.at

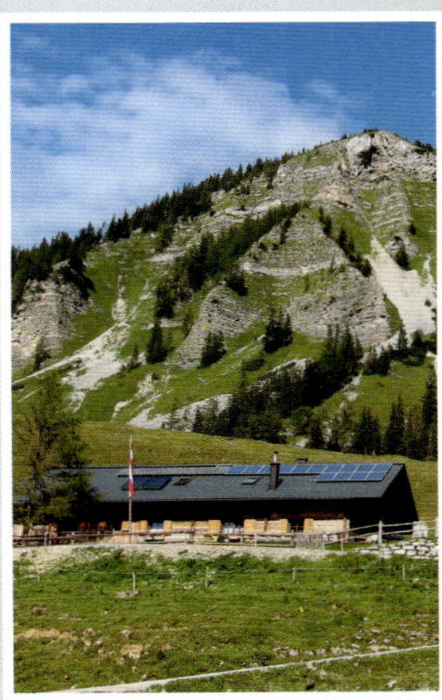

Die Posch'n Hütte auf der Genneralm.

Hotel & Restaurant Goldener Ochs** (€€€),**
Griesgasse 1, 4820 Bad Ischl,
☎ (06132) 23529, Fax (06132) 23529-50,
office@goldenerochs.at, www.goldenerochs.at
Traditionelle Österreichische Küche aus regionalen Produkten. Moderner Wellnessbereich, mit Saunen, Dampfbad und Indoorpool, Fitness, Sonnengarten.

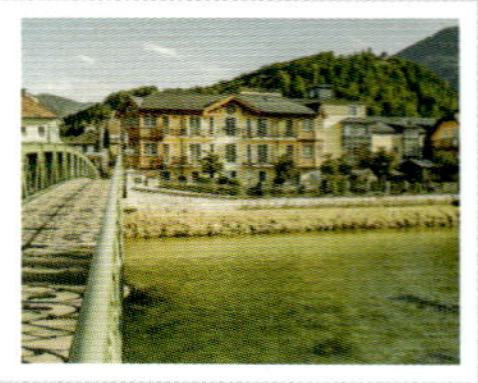

Stadthotel Goldenes Schiff** (€€€),**
Stifterkai 3, 4820 Bad Ischl, ☎ (06132) 24241,
hotel@goldenes-schiff.at
www.goldenes-schiff.at
Lage direkt im Zentrum von Bad Ischl an der Traun. Urbaner Style mit großartiger Geschichte. E-Bikes und E-Roller-Verleih. Wellness & Vitalbereich.

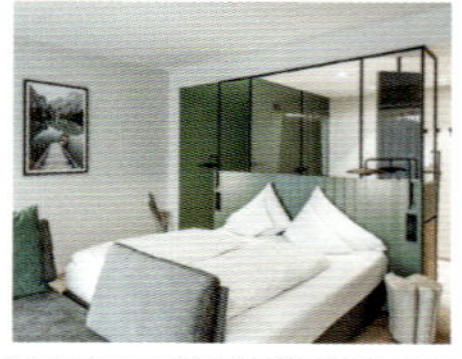

Welser Hütte
Postalm, Postfach 12, 5350 Strobl,
Nächtigungsmöglichkeit,
Tel. +43 (0)6137/ 21710,
http://sommer.postalm.at/welser-huette

Schnitzhofalm
Postalm, Möselberg 10, 5441 Abtenau,
Nächtigungsmöglichkeit,
Tel. +43 (0)624/ 325180,
www.schnitzhof.eu

Rettenegghütte
Postalm, Weißenbach 53, 5350 Strobl,
Tel. +43(0)664/5882498,
www.rettenegghuette.at

10. Etappe

Postalmhütte
Postalm, 5350 Strobl,
Tel. +43(0)664/3225026,
www.postalmhuette.at

Gasthof Mahdhäusl
Haberg 9, 5350 Strobl,
Nächtigungsmöglichkeit,
Tel. +43(0)6137/7485,
www.mahdhaeusl.at

11. Etappe

Gasthof zur Wacht
Schöffanstraße 2,
5350 Strobl,
Tel. +43(0)54140

12. Etappe

Katrin Berggasthof
Kaltenbach 62,
4820 Bad Ischl,
Tel. +43(0)676/7455293,
www.katrin-berggasthof.at

Katrin Almhütte
Katrinstraße 3/2, 4820 Bad Ischl,
Tel. +43(0)6135/21021,
www.katrinalmhuette.at

13. Etappe

Goiserer Hütte
ÖAV, Kirchengasse 2,
4822 Bad Goisern,
Nächtigungsmöglichkeit,
Tel. +43(0)664/75023017,
www.goisererhuette.at

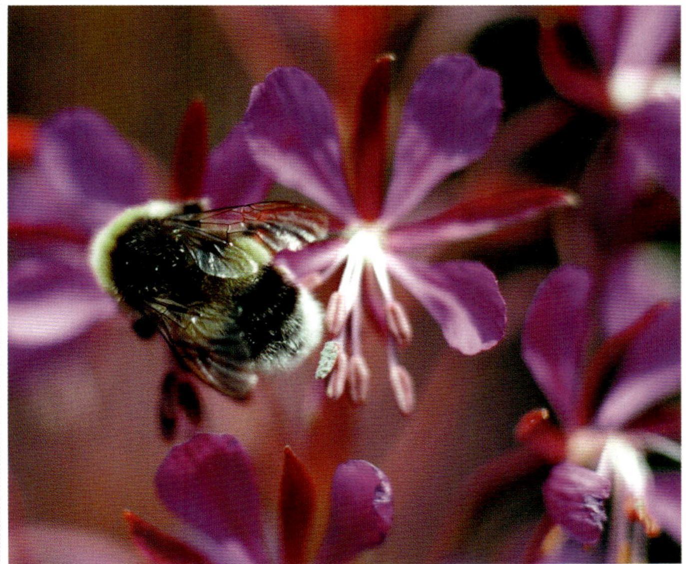

14. Etappe

Zwieselamhütte
Gosau 55, 4824 Gosau,
Tel. +43(0)6136/ 8389,
pensionjaaeger@aon.at

Gablonzer Hütte
ÖAV, Gosaukamm, Gosau 445,
4825 Gosau,
Tel. +43(0)6136/8465,
www.gablonzerhuette.at

Breininghütte
4824 Gosau 48,
Tel. +43(0)664/9071833,
gosau@dachstein-salzkammergut.at

Gasthof Gosausee
4825 Gosau 395,
Nächtigungsmöglichkeit,
Tel. +43(0)6136/8514,
www.gasthof-gosausee.at

Gasthof Gosauschmied
Gosauseestraße 131, 4825 Gosau,
Nächtigungsmöglichkeit,
Tel. +43(0)6136/8513,
www.gosauschmied.at

Pension Jäger
Gosauseestraße 116, 4824 Gosau,
Nächtigungsmöglichkeit,
Tel. +43(0)6136/8389,
www.pensionjaeger.at

15. Etappe

Badstub'nhütte
Löckernmoos, 4824 Gosau,
Tel. +43(0)6136/8379,
gosau@dachstein-salzkammergut.at

Leutgebhütte
Plankensteinalm, 4824 Gosau,
Tel. +43(0)699/ 11585898,
www.plankensteinalm.at

Kirchenwirt Sport & Wanderhotel** (€€€),** Tauplitzalm 26, 8982 Bad Mitterndorf, ☎ (03688) 2306, info@sporthotel-kirchenwirt.at, www.sporthotel-kirchenwirt.at – Geräumige Balkonzimmer Wohn- u. Schlafbereich, DZ/EZ. Almkulinarik. Panoramalage, Blick a. d. Tauplitzalm. Wellnessoase mit Panorama-Hallenbad. Sonnenterrasse.

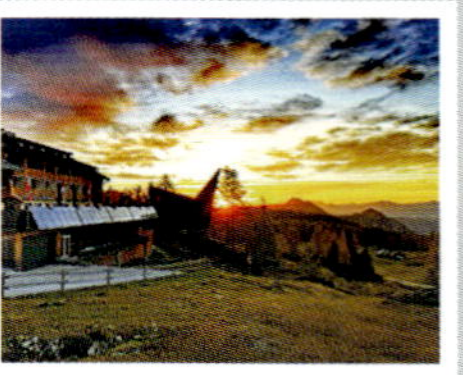

Restaurant Rudolfsturm
Salzbergstraße 1, 4830 Hallstatt,
Tel. +43 (0)61368/8110,
www.rudolfsturmhallstatt.at

16. Etappe

Gasthaus Koppenrast
Obertraun 123, 4831 Obertraun,
Tel. +43(0)6131/231,
www.koppenrast.at

Schutzhütte Koppental
Tel. +43 (0)664/49244 61,
www.koppental.at

Mostschänke Sarsteinrast
Sarsteinstr. 64, 8990 Bad Aussee,
Tel. +43(0)3622/55368,
www.mostschenke.webnode.com

17. Etappe

Kohlröserlhütte, Genuss Gasthaus
Ödenseestraße
1, 8990 Bad Aussee, Tel.
+43(0)3624/213,
www.genussamsee.com

Jausenstation Stieger
Mühlreith 30, 8984 Pichl/Kainisch,
Tel. +43 (0)3624/393,
www.jausenstation-stieger.at

Steinitzenalm
Mühlreith 11, 8984 Pichl-Kainisch,
Nächtigungsmöglichkeit,
Tel. +43 (0)664/5014389,
pauladler@gmx.at

18. Etappe

Wander- und Landhotel Kanzler
Krungl 2, 8983 Bad Mitterndorf,
Tel. +43(0)3623/2260,
www.landhotel-kanzler.at

Kirchenwirt Sport- &t Wanderhotel
Tauplitzalm 26,
8982 Bad Mitterndorf,
Nächtigungsmöglichkeit,
Tel. +43(0)3688/2306,
info@sporthotel-kirchenwirt.at
www.sporthotel-kirchenwirt.at

Grazerhütte, Almwirtschaft
Tauplitzalm 34,
8982 Bad Mitterndorf,
Tel. +43(0)3688/29397,
Tel. +43(0)688/60864348,
www.grazerhuette.at,
www.facebook.com/grazerhuette

Hotel Hierzegger
Tauplitzalm 7, 8982 Bad Mitterndorf,
Nächtigungsmöglichkeit,
Tel. +43(0)3688/2316,
www.hierzegger.at

Berggasthof Hollaus
Tauplitzalm 1, 8982 Bad Mitterndorf,
Nächtigungsmöglichkeit,
Tel. +43(0)3688/2302,
www.hollhaus.at

Naturfreundehaus
Tauplitzalm 21, 8982 Bad Mitterndorf,
Nächtigungsmöglichkeit,
Tel. +43(0)3688/2722,
www.tauplitzhaus.at

Seehotel Grundlsee (€€€),
Mosern 22, 8993 Grundlsee,
☎ (03622) 86044, seeyou@seehotelgrundlsee.at,
www.seehotelgrundlsee.at – Wohlfühl-Atmosphäre. Neu gestaltete Zimmer, 16 DZ in 5 verschiedenen Kategorien. Kulinarik im Restaurant Seeplatz'l u. im Seepavillon - kreative steirische u. intern. Gerichte.

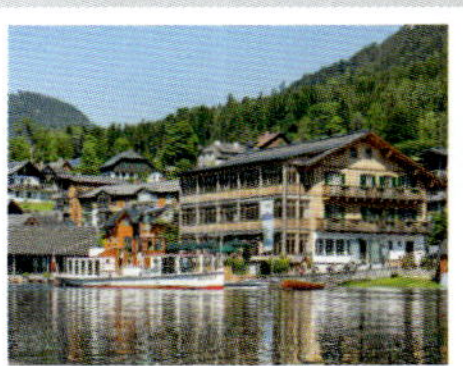

Hotel Alpenrose
Tauplitzalm 59, 8982 Bad Mitterndorf
Nächtigungsmöglichkeit,
Tel. +43(0)664/3859773
www.alpenrose-egger.at

Hotel Steirerhof
Tauplitzalm 20, 8982 Bad Mitterndorf,
Nächtigungsmöglichkeit,
Tel. +43 3688 29388,
www.steirerhof.net

Linzerhaus – Tauplitzalm
ÖAV, 8982 Tauplitzalm,
Nächtigungsmöglichkeit,
Tel. +43(0)4688/29397,
Tel. +43(0)688/60864348.
www.linzerhaus.info
www.facebook.com/daslinzerhaus

19. Etappe

Steinbrecherhütte
Ödernalm, 8983 Bad Mitterndorf,
Tel. +43(0)664/5195516,
renate.sonnleitner@icloud.com

21. Etappe

Albert-Appel-Haus
Österreichischer Touristenverein,
Gössl 81, 8993 Grundlsee,
Nächtigungsmöglichkeit,
Tel. +43(0)676/ 3336668,
www.albert-appelhaus.at

Wildenseealm
ÖAV, Totes Gebirge, 8990 Bad Aussee,
Selbstversorgerhütte,
Tel. +43(0)997/7949117,
www.alpenverein.at/wildenseehuette

Rinnerhütte
Bergsteigerbund Ebensee,
4802 Ebensee,
Nächtigungsmöglichkeit,
Tel. +43(0)664/ 2405181,

Jausenstation Seeau
Offensee, 4802 Ebensee,
Tel. +43(0)680/5569635,
www.wander-bar.at

Deutsches Haus
Almsee 3, 4645 Grünau im Almtal,
Nächtigungsmöglichkeit,
Tel. +43(0)7616/8332,
www.deutsches-haus.jimdo.com

Gasthof Seehaus
Almsee 6, 4645 Grünau im Almtal,
Tel. +43(0)7616/8366,
www.gasthof-seehaus.at

22. Etappe

Pension Wanderruh
Rabenbrunn 4,
4645 Grünau im Almtal,
Nächtigungsmöglichkeit,
Tel. +43 (0)7616/8337,
Tel. +43(0)644/ 4358365,
www.wanderruh.at

Ramsaualm
Laudachsee, Traunstein 53,
4810 Gmunden,
Tel. +43(0)720/316847,
Tel. +43(0)664/9329694,
www.laudachsee.com

Grünberg Alm
Grünberg, Traunstein 56,
4810 Gmunden,
Nächtigungsmöglichkeit,
Tel. +43(0)699/ 11998551,
Tel. +43(0)7612/77798,
www.gruenbergalm.at

An den alpinen Varianten

Berggasthof Edelweiss
Feuerkogel 13, 4802 Ebensee,
Nächtigungsmöglichkeit,
Tel. +43(0)6133/5490,
www.feuerkogel.at

Berggasthof Christophorushütte
Feuerkogel 12, 4802 Ebensee,
Nächtigungsmöglichkeit,
Tel. +43 (0)6133/5495,
www.feuerkogel.rocks

Feuerkogelhaus
Naturfreunde-Partner, Feuerkogel 3,
4802 Ebensee,
Nächtigungsmöglichkeit,
Tel. +43(0) 6133 5494,
www.feuerkogel.com

Kranabethhütte
Feuerkogel 9, 4802 Ebensee,
Nächtigungsmöglichkeit,
+43(0)650/ 2615596,
www.kranabethhuette-feuerkogel.at

Rieder Hütte
ÖAV, Höllengebirge, Feuerkogel 10,
4802 Ebensee,
Nächtigungsmöglichkeit,
Tel. +43(0)6133/ 93013,
www.alpenverein.at/riederhuette

Hochleckenhaus
ÖAV, Höllengebirge, Hochlecken 1,
4853 Steinbach am Attersee,
Nächtigungsmöglichkeit,
Tel. +43(0)660/1173017
www.hochleckenhaus.at

Adamekhütte
ÖAV, Dachstein, 4824 Gosau 695,
Nächtigungsmöglichkeit,
Tel. +43 (0)664/5473481,
www.adamek.at

Stuhlalm
Gosaukamm, 5524 Annaberg,
Nächtigungsmöglichkeit,
Tel. +43(0)664/1131152,
http://stuhlalm.at

Theodor-Körner-Hütte
ÖAV, Gosaukamm, Steuer 31,
5224 Annaberg,
Nächtigungsmöglichkeit,
Tel. +43(0)680/2216024,
http://koerner-huette.at

Hofpürglhütte
ÖAV, Gosaukamm, 5532 Filzmoos 53,
Nächtigungsmöglichkeit,
Tel. +43(0)6453/8304,
Tel. +43(0)676/3718566,
www.alpenverein.at/hofpuerglhuette

Simonyhütte
ÖAV, Dachstein, Lahn 48,
4830 Hallstatt,
Nächtigungsmöglichkeit,
Tel. +43(0)680/2196374,
www.simonyhuette.at

Wiesberghaus
ÖAV, Dachstein, Lahn 59, 4830 Hallstatt, 1. Jänner – Ostermontag und Christi Himmelfahrt – Ende Oktober, Nächtigungsmöglichkeit,
Tel. +43 (0)664/1211370,
Tel. +43(0)664/3517567,
www.wiesberghaus.at

Gjaidalm
Dachstein, Winkl 31, 4831 Obertraun, Nächtigungsmöglichkeit,
Tel. +43 (0)680/ 3253138,
Tel. +43(0)680/1245919,
www.gjaid.at

Holzmeisteralm, Hintere (Hohe Holzmeisteralm)
am Hinteren Gosausee, 4824 Gosau,
Tel. +43(0)664/1145113,
holzmeister.gosau@aon.at

Holzmeisteralm, Vordere (Kohlstatthütte)
Vordertalstraße, 4824 Gosau,
Tel. +43(0)664/1145113,
holzmeister.gosau@aon.at

Rettenbachalm
Rettenbach 74, 4820 Bad Ischl,
Tel. +43(0)6132/23631,
www.rettenbachalm.co.at

Ischler Hütte
ÖAV, Totes Gebirge, Lichtersberg 125, 8992 Altaussee,
Nächtigungsmöglichkeit,
Tel. +43 (0)3622/71148,
Tel. +43(0)699/11772661,
silbermayr.herbert@gmx.at

Hochkogelhaus
Naturfreunde, Totes Gebirge, 4802 Ebensee,
Nächtigungsmöglichkeit,
Tel. +43(0)676/83940493,
www.hochkogelhaus-ebensee.at

Pühringerhütte
ÖAV, Totes Gebirge, 8993 Grundlsee,
Tel. +43(0)664/5443368,
Tel. +43(0)720/920442
(in den Sommermonaten),
puehringer.huette@gmail.com

Welser Hütte
ÖAV, Totes Gebirge, Hetzau 9, 4645 Grünau im Almtal,
Nächtigungsmöglichkeit,
Tel. 43 (0)7616/8088,
Tel. +43(0)664/4818807,
www.welserhuette-gruenau.com

Almtaler Haus
ÖAV, Totes Gebirge, Hetzau 7, 4645 Grünau im Almtal,
Nächtigungsmöglichkeit,
Tel. +43 (0)664/2374442
www.almtalerhaus.com

Gasthof Seehaus
Almsee 6,
4645 Grünau im Almtal,
Tel. +43(0)7616/8366,
www.gasthof-seehaus.at

Jagersimmerl
Habernau 6,
4645 Grünau im Almtal,
Nächtigungsmöglichkeit,
Tel. +43 (0)7616/8505,
www.jagersimmerl.at

Steyrer Hütte
aturfreunde, Kasberg, Steyrling 145, Klaus An der Pyhrnbahn,
Nächtigungsmöglichkeit,
Tel. +43(0)664/ 9670500,
www.steyrer-huette.at

Kirchdorfer Hütte (Ahornalmhütte)
ÖAV-Selbstversorgerhütte, Kasberg,
Tel. +43(0)680/235697

Berggasthof Hochberghaus
Kasberg 1, 4645 Grünau im Almtal,
Nächtigungsmöglichkeit,
Tel. +43 (0)7616/8477,
www.hochberghaus.at

An den regionalen Wegen

Jausenstation Kronberg
Kronberg 15, 4881 Straß im Attergau,
Tel. 43(0)7667/6335,
haus.hollerweger@aon.at

Jausenstation Dachsteinblick
Dachsteinblick 2,
4865 Nußdorf am Attersee,
Tel. +43 (0)7666/860515,
pillweinvmb@aon.at

Panoramagasthof Druckerhof
Druckerstraße 15,
4866 Unterach am Attersee,
Nächtigungsmöglichkeit,
Tel. +43(0)7665/8295,
www.druckerhof.com

Buchberghütte
Eisenauer Alm, Oberburgau 24,
5340 St. Gilgen,
Tel. +43(0)664/2105333,
www.buchberghuette.at

Kienbergerhütte
Eisenauer Alm, 5340 St. Gilgen,
Nächtigungsmöglichkeit,
Tel. +43(0)664/1435737

Kreuzingalm
Kreuzing 3 ,
4852 Weyregg am Attersee,
Nächtigungsmöglichkeit,
Tel. +43 (0)7664/20777, Tel.
+43(0)650/7618400,
reinhold.quatember@hotmail.com

Almgasthaus Schwarz
Kasten 32, 4861 Aurach am Hongar,
Nächtigungsmöglichkeit,
Tel. +43(0)7662/2012,
Tel. +43(0)680/1245604,
www.hongar.at

Schneiderwirt
Oberhehenfeld, Sickingerstr. 73,
4861 Schörfling,
Nächtigungsmöglichkeit,
Tel. +43(0)7662/3441,
www.gasthof-schneiderwirt.at

Gasthof Dorferwirt
Irrsee-Westufer, am Irrsee 40,
4893 Zell am Moos,
Nächtigungsmöglichkeit,
Tel. +43 (0)6234/8275,
www.dorferwirt-am-irrsee.at

Jausenstation Erlachmühle
Vogelsangstraße 33, 5310 Mondsee,
Nächtigungsmöglichkeit,
Tel. +43 (0)6232/2578,
www.erlachmuehle.at

Bleckwandhütte
Bleckwand, 5350 Strobl,
Nächtigungsmöglichkeit,
Tel. +43(0)676/7455293,
www.naturfreunde-badischl.at

Traunstein Taxi
Tel. +43 50 422 1691
www.traunsteintaxi.at

Hop on Hop off - Bus
Salzkammergut Sightseeing
www.salzburg-sightseeingtours.at

Lokalbahnen Stern & Hafferl
Atterseebahn Attersee – St. Georgen im Attergau – Vöcklamarkt, Tel. +43(0)7666/7805; Traunseebahn Gmunden – Vorchdorf, Tel. +43(0)7612/795-2000; www.stern-verkehr.at

Schafbergbahn
Tel. +43(0)662/88849700,
www.salzburg-bahnen.at

Altaussee Schifffahrt
Tel. +43(0)3622/20501,
www.altausseeschifffahrt.at

Attersee Schifffahrt
Tel. +43(0)664/607952900,
www.atterseeschifffahrt.at

Fuschlsee Schifffahrt („Fuschlerin")
Tel. +43(0)6226/8264,
www.ebners-waldhof.at

Grundlsee Schifffahrt
Tel. +43(0)3622/86044333,
www.schifffahrt-grundlsee.at

Hallstättersee Schifffahrt
Tel. +43(0)6134/8228,
www.hallstattschifffahrt.at
Zillen-Schifffahrt am Hallstätter See
Tel. +43(0)650/6177165,
www.navia.at

Mondsee Schifffahrt Hemetsberger
Tel. +43(0)664/4934684,
www.mondsee-schifffahrt.at

Mondsee Schifffahrt Meindl
Tel. +43(0)6232/7412, +43(0)676/6047644, www.schifffahrt-mondsee.at

Traunsee Schifffahrt
Tel. +43(0)7612/66700,
www.traunseeschifffahrt.at

Wolfgangsee Schifffahrt
Tel. +43(0)662/88849700,
www.salzburg-bahnen.at

Dachstein Krippenstein – Seilbahn, Obertraun
Tel. +43(0)50/140,
www.dachstein-salzkammergut.com

Feuerkogel-Seilbahn, Ebensee
Tel. +43/50/140,
Wetterinformation +43(0)6133/8893,
www.feuerkogel.info

Gosaukammbahn, Gosau
Tel. +43/50/140, www.dachstein.at

Grünberg-Seilbahn, Gmunden
Tel. +43/50/140, www.gruenberg.info

Katrin-Seilbahn, Bad Ischl
Tel. +43(0)6132/23788,
www.katrinseilbahn.com

Salzbergbahn Hallstatt (Salzwelten)
Tel. +43(0)6132/200-2400,
www.salzwelten.at

Bergbahnen Tauplitz
Tel. +43(0)3688/2252 ,
www.dietauplitz.com

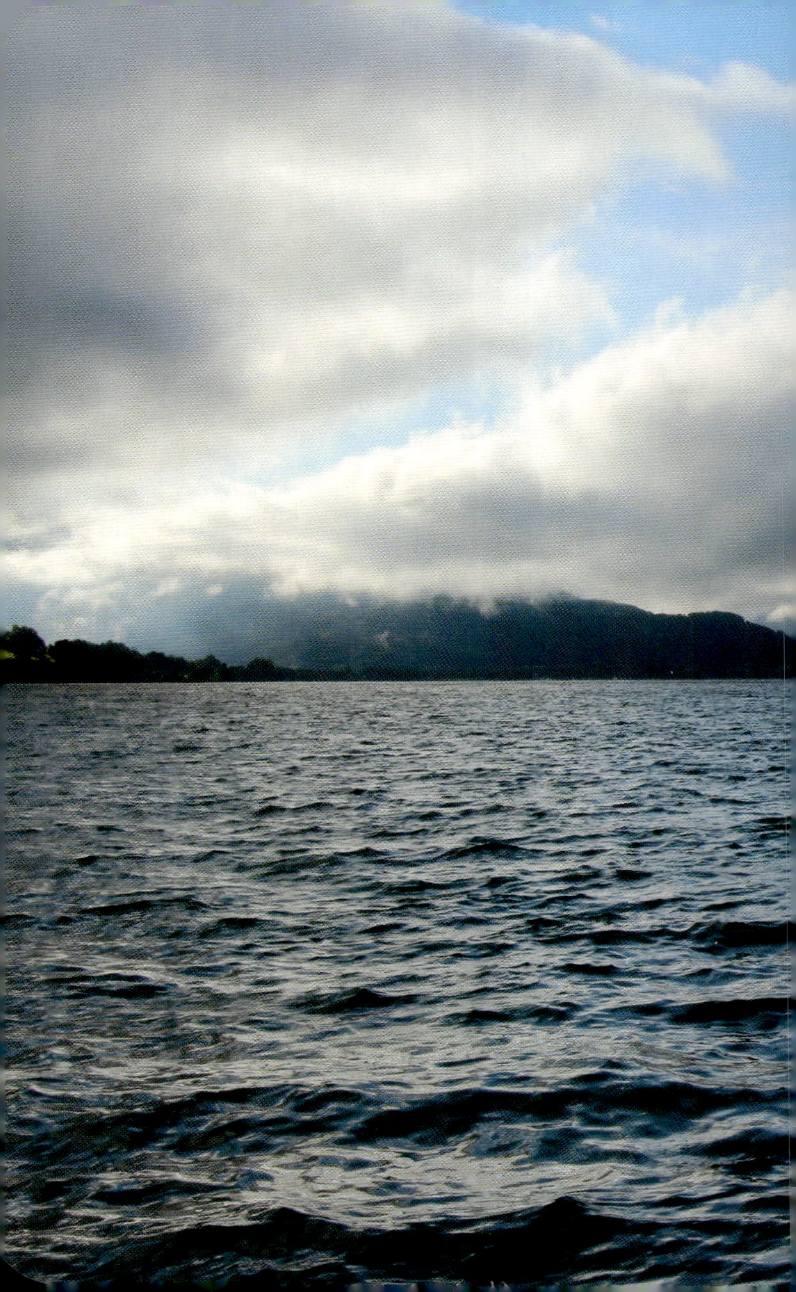

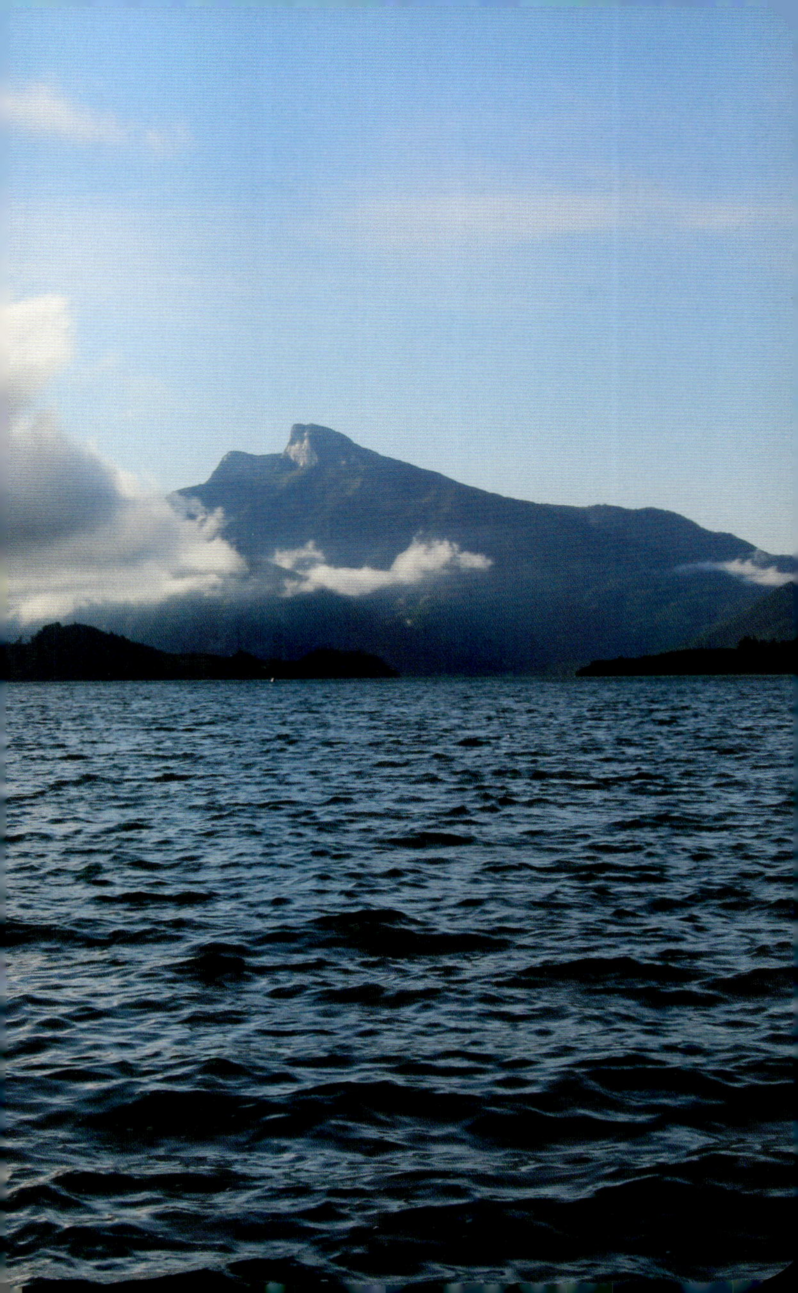

REGISTER

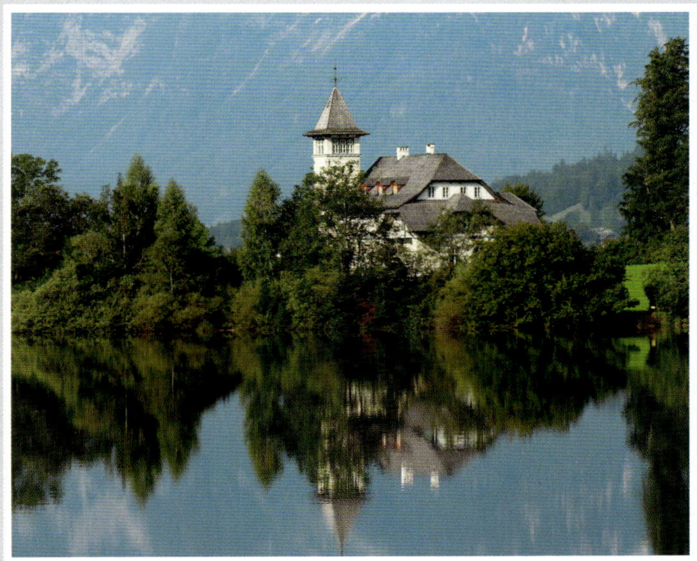

Am Grundlsee.

IMPRESSUM

© KOMPASS-Karten, A-6020 Innsbruck (22.01)
1. Auflage 2022 Verlagsnummer 5647 ISBN 978-3-99121-201-0

Text: Wolfgang Heitzmann

Titelbild: Der Offensee (© Thomas Kargl)

Fotonachweis:
Alois Auer, 4; Herbert Benedikt 6; TVB Attersee-Attergau, Moritz Ablinger 2, 18, 20 unten; TVB Attersee-Attergau 206, 208, 217; TVB Fuschlseeregion, Brandstaetter 21 unten, 59; TVB Ausseerland - Salzkammergut, Tom Lamm 22 unten; 101; TVB Traunsee-Almtal, Karl Heinz Ruber 18 oben, 278; TVB Traunsee-Almtal 31, 33, 139; Katrin Seilbahn AG 190; Ferienregion Wolfgangsee 20, 40; TVB Traunsee-Almtal, Foto Karl Redtenbacher 21 oben links; OÖ Tourismus 21 oben rechts, 27, 128, 204, 279; TVB Mondsee-Irrsee, Foto Meindl 21 unten; Salzkammergut Tourismus-Marketing GmbH, Siegfried Zink 35, 52, 79, 105, 135, 280; Salzkammergut Tourismus-Marketing GmbH, Brandstetter 73; www.badischl.at, Leitner + Daniel 77; TVB Dachstein-Salzkammergut 82; Fuschlseeregion 44–45, 53, 54, 56, 247; alle anderen Fotos von Wolfgang Heitzmann und Renate Gabriel

Herzlichen Dank an Mag. Michael Spechtenhauser und Siegfried Zink von der Salzkammergut Tourismus-Marketing GmbH für Texte und Fotos sowie Herrn Gisbert Rabeder für die tatkräftige Unterstützung bei der Kontrolle der Wegführung und der Beschreibungen.

Grafische Herstellung: Wolfgang Heitzmann
Wanderkartenausschnitte: © KOMPASS-Karten GmbH
Kartengrundlage für Gebietsübersichtskarte S. 12-13, U4:
© MairDumont, D-73751 Ostfildern 4

Alle Angaben und Routenbeschreibungen wurden nach bestem Wissen gemäß unserer derzeitigen Informationslage gemacht. Die Wanderungen wurden sehr sorgfältig ausgewählt und beschrieben, Schwierigkeiten werden im Text kurz angegeben. Es können jedoch Änderungen an Wegen und im aktuellen Naturzustand eintreten. Wanderer und alle Kartenbenützer müssen darauf achten, dass aufgrund ständiger Veränderungen die Wegzustände bezüglich Begehbarkeit sich nicht mit den Angaben in der Karte decken müssen. Bei der großen Fülle des bearbeiteten Materials sind daher vereinzelte Fehler und Unstimmigkeiten nicht vermeidbar. Die Verwendung dieses Führers erfolgt ausschließlich auf eigenes Risiko und auf eigene Gefahr, somit eigenverantwortlich. Eine Haftung für etwaige Unfälle oder Schäden jeder Art wird daher nicht übernommen. Für Berichtigungen und Verbesserungsvorschläge ist die Redaktion stets dankbar Korrekturhinweise bitte an folgende Anschrift:

KOMPASS-Karten GmbH, Karl-Kapferer-Straße 5, A-6020 Innsbruck
www.kompass.de/service/kontakt

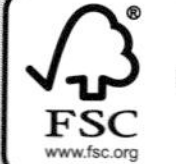